효인성교육의 기본서 **4**

효HYO 패러다임으로 본

인성교육의
이해와 실제

김종두 지음
최성규 감수

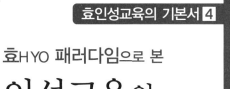

明文堂

4차 산업혁명 시대의 인성교육은 '효·인성·리더십'의 융합이 답이다.

지금처럼 한국사회에서 인성교육에 대해 관심이 높았던 적은 없었다. 이는 인성 결핍으로 인한 패륜범죄와 사회병리 현상 등 계속되는 인재(人災)에 대한 당연한 반응이라고 볼 수 있다. 일명 불효자방지법·효도계약서라는 신조어에서 보듯이 부자관계를 '정신' 보다 '물질(돈)' 로 해결하려는 현상, 그리고 성수대교와 삼풍백화점 붕괴 이후 20여 년이 지난 오늘날에도 세월호와 제천 화재사고 등의 참사가 끊이지 않고 있다. 또한, '자살률·노인빈곤율·이혼율' 등이 OECD(경제협력개발기구) 국가 중 1위라는 불명예를 안고 있는데, 이러한 현상들은 선진국이 300여 년에 걸쳐 이루어 냈다는 산업화를 우리는 불과 40여 년 만에 이루어 내는 과속화 과정에서 불러온 가치전도(價値顚倒)와 교육 불균형이 가져온 결과이다.

지금 우리는 4차 산업혁명 시대를 살아가고 있다. 4차 산업혁명은 '시간·공간· 인간' 을 데이터화하여 현실(Off-line)과 가상(On-line) 세계를, 인간을 중심으로 융합함으로써 삶을 행복하게 하는데 목적이 있다.[1] 그리고 그 행복은 건강·돈·인간관계와 같은 생존조건이 중요한 요소로 작용한다. 그러나 한편으로 인공지능·사물인터넷·로봇 등의 출현은 기계류가 인류를 대신함으로써 많은 일자리가 사라질 것이라는 불안감을 주고 있는 것도 사실이다. 그럼에도 불구하고 향후 전개될 산업혁명은 생산(기술)과 소비(욕구)의 조화를 통해 인간의 욕망을 충족시키는 쪽으로 진행될 수밖에 없고, 결국 사람이 주도한다는 점에서 인간의 도덕성과 윤리성에 기초한 인성교육이 더욱 요구되고 있다.

그러나 오늘날의 교육 현실은 '인성'보다 '입시'에 치중함으로써 경쟁을 더욱 심화시켜 사교육비 부담증가로 이어졌고, 이로 인한 사회적 불만과 경제적 결핍은 급기야 저출산이라는 국가적 재앙의 단초가 되고 말았다. 그 근본대책으로 '효행 장려 및 지원에 관한 법률(이하 효행장려지원법)'과 '인성교육진흥법'을 제정하는 등 국가가 나서고는 있지만 효에 대한 잘못된 인식과 인성교육이 갖는 모호성, 그리고 리더십의 부재 등은 인성교육의 시행을 어렵게 만들고 있다. 따라서 '인성은 무엇이며, 우리의 문화에 부합하는 인성교육은 어떻게 해야 할 것인가?'에 대해 관심과 연구가 필요한 시점이다. 이런 맥락에서 본서(本書)는 다음과 같은 점에 주안을 두고 집필하였다.

첫째, 인성교육은 '숲(총론)'과 '나무(각론)'를 함께 보는 시각으로 접근해야 한다는 점이다. 숲이 아름다워지려면 그 숲에 어울리는 나무를 선택해 심어야 하고, 나무 하나하나에 정성이 들어가야 한다. 마찬가지로 인성교육도 '총론(숲)'에 해당

---

1 이민화, 『대한민국의 4차 산업혁명』, 창조경제연구회, 2017. p.28, 369.

하는 법령을 제정하는 것도 중요하지만 '각론(나무)'에 해당하는 정책의 지속성, 인성교육의 내용 및 방법 등의 개발도 그에 못지않게 중요하다. 그러나 인성교육에 대한 심리학·철학·윤리학·교육학 등의 관점이 각각 다르고, 전통종교·불교·유교·기독교 등 종교적 관점이 달라 현장에서는 숲도 나무도 보기가 쉽지 않은 실정이다. 그렇지만 분명한 점은 인성교육은 인간이 잉태되는 순간부터 죽음에 이르기까지 전생애적(全生涯的)이면서, 가정·학교·사회교육이 통합적으로 이루어져야 하는 복합적 성격의 교육이다. 그중에서도 특히 가정교육이 중요한데, 그 이유는 인성은 어린 시절에 부모와 가족의 영향을 받아 대부분 형성된다는 점에서다. 이런 점에서 본서에서는 '효교육·인성교육·리더십'이 융합되어야 할 필요성과 함께 효행장려지원법과 인성교육진흥법을 기반으로 가정·학교·군대·직장·시민사회단체·종교 등에서 적용할 인성교육 방안에 대하여 제시하였다. 한마디로 인성교육에 효와 리더십이라는 수단을 접목함으로써 인성의 개념을 명료화하고 모호성을 탈피해 보자는 것이다.

둘째, 효교육이 인성교육과 융합하기 위해서는 효에 대한 올바른 패러다임이 요구된다는 점이다. 최근 지식인으로 대표되는 대학교수와 교수 출신의 국회의원이 "인성교육에서 효는 배제해야 한다."는 주장을 해서 이슈화된 바 있다. 인성은 가정에서 대부분 형성되고, 효는 가정교육의 핵심가치로 작용한다는 점을 모르지는 않을 터이나, 아마도 효를 잘못 이해한 때문이라 여겨진다. 효(孝, HYO)와 효도(Filial Piety)는 의미상으로 구별되어야 한다. 효는 '부자자효(父慈子孝)·부자유친(父子有親)·부위자강(父爲子綱)' 등에서 보듯이 상호적인 반면, 효도는 자식이 부모에게 향하는 일방향성의 의미를 가진다. 때문에 '나무꾼과 선녀'·'심청전'·'향득사지(向得舍知)'·'손순매아(孫順埋兒)' 등은 엄밀히 말해서 '효도' 사례지 '효' 사례로 보기 어렵다. 그래서 효에 대한 영문표기도 '김치(Kimchi)'·'태권도(Taekwondo)'·'불고기(Bulgogi)' 처럼 효(孝, HYO)이며, 이는 Harmony of Young & Old의 약자로 해석한다. 그리고 "효는 하모니를 추구하는 젊은 세대(자식)와 노년 세대(부모)의 조화적 노력이다."로 정의(定義)할 수 있으며, 『효경』을 비롯한 『성경』과 불교경전, 유교경전 등에 잘 나타나 있다. 한 마디로 효는 가족사랑을 기초로 타인과 이웃, 사회와 국가, 인류와 자연 사랑으로 확대되는 친친애인(親親愛人)[2]과 동심원(同心圓)[3]의 원리로 작용하는 것이다. 그러나 시대의 흐름상 효는 가정의 영역만이 아닌 사회와 국가가 함께 감당해야 할 영역이 되었다. 이런 점에서 본서에서는 효의 기본원리를 바탕으로 효의 개념적·본질적·실천적 의미와 함께 효교육의 방법을 설명하였으며, 효교육과 인성교육의 융합을 위해서는 효 패러다임의 전환이 필요함을 제안하였다.

셋째, 인성교육의 효과성 제고를 위해서는 리더십을 인성교육의 수단으로 삼아야 한다는 점이다. 사람은 누구나 최소한 세 가지 관점에서, 리더의 입장에서 살아간다. 자기 자신을 이끌어가는 셀프 리더, 가정을 이끌어가는 패밀리 리더, 사회생활에서 누군가를 이끌어가는 리더의 위치에서 살아가는 것이다. 그러므로 인성교육은 가정과 학교, 사회 리더들의 리더십이 뒷받침되지 않으면 효과를 거두기가 어렵다.

---

2 『맹자』「진심상편」: "親親而仁民 仁民而愛物.", 『논어집주』「학이편」: "所謂 親親而仁民也. 故爲仁以孝弟爲本."에 나오며, "부모와 형제 등 가까운 사람끼리 잘 지내는 사람이 타인과 이웃, 사회와 국가, 인류와 자연에 이르기까지 잘 지내게 된다."는 의미임.

3 버제스(Burgess)가 제시한 이론. 도시에는 각각 특징적인 성격을 갖는 동심원적인 5개의 지대에 따라 도시의 지역구조가 형성된다는 이론인데, 중심업무지구를 핵심으로 도시는 방사선적으로 확대된다는 고전적인 이론이다. 이는 호수 가운데에 돌을 던지면 물결파문이 동심원적으로 확산하는 현상이 나타나는 것처럼, 효의 원리도 이와 같은 이치에 따라 확산되어진다는 의미임.

즉 "저 사람은 리더십이 없는 게 흠이야!"라는 표현이 말해주듯이, 리더십은 인성교육에서 '수단'으로 작용한다는 점이다. 이런 맥락에서 본서에서는 인성교육을 서번트 리더십·셀프 리더십·가치 중심 리더십·문화중심의 리더십·오센틱 리더십 등과 연계하였으며, 적용방안으로는 스티븐 코비가 제시한 '리더십의 4가지 역할[4Roles Model : ①목표와 방향 제시(Pathfinding) ②조직의 한 방향 정렬(Aligning) ③내적 동기부여(Empowering) ④본보기(Modeling)]', 그리고 '리더십의 구성요소[① 리더 ②구성원(팔로어) ③상황]' 등의 틀에 맞추어 가정·학교·군대·직장·시민단체·종교 등으로 구분하여 설명하였다.

넷째, 결과적으로 인성교육은 기본을 통해 '절로 되게 하는 체화적(體化的) 접근'이 요구된다는 점이다. 인성교육은 기본적으로 부자(父子)·사제(師弟)·장유(長幼) 등 수직적 관계를 시작으로 점차 수평적 관계로 넓혀가는 교육이다. 그리고 "자식은 부모의 등을 보고 배운다.", "교육의 질은 교사의 질을 넘어설 수 없다."라는 표현이 말해주듯이 윗물이 맑지 않고는 아랫물이 맑을 수는 없는 이치의 교육이다. 또한 교육의 결과는 문화적 산물로 나타나게 된다는 점에서 외국의 이론이나 사례를 타산지석(他山之石)으로 삼되, 우리의 환경과 여건에 맞는 내용과 방법을 찾아서 적용하는 것이 중요하다. 이런 점에서 가정의 부모·학교의 교사·사회의 어른이 본을 보이고 질서를 지키는 것은 기본 중에서도 기본이다. "사람에게는 이마 뒤편에 거울신경(Mirror Neuron)이 있어서 누군가를 닮으려는 속성이 있는 관계로 어려서부터 부모를 본받아 흉내 내게 되고, 이것이 습성화되면서 학습으로 이어져 인성함양으로 승화된다. 그리고 부모·교사·어른의 올바른 모습이 오래오래 좋은 기억되어 마치 종소리처럼 여운으로 남는 링거링 효과(Lingering Effect)로 이어져야 하는데, 여기에는 시대와 문화가 변하더라도 기본적인 환경·가치관·진리로 작용하는 핵심가치

(Core Value)가 작용하기 마련이다."[4] 그리고 여기서 말하는 핵심가치가 효(孝, HYO)이다. 따라서 본서에서는 인성과 인성교육에 대한 이해를 바탕으로 인성이 체화(體化)되어야 하는 당위성(當爲性)과 함께 교육의 세 마당(가정·학교·사회)에서 우리 문화에 기초한 '효인성 리더십'의 적용방안에 대하여 제시하였다.

세상에는 변해서 될 것이 있고, 변해서는 안 될 것이 있다는 사실을 아는 것이 중요하다. 그리고 '안다는 것(智)'은 옳은 것과 그른 것을 구별하는 '시비지심(是非之心)'과 검은 것과 흰 것을 구별하는 '흑백지심(黑白之心)'에서 출발해야 한다. 세상이 아무리 변한다 해도 가족사랑과 가정윤리는 우리 모두의 사명이자 의무일 수밖에 없다는 점에서다. 이러한 맥락에서 본서의 제목을 『효(HYO) 패러다임으로 본 인성교육의 이해와 실제』로 정했다. 효에 대한 생각의 틀을 바꾸어 '효·인성·리더십'이 융합하는 인성교육을 해보자는 취지로 총 4부 13장으로 구성하였다.

제 Ⅰ 부【효와 인성교육의 상관성】에서는 1장(효와 교육의 관계)과 2장(인성교육과 효교육의 관계)으로 구성하였다.

■.
4 이시형, "이제는 인성이다(강연)", NATV(국회방송), 2014. 12. 19.
  *거울신경(mirror neuron) : 인간의 마음을 반영하는 능력은 뇌의 거울신경(mirror neuron)이 담당한다는 '마음이론'에 나온다. 거울신경은 이탈리아의 신경생리학자 리촐라티(G. Rizzolatti)가 1990년대에 원숭이의 이마엽에서 발견했는데, 원숭이보다 사람에서 훨씬 발달해 있다고 한다. 사람은 타인의 행동을 보고 있기만 해도 자신이 그 행동을 하는 것처럼 뇌의 신경세포가 작동한다는 것이다. 이 과정은 관찰자의 의지나 생각과는 상관없이 자동적으로 일어나며, 어떤 행동을 인지하면 관찰자의 뇌는 마치 그 행동을 직접 행하는 것과 같이 작동하게 된다는 내용임.
  *Lingering Effect(링거링 효과) : Lingering은 사전적으로 '오래 끄는, 망설이는' 등의 의미이다. 부모나 교사의 모습, 영화나 소설 등에서 훌륭한 인물의 삶을 보게 되면 마치 종소리처럼 오래 오래 기억되어 영향을 미치는 효과가 있다는 것으로 정신의학 치료에 적용되는 용어임.(2017. 9. 30, 이시형 박사 대담)

제II부【효란 무엇이며, 어떻게 가르칠 것인가?】에서는 3장(효패러다임과 효의 기본원리), 4장(효의 의미와 정의, 효의 영역), 5장(효교육의 필요성과 방법)으로 구성하였다.

제III부【인성이란 무엇이며, 어떻게 교육할 것인가?】에서는 6장(인성과 인성교육의 이해)과 7장(인성교육의 내용과 방법)으로 구성하였다.

제IV부【효에 기초한 인성교육의 적용방안】에서는 효교육이 이루어지는 순서를 고려하여 8장(가정의 효인성 리더십), 9장(학교의 효인성 리더십), 10장(군대의 효인성 리더십), 11장(직장의 효인성 리더십), 12장(시민사회단체의 효인성 리더십), 13장(종교의 효인성 리더십)으로 구성하였다.

끝으로 "인성교육은 효와 리더십이 융합되어야 한다."는 가르침을 주신 최성규 성산효대학원대학교 총장님과 본서(本書)의 출판을 맡아주신 명문당 김동구 사장님께 감사드린다. 그리고 본서가 작성되는 동안 토론하면서 교정을 맡아준 김창영·윤병기·이승철 효리더십 전공 석사과정 학우들과 35년간 교육의 현장에서 경험한 내용을 기초로 자문해주신 최영숙 선생님(효인성교육지도사 1급)께 감사하며, 이런 책을 집필할 수 있도록 낳아주시고 성품을 주신 부모님께 이 책을 바친다.

2018년 1월에
내곡동 인릉산 자락에서 저자 씀.

❷부 효란 무엇이며, 어떻게 가르칠 것인가?

❸부 인성이란 무엇이며, 어떻게 교육할 것인가?

孝・HYO

1부 효와 인성교육의 상관성

인성교육(人性教育)은 인성함양을 목적으로, 리더가 구성원(팔로어)을 대상으로 환경과 여건을 감안하여 행하는 제반 교육활동이다. 여기서 말하는 인성(人性)의 의미는 각자의 학문적·종교적 견해에 따라 다르게 인식할 수 있지만, 그중에 하나는 자신을 조율하고 타인·공동체·자연과 조율할 수 있는 성품과 역량이라는 해석이다. 이는 "인성교육이란 자신의 내면을 바르고 건전하게 가꾸고 타인·공동체·자연과 더불어 살아가는데 필요한 인간다운 성품과 역량을 기르는 것을 목적으로 하는 교육이다."라는 '인성교육진흥법'의 정의와도 맥을 같이 한다.

효교육은 효(孝, HYO)에 기초하는 삶, 즉 부모와 자식, 형제자매 등 가족 간의 하모니(Harmony) 정신을 타인과 이웃, 사회와 국가, 인류와 자연으로 확대하는 친친애인(親親愛人)과 동심원(同心圓)의 원리가 적용하는 교육이다. 그리고 효(孝, HYO)와 효도(孝道, Filial piety)는 그 의미상으로 구별되는데, 효는 상호적·조화적 의미인 반면 효도는 자녀가 부모에게 향하는 일방향적·수직적 의미를 가지기 때문이다. 따라서 효교육은 가족관계를 바탕으로 이웃과 사회, 나라와 인류, 자연으로 확대하여 조화를 이루도록 하는 교육활동이라 할 수 있다. 이는 "아름다운 전통문화유산인 효를 국가 차원에서 장려함으로써 효행을 통하여 고령사회가 처하는 문제를 해결할 뿐만 아니라 국가가 발전할 수 있는 원동력을 얻는 외에 세계문화의 발전에 이바지한다."는 「효행장려지원법」 제2조(목적) 내용이 뒷받침한다.

여기서 보면 효는 인성교육과 밀접한 관계가 있음을 알 수 있다. 효는 부모와 자식, 형제자매 등 가족사랑에서 이웃과 사회, 나라와 자연 사랑으로 확대하는 관계의 원리로 작용하기 때문이다. 그래서 조선시대의 대학자이자 만인의 스승으로 일컫는 퇴계 이황(李滉), 율곡 이이(李珥), 다산 정약용(丁若鏞) 등은 공통적으로 효교육을 강조했다. 조선사회 뿐 아니라 일본의 경제발전과 친절의식 등에 지대한 영향을 주었다는 퇴계의 경사상(敬思想), 『격몽요결』 등 교육사상에 담겨진 율곡의 효정신, 억울한 유배생활에서도 오직 나라와 백성을 생각하며 600권에 가까운 저술에 담은 다산의 효제자(孝悌慈) 정신이 그것이다. 특히 "인성교육 중 가장 첫 자리에 오는 덕목은 무엇일까, 나는 망설임 없이 효라고 생각한다. 부모에게 효도하는 사람은 모든 행동을 조심한다. 부모님께 실망을 드리지 않으려고, 부모님 이름을 더럽히지 않으려고 나쁜 행동을 못한다. 그렇게 되면 바른 인성으로 자랄 수밖에 없다. 신사임당 일가는 바로 그 효사상을 대물림으로 보여주고 있다."*는 표현은 효와 인성교육의 상관성을 잘 나타내 주고 있다.

이런 맥락에서 제1부(효와 인성의 상관관계)에서는 '효와 교육의 관계(1장)', '인성교육과 효교육의 관계(2장)'에 대하여 살펴본다.

* 안영, "신사임당 일가에 나타난 효", 권혁승 편저, 『세상의 빛, 어머니 사랑(한국의 효사상을 세계로)』, 정은출판, 2015. p. 44.

제1장

효와 교육의 관계

효와 교육의 관계는 "효는 덕의 근본이요, 모든 가르침이 그로 말미암아 생겨 난다.(개종명의장)[1]는 『효경』의 구절에 잘 나타나있다. 보다시피 효는 사랑(德)의 근본이자 가르침의 원천(源泉)으로 작용한다. 우물에는 물이 흘러나오는 근원이 있듯이 인간에게는 가르침이 시작되는 근원이 있기 마련인데, 공자는 효를 '가르침'의 근원으로 보았다. 또한 도덕적·윤리적 이상을 실현해 나가는 인격적 능력으로 일컬어지는 덕(德)은 효를 근본으로 이루어진다는 점이다.

'교육이란 무엇인가?'에 대한 답을 얻기란 쉽지 않다. 교육이 갖는 참된 의미가 어디에 있고 본질이 무엇이며, 어떤 기능을 가지는지에 대한 정의(定義)가 쉽지 않기 때문이다. 그러나 "교육은 사람을 만드는 데 있지 기계를 만드는 데 있지 않다.(루소)"는 점은 분명하다.

우리는 교육을 말할 때 가정교육·학교교육·사회교육을 '교육의 세 마당'이

---

1 "孝德之本也 敎之所由生也."

라고 한다. 그리고 그중에서도 가정교육을 교육의 기본으로 꼽는다. "세 살 버릇 여든 간다.", "될성부른 나무는 떡잎부터 알아본다." 는 등의 표현은 가정교육의 중요성을 나타내는 말이다. 그렇다면 가정교육에서 중요시되는 덕목과 가치는 무엇일까? 그것은 '효' 라고 생각한다. 왜냐하면 효는 자식의 입장에서 보면 부모가 뜻하시는 대로, 원하시는 대로 행하려는 자식의 마음이자 자세이기 때문이다.

이런 맥락에서 본 장(章)에서는 '효와 교육의 관계' 에 대하여 '교육(敎育)' 이라는 글자의 의미와 교육의 세 마당, 교육의 지향 방향, 덕과 가르침의 원천, 부모와 자녀의 관계 등의 관점에서 살펴본다.

Ⅰ '교육' 의 글자를 통해서 본 교육과 효

교육이라는 글자에 나타난 교육의 의미는 한자[敎育]와 영어[Pedagogy, Education]에 잘 나타나 있다.

먼저 한자(漢字)로 보면 교육(敎育)은 '가르칠 교(敎)' 자와 '기를 육(育)' 자의 합자로 '가르쳐서 기른다.' 는 뜻을 담고 있다. 『설문해자』는 교(敎)자를 '위에서는 베풀고 아랫사람은 그것을 본받는다〔上所施下所效〕' 는 의미로, 육(育)자는 '자녀를 길러서 선을 실천하도록 한다〔養子使作善

> **Tip**
>
> 한자 '敎育' 은 "부모가 자식을 기르는 마음으로 가르친다." 는 의미이다. 그리고 영어 'Pedagogy' 와 'Education' 은 "(부모와 같은 마음으로) 어린이의 잠재력을 이끌어 낸다."는 의미라는 점에서 효와 연관성이 있다.

也〕'는 의미로 풀이하고 있는데, 대체로 다음과 같이 세 가지 의미로 해석한다.

첫째, 교(敎)자를 '인도할 교(孝)' 자와 회초리로 '칠 복(攴)' 자의 합자〔孝+攴〕로 보는 견해이다. 즉 회초리를 들어서라도 올바른 길로 인도해야 한다는 의미가 들어 있다. 그리고 육(育)자는 '아이 돌아 나올 돌(㐬)' 자와 몸 육(月)자의 합자〔㐬+月〕이니, 어머니의 뱃속에서 아이가 돌아 나올 때 감내(堪耐)해야 하는 고통과 아이를 지극히 생각하는 사랑의 의미, 즉 사랑과 정성으로 자식을 기른다는 의미가 들어 있다. 『성경』에도 "그를 채찍으로 때리면 그 영혼을 음부에서 구원하리라(잠 23:14)" 하여 자녀에게 매를 대서라도 올바른 사람으로 키워야 한다고 이르고 있다.

둘째 교(敎)자를 '효도 효(孝)' 자와 '아버지 부(父)' 자의 합자〔孝+父〕로 보는 견해이다. 즉 교육자와 피교육자의 관계를 부모와 자식의 관계로 보는 것인데, 교육자는 부모와 같은 마음으로 본보기를 통해 가르침을 주고, 교육을 받는 사람은 자식이 부모를 대하는 자세로 가르침에 따라야 한다는 의미다. 그리고 육(育)자는 어머니의 사랑과 정성을 의미하는 것이니 피교육자와 교육자의 관계를 나타내는 글자이다.

셋째, 교(敎)자를 '효도 효(孝)' 자와 '글월 문(文)'의 합자[孝＋文]로 보는 견해이다. 즉 부모에게 효도하는 마음으로 학문을 연마해야 한다는 뜻이다. 스승은 자식을 사랑하듯이 제자를 가르치고 제자는 부모를 대하는 마음으로 스승을 공경하며, 그러한 자세로 가르침을 받아야 한다고 보는 것이다. 그런데 여기서 문(文)자를 '밝을 문, 빛날 문' 자로 해석하면 '부모를 대하는 마음으로 배워서 자신을 밝고 빛나게 한다.'는 입신양명(立身揚名) 의미로도 해석할 수 있다.

이렇게 볼 때 한자어로서의 교육(敎育)은 효와 연관이 깊다는 점을 알 수 있다. 소크라테스는 교육에 대해 "교육은 산파술(産婆術)이다. 아이를 낳는 산모(産母)와 아이를 받아주는 산파(産婆) 간에 호흡이 맞아야 아기가 온전히 세상에 나올 수 있듯이, 교육자와 피교육자의 호흡이 맞아야 가르침이 온전히 이루어질 수 있다. 따라서 교육은 산파술이다."라고 하였다. 그리고 여기서 말하는 가르침이라는 것은 비단 학교에서만이 아니라 가정과 사회, 군대, 직장, 시민사회단체, 종교 등 평생 동안의 삶을 통해 배우는 모든 과정이 포함된다.

다음은 영어[Pedagogy, Education]에 나타나 있는 교육의 의미이다.

첫째, 교육을 Pedagogy의 입장에서 해석하는 것이다. Pedagogy는 그리스어의 'Paidagogos'에서 유래된 용어인데, 'Paidagogos'는 'Paidos(어린이)'와 'Agogos(이끈다)'의 합성어이므로 "어린이를 앞에서 이끈다."는 의미가 담겨있다. 즉 어린이를 배움의 장소로 안내하면서 가르친다는 의미이다.

둘째, 교육을 Education의 입장에서 해석하는 것이다. Education은 라틴어 'Educare'에서 유래한 용어로 'E(밖으로)'와 'Ducare(끌어내다)'가 합쳐진 말이다. 즉 인간의 내재적인 소질과 잠재적 가능성을 밖으로 이끌어 내어 계발시킨다는 의미를 담고 있다.

이렇게 볼 때 영문자에 나타난 교육의 의미와 효의 관계는 성숙자(부모)가 미성숙자(자녀)에게 문화와 지식을 가르쳐 주어 이끈다는 의미, 그리고 미성숙자의 내적인 잠재력의 발달을 도와서 스스로 발전할 수 있게 도와준다는 의미로 이해할 수 있다. 이런 점에서 교육자와 피교육자의 관계는 부모와 자식의 관계처럼 연대함이 있어야 한다. 이렇듯 효와 교육은 불가분(不可分)의 관계인 것이다.

Ⅱ '교육의 세 마당'에서 본 교육과 효

교육의 세 마당은 가정교육·학교교육·사회교육을 일컫는다. 인성교육은 가정과 학교, 사회가 통합적이면서 전생애적(全生涯的)으로 이루어지는 교육이라는 점에서 교육의 기본을 담당하는 가정교육은 중요할 수밖에 없다. 효는 가족사랑·가정윤리의 의미를 가지는데, 가족의 의미는 'Family'라는 단어에서 찾기도 한다. "Father And Mother I Love You!"라는 문장의 단어 첫 글자를 따서 합성한 것이 Family로 '아버지, 어머니, 나는 당신을 사랑합니다'라는 의미가 담겨있다고 보는 것이다.

그러나 현대의 가정은 핵가족화되면서 교육기능을 수행하는데 임계국면(臨界局面)[2]에 직면하고 있다는 느낌이다. 그러므로 시대의 변화에 맞게 교육도 발전

---

2 조지형 역, 데이비드 크리스찬 저, 『빅히스토리(Big History)』, 해나무, 2013. P. 28.

*임계국면은 어떤 현상이 다르게 나타나기 시작하는 지점이나 경계를 뜻한다. 한국은 선진국 진입을 앞두고 있으면서도 저출산 및 핵가족화 문제, 양극화 심화 등 향후 예측이 어려운 국면에 진입한 상태를 말하는 것임.

되어야 할 것이다. 이를 위해서 효에 기초한 교육으로 그 역할과 기능을 회복해야 한다고 본다.

1. 가정교육과 효

일찍이 공자는 "효는 덕의 근본이요, 모든 가르침이 그로 말미암아 생겨난다."[3]고 하여 효는 가르침의 원천이라고 했다. 그리고 "자녀는 부모의 등을 보고 배운다."는 말이 있는데, 인간의 뇌에는 이마 뒤편에 거울신경

> **Tip**
> 가정은 부모와 자녀의 상호관계 속에서, 자녀는 부모의 본보기를 통해 배우고, 부모는 그런 가운데 즐거움을 가진다. 따라서 자녀는 할머니·할아버지에게 효도하는 부모의 모습을 통해서 효를 배우게 된다.

(Mirror Neuron)이 있어서 부모 모습을 흉내 내고 이것이 습성화되어서 학습효과와 인성함양으로 이어진다. 그러므로 부모가 먼저 효하는 모습을 자녀에게 보여서 교육으로 승화되도록 해야 한다. 그렇게 되면 자녀들이 효를 하게 되고 이를 통해 만사가 이루어지는 것인데, 『명심보감』에 "자식이 부모에게 효도하면 부모는 즐겁고 가정이 화목하면 만사가 이루어진다.(치가편)"[4]고 했다. 그리고 가정에서부터 효가 교육되기 위해서는 "부모는 자식을 사랑하고 자식은 부모에게 효도해야 한다."는 '부자자효(父慈子孝)', "부모와 자식 사이에는 어떤 경우라도 친함이 있어야 한다."는 '부자유친(父子有親)', "부모는 자식의 벼리(모범)가 되어야 한다."는 '부위자강(父爲子綱)' 등이 작용되어야 한다.

---

3 『효경』「개종명의」, "孝德之本也 教之所有生也."
4 "子孝雙親 樂家和萬事成."

　가정은 부모·자식 간의 원초적 사랑이 시작되는 곳이다. 사람은 태교를 바탕으로 세상에 나오면 부모와의 상호적 관계를 통해 세상을 접하게 되고, 관계를 통해 사랑을 잉태하며 사랑을 나누게 된다. "사랑이 없는 가정은 혼이 없는 신체가 사람이 아니듯이 결코 가정이 아니다.(에이브리)"라는 표현에서 가족끼리 나누는 사랑의 중요성을 알 수 있다.

　가정은 인간관계가 시작되는 곳이라는 점에서 '효'와 연관성이 깊다. 그리고 가족관계의 시작은 부모와 자식의 관계 이전에 남편과 아내라는 부부관계가 있다는 점도 알아야 한다. 그래서 가정에서 부부의 화목이 중요하며, 부부(夫婦)관계를 시작으로 부자(父子)관계, 형제(兄弟)·자매(姉妹)관계, 이웃과의 관계, 사회와 국가와의 관계, 인류와 자연과의 관계로 확대되는 것이다. 또한 가정교육의 기본이 되는 '효'와 '효도'는 의미상으로 구분되어야 한다. '효'는 가족사랑·가정윤리로 표현함에서 보듯이 수평적이고 상호적이라면 '효도'는 자녀가 부모에게 향하는 일방향적·수직적 관계를 의미하기 때문이다. 이런 점에서 효는 가정교육의 핵심가치로 작용하는 것이다.

2. 학교교육과 효

학교교육에서 효는 기본이 되어야 한다. 그 이유는 학교에 와있는 자식은 부모님의 모습을 가슴에 담고 선생님의 가르침을 받아들여야 하고, 교사 입장에서 보면 학생을 자식처럼 생각하고 가르쳐야 하기 때문이다. 그리고

효는 가정의 핵심가치이자 덕목으로 작용하지만, 효를 교육하는 곳은 학교여야 한다는 점이다. 왜냐하면 오늘의 학생은 내일의 부모일 뿐 아니라 부모가 가르치기 어려운 내용을 교사가 가르쳐야 하기 때문이다. 이를테면 "낳실 제 괴로움 다 잊으시고 기를 제 밤낮으로 애쓰는 마음…"이라는 '어머니 마음' 노래를 가정에서 부모와 자식이 함께 부르기는 어렵다. 그러나 학교에서 스승과 제자가 함께 부르면 효과적인 교육이 될 수 있다. 그래서 학교는 자식으로서 부모님의

은혜를 알도록 가르쳐야 하는 것이다. 그렇게 하면 부모님을 생각하게 되고 학습동기도 자연스럽게 유발되는 일석이조(一石二鳥)의 효과가 있다. 맹자는 일찍이 '易子敎之(역자교지)'라 하여 "자식은 (부모끼리) 서로 바꾸어서 가르쳐야 한다."고 했다. 이 말은 부모가 자식이 보는 앞에서 결점을 보였거나, 이치에 맞지 않게 대했다면 부모의 교육이 역효과를 낼 수 있기 때문에 자식을 바꾸어서 가르쳐야 한다고 한 것이다. 더구나 요즈음처럼 핵가족 시대에는 가정보다도 학교에서, 부모 대신 교사가 효를 가르쳤을 때 더욱 효과적일 수 있다.

또한 학교에서 효를 가르치면 학생 상호 간에 왕따 문제 등 학교폭력이 줄어드는 것은 자명하다. 이는 "부모를 사랑하는 사람은 다른 사람을 미워하지 않고 부모를 공경하는 사람은 다른 사람을 업신여기지 않는다."[5], "부모를 섬기는 사람은 윗자리에 있어도 거만하지 않고 아랫자리에 있어도 질서를 어지럽히지 않으며 같은 무리와 함께 있어도 서로 다투지 않는다."[6] 등의 표현에 잘 나타나 있다.

---

5 『효경』「천자장」, "愛親者 不敢惡於人 敬親者 不敢慢於人."
6 『효경』「기효행장」, "事親者 居上不驕 爲下不亂 在醜不爭."

필자는 학교에서의 효교육 효과를 경험해본 바가 있다. 필자가 33년간 직업군인 복무를 마치고 전역(戰役)하면서 경민대학교 초빙교수로 5년 동안 '효충사관과(군간부육성학과)' 주임교수로 있으면서 설립정신에 따라 학생들은 "효도하겠습니다.", 교수는 "효도합시다."로 인사말을 교환하면서 효교육을 한일이다. 그리고 학부모들의 관심을 최대한 이끌어내려고 노력했는데, 그 방법으로 신입생 합격자 발표가 나면 곧바로 학부모와 전화통화를 하고, 통화에서 알게 된 신상파악 내용을 기초로 학생을 훈육한 일이다. 특이한 점은 학부모들이 의외로 자녀가 지원한 학과가 어떤 학과인지 잘 모르고 있었고, 심지어 "바쁜데 왜 전화했어요?"라고 핀잔하는 부모도 있다는 점이다. 필자가 "자녀가 지원한 효충사관과는 군인공무원(9급)이 되는 학과입니다."라고 설명하면서, "군간부가 되기 위해서는 훈육이 필요하기 때문에, 자녀에 대해 몇 가지 알아야 할 내용이 있습니다."라고 설명하면 관심을 갖고 적극 응해 주었다.

필자는 부모와의 통화내용을 기초로 학생들을 '훈육'하면서 효심이 성공으로 이어진 강영우 박사, 반기문 전 UN사무총장 등의 사례가 실려있는 책을 읽게 하고, 독후감 발표 등을 통해 '링거링 효과(Lingering Effect)'로 이어지도록 했다. 강영우 박사, 반기문 전 UN사무총장 등의 경우, 효심이 성공의 원동력으로 작용하였음을 오래오래 기억으로 남게 하려는 의도였다. 그리고 이 내용이 10년, 20년, 40년 후의 삶과 연계하여 '생애설계서'를 작성하도록 했다. 강영우 박사는 14살 때 친구가 찬 축구공에 맞아 두 눈을 실명했음에도 열심히 공부해서 연세대 2등, 피츠버그 대학에서 석사, 박사학위를 취득하고 미국 부시대통령의 장애인담당 비서관직에 있었던 입지전적 인물이다. 시각장애를 극복하는 데는 아내 석은옥 여사의 헌신적인 도움과 진석, 진영 형제의 부모공경과 가족사랑이 있었음을 독서교육을 통해 알게 된 것이다. 반기문 전 UN사무총장의 어린 시절의 효심과 공부 이야기는 너무나 유명하다. 이러한 내용에 기초한 교육이, 가정에서 가족의 역할과 중요성을 알게 하는 교육이다. 이런 과정을 통해 학생들은 학교 생활에 임하는 자세가 진지해졌고, 학습동기 유발에도 큰 효과가 있었음을 경험한 것이다. 이런 점에서 효는 가정교육뿐 아니라 학교교육에서도 핵심가치(Core Value)로 작용하게 된다는 점을 알 수 있다.

3. 사회교육과 효

사회교육에서 효는 핵심가치(Core value)로 작용한다는 점에서 중요하다. 사회인은 누구나 가정이 있고, 부모이거나 자녀로 살아가기 마련인데, 가정에 성실한 사회인이 되는 것은 사회교육이 추구하는 목표이기도 하다. 사회

> **Tip**
>
> 사회는 가정교육과 학교교육의 '환경'으로 작용한다. 가정교육과 학교교육은 환경의 영향을 많이 받게 된다는 점에서 사회교육 또한 효가 핵심가치(Core Value)로 작용해야 한다.

교육의 범주에는 군대교육과 직장교육, 시민사회단체 교육, 종교교육 등이 포함된다. 군대와 직장, 시민단체와 종교 등에서는 효를 가르치면 사회가 보다 더 건강해질 수 있으며, 건강한 사회의 도움을 받는 가정과 학교도 건강해질 수 있다.

사회는 가정교육과 학교교육에 문화로 작용하게 되어 영향을 준다는 점에서 중요하다. 21세기를 문화의 시대라고 하는 이유는 문화의 영향력이 그만큼 커졌기 때문이다. 특히 인성교육은 환경에 대한 고려 없이 접근하는 것은 불가능하며, 인성은 환경 속에서 끊임없이 상호작용을 하면서 변화한다는 점에서 더욱 그렇다. 인성을 개인적 요소와 사회적 요소로 나누어 생각하는 이유도 그 때문

이다. 효교육에 있어서도 가정이나 학교는 환경의 영향을 받을 수밖에 없다는 점에서 가정과 학교교육에 영향을 주는 사회교육이 환경조성의 역할을 하기 위해서는 효가 핵심가치로 작용해야 하는 것이다.

사회교육 중에서도 군대교육은 중요한데, 필자가 33년 동안 직업군인으로 생활하는 동안 효를 생활교육에 접목함으로써 국민교육도장이라는 소명과 함께 보람 있는 군생활을 할 수 있었던 경험이 있다. 주로 중대장과 대대장, 연대장 때 적용했던 사례로, 신임병사가 전입해 오면 주로 야간 시간에 두 시간 정도 심층면담을 하면서 가족상황(조부모 거주 여부)과 성장과정(모유수유 여부) 등을 파악하고 이를 노트에 기록해서 그 병사가 전역할 때까지 부사관 간부와 군종병 등에게 역할을 부여해서 '도움 및 배려병사'로 분류하여 관리하게 하고, 관심 정도가 심한 병사는 필자가 직접 관리했는데, 관리하는 방법으로는 그 병사가 편성된 심야 경계근무 중에 해당 병사를 방문 격려하는 방법을 택했다. 주로 중요한 훈련을 앞두고 있거나 성탄절이나 명절이 다가올 경우, 또는 혹한기와 혹서기 훈련 등을 앞둔 시점, 주로 밤 12시~새벽 2시 사이에 필자와 가족이 함께 초소를 방문하곤 했다. 겨울에는 고구마·호빵·커피 등을, 여름에는 수박냉채와 냉커피 등을 준비해서 아내와 딸은 음료와 간식을 전달하고, 필자는 그 병사와 눈을 맞추면서 격려하는 등 밀착 지도를 한 것이다. 그 결과, 관계가 소원해졌던 부자(父子)관계를 회복하기도 했고, 여러 어려움에 처한 병사들에게 회복탄력성이 작용되도록 효심을 자극했던 일들은 모두 효교육의 일환이었다. 이런 점에서 효는 사회교육에서 핵심가치(Core value)로 작용된다는 점이다.

III '교육의 지향점'에서 본 교육과 효

교육이 지향해야 할 방향은 ① 교육의 이념 ② 교육의 목적 ③ 교육의 목표 등을 통해 제시된다. 따라서 교육이 지향해야 할 방향과 효는 어떤 연관성이 있는지 대하여 살펴본다.

1. 교육의 이념과 효

교육의 이념과 효와의 관계이다. 교육이념은 교육이 나가야 할 이상적인 방향과 목표를 찾아가도록 하는 것이다. 이념(理念)이란 사전적으로 '가장 이상적인 것으로 여겨지는 생각이나 견해', '목표로 삼고 지향해야 할 최

> **Tip**
>
> 교육이념은 교육이 나가야 할 이상적인 방향을 찾아가게 하는 최고의 가치체계이다. 효야말로 인간이 행해야 할 보편타당한 가치라는 점에서 교육이념과 연계성이 있다.

고의 가치체계', '보편타당한 진리를 찾아가는 것', '무엇을 최고의 것으로 생각하는가에 대한 그 사람의 근본적인 생각' 등으로 정의한다. 따라서 교육의 이념은 '교육목적 및 목표의 원천이 되는 교육적 성과에 대한 이상적 관념(理想的 觀念)', 또는 '교육에서 가장 이상적이라 생각되는 것을 목표로 삼아 지향해야 할 최고의 가치 체계'로 해석할 수 있다.

대한민국 교육법 제2조에 명시된 '교육이념'은 "교육은 홍익인간의 이념 아래 모든 국민으로 하여금 인격을 완성하고 자주적 생활능력과 공민으로서의 자질을 구유하게 하여 민주국가 발전에 봉사하며 인류공영의 이상 실현에 기여함을 목적으로 한다."고 명시하고 있다. 홍익인간(弘益人間) 정신은 고조선의 건국

이념으로 우리 민족의 맥을 이어온 정신적 원동력이라는 점에서 효와의 연계성이 깊다. 그러므로 교육의 이념과 효의 연계성은, 교육이 나가야 할 이상적인 방향과 목표를 찾아가는 것을 교육의 이념이라고 할 때, 효교육은 '홍익인간의 이념'을 구현케 하는 보편적 가치교육을 하는 것이라는 점에서 연계성이 있다.

2. 교육의 목적과 효

교육의 목적과 효의 관계이다. 교육의 목적은 교육이념의 하위개념으로, 실현하고자 하는 방향과 목표를 찾아가는 것이다. 목적(目的)이란 사전적으로 '실현하려고 하는 일이나 나아가는 방향', '실천 의지에 따라 선택하여 세운 행위의 목표'로 정의된다. 따라서 교육의 목적은 교육을 통해 실현하고자하는 인간의 소망이 이루어지도록 방향성을 제시한 것이라 할 수 있다.

> **Tip**
> 교육목적은 인류가 실현하고자 하는 방향과 목표를 찾아가는 것이다. 효야말로 인간이 실현해야 할 방향과 목표라는 점에서 연계성이 있다.

이런 점에서 교육의 목적과 효의 연계성은, 교육은 실현하고자 하는 방향과 목표를 찾아가는 것, 즉 교육을 통해 실현하고자 하는 비전이 이루어지도록 방향성을 제시하는 것이고, 효는 부모와 스승이 원하시는 바대로 따라 가는 것이라는 점에서 교육의 목적과 효는 연관성이 있다.

3. 교육의 목표와 효

교육의 목표와 효의 관계이다. 교육의 목표는 교육목적의 하위개념으로, 교육에 의해 달성하고자 하는 현실적 대상이다. 목표(目標)는 사전적으로 '어떤 목적을 이루려고 지향하는 실제적 대상'을 말한다. 따라서 교육

> **Tip**
>
> 교육목표는 교육으로 달성하고자 하는 현실적 대상이다. 따라서 가족사랑을 시작으로 이웃과 인류, 나라와 자연으로 확대되어야 하는 효는 교육이 지향해야 할 현실적 대상이다.

목표(教育目標)는 의도적 교육에 있어서 달성하고자 하는 최종적 교육의 성과이고 교육목적을 보다 구체화시킨 항목이라고 할 수 있다.[7]

교육의 목표는 "교육은 이상적인 인간을 형성케 하는 데 있다.(아리스토텔레스)", "효는 덕의 근본이요 모든 가르침이 그로 말미암아 생겨난다.(공자)"는 표현에서 교육목표와 효는 연계성이 있음을 알 수 있다.

7 『교육학 용어 사전』, 서울대학교 교육 연구소. p. 107.

Ⅳ '德(덕)'과 '가르침의 원천'으로 본 교육과 효

교육의 궁극적 목적은 도덕적 품성의 도야(陶冶)에 있다. 덕(德)은 인간이 갖추어야 할 최고의 가치이기 때문인데 "덕이란 바른 도리를 행하려는 어진 마음이다. 덕도 훈련이

> **Tip**
> 덕육은 교육의 궁극적인 목표이며 덕은 최고의 가치이다. 이러한 덕은 효가 근본〔孝德之本也〕이라는 점에서 효와 연관성이 있다.

필요하다. 덕이 필요한 이유는 올바르다고 생각하면서도 실행하지 않기 때문이며 감정이 동반된 행위가 되어야 하기 때문이다."[8]라는 표현에 잘 나타나 있다. 그래서 초등학교 시절에는 '바른생활'과 '도덕(道德)'으로 배우고, 중·고등·대학교 시절에는 '윤리(倫理)'라는 과목으로 교육을 받는다. 토마스 리코나는 "인성교육은 덕을 가르침으로써 인격을 형성하려는 의도적인 노력이다. 우리가 덕을 소유하면 할수록 우리의 인격은 더 강해진다."[9]고 하여 덕을 강조했는데, 공자는 이보다 2500여 년 전에 "덕은 효를 근본으로 한다.〔孝德之本也〕"고 역설했다.

그러나 오늘날 많이 배운 사람이 적게 배운 사람에 비해, 돈 많은 부자가 가난한 사람에 비해 불효를 더 많이 한다는 연구결과[10]에서 보듯이 '지식'과 '덕성'은 비례하지 않는 것으로 보인다. 이는 핵가족화로 인한 가정교육의 부실, 윤리와 도덕 교육보다 입시 위주 교육에 치중하는 학교교육의 현실과 연관이 깊다고

---

8 황경식, 『덕윤리의 현대적 의의』, 아카넷. 2012. p. 25.

9 고미숙, 『인성교육』, 양서원. 2008. p. 212.

10 김영림, '부모 부양 책임감의 세대간 차이', 연세대 빈곤문제국제개발연구원, 경향신문(2014. 11. 18).

본다. 실제 청소년들이 말하는 인성교육에 나쁜 영향을 주는 것 중에 하나가, 집에서 부모와 자녀가 함께 TV를 시청할 때 부모가 무심코 내뱉는 '욕설'과 '막말'이라는 점이다. 이런 면에서 볼 때 부모의 언행이 덕스러워야 한다.

덕(德)이란 인간이 인간으로서 갖추어야 할 됨됨이와 인격적 역량을 말하며, 인간이 스스로의 수양을 통해서 얻어지고, 그것이 다시 실천을 통해 나타날 때 가치를 지닌다. 그러나 오늘날 우리 사회의 자화상은 고학력자이면서도 언행은 그와 반대의 현상이 곳곳에 나타나고 있다. 이는 교육의 여러 과정과 연관이 있다고 본다.

효가 덕의 근본이 되고 가르침의 원천으로 작용한다고 보는 것은 "효는 덕의 근본이요 모든 가르침이 그로 말미암아 생겨난다."[11]는 『효경』의 내용에 기초한다.

---

11 「개종명의장」, "孝德之本也 敎之所由生也."

인격적 능력의 기본이 되는 덕은 효가 기본이고, 가르침의 원천으로 작용하게 되는 것이다. 그리고 효를 행하는 사람은 타인에 대해서도 도덕적으로 대하기 마련인데, 『효경』에 "부모를 사랑하는 사람은 다른 사람을 미워하지 않고 부모를 공경하는 사람은 다른 사람을 업신여기지 않는다."[12], "부모를 섬기는 사람은 윗자리에 있어도 거만하지 않고 아랫자리에 있어도 질서를 어지럽히지 않으며 같은 무리와 함께 있어도 서로 다투지 않는다."[13]라고 했다. 또한 "교육이란 인간을 지력으로만 가르치고 도덕으로 가르치지 않는다면 사회에 대하여 위험을 기르는 것이 된다.(루즈벨트)", "교육은 덕을 닦는 것이다.(소크라테스)", "교육은 인간을 도덕적으로 만드는 것이다.(헤겔)", "교육목적은 도덕적 품성을 도야 하는 것이다.(헤르바르트)", "교육은 바람직한 정신 상태를 도덕적이고 온당한 방법에 의해 의도적으로 실현하는 일이다.(피터스)", "최선의 교육은 스스로 모범을 보이는 것이다.(탈무드)" 등의 표현에서도 교육과 효의 관계를 알 수 있다.

---

12 「천자장」, "愛親者 不敢惡於人 敬親者 不敢慢於人."
13 「기효행장」, "事親者 居上不驕 爲下不亂 在醜不爭."

Ⅴ '부모'와 '자녀' 관계 속에서 본 교육과 효

혼히 "자녀는 부모의 등을 보고 배운다."고 한다. 세상사에는 어려운 일이 많은데, 그중의 하나는 누군가를 가르치는 일을 직업으로 하는 일이다. 오죽하면 "스승의 똥은 개도 먹지 않는다."는 말이 있을까? 이 말은 제자를

> **Tip**
>
> 자녀의 성공 여부는 가정에서 부모의 역할에 달려있다. 그리고 자녀의 행동을 보면 부모의 면면을 알 수 있다. 자녀는 부모의 등을 보고 배우기 때문이다.

가르치는 일이 얼마나 힘든 일인가를 나타내주는 말인데, 이보다 더 힘든 일이 부모가 자녀를 가르치는 일이다. 교사는 일과시간에만 영향을 주지만 부모는 잠자는 시간까지도 영향을 주기 때문이다.

그리스의 시인이자 극작가인 소포클레스는 "자기 가정을 훌륭하게 다스리는 자는 국가의 일에 대해서도 가치 있는 인물이 된다."고 했다. 가정교육의 성공 여부가 여타 교육에 영향을 미치게 된다는 것인데, 가정에서의 교육은 부모가 원하는 바를 따르려는 것, 부모를 사랑하는 데서부터 시작되어야 한다는 점에서 효는 교육의 기본으로 작용한다. 『효경』에 "백성들로 하여금 부모를 사랑하게 하는 데는 효보다 좋은 것이 없다."[14]는 말은 효를 가르치면 자연스레 자식들이 부모를 사랑하게 되고, 국민 모두가 그런 마음을 가지게 되면 사회가 건강해진다는 의미로 이해할 수 있다. 『논어』에 "그 사람의 됨됨이가 효성스럽고 겸손하면서 윗사람에 대해 불손한 경우는 거의 없다. 윗사람에게 대들지 않는 사람 치고 난동부리는 사람은 아직까지 없었다."[15], 『예기』에 "세상 사람들로 하여금 사

---

14 「광요도장」, "教民親愛莫善於孝."

15 「학이편」, "其爲人也孝弟 而好犯上者鮮矣 不好犯上 而好作亂者 未之有也."

랑을 실천하게 하려면 지도자가 먼저 그 부모를 사랑하는 데서 시작한다. 이것이 구성원들에게 사랑과 화목의 도를 가르치는 방도이다."[16]라는 표현이 이를 뒷받침한다.

"효는 원초적 사랑이다."

필자가 접한 사례 중에 이런 내용이 있다. MBC 라디오 '양희은의 여성시대 프로(2016. 11. 28. 09시)'에서 소개된, 서울시 금천구 시흥대로에 사는 권정자 씨의 이야기이다. "너무 기쁘고 가슴 벅차서 몇 자 적으려 합니다. 지금까지 열 번의 이삿짐을 쌌지만 이번이 마지막입니다. 내년 3월 3일이면 자가 아파트로 입주하기 때문인데요, 저는 식탁의 유리 밑에 계약서를 깔아놓고 밥 먹을 때마다 쳐다보면서 기쁨을 느낍니다. 소아마비로 불편한 남편은 사업이랍시고 벌리다 망한 것이 여러 번이고, 주인집에 '아이 좀 깨워서 학교에 보내주세요.' 부탁

16 「제의편」, "立愛自親始 教民睦也."

하고 요양보호사로, 식당일로 나다녔습니다. 그런데 제 나이 50이 되면서 인생이 바뀌었습니다. 큰딸 때문입니다. 큰 딸은 살림 밑천이라 했던가요? 부모로서 학교 한 번 찾아간 일 없었지만 고등학교 전교회장에 장학생, 명문대에 수시 합격하더니 졸업 전에 대기업에 취업해서 6년 동안 봉급 모아 월세에서 전셋집으로, 전셋집에서 자가 아파트로 이사하게 해준 것은 딸의 덕입니다. 과외나 학원 한번 보내지 못한 저로서는 딸에게 미안하고 고맙기만 합니다. 동네에선 '개천에서 용이 났다.'고 칭찬합니다. 고은, 다은 두 딸 사랑한다. 다음 세상에는 유복한 집에 태어나서 행복하게 살아라…"는 내용이다.

필자는 이 방송을 들으면서 "몸으로 가르치면 따르고 말로 가르치면 따진다."[17]는 『논어집주』의 내용이 생각났다. 고은 양을 모범적인 삶으로 이끈 것은 그녀의 효심이고, 그렇게 되기까지는 어머니의 '본보기'와 딸의 거울신경(Mirror Neuron) 작용이 있었음이다. 그리고 어머니의 모습은 링거링 효과(Lingering Effect)로 오래오래 기억되어 작용했을 것이다. 이야말로 결혼 전에 부모님께 집을 사드리겠다는 결심을 효행으로 보여드린 값진 사례이다. 페스탈로치는 "이 세상에는 여러 가지 기쁨이 있지만. 그 가운데서 가장 빛나는 기쁨은 가정의 웃음이다. 그다음의 기쁨은 자녀를 보는 부모들의 즐거움인데, 이 두 가지의 기쁨은 사람의 가장 성스러운 즐거움이다."라고 했다.

---

17 "以身敎者從 以言敎者訟."

VI 생각해보기(토의 주제)

❶ 인성교육의 과정에서 '가정교육'의 중요성을 세 가지 이상의 예를 들어 각자의 주관적 입장에서 의견을 발표해 봅시다.

❷ 가정의 역할과 기능 중에서 가장 중요하다고 판단되는 것을 제시하고 가훈과 연계하는 방안에 대하여 각자의 주관적 의견을 발표해 봅시다.

❸ 인성이 함양되는 과정에서 모유수유의 중요성과 함께, 모유수유의 비율을 향상시킬 수 있는 방안을 인성함양의 관점에서 각자의 주관적 의견을 발표해 봅시다.

제**2**장
인성교육과 효교육의 관계

　인성교육은 자신을 조율하고 타인·공동체·자연과 조율할 수 있는 바람직한 성품과 역량을 기르는 교육이다. 그리고 효교육은 자기성실과 책임의 원리를 바탕으로 부모와 형제 등 가족 관계를 원만히 하고, 이를 바탕으로 친구와 이웃, 사회와 국가, 인류와 자연에 이르도록 관계를 정립하게 하는 교육이다. 이런 점에서 인성교육과 효교육은 연관성이 있다. 그리고 인성교육과 효교육은 '가르쳐서'라기보다 몸으로 익혀서 '절로 되는 체화교육'이라는 공통점이 있다. '절로된다'는 의미는 '주위에 모범이 되는 이가 있으면 '거울신경(Mirror Neuron)'이 작용하게 되고, 그 모습을 닮게 되어 '링거링 효과(Lingering Effect)'로 이어지게 된다. 예컨대 울지마 톤즈의 이태석 신부가 꼬마시절에 다미안 신부의 영향을 받았고, 평생을 가난하고 병든 사람들을 위하여 봉사한 테레사 수녀가 우리에게 영향을 주는 것과 같은 이치이다. 이렇듯이 인성교육과 효교육은 그 어떤 교육보다도 '본보기'에 의한 교육이 중요하다.

　인성교육은 인성을 함양하는데 필요한 제반 교육활동이란 점에서 볼 때, 이는 교육의 세 마당으로 일컫는 가정교육·학교교육·사회교육이 통합적으로 이루어지고 잉태하는 순간부터 죽음에 이르기까지 전생애적(全生涯的)으로 이루어져야 하는 교육이다. 그중에서 가정교육이 가장 중요한데, 그 이유는 인생의 기초가 되는 대부분은 가정에서 형성되기 때문이다. 그래서 가정교육을 '오뚝이의 원리'에 비유하기도 하는데, 오뚝이가 바로 설 수 있는 것은 무게 중심이 밑에 있기 때문인 것처럼, 가정교육이 중심을 잡아주어야 학교교육과 사회교육이 바로 설 수 있다는 점에서다. 그래서 효교육을 '親親愛人(친친애인)'과 '同心圓(동심원)'의 원리에 비유한다. 사람의 관계는 가정에서 가족관계에서 비롯되고 가까운 사람과의 좋은 관계를 시작으로 친구와 이웃, 사회와 국가, 인류와 자연 등으로 확대되기 때문이다.

이런 맥락에서 제2장(章)에서는 인성교육과 효교육의 관계를 '물과 고기[水魚之交]', '기본과 수범', '상호성과 책임성', '자기성실성과 회복탄력성', '관계의 원리' 등과 연계하여 살펴보기로 한다.

▌ '水魚之交(수어지교)'로 본 인성교육과 효

인성교육과 효교육의 공통점은 '몸으로 익혀서 절로 되는 체화(體化)교육'이라는 점이다. 그래서 두 교육의 관계를 '물과 고기의 관계[水魚之交]'에 비유할 수 있다. 물과 고

> **Tip**
> 인성교육이 '물'이라면 효는 '물고기'이고, 효가 '물고기'라면 인성교육은 '물'이다. 따라서 인성교육과 효는 불가분의 관계이다.

기의 관계는 공존공생(共存共生)의 원칙이 적용되는 관계다. '인성'이 물이라면 '효'는 물에 살고 있는 물고기에 해당하고, 반대로 '효'가 물이라면 '인성'은 물고기에 해당된다. 물이 오염되면 물고기가 살 수 없듯이 인성이 되지 못한 부모와 교사 밑에서는 올바른 자녀와 제자가 성장되기 어렵다는 점에서 공존공생의 관계인 것이다. 그러나 효심이 있으면 자연스레 인성이 좋아지고, 인성이 된 사람은 효심도 갖춰지기 마련이라는 점에서 효와 인성은 상보적 관계로 봐야 한다.

효를 실천하는 것은 본디 누군가를 위해 희생하는 것이고, 봉사하는 것이다. 효를 해본 사람은 느끼겠지만 효를 한다는 것이 얼마나 어려운 일인지를 알아야 한다. 그래서 효를 행하게 되면 인성은 절로 함양되는 것인데, 효행이야 말로 최고의 '봉사'이고 '감사' 행위이기 때문이다. 알려진 바에 의하면 인성함양과 봉사활동은 그 연관성이 깊은 것으로 나타나 있다. 봉사하는 마음은 곧 도덕성 발달로 이어진다는 점에서 청소년의 자아정체성과 이타성, 사회적 책임성이 결합된 도덕성 발달에 긍정적인 영향을 미치게 된다는 점이다. 특히 자원봉사활동에 참여해본 경험이 있는 청소년들이 그렇지 않은 청소년들에 비해 자율성·안정성·지도성·근면성·사교성·책임성을 하위영역으로 하는 사회성 발달 정도가 더 높다는 연구[18]가 있다.

인간은 누구나 행복하기를 원한다. 그리고 행복은 여러 요인을 통해서 오게 되는데, 그중에서 '관계'가 가장 중요하다. 인간의 행복은 대체로 '즐거움'과 '삶의 의미'를 통해서 찾게 되는데, 삶의 즐거움은 연인관계나 부부관계에서 오지만, 삶의 의미는 부모와 자식의 관계에서 찾는다. 그리고 부모와의 관계가 원

---

18 교육부, 『인성지수 개발연구』, 2014. p. 16.

만하지 못한 상태에서는 결코 행복을 이룰 수 없다는 점이다. 이런 점에서 부모와 자식의 관계를 이어주는 효는 행복에 영향을 주고, 인성함양에도 영향을 주게 되는 것이다.

"부모를 사랑하는 사람은 다른 사람을 미워하지 않고 부모를 공경하는 사람은 다른 사람을 업신여기지 않는다.(천자장)"[19], "부모를 섬기는 사람은 윗자리에 있어도 거만하지 않고 아랫자리에 있어도 질서를 어지럽히지 않으며 같은 무리와 함께 있어도 서로 다투지 않는다.(기효행장)"[20]는 『효경』, 그리고 "리더(군자)는 근본을 세우는데 힘써야 하며 근본이 서면 길과 방법이 저절로 생긴다. 효(孝)와 우애(悌)는 인(仁)을 이루는 근본이다.(학이편)"[21]는 『논어』 등의 내용은 결과적으로 효를 하게 되면 인성은 저절로 함양되게 되는 것이다. 이런 점에서 인성교육과 효는 물과 고기의 관계〔水魚之交〕에 비유할 수 있다.

---

19 "愛親者 不敢惡於人 敬親者 不敢慢於人."
20 "事親者 居上不驕 爲下不亂 在醜不爭."
21 "君子務本 本立而道生 孝悌也者 其爲仁之本與."

Ⅱ '기본'과 '수범'으로 본 인성교육과 효

인성교육과 효교육은 모두 '절로 이루어져야 하는 체화교육'의 성격을 가진다는 점에서 공통점을 가진다. 인성교육과 효교육은 기본이 특히 중요한데 『소학』에 "마당 쓸 때는 물을 뿌리고 어른 보면 인사하고 나아갈 때와

> **Tip**
>
> 인간이 행해야 할 '기본' 중에서 기본은 부모와 자식의 관계를 좋게 하는 것이고, '수범'은 부모가 부모다움을 보이는 것이다. 그리고 효는 기본과 수범을 아우를 수 있는 기본 중의 기본이다.

물러날 때를 아는 것이 예절이다.(서제)"[22]라는 내용을 먼저 가르치고, 그다음에 "예법과 음악, 활쏘기와 말 몰기, 산술과 글쓰기 등을 가르쳐야 한다.(서제)"[23]고 나와 있다. 필자는 어린 시절, 서당에서 이런 내용을 배운 기억이 있다. 그리고 기본예절과 연관해서 들었던 이야기가 "가장 큰 효는 부모님의 뜻을 높여 따르는 것이고 그다음은 부모님을 욕되게 하지 않는 것이며, 마지막이 부모님을 봉양할 능력을 갖추는 것이다.(제의편)"[24]라는 『예기』의 내용이다. 어렸을 적부터 상대방의 입장에 대한 배려, 어른에 대한 인사, 해서 될 일과 해서는 안 될 일을 구별할 줄 알아야 하고, 이런 것들을 잘 하지 못하면 부모님을 욕되게 하는 행위임을 알게 했던 것이다.

결과적으로 이런 가르침이 기본에 충실하는 삶으로 연결되고, 부모님 의중에 맞게 행하다 보면 기본예절을 지키게 되는 결과로 이어지는 것이다. 그래서 인성교육은 수직적인 관계에서 수평적 관계로 범위를 넓혀가는 과정으로 보아야 한

---

22 "灑掃應對進退之節."

23 "禮樂射御數之文."

24 "大孝尊親 其次不辱 其下能養."

다. 이는 "인성교육은 부자(父子)·사제(師弟)·장유(長幼) 등 기본적인 관계를 중심으로 다양한 방법과 프로그램을 경험하는데서 이루어진다."[25]는 주장과 맥을 같이 한다. 그리고 이러한 기본은 효(孝, HYO)에서 비롯되는 것으로 보는데, 자식 입장에서 보면 효는 부모님이 원하시는 방향으로 행하는 것이기 때문이다. 예컨대 대기업에서 신입사원을 선발하면 맨 먼저 교육하는 내용이 '인사의 의미와 방법'이라고 한다. 우수인재를 뽑았으면 회사가 필요로 하는 내용을 우선적으로 교육해야 함에도 '인사성'부터 교육하는 이유는 기본이 그만큼 중요하고 우리 사회가 교육과정에서 기본을 소홀히 해왔음을 반증하는 것이다.

또한 인성교육과 효교육에서는 수범이 중요하다. 앞에서 밝혔듯이 "몸으로 가르치면 따르지만 말로 가르치면 따진다."[26], "자신(自身)이 어버이에게 효도하면 자식이 나에게 효도할 것이나, 내가 어버이에게 효도하지 않는다면 자식이 어찌 나에게 효도하겠는가?"[27]라는 내용에 잘 나타나 있다. 옛말에 "세 살 버릇 여든 간다.", "효자 가문에서 효자 나온다."는 말 또한 부모의 수범과 연관이 깊다. 즉 부모의 효행을 보고 자식들은 앎(知)을 터득하게 되고 느낌(情)과 다짐(意)으로 연결되며, 그것이 행동(行)으로 나타나게 되는 것이다.

본디 인간이 가르침을 통해 변화되기 위해서는 "지(知:앎)→정(情:느낌)→의(意:다짐)→행(行:실천)"이라는 과정을 필요로 한다. 즉 알게 된 내용이 느낌으로 작용하고, 그 느낌이 다짐의 단계로 옮겨져서 행동화되는 것이다. 효 또한 마찬가지로 효도하는 부모의 모습을 본 자식이 '앎'으로 받아들여져서 '느낌'과 '다

25 『인성교육활성화방안』, 한국교육정책 연구소, 2013. p.10~11.
26 『논어집주』 「안연편」, "以言教訟 以身教從."
27 『명심보감』 「효행편」, "太公曰 孝於親 子亦孝之 身既不孝 子何孝焉."

짐'으로 연결되어 질 때 비로소 '효행의 실천'으로 옮겨 행하게 되는 것이다.

이런 사례(事例)도 있다. 어떤 엄마가 자녀를 차에 태우고 운전해 가던 중에 빨 간 신호등이 켜진 상태인데도 신호를 무시하고 주행하는 모습을 본 자녀가 "엄 마 선생님이 그러는데 빨간 신호등이 켜지면 멈춰야 하고 파란불이 켜지면 가야 한댔어요!"라고 하자 그 엄마는 "이 바보야 그렇게 살면 아무것도 못해!!"하면 서 계속 운전한 경우가 있었다고 한다. 이런 경우는 수범과 정반대되는 사례이 다. 또한 TV 드라마에서 비록 작가의 생각이긴 하겠지만 부유한 집에서 성장해 서 결혼한 신랑, 신부의 행동이 정상적이지 못한 모습이 다루어지고 있음을 볼 수 있는데, 이 또한 부유한 계층일수록 기본교육을 소홀히 함으로써 나타나고 있는 사회적 현상으로 볼 수 있을 것이다. 이런 점에서 인성교육과 효교육은 기 본과 수범이 중요함을 알 수 있다.

Ⅲ '상호성'과 '책임성'으로 본 인성교육과 효

인성교육과 효교육은 상호적 관계에서 조 화를 이루도록 각자의 책임이 요구되는 영역 이다. "인성교육은 자신의 내면을 바르고 건 전하게 가꾸고 타인·공동체·자연과 더불어

> **Tip**
>
> 효는 부모와 자식의 상호적 관계에 서 출발한다. 어린 자식을 부모가 책임지듯이, 늙으신 부모님은 자식 이 책임지고 봉양해야 한다.

살아가는데 필요한 인간다운 성품과 역량을 함양하는 교육이다.(인성교육진흥 법)"라는 정의에서 보듯이, 상호성을 기초로 쌍방간 서로를 존중하고 배려하는

책임성을 요구한다는 공통점이 있다.

효교육에 있어서도 "부모는 자식의 벼리(모범)가 되어야 한다."는 '父爲子綱(부위자강, 동중서)', "부모는 자식을 사랑하고 자식은 부모에게 효도해야 한다."는 '父慈子孝(부자자효, 공자)', "부모와 자식은 어떤 경우라도 친함이 있어야 한다."는 '父子有親(부자유친, 맹자)' 등에서 보듯이 부모와 자식의 쌍무적·조화적 노력으로 상호 간에 책임을 다하는 데서 시작된다. 자식이 어렸을 때는 부모가 책임을 다하여 자녀를 돌보고, 부모가 연로해졌을 때는 자식이 책임을 다하여 보살펴 드리는 상호적·조화적 관계로 보아야 하는 것이다. 가나안 농군학교에서 효를 '내리사랑·올리효도'[28]로 표현하는 이유도 효를 조화(調和)의 이치로 보기 때문이다. 그러나 여기서도 '윗물'의 역할이 강조되어야 한다. 윗물이 맑아야 아랫물이 맑을 수 있고, 부모의 역할이 모범적이어야 자녀 또한 바른 도리로 부모님의 은혜에 보답할 수 있다는 점에서다.

---

28 김평일, 『내리사랑·올리효도』, 고려원, 1995. 책 제목.

효가 상호적이면서도 조화적 관계를 추구하는 것이라는 내용은 여러 문헌에 나타나 있다. 『성경』에 "효는 부모를 기쁘게 하고 걱정 끼치지 않는 것이며, 자녀를 돌보고 사랑하는 것이다.(잠23:25)", "(자녀들아) 네 아버지와 어머니를 공경하라, 이것은 약속이 있는 첫 계명이니 이로써 네가 잘 되고 땅에서 장수하리라. 또 아비들아 너희 자녀를 노엽게 하지 말고 오직 주의 교훈과 훈계로 양육하라(엡6:2-4)"고 했고, 불교 경전에는 "부모는 자식을 잘 가르치고 자식은 부모가 원하는 바를 계승해야 한다.(아함부경)", "자식은 부모를 다섯 가지로 섬겨야 하고 부모는 역시 다섯 가지로 자식을 돌보아야 한다.(육방예경)"고 했으며, 『예기』에 "인간으로서의 의로움은 부모는 자식을 사랑하고 자식은 부모에게 효도하며, 형은 현량하고 아우는 형을 공경하며, 남편은 의롭고 아내는 남편 말을 들어야 하며, 어른은 은혜로워야 하고 어린이는 순해야 하며, 리더(군주)는 인자해야 하고 구성원(신하)은 충성해야 한다. 이 열 가지를 이르러 사람의 의로움(人義)라고 한다."[29]는 등의 내용이다.

이처럼 인성교육과 효교육은 상호성을 기초로 조화(Harmony)를 추구한다는 공통점이 있으며, 대인간 갈등을 풀어가는데도 도움을 준다. 갈등은 마치 칡넝쿨이 뒤엉킨듯한 심리상태를 뜻하지만, 인간사에서 피하기 어려운 상황을 뜻한다. 이러한 심리 현상은 가정에서 부모와의 관계, 형제자매와의 관계에서 형성된, 안정된 자아를 바탕으로 동심원(同心圓)적인 작용을 기대할 수 있다는 점에서다. 효는 '경천의 원리', '사랑과 공경의 원리', '관계와 조화의 원리', '덕성과 의로움의 원리', '자기성실과 책임의 원리' 등 '효의 기본원리'[30]로 작용한다는 점에

---

29 「예운편」 "人義 父慈子孝 兄良弟弟 夫義婦聽 長惠幼順 君仁臣忠 十者謂之人義."

30 김종두, 『효패러다임의 현대적 해석』, 명문당, 2016. pp. 161~178.

서도 인성교육과 효교육은 상호성과 책임성이 따르는 영역임을 알 수 있다.

Ⅳ '자기성실성'과 '회복탄력성'으로 본 인성교육과 효

자기성실(自己誠實)은 곧 자기 자신에 대하여 도덕을 기초로 최선을 다하는 삶을 의미한다. 그렇기 때문에 "자기계발에 충실하기보다 부모를 위한답시고 부모 곁을 지키면서 자기를 망가뜨리고 집안을 기울게 하는 것은 참

> **Tip**
> 자기성실은 자신에게 도덕을 기초로 최선을 다하는 것이고, 회복탄력성은 역경과 시련을 도약의 발판으로 삼는 굳건한 정신인데, 여기서 효심이 지렛대로 작용하는 것이다.

된 효가 아니며, 오히려 불효막심한 일이다."[31] 따라서 자기성실의 삶은 도덕을 기초로 정성스럽고 진실되게 최선을 다하는 삶이다. 인성교육이 인간을 인간되게, 인간답게 하는 교육이라는 점에서 인간은 누구나 가치를 추구하고 실현하려는 욕구를 가지는데 인간이 가치를 추구하고 실현하는 것은 자아를 실현하고자 함이다. 그리고 자아실현은 인간다운 인간이 되고자 하는 것이고 나를 이루는 것이며, 나를 이룬다는 것은 곧 나의 인간됨을 이루는 것이므로 이는 '자기적 효'와 연관된다.

---

31 홍일식, 『문화대국으로 가는 길』 "효가 외면당하는 이유", 2017. p. 288.

자식의 입장에서 보면, 자기성실의 삶은 자신을 낳아주시고 길러주신 부모님을 걱정시켜드리지 않고 기쁘게 해드리는 삶, 부모님의 은혜에 보답하는 책임 있는 자세로 세상을 살아가는 삶이다. 『성경』에 "네 이웃을 네 몸과 같이 사랑하라."고 한 것은 이웃을 사랑하기 위해서는 먼저 자신부터 사랑해야 한다는 의미를 담고 있다. 자신을 사랑하지 않으면서 다른 사람을 사랑한다는 것은 특별한 경우를 제외하고는 거짓된 행동일 수 있다. 나의 소중함을 인식하고, 그러한 마음으로 타인을 소중하게 대하며 자기성실성을 바탕으로 부단한 자기계발(自己啓發)을 통해 입신양명(立身揚名)해야 한다.

리더십에서도 자기에게 성실하고 자신을 소중히 여기는 사람이 남을 사랑하고 배려할 수 있다고 보고 있다. 리더십으로 상대방을 변화시키기 위해서는 리더가 자기 자신부터 변화시킬 수 있어야 한다는 것인데 노자(老子)도 "상대방과 싸워 이기는 사람이 강한 것이 아니라 자신과 싸워 이기는 사람이 더욱 강한 사람이다."라고 했다. 불교 경전에 "효는 모든 선(善)을 행하게 하는 근본이요 모범이 되게 하는 것이다.(범망경)", 『맹자』에 "어버이를 기쁘게 하는 데는 방법이 있으니 자신에게 성실하지 못하면 어버이를 기쁘게 하지 못할 것이다. 자신을 성실하게 하는 데에는 방법이 있으니 선(善)에 밝지 못하면 자신이 성실해질 수 없을 것이다."[32]라는 표현에도 잘 나타나 있다.

회복탄력성(回復彈力性)은 '크고 작은 다양한 역경과 시련과 실패를 오히려 도약의 발판으로 삼아 더 높이 튀어 오르는 마음의 근력'[33]을 의미한다. 이는 마치 공에 주입된 공기의 양(量)에 따라 탄력성에 차이가 있듯이 사람의 마음의 근육(心筋)에 따라 회복탄력성이 다르게 나타난다는 것이다. 역경으로 인해 밑바닥까지 떨어졌다가도 강한 회복탄력성으로 튀어 오르는 대부분의 경우, 원래 있었던 위치보다 더 높은 곳까지 올라가게 되는 경우를 보게 된다. 지속적인 발전을 이루거나 커다란 성취를 이뤄낸 경우를 보면 실패는 하나의 경험이자 성공에 이르는 과정으로 여기는 공통점이 있다. 그리고 여기서 마음의 근력(心筋)으로 작용하는 것이 효심(孝心), 즉 부모님께 성공하는 모습을 보여드리고 싶은 욕구이다.

사람은 어떤 불행한 사건이나 역경에 대해 어떤 의미를 부여하느냐에 따라 불행해지기도 하고 행복해지기도 하는데, 세상일을 긍정적으로 받아들이는 습관을 들이면 회복탄력성은 향상되기 마련이다. 특히 효는 의로움을 기반으로 한다는 점에서 회복탄력성과 연관이 깊은데 "효는 의를 따르는 것이지 부모를 따르는 것이 아니다."[34], "성공함에는 의로움이 있어야 하는데 효가 그 근본이

---

32 『맹자』「이루구 상」, "悅親有道 反身不誠, 不悅於親矣. 誠身有道 不明乎善, 不誠其身矣."

33 김주환, 『회복탄력성』, 위즈덤하우스, 2015. p. 17.

34 『순자』「자도편」, "孝子從道不從君 從義不從父."

다."[35] 등의 표현에서 인성교육과 효교육은 자기성실성 및 회복탄력성과 연관됨을 알 수 있다.

Ⅴ '관계의 원리'로 본 인성교육과 효

사람은 관계 속에서 살아간다. 부모와의 관계로 와서 자식과의 관계로 가는 것이 인생이다. 관계는 이처럼 인간의 삶에서 행복에 영향을 준다. 그래서 조지베일런트는 "성공과 행복에 영향을 주는 유일한 요소는 관계다."라고 했는데, 심지어 '관계권력'이라는 말이 있을 정도이다. 그래서 사람들은 관계를 잘하려는 노력을 하게 되는데, 그중에 하나가 칭찬을 활용하는 것이다. 칭찬을 받는 사람은 유능감(Efficacy)을 느끼게 되고 관계(Relation)도 향상되기 때문이다. "칭찬은 고래도 춤추게 한다.", "먹는 물도 칭찬하면 육각수로 변한다."는 말도 이 때문이다. 혹자는 효와 인성, 칭찬을 관계와 연계해서 "효는 관계의 뿌리이고 칭찬은 관계의 토양이며, 인성은 관계의 열매다."[36]라고 표현한다.

> **Tip**
> 인간관계는 가족관계(부자관계)로부터 시작된다. 효(孝, HYO)는 관계를 돈독하게 하는 덕목이자 가치이고, 칭찬은 영양요소이다.

인간관계는 부모와 자녀의 관계로부터 시작된다. 아기가 잉태한 순간부터 엄마의 심장 박동소리를 음악소리로, 엄마의 숨소리는 바람소리로, 엄마의 혈류소

---

35 『명심보감』「입교편」, "立身有義而孝爲本."
36 이정식, 대전 칭찬·효지도사 교육원활성화방안 토의시(2017. 12. 12).

리는 시냇물 소리로 들으며 태내에서 자라게 되는 것이다. 그러다가 세상에 나오면 엄마와의 눈 맞춤을 통해서, 피부 스킨십을 통해서 관계를 맺어 간다. 여기서도 칭찬이 필수인데, 그러면서 부모는 아이의 거울로, 나는 타인의 거울로 세상을 살아가게 된다. 이처럼 가까운 사람과의 관계를 시작으로 확대되어가는 것을 친친애인(親親愛人)과 동심원(同心圓)의 원리로 표현한다.

친친애인은 먼저 가까운 사람을 사랑하고, 이를 바탕으로 타인과 이웃, 사회와 국가, 인류와 자연으로 사랑을 확대하여 조화를 유지해 나간다는 의미이고, 동심원이론은 시작지점을 중심으로 방사선처럼 확대해 나간다는 내용이다. 이는 마치 호수 가운데에 돌을 던지면 물결의 파문(波紋)이 확산돼가는 모양과 같은 이치이다.

인성교육과 효교육도 같은 맥락이다. 이는 "사람이 된 후에 학문, 명예, 재물이다."[37]라는 말과도 같은 이치인데, 인성이 된 사람이 학문을 많이 하거나, 높은 직위에 올랐을 경우, 또는 재물을 많이 모았을 경우 인류사회에 도움을 주려 하겠지만, 인성이 갖춰지지 않은 사람이 학문을 많이 했다고 앞에 나서거나, 높은 지위에 오르거나, 재물을 많이 모으게 되면 인류를 행복하게 하는 것이 아니라 자신의 이익에만 몰두하여 남에게 불행을 주는 쪽으로 힘을 과시하게 되는 경우가 있다.

이렇게 볼 때 인성교육과 효교육은 '친친애인(親親愛人)'과 '동심원(同心圓)의 원리'가 적용되는 공통점이 있다. '인성'이나 '효' 모두는 가까운 사람과의 관계, 즉 가족관계를 시작으로 친척과 이웃, 학우와 직장동료, 나라와 자연으로 확

---

37 홍우준(경민학원 설립자), 경민학원 설립이념.

대해가는 특성 때문이다.

우리는 주변에서 부모·형제·자매 등 가족 관계에서 화목하지 않은 사람들이 나라를 위해 정치를 하겠다거나, 기업을 위해 헌신하겠다는 등 공약을 내세우는 경우를 보게 되는데, 나중의 결과는 매우 참혹하게 끝나는 모습도 보게 된다. 실제로 피를 나눈 가족끼리도 화합하지 못하면서 타인과 이웃 등에게 호감을 사려는 사람은 인륜(人倫)에 위배될 뿐 아니라 천륜(天倫)을 거역하는 것이기 때문에 소위 말하는 천벌(天罰)을 면할 수 없는 것이다. 최근 언론에 보도된 사례들, 예컨대 형제끼리 반목하면서 이상한 사람들과 어울리다 패가망신하는 정치인, 형제끼리 상속재산을 놓고 법정 다툼을 하는 회사의 대표 등은 이타적(利他的) 사랑을 실천할 수 없는 사람으로 봐야 한다. 이런 점에서 효는 '친친애인(親親愛人)'과 '동심원(同心圓)의 원리'가 시작되도록 하는 '관계'의 실마리인 것이다.

VI. 생각해보기(토의 주제)

Topic of discussion

❶ '교육은 효가 기본'이라는 점에 대하여, 그 이유를 주관적 입장에서 발표해 봅시다.

❷ 인성교육과 효교육의 상관성에 대하여 주관적 입장에서 발표해 봅시다.

❸ 효가 기본이 된 인성교육은, 어떤 방법이 가장 효과적인가에 대해 주관적 입장에서 발표해 봅시다.

孝 · H Y O

2부 효란 무엇이며, 어떻게 가르칠 것인가?

효(孝, HYO)교육은 '효'와 '교육'이 합쳐진 용어로 '효를 가르친다.'는 뜻이다. 따라서 효교육을 인성교육과 연계하기 위해서는 효가 '무엇'인지, 효교육은 '왜' 해야 하고 '어떻게' 하는 것인지 등에 대해서 알아야 한다. 그리고 '효'와 '효도'는 의미상으로 구별해야 한다.

우리는 그동안 21세기 정보화 시대·핵가족화 시대·4차 산업혁명 시대를 살아가고 있으면서도 효에 대한 의미와 정의·실천방법 및 효행 사례 등은 농경사회·대가족 제도에서 적용되던 것에 머물고 있는 경향이 있다. 그러다 보니 효를 고루(古壘)하다고 생각하게 되고, 효교육을 외면하는 현상과 함께 '인성교육에서 효를 빼야 한다.'는 주장까지 나오고 있다. 물론 이런 주장은 잘못된 앎에서 기인하는 것이긴 하지만, 그렇다 하더라도 효에 대한 의미와 정의 등을 명료화하고 실천 방법에 있어서 시대에 맞는 방법을 개발해야 한다는 주장은 이해되지만, '효를 빼야 한다.'는 주장은 옳다고 보기 어렵다.

효는 좁은 의미와 넓은 의미로 구분해서 생각할 수 있다. 좁의 의미의 효는 가족 구성원이 서로를 사랑하고 각자의 도리를 다하는 '가족사랑'과 '가정윤리'로 해석하지만, 넓은 의미의 효는 가족사랑과 가정윤리를 기초로 타인과 이웃, 사회와 국가, 인류와 자연에 이르기까지 확대되는 '세대공감' 등의 의미를 가진다.

따라서 효교육은 가정에서 체득된 가족 구성원 간의 사랑을 이웃과 사회, 나라와 자연으로 확대하도록 가르치는 과정(Process)으로 볼 수 있다. 이는 "아름다운 전통문화유산인 효를 국가차원에서 장려함으로써 효행을 통하여 고령사회가 처하는 문제를 해결할 뿐만 아니라 국가가 발전할 수 있는 원동력을 얻는 외에 세계문화의 발전에 이바지함을 목적으로 한다."는 「효행장려지원법」 제2조(목적)에도 제시되어 있다.

그러나 우리는 그동안 가정과 학교 등에서 효를 가르치기보다는 입시 위주 교육에 치중해 왔고, 이 시대에 맞는 효컨텐츠의 개발이나 효문화를 진흥하는 노력에 소홀하다 보니 가정과 학교, 사회 전반에 걸쳐 기본이 흔들리는 현상이 나타나고 있다. 이에 대응하기 위해 '효행장려지원법(2007년)'과 '인성교육진흥법(2014년)' 등을 국가가 나서 제정했지만, 그 효과성에 대해서는 의문이 제기되고 있다. 효교육에 대한 인식의 차가 너무 커서 해석이 서로 다른 탓이다.

이런 맥락에서 제2부 [효란 무엇이며, 어떻게 가르칠 것인가?]에서는 "효를 어떤 패러다임으로 볼 것이며, 효가 갖는 기본원리는 무엇인가?(3장)", "효의 영역은 어떻게 구분되며, 효가 갖는 의미와 정의는 무엇인가?(4장)", "효는 왜 가르쳐야 하며, 어떻게 가르칠 것인가?(5장)"에 대하여 알아보고자 한다.

제**3**장 효의 패러다임과 효의 기본원리

　패러다임(paradigm)은 어떤 사안에 대한 관점이자 생각의 틀이다. 이는 어떤 한 시대 사람들의 견해나 사고를 근본적으로 규정하고 있는 테두리로서의 인식 체계를 뜻하는 것으로, 원래는 자연과학 분야에서 사용하던 용어였으나 오늘날에는 거의 모든 분야의 사회현상을 정의하는 개념으로 사용되고 있다. 그리고 이는 "패러다임이란 한 시대를 지배하는 과학적 인식·이론·관습·사고·관념·가치관 등이 결합된 총체적 개념의 집합체로서 동시대의 학자들이 공통적으로 가지고 있는 생각의 틀이다.(토마스 쿤)" "패러다임이란 삶의 방식을 조율하는 의식의 지도(mind map)이다.(제임스 헌터)"라는 정의에 잘 나타나 있다.

　사람은 어떤 사건이나 이슈를 대할 때, 그에 대한 인식과 판단이 각기 다를 수 있다. 이는 마치 세상을 바라볼 때 어떤 색깔의 안경을 끼고 세상을 바라보느냐에 따라 세상이 노란색으로 보이기도 하고 빨간색으로 보이기도 해서 인식을 달리하게 되는 것과 같은 이치이다.

　효에 대한 패러다임도 마찬가지다. 어떤 사람은 "효는 가족사랑과 가정윤리를 뜻하는 소중한 가치다.", "부모와 자식이 서로를 위하는 사랑과 정성이다."라고 인식하는 반면, 또 어떤 사람은 "효는 고리타분한 것이며 이 시대에는 맞지 않는 것이다."라고 인식하기도 한다. 일례로 인성교육진흥법 시행령이 발효되던 날 어떤 교육감은 "인성교육은 전제국가에서나 하는 것이므로 인성교육보다는 학생 인권에 관심을 가져야 한다."고 주장하기도 하며, 또 어떤 교수는 군대인성교육 활성화 방안을 논의하는 학술회의 장에서 "인성교육 8대 덕목 중에서 '효'와 '예'는 배제해야 한다.", 또 어떤 국회의원은 "인성교육진흥법 8대 핵심가치 및 덕목 중에서 효는 빼야 한다."고 법률개정안을 제출하기도 했는데, 이 또한 패러다임의 차이에서 오는 것이다. 그리고 이런 현상은 "어떤 성향의 부모와 스승에게 가르침을 받았느냐", "어떤 성향의 책을 얼마나 읽었느냐." 등에 따라 패러다임이 달라지게 되는 것이다.

이런 맥락에서 본 장(章)에서는 효를 바르게 인식하고 효의 근본 이치를 이해하기 위해 효의 패러다임과 전통적 효교육 사례를 살펴보고, 이어서 효의 기본 원리에 대하여 알아본다.

Ⅰ 효의 패러다임과 전통적 효교육 사례에 대한 인식

우리 사회는 그동안 효에 대한 잘못된 인식으로 인해 '효(孝, HYO)'와 '효도(Filial Piety)'를 의미상으로 구별하지 않았을 뿐 아니라

> **Tip**
> 효(孝, HYO)는 가족관계를 기초로 타인·이웃·사회·국가·인류·자연으로 확대하는 보편적·이타적 가치이다. 효는 좁은 의미로는 가족 사랑·가정윤리이고, 넓은 의미로는 세대공감이다.

효는 마치 극심한 가난의 역경 속에서도 오직 부모만을 위해 자신의 모든 것을 희생하는, 그야말로 눈물겨운 사연의 주인공이 효행자인 것처럼 인식됨으로 인해 효가 외면당하는 쪽으로 진행되고 있다.[38]

이를테면 효는 '가족사랑'과 '가정윤리', '세대공감' 등으로 표현됨에서 알 수 있듯이 부모와 자식, 형제자매간의 상호적 관계를 시작으로 친구와 이웃·사회와 국가·인류와 자연 사랑으로 확대되는 친친애인(親親愛人)과 동심원(同心圓)의 원리로 작용하는 가치이자 덕목이다. 그러함에도 효를 자식이 부모에게 향하는 일방향성, 즉 '효도(孝道, Filial Piety)'의 의미로 잘못 인식해온 면이 있고, 효를 인류질서의 근본이라 하면서 인용하는 효사례는 반인륜적이고 비현실적인 것들이어서 효(孝, HYO)교육에 대한 부정적 인식을 낳게한 면이 있다.

이런 점에서 효에 대한 올바른 패러다임이 요구된다. 그리고 효를 인성교육·리더십·사회복지 등과 학제간 융합을 하기 위해서는 효의 의미를 바르게 이해

---

38 홍일식, 『문화대국으로 가는 길』 "효가 외면당하는 이유", 범우, 2017. pp. 287~289.

해야 한다. 일찍이 공자는 "알아야 면장(免墻)한다."[39]고 했고, 유한준은 '知則爲眞看(지즉위진간)'[40], 즉 "아는 것만큼 참된 모습을 볼 수 있다."고 했다. 이 말은 효와 인성을 바르게 이해하지 못하면 효를 행할 수도, 효를 학제간 융합할 수도 없게 되어 결과적으로는 잘못 가르치게 될 수밖에 없고, 이것들은 결국 교육의 결과로 나타날 수 있음을 경고한 것이다. 따라서 효에 대한 패러다임의 전환과 함께 효의 기본원리에 대한 이해가 필요한 시점이라 하겠다.

1. 효에 대한 패러다임의 문제

가. 효교육의 필요성에 대한 바른 인식이 요구된다.

우리 사회엔 이른바 '효도계약서', '불효자방지법'이라는 말이 낯설지 않다. 부모가 자식에게 재산을 증여하는 등 부모의 도리를 다했음에도 자식은 효도를 하지 않음으로 인해 생겨난 용어들이다. 그야말로 자식과 부모가 '효도(孝道)'와 '재산(財産)'을 거래하려는 시대가 온 것이다.

> **Tip**
> 효교육이 필요한 이유는 가정을 건강하게 하여 학교와 사회를 건강하게 함으로써 저출산·고령화 문제 등 국가적 현안과제 해결에 철학적 기초로 작용해야 하고, 한국적 리더십의 자양분이 되어야 하기 때문이다.

이러한 거래형태를 리더십에서는 '거래적 리더십'이라 하여 매우 경계하는

---

39 공자가 아들 '리(鯉)'에게 "밤길에 담장이 앞에 있음을 알아야 얼굴 부딪치는 것을 면할 수 있다."고 알려준 말로 『논어(양화편)』에 나오는 내용임.

40 "아는 것만큼 참된 모습을 볼 수 있다."는 의미로 조선시대 문장가로 알려진 유한준(俞漢寯, 1732-1811)의 말임.

리더십이다. 이 리더십은 대체로 70년대 이전의 리더십 성향을 일컫는데, 선거에서 당선된 사람이 자신을 도와준 사람에게 보답 차원에서 선심 쓰는 행위를 거래적 리더십이라 하며, 혁신적(Transformational) 리더십과 배치되는 개념이다. 효의 관점에서도 가정에서 자녀가 회사에 출근하는 아버지의 구두를 닦았다고 돈을 주는 부모의 행위도 일종의 거래행위로 바람직스럽지 못한 리더십이다. 따라서 리더십에서는 '거래' 개념이 아닌 '사랑'과 '감사', '공경' 등 인성에 기반한 리더십이 되도록 해야 하는 것이다.

그러함에도 우리 사회는 그동안 효에 기초한 전인교육과 인성교육보다는 경쟁적 입시 중심 교육에 치중함으로써 '효도계약서'와 같은 사회적 패륜현상을 낳고 있다. 더욱더 문제가 되는 것은 재산이 적은 사람보다도 상대적으로 많은 사람이, 덜 배운 사람보다도 많이 배운 사람에게서 패륜현상이 상대적으로 더 많이 나타난다는 점이다. 이와 같은 한국의 현실은 기본을 소홀히 해온 결과, 즉 개구리 온실실험에서 '비전상실증후군'[41]처럼 물이 덥혀지는 줄도 모른 채 죽어가는 개구리의 모습을 보는 것 같아 안타깝다.

효에 대한 문제는 법이나 계약서 등으로 해결될 문제가 아니다. 그동안 자식과 제자에 대한 교육을 잘못해온 우리 모두에게 내리는 하늘의 벌(天罰)일지도 모른다. 노자는 "아무리 법령을 많이 만들어도 도둑은 더 많아진다.〔法令滋彰盜賊多有.〕(도덕경)"고 했고, 공자는 "정령으로써 인도하고 형벌로써 다스린다면 백성

---

41 물 온도가 15℃ 된 용기에 개구리를 넣고 초당 0.002℃씩 온도를 높여 물 온도 45℃가 되면 개구리가 죽어 나오게 되는데, 이는 물이 데워지는 것을 느끼면서도 현실에 대처하지 못한 데서 오는 결과이다. 이처럼 오늘날 한국 사회는 기본이 잘못돼가고 있음에도 처방을 내놓지 않는 모습이 마치 '비전상실증후군'에 비유할 수 있음.

들이 처벌은 모면할 수 있지만 수치심이 없어진다. 그러나 덕으로써 인도하고 예로써 다스린다면 수치심도 있고 감화도 받게 된다.(위정편)"[42]고 했다. 효행을 장려하는 교육은 하지 않은 채 효도 계약서 등으로 효를 받으려는 부모의 생각이 문제다. 때문에 '불효방지법'을 제정하는 것보다 '효행장려지원법'을 활성화하여 가정과 학교·사회복지시설·군대 등에서 효를 배우게 하는 것이 미래적·현실적 대안이 될 수 있다.

우리 사회는 그동안 기본에 대한 교육을 소홀히 해온 탓에 그 대가를 혹독히 치르고 있다. 이를테면 와우아파트(1970)·성수대교(1994)·삼풍백화점(1995) 붕괴사고를 비롯, 대구 여중생의 여교사 폭행사건(2012)·세월호 참사/윤일병사건과 임병장사건(2014)·어린이집 보육교사 폭행사건/대한항공 땅콩회항/11살 소녀 16kg 자녀학대 사건(2015), 강남역 묻지마 살인사건(2016), 일회용 생리대 유해성/살충제 계란 파동(2017), 그리고 계속되는 재벌가 후세들의 가정파탄(이혼)과 형제간 재산상속 송사(訟事)에 이르기까지 인성결핍과 패륜현상을 끊임없이 목도하게 된다.

대한민국은 그동안 경제규모 세계 10위권에 드는, 물질적으로는 괄목할만한 성장을 이뤘지만 계속되는 인재(人災) 등은 아직도 정신적으로는 후진성을 면치 못하고 있다. 때문에 우리는 이제부터라도 인간이 살아가는데 필요한 기본과 기초를 세우는 일에 관심을 기울여야 한다. 그중의 하나가 효를 교육하는 일이다.

이 시대에 효교육이 필요한 이유를 든다면 다음과 같이 설명할 수 있다. 첫째, 효는 가정을 건강하게 하여 모두를 건강하게 하기 때문이다. 효는 가정의 윤리이

---

42 "道之以政, 齊之以刑, 民免而無恥; 道之以德, 齊之以禮, 有恥且格."

자 가족을 사랑하는 방법이며 사랑의 언어이다. 가정에서 가족을 사랑하는 마음으로 이웃과 사회와 나라와 자연을 사랑하는 마음으로 확대되도록 해야 하는 것이다.

둘째, 효는 자기 정체성의 중심가치로 작용하기 때문이다. 효는 자기 정체성과 생애설계의 중심(重心)이다. 효는 나를 알고 부모를 알게 해서 계지술사(繼志述事)[43]의 삶을 살아가도록 이끌어준다. 따라서 효는 자기 정체성과 생애설계의 중심(重心)인 것이다.

셋째, 효는 교육의 바탕이며 효학은 인문학의 기반이기 때문이다. 효는 교육학의 바탕이며 인류의 보편적 가치이다. 효심이 있는 사람은 저절로 입신양명(立身揚名)의 자조적(自助的) 삶을 살아간다. 사람이 된 후에 학문의 깊이를 더해야 하고 명예직에 올라가야 하며 재력을 갖추어야 하는 것이다. 효는 사람을 만드는 가치(價值)이고 덕목(德目)이며 인간관계의 윤리(倫理)로 작용한다.

넷째, 효는 국가적 현안과제 해결의 철학적 기초이기 때문이다. 이렇게 보는 이유는 ①효는 한국적 복지정책 수립 및 집행의 기준이 되어야 한다는 점에서다. 복지(福祉)는 복(福)되고 복[祉]된 사회를 만드는 것이 목표이므로 인간이 행복하려면 가족관계가 좋아야 하고 가정이 안정되어야 한다. ②효는 저출산 문제 해결의 중심 가치이다. 출산은 물질이 아니라 가치의 문제로 접근해야 하는데, 효에 대하여 불교 경전에서는 혈통(血統)을 잇는 것으로, 『맹자』는 후사(後嗣)를 잇는 것으로 기록하고 있다. ③고령화 문제 해결과 효의 관계이다. 고령자의 최대 적(敵)은 외로움과 소외감이다. 그러나 백세시대에 부모를 모시는 자식

---

43 『중용』「19장」, "夫孝者 善繼人之志 善述人之事者也.(무릇 효란 조상과 부모의 뜻을 잘 공경하고 계승하며 사람의 일을 세상에 펼치는 것이다.)"

은 힘에 부칠 수밖에 없다. 따라서 사회와 국가가 함께 고령자 문제를 풀어가야 하는데, 여기에는 효리더십이 필요하다. ④효는 학교폭력과 사회적 병리현상을 치유하는 사랑의 언어다. 학교폭력의 원산지는 가정이다. 효가 없는 가정은 사랑이 죽은 가정이며 사랑이 죽은 가정은 폭력을 낳기 마련이다. ⑤효는 다문화 가정을 보듬는 이타적 사랑이다. 다문화 가정은 우리를 돕는 고마운 가정이라는 점에서 그들을 보듬는 홍익(弘益)정신을 실천해야 한다.

　　다섯째, 효는 윤리경영과 한국적 리더십의 자양분이기 때문이다. 효는 윤리경영에 필요한 양심의 거울이며 기업의 윤리경영은 기업 식구의 가정을 들여다보는 것에서 출발한다. 또한 효는 한국적 리더십의 토양이자 자양분이다. 대한민국에 있는 모든 문제의 중심에는 사람이 있고, 문제를 안고 있는 사람의 중심에는 조직을 이끌어가는 리더십에 있으며, 그 리더십은 가정에서 가족을 이끄는 효리더십에서 시작되는 것이다.

나. '효(孝, HYO)'와 '효도(Filial piety)'는 의미상으로 구별되어야 한다.

'효'와 '효도'는 의미상으로 구별되어야 한다. 이유는 효와 효도는 의미상으로 다르기 때문이다. 우선 용어의 용처가 다른데, 이를 테면 '효교육', '효문화', '효사례', '효음악',

'효장려', '효복지', '효리더십' 등과 '효도교육', '효도문화', '효도사례', '효도음악', '효도장려', '효도복지', '효도리더십' 등의 용어는 의미상으로 다르다. 그리고 현재 사용되고 있는 용어들의 의미를 들여다보면 '효'가 아닌 '효도'의 의미에 해당하는 것들이 많음을 볼 수 있다. 예컨대 '효사례'로 인용되고 있는 '나무꾼과 선녀', '심청전', '손순매아', '향득사지' 등에서 나오는 주인공의 행위는 '효도'에 해당하는 것들이다.

그리고 국어사전에서도 '효'와 '효도'를 구분하지 않고 "자식이 부모를 정성으로 공경하는 일" 등으로 제시하고 있어서, '효'와 '효도'를 구별하자는 제안에 대해 선뜻 납득이 가지 않을 수도 있다. 그러나 가정의 영역에서만 보더라도 효(孝, HYO)는 부모와 자식이 서로를 사랑하는 쌍방향의 덕목이자 가치인 반면, 효도(孝道, Filial piety)는 '자식으로서 부모를 섬기는 도리'라는 점에서 일방향성으로 이해되는 용어이다. 따라서 다음과 같은 점에서 '효'와 '효도'의 의미는 구별되어야 한다.

첫째, 효에 대한 영문표기에 관해서이다. 사전(辭典)에서는 효와 효도를 모두 'Filial Piety(자식으로서 경건함)', 'Filial Duty(자식으로서 책임)' 등으로 표기돼 있는데, 이는 일방향성의 의미라는 점에서 '효'에 대한 설명으로는 적절치 않다. 따라서 '효'에 대한 영문표기는 태권도(Taekwondo) · 김치(Kimchi) · 불고기(Bulgogi)

등과 같이 우리식 발음인 HYO(Harmony of Young & Old의 약자)로 표기[44]하여 '젊은 세대(자식)와 노년세대(부모)가 조화를 이루는 것'으로 이해되어야 한다.

둘째, 방향성에 관해서이다. '효'와 관련된 용어는 '효학', '효윤리', '효사상', '효교육' 등에서 보듯이 전방위적(全方位的) 성격의 용어인 반면 '효도'는 '자식이 부모를 섬기는 도리' 등 일방향성(一方向性)의 용어라는 점에서 차이가 있다.

셋째, 대상과 영역에 관해서이다. '효도'의 대상과 영역은 '자식이 부모에게 향하는 사랑과 정성'이라는 일방향성의 영역이고 가정에 국한되지만, '효'는 '부자유친(父子有親)', '부위자강(父爲子綱)', '가족사랑', '세대공감' 등에서 보듯이 쌍방향적이면서 가정에서 이웃과 사회, 인류와 국가, 자연 등으로 사랑을 확대하여 실천하는 영역이라는 점에서 차이가 있다.

넷째, 도덕과 윤리에서의 관점이다. 필자는 개인적으로 효(孝)는 도덕(道德)에

---

44 최성규, 『효신학개론』, 성산서원, 2004, 표지문.

   * '효(孝, HYO)' 용어는 최성규의 발상에 의해서 비롯되었다. 1995년도부터 효를 하모니 개념으로 정립하여 하모니 효운동을 전개하던 중에 2004년도부터 효를 HYO로 문자화하여 표기한 것임.

가깝고 효도(孝道)는 윤리(倫理)에 가깝다고 본다. 효(孝, HYO)는 가족사랑 등으로 표현할 수 있다는 점에서 '부모와 자식의 사랑'이라는 점에서 도덕에 가깝다고 할 수 있지만, 효도(filial piety)는 '자식으로서 부모에게 마땅히 해야 할 도리'라는 가정윤리로 표현한다는 점에서 윤리에 가깝다고 할 수 있다.

그러나 효도(孝道)를 효(孝)와 도(道)를 합친 글자로 본다면, 그 의미는 보다 광의적으로 해석되어 질 수 있다.

2. 전통적 효교육 사례에 대한 인식의 문제

효교육에서 인용되는 효행 사례는 절차의 합리성과 도덕적 정당성 등 이치에 맞아야 한다. 왜냐하면 그 사례가 실제로 있었던 일로 받아들여질 수 있기 때문이다. 예컨대 "누구는 어떻게 효도를 해서 성공했다고 하더라.", "누구는 어떻게 부모님께 효도하다 보니 성공했다더라." 등등의 사례가 있을 수 있는데, '의좋은 형제의 우애', '반기문 UN 사무총장의 입신양명(立身揚名)', '박찬호 야구선수의 효심과 성공스토리' 등은 효사례가 될 수 있지만 기존에 알려진 전통적 효사례는 현실적으로 또는, 윤리적으로 이치에 맞지 않는 것들이 많다는 점에서 문제가 있다. 특히 기존의 사례들은 내용상으로 '효사례'라기 보다는 '효도사례'인 경우가 많고, 또한 지나치게 감성적(感性的)으로 접근하고 있어서 시대성이 결여돼있다. 따라서 이성적(理性的) 접근이 요구되는데, 기존의 대표적 효교육 사례를 살펴보면 다음과 같다.

> **Tip**
>
> 효(孝, HYO)는 의로움에 기반한다. 그러므로 효교육에 인용되는 사례는 절차의 합리성과 도덕적 정당성 등 의로움이 뒷받침되어야 한다. 그러나 '나무꾼과 선녀', '심청전', '향득사지', '손순매아' 등은 그렇지 않다는 점에서 재고되어야 한다.

의 위치에 전통사회와 현대사회 이미지

가. 『나무꾼과 선녀』 : 나무꾼은 절도범이자 파렴치범이다.

나무꾼의 행위는 얼핏 보기에 어머니에 대한 효성과 가족에 대한 사랑으로 보여질 수 있다. 그리고 필자가 초등학교 2학년 때 선생님께서 『나무꾼과 선녀』라는 동화책을 읽어주시면서, 나무꾼을 효자로 설명해주신 바 있다. 그러나 이 사례를 효(孝, HYO)의 관점에서 분석해보면 몇 가지의 문제점이 있다. 본디 효는 의(義)를 추구하고 도덕적 정당성과 절차의 합리성이 뒷받침되어야 하기 때문인데, 다음과 같은 점에서 그렇지 못하다.

첫째, 나무꾼의 거짓말이 미화되고 있다. 나무꾼은 선녀의 옷을 훔쳤음에도, 옷을 잃어버린 채 울고 있는 선녀에게 다가가 '왜 울고 있습니까?' 라면서 거짓말을 하는 모습이 나오는데, 이는 파렴치한 행위이므로 미화되어서는 안되는 것이다. 『명심보감』에 "성공하는 데는 의가 있어야 하는데, 그 의는 효가 근본이다.(입교편)"[45]라고 한 것처럼 효는 의로움이 뒷받침되어야 하는 것이다.

둘째, 나무꾼의 정당치 못한 행위가 미화되고 있다. 나무꾼이 선녀들의 목욕

---

[45] "立身有義而孝爲本."

장면을 훔쳐본 파렴치한 행위와 옷을 훔친 절도행위, 부부(夫婦)가 되는 과정 등이 정당화되고 있는데, 이는 자칫 무의식적으로 정당한 행위로 받아들일 수 있다는 점을 감안해야 한다. "무의식을 의식화하지 않으면, 무의식이 우리의 삶의 방향을 결정하게 되는데, 우리는 이것을 두고 운명이라 부른다.(칼 융)"는 말처럼 판단력이 부족한 유소년들에게 잠재의식으로 작용할 수 있다는 점에서다.

셋째, 조사불효(早死不孝)가 정당화되고 있다는 점이다. 나무꾼이 홀어머니가 계신 상태에서 처자식을 그리워하다가 사망한 것은, 부모보다 자식이 먼저 죽는 조사불효(早死不孝)를 범한 것이다. "부모가 죽으면 산에 묻지만 자식이 죽으면 가슴에 묻는다.", "부모보다 먼저 죽는 자식이 가장 큰 불효자다."라는 말처럼 나무꾼이 한 행위는 오히려 불효에 해당하는 것들이라는 점이다.

나. 『심청전』: 심청의 효심은 닮아야 하지만, 효행은 닮을 수 없는 것들이다.

『심청전』은 언제 읽어봐도 진한 감동을 주는 문학작품 중의 하나다. 그러나 현대 효교육의 관점에서 분석해보면 너무 감성적으로 해석된 면이 있다. 심청전의 내용을 효의 관점에서 분석해보면 '효심'은 닮아야 하겠지만 '효행'은 닮을 수 없는 것들이다. 실제로 효지도사들이 초등학교 효교육을 지원 나갔던 경험사례에서도 드러나고 있는데, 이를테면 학생들은 "심청이는 장애 아버지를 모시기 힘들다 보니 삶을 포기하고 자살을 택한 것 아닌가요?", "아버지가 공양미 덕분에 눈을 뜬다면 물에 빠져 죽은 날 눈을 떴어야 하는 것 아닌가요?", "아버지가 공양미 삼 백석을 받고 인신매매단에게 딸을 팔아넘긴 건 아닌가요?", "딸이 아버지보다 먼저 죽은 건 불효가 아닌가요?", "선생님은 심청이처럼 하실 수 있나요?",

"아버지를 만나려면 정상인인 딸이 아버지를 찾아가야지 시각장애인을 궁궐에까지 찾아오도록 한 것은 불효가 아닌가요?" 등의 질문이 나온다는 것이다.

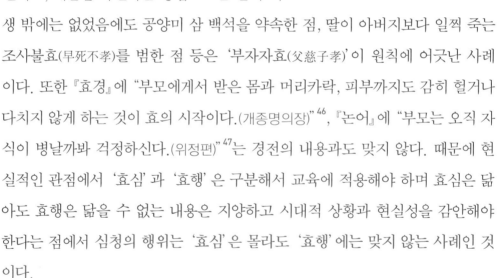

이를 분석해보면 다음과 같은 점에서 효사례로서 적합하지 않다. 아버지가 눈을 뜨기 위해 공양미 삼백 석을 약속한 점은 부모답지 못한 장면이고, 재물을 마련하는 방법으로는 딸의 희생 밖에는 없었음에도 공양미 삼 백석을 약속한 점, 딸이 아버지보다 일찍 죽는 조사불효(早死不孝)를 범한 점 등은 '부자자효(父慈子孝)'의 원칙에 어긋난 사례이다. 또한 『효경』에 "부모에게서 받은 몸과 머리카락, 피부까지도 감히 헐거나 다치지 않게 하는 것이 효의 시작이다.(개종명의장)"[46], 『논어』에 "부모는 오직 자식이 병날까봐 걱정하신다.(위정편)"[47]는 경전의 내용과도 맞지 않다. 때문에 현실적인 관점에서 '효심'과 '효행'은 구분해서 교육에 적용해야 하며 효심은 닮아도 효행은 닮을 수 없는 내용은 지양하고 시대적 상황과 현실성을 감안해야 한다는 점에서 심청의 행위는 '효심'은 몰라도 '효행'에는 맞지 않는 사례인 것이다.

46 "身體髮膚受之父母, 不敢毀傷孝之始也."
47 "父母唯其疾之憂."

다. 『向得舍知(향득사지)』: 향득의 효는 비현실적이다.

본 사례는 『삼국사기』에 나오는 효행설화로 여러 문헌에 등장하는 대표적 할고(割股)사례이다. 내용을 요약하면 "향득(向得)은 지금의 충청도 공주 사람으로 신라 35대 경덕왕(景德王:746~765) 때 사람이다. 그 아버지의 이름은 선(善), 자는 반길(潘吉)인데 경덕왕 14년(760)에 큰 흉년이 들어 백성들이 굶주리고 더구나 나쁜 병까지 돌아 향득의 부모 또한 병에 걸렸다. 그때 향득은 아버지에게 자신의 넓적다리 살을 베어 봉양했고, 이 사실을 고을 사람들이 관(官)에 알리게 되었으며, 이를 알게 된 경덕왕(景德王)이 곡식(租) 500석을 상으로 주고 열세 번째 벼슬인 '사지(舍知)' 벼슬을 내렸다."는 내용이다.

이 사례를 효의 관점에서 살펴보면 현실성이 없는 내용임을 금방 알 수 있다. 과연 사람의 넓적다리를 그 당시 칼로 벨 수 있었을까? 그리고 그로 인해 정맥과 동맥이 절단되어 솟구치는 피는 어떻게 처치했을까? 등을 생각해본다면 시행이 어렵고, 이치에도 맞지 않다. 이런 사례에 대하여 중국 당나라 때의 문인 한퇴지(韓退之)는 "부모의 병에 약을 달여 드림은 효도이겠으나, 자기의 팔·다리를 훼손해서 드리는 것이 효라는 말은 듣지 못하였다. 이런 짓이 만약 의로운 일이라면 어찌 성현들이 앞장서서 하지 않았겠는가. 이런 일을 하다가 불행히도 죽기라도 한다면 몸을 훼손하고 후손을 잇지 못하는 죄를 짓는 것이 된다. 어찌 이런 일에 국가가 그 가문을 표창해서 나타내게 할 수 있으리오."[48]라고 했다.

이처럼 현실성이 없는 사례들이 등장하는 것에 대해 정약용(丁若鏞)은 "손가락을 잘라 피를 내거나 어버이의 똥을 맛보아 병세를 살피는 일을 효자로 묘사하고, 얼음 속에서 잉어가 튀어나오고 눈 속에서 죽순이 솟아 나오며 꿩이 던져지

---

48 손인수, 『한국인의 효도문화』, 문음사, 1997. p. 223.

고 호랑이가 타라고 땅을 긁는 것과 같은 특이한 신령스러움은 믿기 어려운 일이다. 또한 그 아버지가 병들어 죽었는데 아들이 따라 죽은 경우를 효자로, 남편이 편안히 천수(天壽)를 누리고 안방 아랫목에서 조용히 운명하였는데도 뒤따라 죽은 아내를 열부(烈婦)라고 하는 것은 무슨 까닭인가? 세상의 일 가운데 목숨을 끊는 것보다 더한 것이 없고 그 목숨을 끊으려면 그것이 의(義)에 합당해야 하는데, 이런 경우는 함부로 목숨을 끊는 사람에 불과하다."[49]라고 비판하고 있다.

따라서 효사례는 현실성에 부합해야 한다는 점에서, 기존의 감성적이면서 비현실적인 사례보다는 강영우(전 미국백악관 장애인 담당 비서관) 박사, 반기문(전 UN 사무총장) 사례를 비롯, 어려운 환경에서 부모님을 생각하면서 성공한 체조의 양학선, 야구의 박찬호·이대호·서건창·골프의 신지애·장하나, 농구의 김주성, 피겨의 심석희 등 스포츠 스타들에 대한 효행 사례를 교육에 활용하는 것이 효과적인 방안이라 할 수 있을 것이다.

라. 『孫順埋兒(손순매아)』: 손순은 어머니의 바램을 거역했고 패륜을 저질렀다.

본 사례는 『삼국유사』와 『동국여지승람(제9권)』, 그리고 『명심보감(효행편)』에 나오는 효행 사례로 신라 42대 흥덕왕(777~836) 때 있었던 내용이다.

사례를 요약하자면 "손순에게는 어린아이가 있었는데, 그 아이가 항상 어머니의 음식을 빼앗아 먹으니 어머니는 배가 고팠다. 손순은 민망히 여겨 그 아내에게 '아이는 다시 얻을 수 있지만 어머니는 다시 모시기 어려운데, 아이가 어머니

49 박석무, 정혜렴 편역, 정약용 저, 『다산문학선집』「유곡산향교권효문(諭谷山鄕校勸孝文)」, 현대실학사, 2000. p. 369.

음식을 빼앗아 먹어서 어머니의 굶주림이 심하시니, 이 아이를 땅에 묻어서 어머니 배를 부르게 해 드려야겠소.' 라면서 부인과 함께 아들을 업고 취산(醉山) 북쪽에 아들을 땅에 묻기 위해 땅을 파던 중에 돌로 된 종(石鐘)이 나왔는데, 부부는 놀라고 괴히 여겨 나무 위에 걸어놓고 시험 삼아 두드리니 그 종소리가 은은하면서도 좋았다. 이때 마침 이곳을 지나던 신라 홍덕왕이 종소리를 듣고 신하에게 "서쪽 들에서 이상한 종소리가 나는데 맑고도 멀리 들리는 것이 보통 종소리가 아닌듯하니 가서 조사해 보라."고 지시했고, 신하로부터 보고를 받은 홍덕왕은 손순의 효행에 대해 상(賞)을 내렸으며, 매년 벼 50석을 하사하여 손순이 어머니를 잘 모시게 했다는 내용이다.

그런데 '손순' 사례는 중국의 '곽거(郭巨)' 사례와 내용이 비슷하다. '곽거' 사례에서 곽거라는 인물은 '중국 24효' 가운데 한 사람으로, 후한시대(25~220) 하서(河西)의 융려(隆廬)사람인데, 손순보다 800년 앞이다. 두 사례의 차이점은 어머니 밥을 빼앗아 먹는 자식을 파묻기 위해 땅을 파던 중에 귀한 물건이 나왔는데, 곽거 사례에서는 '황금 솥'이 나왔고 손순 사례에서는 '석종(石鐘)'이 나왔다는 점이 다르다.

사례의 문제점은 효도하기 위해 자식을 땅에 묻어 살인(殺人)하려고 한 아버지의 패륜이 정당화되고 있다는 점이다. 이를 다른 각도에서 보면 일을 더 열심히 하고 부지런히 돈을 벌어서 부족한 식량을 확보하려는 노력이 중요하고, 또한 할머니가 드시는 쌀밥을, 보리밥을 먹고 있는 손자에게 먹이려는 사랑스러운 마음이 묻어 있을 수도 있다는 점이다. 또한 할머니가 생존해 계신 상태에서 귀여운 손자를 땅에 생매장하는 것은 큰 불효에 해당한다. 그리고 '아들을 땅에 파묻읍시다.'라는 남편의 제안에 순순히 응한 아내의 모습 또한 어머니로서의 참모습이 아니라는 점에서도 인륜 도리에 어긋난다. 따라서 이는 효사례로서 이치에 맞지 않는 사례인 것이다.

II 효의 기본원리

원리(原理)란 사전적으로 '근본이 되는 이치', 또는 '기초가 되는 근거'를 뜻한다. 그러므로 효(孝, HYO)의 기본원리는 '효를 이해하는데 근본이 되고 기초가 되는 이치', 즉 효를 연구하고 교육하며 실천하는데 있어서 근본적인 근거로 작용하는 이치를 말한다. 문헌에 제시된 내용을 기초로 정리하면 〈표 1〉과 같다.

〈표 1〉 문헌에 제시된 '효의 기본원리'[50]	
① 경천(敬天)의 원리	② 사랑과 공경의 원리
③ 관계와 조화의 원리	④ 덕성과 의로움의 원리
⑤ 자기성실과 책임의 원리	

---

50 김종두, 『효패러다임의 현대적 해석(3판)』, 명문당, 2016. pp. 161~178.

1. 경천의 원리

경천(敬天)은 하늘을 우러러 경배한다는 뜻
으로 공경(恭敬)하고 경외(敬畏)한다는 의미이
다. 공경은 '공손히 받들어 모심', 경외는 '공
경하면서도 두려워하는 마음'이니 사람은 누

Tip

효는 '인륜'이 아닌 '천륜'의 관계
이다. 그래서 효하는 사람은 하늘의
뜻을 거역하지 않는 삶을 살아가기
마련이다.

구나 하늘의 이치를 경배하고 경외하는 마음을 가져야 한다는데서 기인한다.

효를 표현할 때 '인륜(人倫)'이 아닌 '천륜(天倫)'으로 표현하는 이유는 부모·
자식의 관계는 하늘이 맺어주었다는 뜻이다. 그리고 패륜(悖倫)을 범하는 사람을
향해 "넌 하늘이 무섭지 않느냐", "천벌을 받을 것이다."라고 훈계하는 것도 하
늘을 경외하라는 의미에서 하는 말이다.

이렇듯 효를 하는 사람은 하늘의 뜻을 거스리지 않는 삶을 살아가게 된다는
의미가 들어 있다. 이런 점에서 효는 경천의 원리가 작용한다고 보는 것인데, 이
는 다음과 같은 문헌에 제시되어 있다.

● 『효경』

① "효는 하늘의 법칙이고 땅의 질서이며 백성들이 실천해야 할 것이다.(삼재장)"[51]

② "부모와 자식의 도(道)는 하늘의 뜻에 따르는데 있다.(부모생적장)"[52]

③ "사람의 행위가운데 효보다 큰 것이 없고 효 가운데는 부모를 공경하는 것보다 더 큰 효가 없으며, 부모를 공경하는 것은 부모를 하나님과 짝을 이루는 존재로 여기는 것보다 큰 것이 없다.(성 치장)"[53]

● 『성경』

① "구약법에 있어 부모를 저주한 자나 하나님을 저주한 자 사법적 형량은 동일한 사형이다.(레20:9, 24:15)"

② "부모를 거역하는 것은 성령을 거스르는 것이므로 성령은 이러한 사람들을 반드시 사망케 한다.(마15:4, 롬1:32)"

③ "네 부모를 공경하라. 그리하면 네가 잘 되고 장수하리라.(엡6:2-4)"

● 불교 경전

① "하늘은 자기 집에 있나니 하늘을 섬기고자 하면 먼저 부모님께 공양하라. 예배를 하고자 하면 먼저 부모님께 예배해야 한다.(별역잡아함경)"

② "누구나 극락세계에 왕성하고자 하면 부모·어른·스승을 공경하고 살생을 말아야 한다.(관무량수경)"

---

51 "孝天之經也 地之義也 民之行也."

52 "父子之道 天性也."

53 "人之行莫大於孝 孝莫大於嚴父 嚴父莫大於配天."

● 『맹자』

① "하늘의 뜻에 순응하는 자는 흥하고 거역하는 자는 망한다.(이루 상)" [54]

● 『중용』

① "효는 조상과 부모의 뜻을 잘 공경하고 계승하며 사람의 일을 세상에 펼치는 것이다.(19장)" [55]

2. 사랑과 공경의 원리

사전적으로 사랑은 '상대의 존재를 헤아려 몹시 아끼고 귀하게 여기는 마음'이고, 공경은 '받들어 모시는 마음'이다. 사랑을 사량(思量), 즉 '생각하여 헤아린다'는 의미로 해석

> **Tip**
> 효하는 사람은 아랫사람을 사랑하고 윗사람을 공경하는 삶을 살아간다. 그것이 부모의 가르침이고 원하는 바이기 때문이다.

하기도 한다. 그래서 효는 좁은 의미로 보면 부모와 자녀의 하모니, 즉 가족사랑을 의미하고, 넓은 의미로 보면 어른과 스승을 공경하고 어린이와 청소년을 사랑하며, 타인과 이웃·사회와 국가·인류와 자연사랑을 뜻한다.

---

54 "順天者存 逆天者亡."
55 "夫孝者 善繼人之志 善述人之事者也."

사랑

　그리고 인간의 삶에서 궁극적 목적인 행복을 위해서는 윗사람은 아랫사람을 사랑하고, 아랫사람은 윗사람을 공경하는 마음을 가짐으로써 관계를 돈독히 해야 한다. 그리고 이런 마음은 효에서 비롯되는 것이다. 이렇듯이 효를 하는 사람은 아랫사람을 사랑하고 윗사람을 공경하는 삶을 살아가게 된다는 것인데, 다음의 문헌에 제시되어 있다.

『효경』

① "효는 사랑의 근본이다.(개종명의장)" [56]
② "부모를 사랑하는 사람은 다른 사람을 미워하지 않고 부모를 공경하는 사람은 다른 사람을 업신여기지 않는다.(천자장)" [57]

---

56 "孝德之本也."
57 "愛親者 不敢惡於人 敬親者 不敢慢於人."

③ "효자가 부모를 섬김에 평소에는 공경을 다해야 한다.(기효행장)"[58]

●『성경』

① "믿음·소망·사랑, 이 세 가지는 항상 있을 것인데, 그중에서 제일은 사랑이라.(고전 13:13)"
② "부모를 공경하라, 그리하면 너의 하나님 여호와가 네게 준 땅에서 네 생명이 길리라.(출20:12)"
③ "너는 센 머리 앞에 일어서고 노인의 얼굴을 공경하라.(레19:32)"

● 불교 경전

① 부모를 사랑하고 스승과 어른을 공경할 줄 아는 사람이 어린이를 사랑하고 높은 지위에 올라 나라를 위해서 이치를 구현한다.(삼세인과경)
② "부모와 스승을 공경하고 부모가 돌아가시면 제사를 정성으로 모시고 생전의 가르침을 실천해야 한다.(마누법전)"
③ "모든 남자는 내 아버지이고 모든 여자는 내 어머니이다. 그러므로 육도의 중생은 모두 내 부모로 생각하고 어른을 공경해야 한다.(범망경)"

●『논어』

① "부모는 오직 자식이 병날까 걱정(사랑하는 마음으로)하신다.(위정편)"[59]
② "오늘날의 효는 부모를 부양하는 것을 효라고 이르고 있으나 개와 말에도 모두 부양을 하고 있으니, 공경하지 않는다면 무엇으로 구별하겠는가?(위정편)"[60]

---

58 "孝子之事親也 居則致其敬."
59 "父母唯其疾之憂."
60 "今之孝子 是謂能養 至於犬馬 皆能有養 不敬 何而別乎."

『맹자』

① "자식을 가르침은 본래 그 자식을 사랑하기 때문이다.(이루 상)"[61]

② "자기 집 노인을 공경하여서 그 마음이 다른 집 노인을 공경하는 데까지 미치게 하고 자기 집 어린이를 사랑하여서 그 마음이 다른 집 어린이를 사랑하는 데까지 미치게 한다.(양혜왕 상)"[62]

『예기』

① "리더(임금)가 세상 사람들이 사랑을 실천하게 하려면 먼서 그 부모를 사랑하는 것에서 시작한다. 이것이 성원(백성)들에게 사랑과 화목(和睦)의 도를 가르치는 방도이다.(제의편)"[63]

② "가장 큰 효는 부모님을 공경하는 것이요 그다음이 부모를 욕되게 하지 않는 것이며 마지막 단계가 부모를 봉양하는 것이다.(제의편)"[64]

기타 문헌

① "자식은 부모가 사랑하는 바를 사랑하고 부모가 공경하는 바를 공경해야 한다.(소학, 명륜편)"[65]

---

61 "教子者, 本爲愛其子也."

62 "老吾老以及人之老 幼吾幼以及人之幼."

63 "立愛自親始敎民睦也 立敬自長始敎民順也 敎以慈睦."

64 "大孝尊親 其次不辱 其下能養."

65 "父母之所愛亦愛之 父母之所敬亦敬之."

3. 관계와 조화의 원리

효는 부자자효(父慈子孝)·부자유친(父子有親)·부위자강(父爲子綱) 등에서 보듯이 위(上)와 아래(下)가 서로를 위하는 하모니(Harmony)적 삶을 추구하는 것이다. 부모는 자식을 위

하고 자식은 부모를 위하며, 형제자매가 서로를 위하는 조화(調和)를 지향하는 것이다. 효는 가족사랑과 가정윤리로 표현함에서 알 수 있듯이 효는 부부(夫婦)의 관계를 시작으로 부자(父子)의 관계, 형제자매(兄弟姉妹)의 관계로 확대되고, 이를 기초로 타인과 이웃·사회와 국가·인류와 자연으로 사랑을 확대해 나가는 친친애인(親親愛人)과 동심원(同心圓)의 원리로 작용하는 덕목이자 가치이다.

본디 관계란 두 사람 이상이 서로 관련되는 것을 뜻하고, 조화는 서로가 잘 어울리는 상태를 의미하는데, 효하는 사람은 가정에서 형제자매의 관계를 조화롭게 하면서 성장하기 마련이고, 사회생활에서도 인간관계를 원만히 함으로써 호감과 신뢰를 얻기 마련이다. 이렇듯이 효하는 사람은 타인과 관계를 잘하고 조화로운 삶을 살아가기 마련인데, 다음과 같은 문헌에 제시되어 있다.

●『효경』

① "부모를 사랑하는 사람은 다른 사람을 미워하지 않고 부모를 공경하는 사람은 다른 사람을 업신여기지 않는다.(천자장)" [66]

---

[66] "愛親者不敢惡於人 敬親者不敢慢於人."

② "[리더가 효를 행하면] 그 성원들은 [리더를] 경외하면서 사랑하고 법도로 삼으면서 본받는 것이다. 그러므로 [리더는] 도덕교육을 이룰 수 있고, 그 정치적 명령을 실시할 수 있다.(효우열장)"[67]

③ "부모를 섬기는 사람은 윗자리에 있어도 거만하지 않고 아랫자리에 있어도 질서를 어시럽히시 않으며 같은 무리와 함께 있어도 서로 다투지 않는다.(기효행장)"[68]

『성경』

① "보라 형제가 연합하여 동거함이 어찌 그리 선하고 아름다운고(시 133:1)"
② "우리가 알거니와 하나님을 사랑하는 자 곧 그 뜻대로 부르심을 입은 자들에게는 모든 것이 협력하여 선을 이루느니라.(롬 8:28)"
③ "네 이웃을 네 몸과 같이 사랑하라.(레 19:18)"

불교 경전

① "가정에서 부모를 공경하고 우애 있는 사람은 나가서도 스승과 어른을 공경한다.(부모은중경)"
② "남편과 아내가 서로 대접하기를 예로써 해야 한다.(장아함경)"
③ "부모를 사랑하고 스승과 어른을 공경할 줄 아는 사람이 어린이를 사랑하고 높은 지위에 올라 나라를 위해서 이치를 구현한다.(삼세인과경)"

---

67 "其民畏而愛之 則而象之 故로 能成其德敎 而行其政令."
68 "事親者 居上不驕 爲下不亂 在醜不爭."

● 『논어』

① "효성스럽고 우애있는 사람이 윗사람을 함부로 대하는 경우는 드물다.(학이편)"[69]

② "리더(군자)는 근본을 세우는데 힘써야 하며 근본이 서면 길과 방법이 저절로 생긴다. 효(孝)와 우애(弟)는 인(仁)을 이루는 근본이다.(학이편)"[70]

● 『맹자』

① "효도와 우애와 충성과 신의를 배워 집에 들어가서는 그 부형을 섬기고 밖에 나가서는 그 연장자와 윗사람을 섬겨야 한다.(양혜왕 상)"[71]

② "자기 집 노인을 공경하여서 그 마음이 다른 집 노인을 공경하는 데까지 미치게 하고 자기 집 어린이를 사랑하여서 그 마음이 다른 집 어린이를 사랑하는 데까지 미치게 한다.(양혜왕 상)"[72]

● 『예기』

① "인의(人義)란 부모는 자식을 사랑하고 남편은 의롭고 아내는 남편 말을 잘 들으며 어른은 베풀고 어린이는 순해야 한다.(예운편)"[73]

② "관직에 나가 성실하지 않으면 효가 아니고 친구와 사귐에 믿음으로 하지 않으면 효가 아니다.(제의편)"[74]

---

69 "其爲人也孝弟而好犯上者鮮矣."
70 "君子務本 本立而道生 孝弟也者 其爲仁之本與."
71 "修其孝悌忠信 入以事其父兄 出以事其長上."
72 "老吾老以及人之老 幼吾幼以及人之幼."
73 "人義 父慈子孝 夫義婦聽 長惠幼順."
74 "莅官不敬非孝也 朋友不敬非孝也."

① "병사보기를 어린아이 보듯 하면 병사들은 깊고 험한 골짜기라도 함께 들어가게 할 수 있고, 병사 보기를 사랑하는 자식 같이하면 가히 함께 죽을 수 있게 한다. 그러나 너무 사랑하여 명령하지 못하고 너무 후하여 부리지 못하며 문란하여도 다스리지 못한다면 비유컨대 방자한 자식 같아서 아무짝에도 쓸모가 없게 된다.(손자병법)"[75]

② "아버지가 사랑하고 아들이 효도하는 것은 모두 당연히 그처럼 해야 하는 것이다. 만약 베푸는 자가 덕으로 자처하고 받는 자가 은혜로 생각한다넌 문득 장사꾼의 도가 되어 버리리라.(채근담)"[76]

③ "내가 어버이에게 효도하면 내 자식 역시 나에게 효도한다. 내가 효도하지 않는다면 어찌 자식이 나에게 효도하겠는가?, 효도하고 섬기는 자는 다시 효도하고 섬기는 자식을 낳게 되지만 어그러지고 거슬리는 자는 다시 패역하고 불효하는 자식을 낳게 되나니 믿지 못할 것 같으면 처마 끝의 물방울을 보라. 방울방울 떨어짐이 어긋남이 없느니라.(명심보감, 효행편)"[77]

④ "부모는 마땅히 자식을 사랑하고 자식은 마땅히 부모에게 효도해야 한다.(격몽요결, 서문)"[78]

---

75 "視卒如兒 故可與之赴深谿 視卒如愛子 故可與之俱死 愛而不能令 厚而不能使 亂而不能治 譬如驕子不可用也."

76 "父慈子孝 俱是合當如此 如施者任德 受者懷恩 便成市道矣."

77 "孝於親 子亦孝之 身旣不孝 子何孝焉 孝順 還生孝順子 悖逆 還生孝逆子 不信 但看簷頭水 點點滴滴不差移."

78 "爲父當慈 爲子當孝."

4. 덕성과 의로움의 원리

효는 인간이 덕(德)스럽고 의(義)로운 삶을 향하도록 하는 가치 지향적 삶을 유도한다. 이런 이유에서 기존의 효사례 중에서 의롭지 못하고 덕스럽지 않은 것들은 재고되어야 한다. '덕스럽다'는 것은 '어질고 너그러운 데

> **Tip**
>
> 효하는 사람은 타인에게 덕을 베풀기 마련이다. 효하는 사람은 타인을 미워하지 않고 업신여기지 않으며, 거만하지 않고 난잡하지 않은 삶을 살아가기 때문이다.

가 있는 모습', '나보다 타인을 우선적으로 생각하는 모습', '바르고 올곧게 살아가는 모습' 등을 뜻한다. 그리고 '의롭다'는 것은 '도의적으로 떳떳한 모습', '불의를 용납하지 않는 모습', '정의를 위해 의기를 발휘하는 모습' 등을 뜻한다. 효는 보편성과 이타성을 기초로 타인과 이웃, 사회와 국가, 인류와 자연을 위하는 덕(德)이 있는 삶으로 안내하는 가치이자 덕목이다. 그리고 부모와 자식 사이에 서로의 잘못이 있을 때는 서로에게 간(諫)하여 올바른 길로 가도록 하는 의로운 마음으로 작용한다. 이렇듯이 효하는 사람은 덕성과 의로움에 기반하는 삶을 살아가게 되는 것인데, 이런 내용은 다음과 같은 문헌에 제시되어 있다.

●『효경』

① "효는 덕의 근본이요 모든 가르침이 그로 말미암아 생겨난다.(개종명의장)"[79]

② "리더가 먼저 박애를 실천함으로써 백성들이 부모님을 버리지 않게 되고 덕의(德義)로써 베풀어 성원들이 일어나 (그것을) 실천하였다.(삼재장)"[80]

[79] "孝德之本也 教之所由生也."

[80] "先之以博愛 而民莫遺其親 陳之以德義 而民興行."

③ "부모에게 간쟁하는 자식이 있으면 (부모는) 불의함에 빠지지 않는다.(간쟁장)"[81]

●『성경』

① "공평한 저울과 접시저울은 여호와의 것이요 주머니 속의 저울추도 다 그가 지으신 것이다(잠 16:11)"

② "여호와는 의로우사 의로운 일을 좋아하시나니 정직한 자는 그의 얼굴을 뵈오리로다.(시 11:7)"

③ "정의를 지키는 자들과 항상 공의를 행하는 사는 복이 있다.(시 106:3)"

●불교 경전

① "효는 모든 선(善)을 행하게 하는 근본이요, 모범이 되게 하는 것이다.(범망경)"

② "부모를 봉양하는 것은 작은 효에 속하지만 부모를 불의(不義)함에서 벗어나도록 하는 것은 참다운 큰 효이다.(죽창삼필)"

●『예기』

① "인의(人義)라고 하는 것은, 부모는 자식을 사랑하고 자식은 부모에게 효도하며, 형은 아우를 사랑하고 아우는 형을 공경하며, 남편은 의롭고 아내는 남편 말을 들어야 하며, 어른은 은혜로워야 하고 어린이는 순해야 하며, 군주는 인자해야 하고 신하는 충성해야 한다. 이상의 열 가지를 이르러 인의라고 한다.(예운편)"[82]

●기타 문헌

① "나의 아내에게 모범이 됨으로 해서 형제에 이르고 집안과 나라를 거느린다.(시경)"[83]

---

81 "父有爭子 則身不陷於不義."
82 "何謂人義 父慈子孝 兄良弟弟 夫義婦聽 長惠幼順 君仁臣忠 十者謂之人義."
83 "刑于寡妻 至于兄弟 以御于家邦."

② "하늘의 뜻은 의를 원하고 불의를 미워한다.(묵자, 법의편)" [84]

③ "효는 의를 따르는 것이지 부모를 따르는 것이 아니다.(순자, 자도편)" [85]

④ "입신에는 의가 있으니 효가 그 근본이다.(명심보감, 입교편)" [86]

5. 자기성실과 책임의 원리

효는 자기성실에서 출발한다. 부모는 부모로서, 자식은 자식으로서 성실한 삶을 통해 서로를 위하는 덕목이자 가치로 작용하기 때문이다. 사람은 누구나 부모님의 기대에 부응하고 싶은 욕구가 있기 마련이고, 자기에게 성실함으로써 이를 이루고자 한다. 그리고 부모는 부모로서, 자식은 자식으로서 서로를 위해 책임을 다하는 자세를 견지하려 한다. 성실(誠實)이란 '도덕을 기초로 최선을 다하는 것', '정성스럽고 참되게 하는 것'이고 책임(責任)은 '자기 자신의 삶과 관련되는 것에 대해서 가지는 의무감'이다. 사람은 누구나 부모

84 "天欲義而惡不義."

85 "孝子從義不從父."

86 "立身有義而孝爲本."

는 자식을 위해 정성과 책임을 다하고, 자식의 입장에서는 낳아주시고 길러주신 부모님의 은혜에 보답하기 위해 성실함과 책임을 다해야 하는 것이다.

그리고 이런 마음이 가족관계로 확대되고, 더 나아가 타인과 이웃·사회와 국가·인류와 자연으로 확대되어지는 것이다. 이렇듯이 효하는 사람은 자기의 삶에 성실하고 책임을 다하는 삶을 살아가기 마련인데, 이는 다음과 같은 문헌에 제시되어 있다.

● 『효경』
① "효의 시작은 부모를 섬기는데 있고 중간 단계는 나랏일에 충실 하는데 있으며, 효의 마지막은 이름을 드러내는 것이다. 몸을 세워 도를 행함으로써 후대에 이름을 날려 부모의 이름을 드러나게 하는 것이 효의 마지막이다.(개종명의장)"[87]
② "효는 하늘의 법칙이고 땅의 질서이며 백성들이 실천해야 할 것이다.(삼재장)"[88]
③ "효자가 부모를 섬김에 평소에는 공경을 극진히 하고 봉양할 때에는 즐거움을 다하고 질병에 걸렸을 때는 근심을 다하고 돌아가셨을 때는 슬픔을 다하고 제사 지낼 때는 엄숙함을 다해야 한다.(기효행장)"[89]

● 『성경』
① "내 일 뿐 아니라 이웃의 일까지 돌보아야 한다.(빌 2:4)"
② "무릇 지킬 것만 한 것보다 더욱 네 마음을 지키라.(잠 5:23)"
③ "네 마음을 다하고 목숨을 다하고 뜻을 다하라.(마 22:37)"

87 "孝始於事親 中於事君 終於立身 立身行道 揚名於後世 以顯父母 孝之終也."
88 "孝 天之經也 地之義也 民之行也."
89 "孝子之事親也 居則致其敬 養則致其樂 病則致其憂 喪則致其哀 祭則致其嚴."

불교 경전

① "이 세상에 나보다 존귀한 사람은 없다.(天上天下唯我獨尊, 서응경)
② "효는 수행자 삶의 기준이자 준거요 죄악을 범하지 못하게 하는 규정이다.(범망경)"

『논어』

① "효란 부모님 말씀을 거역하지 않는 것이다. 부모님 생전에는 예로써 섬기고 돌아가시면 예로써 장사지내며 예로써 제사 지내는 것이 효이다.(위정편)"[90]
② "부모님 살아 계시면 멀리 나가 놀지 아니하며 떠나 놀 때에는 반드시 있는 곳을 알려야 한다.(이인편)"[91]

『맹자』

① "어버이를 기쁘게 하는 데는 방법이 있으니 자신에게 성실하지 못하면 어버이를 기쁘게 하지 못할 것이다. 자신을 성실하게 하는 데에는 방법이 있으니, 선(善)에 밝지 못하면 자신이 성실해질 수 없을 것이다.(이루 상편)"[92]

『예기』

① "효자는 어두운 곳에서 일을 종사하지 않으며 위태로운 곳에 오르지 않는다. 이는 어버이를 욕되게 할 것을 두려워하기 때문이다.(곡례편)"[93]
② "가장 큰 효는 부모님을 공경하는 것이요, 그다음이 부모를 욕되게 하지 않는 것이며 마지막 단계가 부모를 봉양하는 것이다.(제의편)"[94]

---

90 "無違, 生事之以禮 死葬之以禮 祭之以禮."
91 "父母在 不遠遊 遊必有方."
92 "悅親有道 反身不誠, 不悅於親矣. 誠身有道 不明乎善, 不誠其身矣."
93 "孝子不服闇 不登危懼辱親也."
94 "大孝尊親 其次不辱 其下能養."

기타 문헌

① "무릇 효라는 것은 선인(부모)의 뜻을 잘 계승하며 세상에 그 뜻을 잘 펼치는 것이다.(중용, 19장)" [95]

② "효는 부모가 사랑하는 바를 사랑하고 부모가 공경하는 바를 공경하는 것이다.(소학)" [96]

③ "자신(自身)이 어버이에게 효도하면 자식이 또한 나에게 효도한다. 자신이 어버이에게 효도하지 않는다면 자식이 어찌 나에게 효도하겠는가?(명심보감, 효행편)" [97]

④ "효는 마땅히 힘을 다하는 것이요, 충은 곧 목숨을 다하는 것이다.(천자문)" [98]

Ⅲ 생각해보기(토의 주제)

Topic of discussion

❶ 효에 대한 올바른 패러다임이 요구되는 이유, 그리고 '효'와 '효도'가 의미상으로 구별되어야 하는 이유를 주관적 입장에서 발표해 봅시다.

❷ 전통적 효교육 사례의 효과성에 대하여 긍정적인 면과 부정적인 면을 구분해서 발표해 봅시다.

❸ 효의 기본원리에 대한 필요성과 적용방안에 대하여 주관적 입장에서 발표해 봅시다.

95 "夫孝者 善繼人之志 善述人之事者也."
96 "父母之所愛 亦愛之 父母之所敬 亦敬之."
97 "太公曰 孝於親 子亦孝之 身旣不孝 子何孝焉."
98 "孝當竭力 忠則盡命."

제4장 | 효의 의미와 정의, 효의 영역

"지혜는 용어의 정의에서 비롯된다."고 한다. 마찬가지로 효를 어떻게 정의(定義, Definition)하느냐에 따라 효를 바르게 이해하고 실천할 수 있게 되는 것이다. 그리고 효를 정의하기 위해서는 의미를 부여해야 하는데, 그 이유는 인간이 삶의 의미를 잃으면 자살하게 되는 것처럼, 효 또한 의미를 갖지 않으면 용어로서의 기능 발휘가 어렵기 때문이다.

그러나 사전에도 '효'와 '효도'의 의미를 구분하지 않고 있어서 효에 대해 의미를 부여하기는 쉽지 않다. 그럼에도 불구하고 효에 대한 의미를 부여해야만 하는데, 효는 개념적 의미·본질적 의미·실천적 의미를 부여할 수 있다. 그리고 효의 의미를 기초로 효를 정의(定義)할 수 있으며, 이는 '좁은 의미의 효'와 '넓은 의미의 효'로 정의할 수 있다. 좁은 의미의 효는 '가족사랑'과 '가정윤리' 등 '가정'의 영역에서 하모니 하는 것이고, 넓은 의미의 효는 '세대공감' 등 사회와 국가, 인류와 자연으로까지 확대하여 하모니 하는 것이다.

이런 맥락에서 본 장(章)에서는 효의 의미, 그리고 효의 영역에 대하여 알아본다.

▌효의 의미

의미(意味)란 사전적으로 '말이나 글, 행위나 현상이 지닌 뜻', '사물이나 현상의 가치'를 뜻한다. 따라서 효에 대해 의미를 부여한다는 것은 효가 지니는 뜻이나 가치(價値)를 붙여주는 일이다.

효에 대해 의미를 부여하는 이유는 효를 바르게 이해해야 하기 때문이다. 그리고 효를 가르치는 이유는 효를 알고 행하도록 하는데 있다. 때문에 효를 알게 하려면 효의 의미를 부여해야 하고, 효를 행하는 데는 '지(知:앎)' → '정(情:느낌)' → '의(意:다짐)' → '행(行:실천)'의 과정을 필요로 한다. 즉 '효가 무엇인지를 알게 한다(知)', '알게 하여 느낌을 받게 한다(情)', '느낀 내용을 스스로 다짐하게 한다(意)', '다짐한 내용을 실천하게 한다(行)'는 교화(敎化)의 과정에 따르자는 것이다.

효의 의미는 현자(賢者)들에 의해 쓰여진 문서, 즉 『효경』을 비롯한 『성경』, 『논어』, 『맹자』, 『예기』, 불교 경전 등 여러 문헌을 통해서 찾아낼 수 있다. 이점에 대해 율곡(栗谷)은 『격몽요결』에서 "배우는 사람은 항상 그 마음을 학문에 두어 다른 사물에 현혹되어서는 안 되며, 반드시 이치를 깊이 연구하고 선(善)을 밝힌 연후에 마땅히 행할 도리를 밝혀야 한다. 이를 위해서는 이치를 연구하는 것보다 먼저 할 것이 없고, 이치를 연구함에는 책을 읽는 것보다 먼저 할 것이 없으며, 책에서 성인과 현자가 마음을 다해서 쓴 자취, 그리고 선(善)과 악(惡)의 본받아야 할 것과 경계하여야 할 것을 찾아야 한다.(독서장)"[99]고 했다. 그러므로 효의

---

99 "學者 常存此心 不被事物所勝 而必須窮理明善 然後 當行之道 曉然在前 可以進步 故入道 莫先於窮理 窮理 莫先乎讀書 以聖賢用心之迹 及善惡之可戒者 皆在於書故也."

의미도 성인과 현자들이 마음으로 쓴 책에서 찾아야 할 것인데, 효의 의미는 '글자'를 통해서, 그리고 '개념적 의미'·'본질적 의미'·'실천적 의미' 등을 통해서 알아낼 수 있다.

1. 글자(孝, HYO)에 나타난 효의 의미

우리는 예부터 '문자는 지혜를 담는 그릇〔文者道之器〕'이라 여겨서, 글자가 가지는 의미를 통해 단어의 뜻을 이해해 왔다. 예를 들면 학교(學校)는 '배운다'는 의미의 '배울 학(學)'자와 '집'을 뜻하는 '집 교(校)'자가

> **Tip**
> 한자에 나타난 효의 모양은 정신적·물질적으로 서로를 위한다는 의미를, 영어에 나타난 모양은 젊은 세대와 노년 세대의 조화로움의 의미로 볼 수 있다.

결합된 글자이니 '배움이 있는 집'으로 해석할 수 있는 것이다. 효에 대한 글자는 '孝'라는 한자(漢字)와 'HYO'라는 영문자를 통해서 알 수 있다.

〈표 2〉 글자에 나타난 효의 의미

① 孝＝考(생각할 고)와 子(자식 자)의 합자
☞ 부모와 자식이 서로를 생각함 : 정신적인 효
② 孝＝老(늙을 노)와 子(자식 자)의 합자
☞ 부모와 자식이 서로를 물질적으로 위함 : 물질적인 효
③ HYO＝Harmony of Young and Old의 약자
☞ 자식(젊은)세대와 부모(노인)세대가 하모니를 이룸 : 조화로움의 효

가. 孝 자에 나타난 효의 의미

1) 孝는 考(생각할 고)와 子(자식 자)의 합자

효(孝)를 생각할 고(考)자와 자식 자(子)의 합자로 보는 견해이다. 부모와 자식은 서로를 생각하는 관계, 즉 정신적인 효를 뜻한다. 여기서 '고(考)'는 조상 제사 때 올려놓는 지방(紙榜) '현고학생부군신위(顯考學生府君神位)'에서 '현고(顯考)'는 조상의 행적을 드러내어 생각한다는 뜻이다. 그러므로 제사에서 지방을 써놓는 이유는 부모(조상)님이 원하시던 방향으로 노력하겠다는 마음이 들어 있나. 여기서 주의할 것은 '자식이 부모를 생각한다.' 뿐만이 아니라 '부모는 자식을 생각하고 자식은 부모를 생각한다.' 는 상호적 의미로 해석해야 한다는 점이다.

2) 孝는 老(늙을 노)와 子(자식 자)의 합자

『설문해자(說文解字)』에 의하면 '자식(子)이 늙은 부모(老)를 섬기는 모습'으로 풀이하고 있다.〔善事父母者, 从老省, 从子, 子承老也〕이는 고령자를 물질적으로 봉양하는 의미를 연상케 하는 글자이다. 『성경』에도 "물질을 드림으로써 마음이 함께 하도록 해야 한다.(마 6:21)"고 했듯이, 물질적으로 효를 하다보면 마음도 함께 하기 마련이다. 그런데 여기서도 유념해야 할 점은 '자식이 부모에게 물질적으로 위한다.'는 뜻만이 아니라 '자식이 어렸을 때에는 부모가 자식을 돌보고, 부모가 연로해지면 자식이 부모를 봉양한다.'는 쌍무호혜적 의미로 해석해야 한다는 점이다.

따라서 우리가 어렸을 때는 부모님이 의식주(衣食住) 모두를 해결해 주셨듯이, 부모님이 연로해 나약해지면 의식주(衣食住) 면에서 불편함이 없도록 보살펴 드린다는 의미로 해석해야 한다.

나. 'HYO' 자(字)에서 찾는 효의 의미

효에 대한 영문은 대체로 Filial piety 또는 Filial duty 등으로 표기해왔다. 그러나 효의 영문표기는 우리의 발음 그대로인 HYO로 표기해야 한다.[100] 왜냐하면 김치(Kimchi), 태권도(Taekwondo), 불고기(Bulgogi) 등도 우리 발음 그대로인 것처럼, 효에 대해서도 우리 발음 그대로 표기함으로써 우리의 문화를 담아내야 하기 때문이다. 그리고 효는 상호성에 기초하여 조화를 추구하는 것이라는 점에서 HYO는 Harmony of Young and Old의 약자로 해석한다.

이런 생각은 외국인의 시각에서도 마찬가지로 나타났다. 필자가 경민대학교 효충사관과 교수로 재직할 때, 한국의 효를 연구하고 있다는 미국 캔사스 대학 사회복지학과 '캔더(Edward R. Canda, PhD, Professor)' 교수가 경민대학을 방문

---

100 최성규, 『효신학개론』, 성산서원. 2004. 표지문.

(2011. 6. 16)했을 때의 일이다. 학생들에게 '이 시대 가족과 청소년을 위하여 효를 다시 생각해 본다.' 는 주제로 강의와 토론을 하던 캔더 교수는 "한국의 효를 연구하면서 느낀 점은, 효는 일찍이 중국의 공맹시대부터 부모의 역할과 자녀의 역할이 함께 요구되어 왔는데, 한국의 효를 연구하다 보니 부모의 역할보다 자녀의 역할에 초점이 맞춰진 면이 있다. 그것도 자식에게 극단적 희생을 요구하는 경향이 있는데, 효가 시대를 변화시키는 가치와 덕목으로 자리 잡기 위해서는 상호성에 기초한 사랑의 감정으로 이해되어야 한다." 는 내용이었다.

그리고 이날 범숙희(20) 학생이 "그렇다면 효의 영문표기를 'Filial Piety' 로 하는 것은 맞지 않다고 봅니다. 효는 상호적 관계에 기초하므로 효는 젊은세대·자식세대(Young)와 노인세대·부모세대(Old)가 조화(Harmony)를 추구한다는 의미로 'HYO' 로 표기하는 것이 맞다고 보는데 교수님의 견해는 어떻습니까?" 라고 질문했고, 캔더 교수는 "효의 영어표기를 HYO로 하는 것은 좋은 발상이라고 생각합니다. 또한 HYO로 표기하는 것은 한국의 효를 글로벌화하는 데도 큰 도움이 된다고 봅니다." 라는 요지의 답변을 한일이 있다. 이렇듯이 효의 영문표기는 'Filial Piety' 보다는 HYO로 표현함으로써 상호성의 의미와 함께 우리의 정서와 문화를 담아낼 수 있는 것이다.

2. 효의 개념적 의미

개념(概念)이란 사전적으로 ① 여러 관념 속에서 공통적 요소를 뽑아 종합하여 얻은 하나의 보편적인 관념 ② 어떤 사물 현상에 대

한 일반적인 지식을 뜻한다. 다시 말해서 개념은 일반적이고 공통적인 성질을

> **Tip**
> 효의 개념적 의미는 효가 갖는 여러 관념 속에서 공통적인 성질을 뽑아 종합한 표상(表象)적 의미이다.

뽑아내어 이루어낸 표상, 또는 정책방향을 제시하고 실천에 영향을 미치는 하나의 '틀' [101]이다. 따라서 효의 개념은 '효가 가지는 여러 의미 속에서 공통적인 성질을 뽑아내어 얻은 하나의 관념' 이라 할 수 있다. 이를 정리하면 〈표 3〉과 같다.

〈표 3〉 효의 개념적 의미

① 가족사랑과 가정윤리로서의 효

② 보편성과 이타성으로서의 효

③ 행위적 당위로서의 효

가. 가족사랑과 가정윤리로서의 효

효는 가족사랑과 가정윤리의 의미를 가진다. 효는 본디 가정에서 부부, 부모와 자식, 형제자매 등 가족관계에서 비롯되는 사랑이자 지켜야 할 윤리이기 때문이다.

---

101 정창우, 『인성교육의 이해와 실천』, 교육과학사. 2016. pp. 63~64.

제2부 효란 무엇이며, 어떻게 가르칠 것인가? *103*

이를 효의 기본원리와 연계하면 '사랑과 공경의 원리', '관계와 조화의 원리', '자기성실과 책임의 원리'와 연관된다. 가정은 가족이 함께 생활하는 안식처이고 가족은 혼인이나 혈연·입양 등으로 맺어진 공동체이다. 그러므로 효는 사랑과 공경·관계와 조화·자기성실과 책임 등 가족 구성원 모두가 각각의 도리를 다해야 한다는 의미를 가진다.

이러한 내용은 『효경』에 "효자가 부모를 섬김에 평소에는 공경을 극진히 하고 봉양할 때에는 즐거움을 다하고 질병에 걸렸을 때는 근심을 다하고 돌아가셨을 때는 슬픔을 다하고 제사지낼 때는 엄숙함을 다해야 한다. 이 다섯 가지를 갖춘 뒤라야 부모를 잘 섬긴다고 할 것이다.(기효행장)"[102], 『성경』에 "(자녀는) 부모를

102 "孝子之事親也 居則致其敬 養則致其樂 病則致其憂 喪則致其哀 祭則致其嚴 五者備矣 然後 能 事其親."

기쁘게 하고 걱정 끼치지 않아야 하며 부모는 자녀를 돌보고 사랑해야 한다.(잠언 23:25)", 불교 경전에 "자식은 부모를 다섯 가지로 섬겨야 하며 부모는 자식을 다섯 가지로 돌보아야 한다. 자식이 해야 할 다섯 가지는 살림살이·식사제공·걱정 끼치지 않음·부모의 은혜를 생각하는 일, 그리고 병을 치료해드리는 일이고 부모가 해야 할 다섯 가지는 자식에게 좋은 것을 하고 학업을 가르치며 경전과 계율을 지니게 한다. 장가들이고 재산을 맡아주는 것이다.(육방예경)"라고 했다. 또한 『예기』에 "인의(人義)라고 하는 것은 부모는 자식을 사랑하고 자식은 부모에게 효도하며, 형은 아우를 사랑하고 아우는 형을 공경하며, 남편은 의롭고 아내는 남편 말을 들어야 하며, 어른은 은혜로워야 하고 어린이는 순해야 하며, 군주는 인자해야 하고 신하는 충성해야 한다. 이상의 열 가지를 이르러 인의라고 한다.(예운편)"[103]고 이르고 있다. 이렇듯이 효는 가족사랑과 가정윤리의 의미를 가진다.

나. 보편성과 이타성으로서의 효

효는 보편성(普遍性)과 이타성(利他性)의 의미를 가진다. 보편성이란 '모든 것에 공통되거나 들어맞는 것', '모든 것에 두루 미치거나 통하는 성질'을 의미하고 이타성이란 '내가 희생해서 남에게 이로움을 준다.'는 의미이다. 이를 효의 기본원리와 연계하면 '사랑과 공경의 원리'·'관계와 조화의 원리'와 연계된다.

효를 보편적 가치로 보는 이유는 가정에서 형성된 따뜻한 마음이 타인과 이웃·사회와 국가·인류와 자연으로 확대되어 두루 작용되는 친친애인(親親愛人)

---

103 "人義 父慈子孝 兄良弟弟 夫義婦聽 長惠幼順 君仁臣忠 十者謂之人義."

과 동심원(同心圓)의 원리로 작용하기 때문이다. 세상이 아무리 변한다고 해도 부모와 자식의 관계는 변할 수 없고, 부모와 자식 사이에는 사랑의 감정이 형성되기 마련이다. 이러한 사랑의 감정을 타인과 이웃·사회와 국가·인류와 자연으로 확대하여 두루 사랑을 실천하는 것이다. 『효경』에 "효를 가르치는 것은 자기 부모뿐만 아니라 남의 부모까지도 자기 부모처럼 공경하고 형제간 우애하며 남의 형제까지도 사랑하게 하기 위함이다.(광지덕장)"[104]라고 했다.

　다음 효를 이타적 가치로 보는 이유는 효는 타인을 이롭게 하는 마음을 가진다는 점에서다. 부모의 '내리사랑'이나 자녀의 '올리효도'는 엄밀한 의미에서 볼 때 이타적 심리에서 나오는 것이다. 그리고 효가 이타적 가치인 점은 홍익인간(弘益人間) 정신에도 나타나 있는데, 인류만이 아닌 자연까지도 이롭게 하라는 홍익인간 정신은 고조선(B.C. 2333~B.C. 108)의 건국이념임과 동시에 교육법 제2조(교육이념)에 "홍익인간의 이념 아래 모든 국민으로 하여금 인격을 도야하고, 자주적 생활능력과 민주시민으로서 필요한 자질을 갖추게 하여 인간다운 삶을 영위하게 하고 민주국가의 발전과 인류공영의 이상을 실현하는데 이바지한다."고 규정하고 있다.

　따라서 우리 민족의 전통문화인 효는 보편적이고 이타적 가치로서의 성격을 가진다. 『효경』에 "부모를 사랑하는 사람은 다른 사람을 미워하지 않고 부모를 공경하는 사람은 다른 사람을 업신여기지 않는다.(천자장)"[105], "부모를 섬기는 사

---

104 "君子之教以孝也 非家至而日見之也 教以孝 所以敬天下之爲人父者也 教以悌 所以天下之爲人兄者也."

105 "愛親者 不敢惡於人 敬親者 不敢慢於人."

람은 윗자리에 있어도 거만하지 않고 아랫자리에 있어도 질서를 어지럽히지 않으며 같은 무리와 함께 있어도 서로 다투지 않는다.(기효행장)"[106]고 했다.

다. 행위적 당위로서의 효

효는 마땅히 먼저(行)해야 할(爲) 행동 중에서 우선시 되는 가치이자 덕목이다. 그러므로 효는 행위적 당위(當爲)로서의 의미를 가진다. 행위(行爲)는 '사람이 행(行)하는 것', '인간의 도덕적 성질을 띤 의식적인 행동'으로 풀이된다. 본디 행위란 '먼저 한다'는 의미의 '행(行)'자와 '한다'는 의미의 '위(爲)'자의 합자이니 '인간으로서 무엇보다도 먼저 해야 할 일'이란 뜻이다. 또한 당위(當爲)는 '마땅히 행해야 하는 것'을 뜻하므로 상호 간 책임과 의무감이 내포되어 있다.

따라서 효는 이론이나 인식, 생각도 필요하지만, 행위와 실천이 따라야 한다는 점에서, 효는 행위적 당위로서의 성격을 가지는 것이다. 『효경』에 "부모와 자식의 도(道)는 하늘의 뜻에 따르는데 있고 군주와 신하의 도는 의(義)를 따르는데에 있다.(부모생적장)"[107], 『성경』에 "내가 너희에게 행한 것 같이 너희도 행하게 하려하여 본을 보여야 한다.(요 13:15)", 『논어집주』에 "(부모가)말로써 가르치면 따지고 몸으로 가르치면 따른다.〔以言敎者訟 以身敎者從〕"고 했다.

---

106 "事親者 居上不驕 爲下不亂 在醜不爭."
107 "父子之道 天性也 君臣之道 義也."

3. 효의 본질적 의미

본질(本質)이란 사전적으로 '[어떤 것이 지니고 있는] 가장 중요한 근본적인 성질이나 요소'를 뜻한다. 따라서 효의 본질적 의미는 '효가 본디 가지는 근본과 바탕이 되는 성질'로 이해할 수 있다.

본질의 의미는 한자(漢字)에 잘 나타나 있는데, 본(本)은 '근본'을, 질(質)은 '바탕'을 의미하므로 본질은 곧 '근본과 바탕'을 뜻한다. 여기서 '바탕 질(質)' 자를 파자(破字)해보면 '斦(모탕 은)' 자와 '貝(조개 패)'가 합쳐진 글자인데, '모탕'은 나무를 쪼개거나 자를 때에 도끼나 톱의 날을 보호하기 위해 밑에 받쳐 놓는 나무 토막(받침목)을 말하므로 '바탕'을 뜻한다. 또한 '조개(貝)'는 재화(財貨)의 의미가 있으므로 '사람이 살아가는 데는 기본과 재화가 바탕을 이루어야 한다.'는 뜻이 담겨 있다. 따라서 효가 가지는 본질적 의미는 〈표 4〉과 같이 정리할 수 있다.

〈표 4〉 효의 본질적 의미

① 효는 원초적 사랑에 기초한다.
② 효는 사랑의 확장성을 가진다.
③ 효는 상호성을 기초로 조화를 추구한다.
④ 효는 의로움에 기반한다.
⑤ 효는 예와 충의 기초이다.

가. 효는 원초적 사랑에 기초한다.

효는 부모와 자식의 (원초적) 사랑에서 시작된다. 그래서 효는 사랑의 방법이자 사랑의 언어라 할 수 있다. 그것도 세상에 나오면서 처음으로 경험하는 사랑이라는 점에서 원초적 사랑이다. 이를 효의 기본원리와 연계하면 '사랑과 공경의 원리'·'자기성실과 책임의 원리' 등과 연계된다. 원초적(原初的)이란 어떤 일이나 현상이 비롯되는 맨 처음이라는 뜻이다.

사랑은 남을 돕고 아끼며 이해하는 마음으로 그리스어로는 아가페(Agape)·스토르게(Storge)·필리아(Philia)·에로스(Eros) 사랑으로 구별한다. 효는 인간이 부모로부터 생명을 얻게 되면서 가장 먼저 접하게 되는 사랑의 감정이다. 그 사랑은 태아(胎兒)가 어머니의 뱃속에서부터 받는 사랑이며 태아는 그 감정을 마음과 몸으로 느끼는 가운데 세상에 나오게 된다. 세상에 나와서는 부모가 베푸는 자애(慈愛)를 통해 자식으로서 응답의 이치를 터득하게 되고, 그 응답은 인간의 도리(道理)로서 책임의식으로 발전하게 되며, 그 책임의식은 주위로부터 신뢰를 얻게 되어 입신양명(立身揚名)의 원동력으로 작용한다. 따라서 자녀를 양육하는 부모로서의 사랑, 그리고 자기성실과 책임으로 보답해야 하는 자식으로서의 사랑이 쌍무호혜적인 하모니 정신으로 작용해야 하는 것이다.

효에 대해서 유자(有子)는 『논어』에서 "효와 우애는

인을 이루는 근본이다.(학이편)"[108]라고 했다. 여기서 말하는 인(仁)은 곧 사랑을 의미하는데, 인(仁)은 두 사람이 서로 각자의 도리를 다할 때 이루어지는 사랑이다. 이때 두 사람은 부모와 자식의 관계를 비롯, 스승과 제자, 형제자매 등의 관계가 포함된다. 이점에 대해 정약용(丁若鏞, 1762–1836)은 "인(仁)이란 사람(人)이 둘(二)이니 두 사람 사이에 각자의 도리를 다하는 것이다.〔二人際盡己道〕"라고 했다.

부모의 사랑은 부모가 자식을 잉태(孕胎)하면서 시작된다. 부모는 그때부터 자식에게 한없는 사랑을 베풀게 되는데, 자식을 잉태한 엄마는 감기가 걸려도 약도 먹지 못하고 오직 뱃속의 아기가 온전하기만을 바라는 마음으로 고통을 감내(堪耐)한다. 한편 아기는 엄마의 심장박동소리를 노래 소리로, 엄마의 혈류(血流)소리를 시냇물 소리로, 엄마의 숨소리를 바람소리로 느끼며 성장한다. 그러다가 아기가 세상에 나오면 젖꼭지를 입에 물고, 젖을 빨면서 엄마와 눈을 마주하면서 사랑을 확인한다. 그래서 모유(母乳)를 먹고 자란 아이가 우유(牛乳)를 먹고 자란 사람보다 성격도 온순하고 지능(知能)도 높은 것으로 알려져 있다. 아기가 자라서 기어 다니고 아무것이나 입에 가져다 댈 때가 되면 그야말로 부모는 아기의 곁에서 눈을 뗄 수가 없다. 그런 가운데 부모는 아이를 어린이집·유치원·초등학교·중학교·고등학교·대학교를 보내면서 갖은 고생을 마다하지 않는다. 부모는 이처럼 자식을 위해 온갖 고생을 하면서 사랑을 베푸는데, 이는 누가 가르쳐서가 아니라 원초적 행위에 의해 절로 되는 것〔體化〕이다. 그리고 이는 사람뿐만 아니라 여타 동물에게도 공통적으로 나타나는 현상인데, 이것이 내리사

---

108 "孝悌也者其爲仁之本與."

랑이다. 그러나 올리효도는 일반 동물에는 없고 사람에게만 있다. 사람에게도 모든 사람에게 있는 것은 아니며, 효를 알고 행하는 사람에게만 있다. 그래서 효를 알도록 가르쳐서 효를 행하도록 해야 한다. 이와 관련된 내용은 『효경』에 "효는 사랑의 근본이다.(개종명의장)"[109], "부모를 사랑하는 사람은 다른 사람을 미워하지 않고, 부모를 공경하는 사람은 다른 사람을 업신여기지 않는다.(천자장)"[110], "백성이 부모를 사랑하게 하는 데는 효보다 좋은 것이 없다.(광요도장)"[111], 『성경』에 "부모는 먼저 마음과 성품을 다하고 힘을 다해 여호와를 사랑하는 마음으로 자녀를 부지런히 가르쳐야 한다.(신6:4-9)", 불교 경전에도 "자식을 낳으실 때 서말서되의 피와 여덟섬 너 말의 젖을 먹이시고 사랑으로 키우신다.(부모은중경)", "자식이 멀리 가면 걱정하고 끝까지 사랑하신다.(부모은중경)"고 했다. 또한 『맹자』에 "자식을 가르치는 것은 본래 그 자식을 사랑하기 때문이다.(이루구상)"[112], 『소학』에 "자식은 부모가 사랑하는 바를 사랑하고 부모가 공경하는 바를 공경해야 한다.(명륜편)"[113]고 이르고 있다.

나. 효는 사랑의 확장성을 가진다.

효는 가족사랑과 가정윤리를 기초로 타인과 이웃·사회와 국가·인류와 자연에까지 확장되어진다. 즉 친친애인(親親愛人)과 동심원(同心圓)의 원리가 작용되

---

109 "孝德之本也."
110 "愛親者 不敢惡於人 敬親者 不敢慢於人."
111 "教民親愛 莫善於孝."
112 "教子者, 本爲愛其子也."
113 "父母之所愛 亦愛之 父母之所敬 亦敬之."

는 것인데, 가정에서 부모형제자매의 관계가 이웃과 자연으로까지 확대되는 것이다. 이를 효의 기본원리와 연계하면 '사랑과 공경의 원리'·'관계와 조화의 원리'·'자기성실과 책임의 원리'와 연관된다.

효는 부모가 자식을 사랑하고 자식이 부모를 사랑하는 가운데 이러한 사랑이 확장되어 친구와 이웃·사회와 국가·인류와 자연으로 확대되는 것이다. 특히 부모와 자식이 친함을 유지하는 사람일수록 가족뿐 아니라 타인과 이웃과 친하게 지내며, 인류봉사에 힘쓰는 성품으로 발전하기 마련인데, 이런 것들은 원초적 사랑을 기반으로 하기 때문이다. 효를 보편적·이타적 가치로 보는 이유도 세상이 아무리 변한다 해도 부모와 자식의 관계는 존재할 수밖에 없으며, 부모와 자식 사이에 형성된 사랑의 감정이 이웃과 사회, 국가와 자연으로 확장되기 때문이다.

이러한 내용에 대해서는 『효경』에 "부모를 사랑하는 사람은 다른 사람을 미워하지 않고 부모를 공경하는 사람은 다른 사람을 업신여기지 않는다.(천자장)"[114], "군자가 효를 가르치는 것은 자기 부모뿐만 아니라 남의 부모까지도 자기 부모처럼 공경하고 형제간 우애하며 남의 형제까지도 사랑하게 하기 위함이다.(광지덕장)"[115], 『성경』에 "어른을 부모 대하듯하고 젊은이는 형제 대하듯 하라(딤전 5:1-2)", "내 일 뿐 아니라 이웃의 일까지 돌보아야 한다.(빌 2:3-4)", 불교 경전에 "모든 남자는 내 아버지이고 모든 여자는 내 어머니이다. 그러므로 육도의 중생은 모두 내 부모로 생각하고 섬겨야 한다.(범망경)", "부모를 사랑하고 스승과 어

---

114 "愛親者 不敢惡於人 敬親者 不敢慢於人."

115 "君子之敎以孝也 非家至而日見之也 敎以孝 所以敬天下之爲人父者也 敎以悌 所以天下之爲人兄者也."

른을 공경할 줄 아는 사람이 어린이를 사랑하고 높은 지위에 올라 나라를 위해서 이치를 구현한다.(삼세인과경)"고 했다. 또한 『맹자』에 "자기 집 노인을 공경하여 서 그 마음이 다른 집 노인을 공경하는 데까지 미치게 하고, 자기 집 어린이를 사랑하여서 그 마음이 다른 집 어린이를 사랑하는 데까지 미치게 한다. 이런 마음 으로 행한다면 천하를 쉽게 다스릴 수 있다.(양혜왕 상편)"[116], "리더(군자)는 금수 (禽獸)에 대해 그 살아있는 것을 보고서는 그것이 죽는 것을 차마 보지 못하며, 그 죽는 소리를 듣고서는 차마 그 고기를 먹지 못하는지라, 그래서 군자는 주방과 푸줏간을 멀리하는 것이다.(양혜왕 상편)"[117]라고 했다.

다. 효는 상호성을 기초로 조화를 추구한다.

효는 부모와 자식의 상호적 관계를 시작으로 삶의 조화를 추구하게 하는 가치 로 작용한다. 이를 효의 기본원리와 연계하면 '사랑과 공경의 원리'·'관계와 조화의 원리'·'자기성실과 책임의 원리'와 연관된다. 효는 『성경』과 불교 경전에서도 "부모는 자식을 사랑하고 자식은 부모를 사랑해야 한다."고 나와 있고 많은 유교 경전 문헌에도 '부자자효(父慈子孝)'·'부자유친(父子有親)'·'부위자강(父爲子綱)' 등에서 보듯이 효는 부모와 자식의 쌍무적 노력에서 비롯되는 애경사상 (愛敬思想)이다.

이런 애경(愛敬)의 정신이 타인과 이웃·사회와 국가·인류와 자연으로 확대되 는 것이다. 때문에 어떤 경우라도 부모는 자식을 사랑하고 자식은 부모를 공경

---

116 "老吾老以及人之老 幼吾幼以及人之幼 天下可運於掌."
117 "君子之於禽獸也 見其生 不忍見其死 聞其聲 不忍食其肉 是以 君子 遠庖廚也."

해야 하며 부모와 자식 간에는 친함이 유지되어야 하고 부모는 자식의 벼리(모범)가 되어야 한다. 그리고 거울신경(Mirror Neuron)이 링거링 효과(Lingering Effect)로 이어지도록 핵심가치(Core Value)가 작용해야 하는 것이다. 따라서 가정의 기능이 원활하려면 부모와 자식이 각각의 역할과 본분을 다해야 하고, 서로를 위하는 노력이 있어야 한다. 그러므로 효는 궁극적으로 삶의 조화(Harmony)를 이루게 해주고, 이를 통해 행복의 길로 안내되는 것이다. 본디 우리 민족은 상고시대부터 효에 대해 "부모가 마땅히 자식을 사랑하고 자식은 마땅히 부모에게 효도해야 한다.〔爲父當慈 爲子當孝〕"고 여겨온 것으로 나타나 있다. 부모가 태아를 잉태하면서부터 사랑을 베풀고, 태아는 어머니의 뱃속에서부터 받는 원초적 사랑으로 성장하고 나면 부모에게 갚으려는 사랑의 감정이 싹트게 되어서 조화를 이루는 삶을 살아가게 되는 것이다.

라. 효는 의(義)로움에 기반한다.

효는 의(義)를 기초로 조화(harmony)를 추구하는 가치이자 덕목이다. 효는 올바름에 기반(基盤)하기 때문에 아무리 부모와 자식이 서로를 위하는 일이라 해도 부정한 방법이 개입되어서는 안되는 것이다. 이를 효의 기본원리와 연계하면 '덕성과 의로움의 원리' · '관계와 조화의 원리' · '자기성실과 책임의 원리' 와 연관된다.

효는 부모나 자식이 의롭지 않은 일을 행하려 하면 말려서, 불의함에 빠지지 않도록 하는 것이다. 부모가 잘못하면 간(諫)함으로써 불의(不義)함을 행하지 않도록 해야 하고, 자식이 잘못될 것 같으면 타이르고 가르쳐서 올바른 길로 가도록 안내해야 하는 것이다. "자녀는 부모의 등을 보고 배운다."는 말이 있다. 때문에 부모가 의롭지 않은 일, 예컨대 외부에서 받기 싫은 전화가 왔을 경우 엄마가 자녀에게 "애 엄마 없다고 해라!"라고 한다든지, 자녀를 태우고 운전하면서 신호등을 지키지 않으면서 무심코 내뱉는 말 등은 결코 의로운 자녀로 키울 수 없는 것이다.

필자에게 이런 경험이 있다. 2011년 1월 23일 캄보디아 앙코르와트 지역을 답사할 때 앙코르톰에서 있었던 일이다. 자야바르 7세 국왕(재위 1181 – 1215)이 어머니를 위해 웅장한 사원(寺院)을 짓고 그 안에 5,400여 개의 루비가 박힌 화려한 벽으로 거실 공간을 장식했는데, 이것을 본 관람객들이 "야! 자야바르 7세 임금은 대단한 효자다!"라면서 탄성을 지었다. 이때 필자가 "이런 경우를 효로 봐선 안됩니다. 왜냐하면 임금은 자식의 부모보다는 백성의 부모라는 입장에서 정치를 해야하기 때문입니다. 자야바르 7세 임금은 사적(私的)으로 어머니를 위해 수많은 백성의 노동을 요구했고, 국고를 축냈으므로 이는 잘못된 행위이며, 의로움에서 벗어났기 때문에 효로 보아서는 안되는 것입니다."라고 관람객들에게 설명한 일이 있다.

효와 의로움의 관계를 제시한 문헌을 보면 『효경』에 "마땅히 의롭지 않은 일이라면 자식은 부모에게 간언하지 않을 수 없고, 구성원(신하)은 리더(임금)에게 간쟁하지 않을 수 없다. 그러므로 옳지 않다면 간쟁을 해야 하는 것이지 부모님의 명령에 무조건 복종하는 것은 효라고 할 수 없는 것이다.(간쟁장)"[118], 『성경』에 "내 영혼을 소생시키고 자기 이름을 위하여 의의 길로 인도하신다.(시23:3)", "의인의 아비와 지혜로운 자식을 낳은 자는 즐거울 것이라.(잠23:24)", "너희는 먼저 그의 나라와 그의 의를 구하라.(마6:24‐34)", "빛의 열매는 모든 착함과 의로움과 진실함에 있는 것이다.(엡5:9)", 불교 경전에 "부모를 봉양하는 것은 작은 효에 속하지만 부모를 불의(不義)함에서 벗어나도록 하는 것은 참다운 큰 효이다.(죽창삼필)", "태아를 낙태하는 행위는 참회를 해도 벗어나기 어렵고, 반드시 무간지옥에 떨어진다.(장수멸죄경)"고 하였다. 또한 『예기』에 "부모가 잘못하는 일이 있을 때에는 마음을 억누르고 웃음 띤 얼굴로 부드럽게 간한다. 만일 간함을 받아드리지 않으면 일어나서 공손히 대하고 효성을 다하여 마음이 풀려 기뻐하면 그때에 다시 간한다. (부모가) 기뻐하지 않는다고 (간하지 않다가) 동네에서 죄를 얻는 것보다 차라리 (용기 있게) 간하는 게 낫다.(내칙편)"[119], 『순자』에 "효자가 (부모의) 명령을 따르지 않는 세 경우가 있다. 명령을 따르면 부모가 위태롭고 명령을 따르지 않아서 부모가 편안하면 효자는 명을 따르지 않는다.

118 "當不義 則子不可 以不爭 於父 臣不可以不爭於君 故 當不義 則爭之 從父之令 又焉得爲 孝乎."

119 "父母有過 下氣怡色 柔聲以諫 諫若不入 起敬起孝 說則復諫 不說, 與其得罪 於鄕黨州閭 寧孰諫."

이것이 충(衷)이다. 명령을 따르면 부모가 욕되고 명령을 따르지 않아서 부모가 명예로우면 명령을 따르지 않는다. 이것이 의(義)이다. 명령을 따르면 금수가 되고 명령을 따르지 않아서 예의를 갖출 수 있다면 명령을 따르지 않는다. 이것이 경(敬)이다. 따라야 할 것과 따르지 않아야 할 대의를 밝혀서 공경과 충성을 다하고 단정하며 신중하게 행동한다면 '큰 효'라 할만하다. 전하는 말에 '도를 따르는 것이지 임금을 따르는 것이 아니며, 의를 따르는 것이지 부모를 따르는 것이 아니다'라고 한 것이 바로 이 뜻이다.(자도편)"[120] 『명심보감』에 "입신(立身)에는 의(義)가 있으니 효가 그 근본이다.(입교편)"[121]라고 하였다.

마. 효는 예와 충의 기초이다.

건강한 가정이 모여서 건전한 사회가 되고, 건강한 가정과 사회가 모여서 부강한 국가가 형성된다는 점에서 '가족사랑·가정윤리'인 효(孝)는 '사회윤리'인 예(禮)와 '국가윤리'인 충(忠)의 기초로 작용한다는 점이다. 이를 효의 기본원리와 연계하면 '관계와 조화의 원리'·'자기성실과 책임의 원리'와 연관된다.

가정은 사회의 기본 단위로 가정이 안정되지 않으면 사회의 안녕을 기대할 수 없고, 사회의 안녕을 이룩하자면 먼저 가정이 안정되어야 한다. 그리고 그 가정을 다스리려면 부모는 자애로워야 하고 자식은 효성스러워야 하는 것이다. 이런 이유에서 효·예·충은 하나의 연관된 정신 덕목으로 볼 수 있다. 옛말에 "자식이

---

120 "孝子所以不從命有三, 從命則親危, 不從命則親安, 孝子不從命乃衷, 從命則親辱 不從命則親榮, 孝子不從命乃義, 從命則禽獸, 不從明則修飾, 孝子不從命乃敬 故可以從而不從, 是不子也, 未可以從而從, 是不衷也, 明於從不從之 義, 而能致恭敬忠信, 端慤以愼行之, 則可謂大孝矣, 傳曰 從道不從君 從義不從父 此之謂也."

121 "立身有義而孝爲本."

부모에게 예를 다하면 이것이 효이다.", "예로써 임금을 섬기면 이것이 곧 충이다.", "자기가 맡은 일에 정성을 다하는 것이 효이고 예이며 충이다. 충의 실천은 곧 부모를 기쁘게 하는 일이다.", "충효는 손의 양면과 같다." 등의 표현처럼 '충효'는 연관된 덕목이며, '예'는 효와 충을 잇는 조화와 질서의 덕목으로 간주할 수 있다.

효는 가정에서 부모와 자식 간에 행해져야 할 덕목이므로 인간이 행하는 모든 행위의 근본이고, 예는 사람이 사람다운 도리를 하게 하는 사회 구성원 간의 조화와 질서를 형성하게 하는 덕목이며, 충은 애국심의 발로로써 국가를 지탱해주는 법도의 대강(大綱)이며 언제나 조국을 생각하게 하는 덕목이다.

효가 예와 충의 기초라는 문헌을 보면 『효경』에 "효의 시작은 부모를 섬기는데 있고 중간 단계는 나랏일에 충실하는데 있으며 효의 마지막은 이름을 드러내어 성공하는 것이다.(개종명의장)"[122], "부모를 섬기는 사람은 윗자리에 있어도 거만하지 않고 아랫자리에 있어도 질서를 어지럽히지 않으며 같은 무리와 함께 있어도 서로 다투지 않는다.(기효행장)"[123], 『성경』에 "내 일 뿐 아니라 이웃의 일까지 돌보아야 한다.(빌 2 : 4)", 불교 경전에 "부모가 홀로 빈방을 지키게 하고 문안드리지 않는 것은 예의가 아니다.(부모은중경)", "남편과 아내가 서로 대접하기를 예로써 해야 한다.(장아함경)"고 했다. 또한 『논어』에 "효란 부모님 말씀을 거역하지 않는 것이다. 부모님 생전에는 예로써 섬기고, 돌아가시면 예로써 장사지내며, 예로써 제사 지내는 것이 효이다.(위정편)"[124], 『맹자』에 "인(仁)의 근

---

122 "孝始於事親 中於事君 終於立身 立身行道 揚名後世 以顯父母 孝之終也."

123 "事親者 居上不驕 爲下不亂 在醜不爭."

124 "無違, 生事之以禮 死葬之以禮 祭之以禮."

본은 어버이를 섬기는 것이요, 의(義)의 근본은 형을 따르는 것이다. 예(禮)의 근본은 이 두 가지를 조절하여 문식(文飾)을 이루는 것이다.(이루 상편)"[125], 『예기』에 "관직에 나가 성실하지 않으면 효가 아니고 친구와 사귐에 믿음으로 하지 않으면 효가 아니며 전장에서 용감하지 않으면 효가 아니다.(제의편)"[126], 『후한서』에 "나라를 구할 충성된 신하는 효자의 가문에서 나온다."[127]고 하였다.

4. 효의 실천적 의미

효의 실천적(實踐的) 의미는 효에 대해 생각한 바를 실제로 행한다는 의무적 표현이다. 효는 실천에 그 의의(意義)가 있다는 점에서 실천이 중요한데, 실천(實踐)은 정성(實)을 들어서 실현(踐)한다. 즉 효심을 행동으로 옮긴다는 의미로 해석한다.

> **Tip**
> 효의 실천적 의미는, 효를 정성 들여 행동으로 옮긴다는 의무적 표현이다. 효를 교육하는 궁극적인 목적은 효를 실천하게 하는데 있다.

현대적 관점에서 효의 실천적 의미는 '3통7효'로 표현한다.[128] '3통7효'는 '3통'과 '7행의 효'를 합친 말로, '3통'은 통교(通敎)·통시(通時)·통념(通念)의 줄

---

125 "仁之實事親是也 義之實從兄是也 智之實知斯二者弗去是也 禮之實節文斯二者是也 樂之實樂斯二者 樂則生矣."

126 "莅官不敬非孝也 朋友不敬非孝也 戰陣無勇非孝也 五者不遂 烖及其 親恥不敬乎?"

127 "求忠臣必於孝子之門."

128 이는 '한국효운동단체총연합회(약칭, 효단체연합회)'에서 2007년 7월 24일 '효비전선언문'으로 선포한 내용이다. 참고적으로 '한국효운동단체총연합회'는 대한민국에서 효 운동을 하는 20여 개의 운동단체가 모여서 2002년도에 결성한 비영리 민간단체(보건복지부)로, '3통'과 '7효'를 운용기조로 삼고 있음.

임말이다. 여기서 통교(通敎)는 "종교와 종파를 초월한다.", 통념(通念)은 "이념과 사상을 초월한다.", 통시(通時)는 "시대와 세대 간의 공간을 아우른다."는 뜻이다. 또한 '7행의 효'는 효를 일곱 가지 행태로 실천한다는 의미이며 〈표 5〉에 제시한 7개 항목이다. 이는 한국효운동단체총연합회의 '효비전선언문'에 제시된 내용인데, 문헌의 내용을 중심으로 제시하면 다음과 같다.

〈표 5〉 7행의 효[129]

① 경천(敬天)하는 효
② 부모 · 어른 · 스승을 공경하며 감사하는 효
③ 자녀 · 어린이 · 청소년 · 제자를 사랑하는 효
④ 가족과 친 · 인척(親 · 姻戚)을 사랑하는 효
⑤ 나라와 국민을 사랑하는 효
⑥ 자연을 사랑하며 환경을 보호하는 효
⑦ 이웃을 사랑하고 인류에 봉사하는 효

가. 경천(敬天)하는 효

효 실천의 첫 번째는 '경천하는 효'이다. 이는 하늘의 이치(理致)에 따라 하늘을 공경하면서도 경외(敬畏)하는 마음을 실천에 옮기는 효(孝, HYO)이다. 성경적으로는 '하나님을 아버지로 섬기는 효'의 의미이다. 이를 효의 기본원리에 연계하면 '경천(敬天)의 원리' · '덕성과 의로움(德義)의 원리'와 연관된다.

---

129 '효비전선언문(2007)'의 내용으로 효에 대한 실천적 의미를 가지고 있음.

효를 경천사상과 연계하는 이유는 우리 민족은 예로부터 하늘을 경외해온 천손민족이기 때문이다. 부모님에게 불효하거나 패륜을 저지르는 사람에게 "넌 하늘이 무섭지도 않으냐", "천벌을 받을 것이다."라는 등의 표현은 부모와 자식의 관계를 인륜(人倫)이 아닌 천륜(天倫)관계로 보는 데서 나온 표현이다. 부모와 자식의 관계를 하늘이 맺어준 것으로 보는 것이다.

이러한 내용은 『효경』에 "효는 하늘의 법칙이고 땅의 질서이며 백성들이 실천해야 할 것이다.(삼재장)"[130], "사람의 행위 가운데 효보다 큰 것이 없고 효 가운데 부모를 공경하는 것보다 더 큰 효가 없으며, 부모를 공경하는 것은 부모를 하나님과 짝을 이루는 존재로 여기는 것보다 큰 것이 없다.(성치장)"[131], "부모와 자식의 도(道)는 하늘의 뜻에 따르는데 있다.(부모생적장)"[132], 『성경』에 "구약법에 있어 부모를 저주한 자나 하나님을 저주한 자 사법적 형량은 동일한 사형이다.(레20: 9, 24:15)", "부모를 거역하는 것은 성령을 거스르는 것이므로 부모를 공경하고 이웃을 네 몸과 같이 사랑해야 한다.(마15:4, 22:37)", 불교 경전에 "하늘은 자기 집에 있나니 하늘을 섬기고자 하면 먼저 부모님께 공양하라. 예배를 하고자 하면 먼저 부모님께 예배해야 한다.(증일아함경)", "누구나 극락세계에 왕성하고자 하면 부모·어른·스승을 공경하고 살생을 말아야 한다.(관무량수경)"고 했다. 또한 『맹자』에 "하늘에 순응하는 자는 홍하고 역행하자는 망한다.(이루 상편)"[133]고 했다. 따라서 효는 하늘을 경외하는 마음으로 행동에 옮겨야 하는 것이다.

---

130 "孝 天之經也, 地之義也, 民之行也."

131 "人之行莫大於孝 孝莫大於嚴父 嚴父莫大於配天."

132 "父子之道 天性也."

133 "順天者存 逆天者亡."

나. 부모·어른·스승을 공경하며 감사하는 효

효 실천의 두 번째는 나를 낳아주시고 길러주신 부모님과 어른, 스승을 공경하며 감사하는 효이다. 이를 효의 기본원리와 연계하면 '사랑과 공경의 원리'·'관계와 조화의 원리'·'자기성실과 책임의 원리' 와 연관된다.

부모공경은 전통종교는 물론 유교·불교·기독교 등 제반 종교에서 강조하는 효인데, 나의 부모에게 공경하는 마음을 남의 부모, 즉 모든 어른에게 확대하여 공경하며, 가르침을 주신 스승을 공경하고 부모·어른·스승께 감사해야 하는 것이다. 이렇게 한다면 사회의 기본질서가 서고 사도권(師道權)이 확립되며 학교의 학습질서가 정립되어 양질의 교육을 기대할 수 있는 것이다. 한마디로 사랑과 공경이 바탕이 되어 관계와 조화를 이룸으로써 자기성실과 책임을 다하는 사회가 될 것인데, 결과적으로 이런 교육을 받은 사람들이 향후 가정과 학교, 사회를 건강하게 가꾸는 리더가 될 수 있는 것이다.

본디 '공경(恭敬)' 이란 "공손하다, 섬기다, 삼가다, 받들다, 조심하다, 직분을 다하다."는 공(恭)의 의미와, "예를 다한다, 정중하다, 삼가다."는 경(敬)의 의미가 합해서 만들어진 용어이다. 예부터 우리는 군사부일체(君師父一體)라 하여 스승을 부모님과 같은 대상으로 여기며, 어른을 공경하도록 가르쳐 왔다.

이러한 내용은 『효경』에 "(부모공경의 마음으로) 윗사람을 섬기면 곧 순(順)이 되는 것이다.(서인장)"[134], "효자가 부모를 섬김에 평소에는 공경을 다하고 봉양할 때에는 즐거움을 다하고 질병에 걸렸을 때는 근심을 다하고 돌아가셨을 때는 슬픔을 다하고 제사 지낼 때는 엄숙함을 다해야 한다.(기효행장)"[135], "군자가 효를 가르치는 것은 자기 부모뿐만 아니라 남의 부모까지도 자기부모처럼 공경하고 형제간 우애하며 남의 형제까지도 우애하게 하기 위함이다.(광지덕장)"[136], 『성경』에 "부모를 공경하라, 그리하면 너의 하나님 여호와가 네게 준 땅에서 네 생명이 길리라.(출 20:12)", "너는 센 머리 앞에 일어서고 노인의 얼굴을 공경하라.(레 19:32)", "어른을 부모 대하듯 하며 젊은이를 형제에게 하듯 하라.(딤전 5:1)", 불교 경전에 "모든 남자는 내 아버지이고 모든 여자는 내 어머니이다. 그러므로 육도의 중생은 모두 내 부모로 생각하고 섬겨야 한다.(범망경)", "부모에게 효도하고 스승과 어른에게 공경하며 생활해야 한다.(유행경)", "부모와 스승을 공경하고 부모가 돌아가시면 제사를 정성으로 모시고 생전의 가르침을 실천해야 한다.(마누법전)"고 했다. 또한 『논어』에 "오늘날의 효는 부모를 부양하는 것을 효라고 이르고 있으나 개와 말에도 모두 부양하고 있으니 공경하지 않는다면 무엇으로 구별하겠는가?(위정편)"[137], 『예기』에 "사랑함을 세우는데 부모님을 사랑하는 데서부터 하는 것은 백성들에게 화목을 가르치기 위함이다. 교육을 세

---

134 "以敬事長則順."

135 "孝子之事親也 居則致其敬 養則致其樂 病則致其憂 喪則致其哀 祭則致其嚴 五者備矣 然後 能事其親."

136 "君子之敎以孝也 非家至而日見之也 敎以孝 所以敬天下之爲人父者也 敎以悌 所以天下之爲人兄者也."

137 "今之孝者 是謂能養 至於犬馬 皆能有養 不敬 何以別乎."

우는데 어른으로부터 하는 것은 백성들에게 공순함을 가르치기 위함이다.(제의편)"[138], "가장 큰 효는 부모를 공경하는 것이요 그다음이 부모를 욕되게 하지 않는 것이며 마지막 단계가 부모를 봉양할 능력을 갖추는 것이다.(제의편)"[139], 『맹자』에 "자기 집 노인을 공경하여서 그 마음이 다른 집 노인을 공경하는 데까지 미치게 한다. 이렇게 하면 천하를 쉽게 이끌 수 있다.(양혜왕 상)"[140]고 했다.

다. 자녀 · 어린이 · 청소년 · 제자를 사랑하는 효

효 실천의 세 번째는 나의 자녀를 사랑하듯이 어린이 · 청소년 · 제자를 사랑하는 효이다. 이를 효의 기본원리와 연계하면 '사랑과 공경의 원리' · '관계와 조화의 원리' · '자기성실과 책임의 원리' 와 연관된다.

사람은 누구나 자기가 낳은 자식. 혈육의 아우를 사랑하고 아껴주기 마련인데, 그러한 마음으로 남의 자녀까지도 사랑하고 아우를 사랑하듯이 어린이와 청소년을 사랑하고, 스승은 제자를 자식처럼 사랑해야 한다는 의미이다. 자식 · 어린이 · 제자를 사랑하는 것은 내리사랑의 실천을 뜻하는데, 부모가 자식을 사랑하는 것은 혈육 간의 사랑(Storge)에 해당하지만, 어린이 · 제자에 대한 사랑은 이타적 사랑(Agape)이다. 혈육의 사랑을 이타적 사랑으로 확장하여 실천하는 것이다. 어린이와 청소년은 우리의 희망이자 보배이므로 그들을 보호하고 지도하며 육성해야 할 책임이 우리 기성세대에게 있다는 점에서 함께 실천해야 하는 것이다.

---

138 "立愛自親始教民睦也 立敬自長始教民順也."
139 "大孝尊親 其次不辱 其下能養."
140 "老吾老以及人之老 天下可運於掌."

이런 내용은 『효경』에 "부모를 사랑하는 사람은 다른 사람을 미워하지 않고, 부모를 공경하는 사람은 다른 사람을 업신여기지 않는다.(천자장)"[141], "부모를 섬기는 사람은 윗자리에 있어도 거만하지 않고 아랫자리에 있어도 질서를 어지럽히지 않으며 같은 무리와 함께 있어도 서로 다투지 않는다.(기효행장)"[142], 『성경』에 "누구든지 하나님 나라를 어린이와 같이 받들지 않는 자는 결단코 들어가지 못하리라.(마 10:15-16)", "누구든지 내 이름으로 어린아이를 영접하면 나를 영접함이라.(마 18:5)", 불교 경전에 "부모와 스승과 어른을 공경할 줄 아는 사람이 어린이를 사랑하고 높은 지위에 올라 나라를 위해 이치를 구현한다.(삼세인과경)"고 했다. 또한 『예기』에 "리더(선왕)가 천하를 다스릴 수 있는 도가 다섯이 있는데, 유덕한 사람을 존귀(尊貴)하는 것, 귀한 사람을 존귀하는 것, 노인을 존귀하는 것, 장자(長者)를 공경하는 것, 유자(幼者)를 사랑하는 것 등이 그것이다. 이 다섯 가지는 선왕이 천하를 안정시키는 길이다. 어린이를 사랑함은 무엇 때문인가. 그 연치가 나의 아들에 가깝기 때문이다.(제의편)"[143], 『맹자』에 "자기 집 어린이를 사랑하여서 그 마음이 다른 집 어린이를 사랑하는 데까지 미치게 한다. 이렇게 하면 천하를 쉽게 이끌 수 있다.(맹자 양혜왕 상)"[144] 고 했다.

---

141 "愛親者 不敢惡於人 敬親者 不敢慢於人."

142 "事親者 居上 不驕 爲下不亂 在醜不爭."

143 "先王之所以治天下者五 貴有德 貴貴 貴老 敬長 慈幼 此五者先王之所以定天下也 貴有德何爲也 爲其近於道也 貴貴 爲其近於君也 貴老 爲其近於親也 敬長 爲其近於兄也 慈幼爲其近於子也."

144 "幼吾幼 以及人之幼 天下可運於掌."

라. 가족과 친·인척을 사랑하는 효

효 실천의 네 번째는 가족을 사랑하는 마음으로 친척과 인척을 사랑하는 효이다. 이를 효의 기본원리와 연계하면 '사랑과 공경의 원리'·'관계와 조화의 원리'와 연관된다. 가족은 부부를 포함한 친족관계에 있는 사람들이 함께 사는 집단을 말한다. 그리고 친인척은 '나'를 기준으로 할 때 '부모'와 '자녀'는 1촌 관계이고, 친척(親戚)과 인척(姻戚)은 가족관계의 확장된 촌수이다. 여기서의 '친척'은 친족(親族)과 외척(外戚)을 이르는 말로 성이 다른 일가(고종, 내종, 외종, 이종)를 이르고, 친족은 촌수가 가까운 일가(8촌 이내의 혈족, 4촌 이내의 인척)로 배우자와 혈족·인척을 통틀어 이르는 말이며, 외척은 어머니 쪽의 친척을 말한다. 그리고 인척(姻戚)은 혼인에 의해 맺어진 친척(형제, 삼촌, 고모 등의 배우자 : 형수, 계수, 숙모, 고모부 등)을 이르는 말이다. 또한 가족을 지칭할 때 혈육이 아니더라도 양자(養子)를 들여 함께 살면 가족(家族)이 된다는 점에서 가족과 친인척은 구분되어야 한다.

가족은 모든 공동체의 시작이고 안식처인데, 이는 부부의 화목에서부터 출발한다. 우리 민족은 가족제도를 지켜왔고 중요시해 왔는데, 끈끈한 가족애는 한국의 자랑이자 저력이다. 따라서 친친애인(親親愛人)의 정신으로 가족사랑의 마음을 친인척으로 확대한다면 우리의 가족제도는 더욱 튼튼해질 것이다. 예로부터 우리는 '가화만사성(家和萬事成)'이라 하여 가정이 화목하면 모든 것이 잘 이루어지는 것으로 여겨 왔다. 또한 부모님이 원하시는 것 중의 하나가 형제들 간에 화목하게 지내는 것이고, 자식이 원하는 것 중의 하나가 부모님 두 분이 금슬 좋게 지내시는 모습이다.

사람은 동물과 달라서 혈육을 알아 가릴 것은 가리고, 도울 것은 돕는 마음을 가진 존재이다. 이런 점에서 가족을 사랑하는 마음으로 친인척을 사랑한다면 더 좋은 세상을 만들어 갈 수 있는 것이다.

이런 내용은 『효경』에 "부모를 사랑하는 사람은 다른 사람을 미워하지 않고, 부모를 공경하는 사람은 다른 사람을 업신여기지 않는다.(천자장)"[145], 『성경』에 "형제간 화목으로 가족의 조화를 이뤄야 한다.(마5:23-24)", "자녀를 돌보고 사랑함으로 가족 간의 하모니를 이룬다.(골3:21)", "누구든지 자기 친족 특히, 자기 가족을 돌보지 아니하면 믿음을 배반한 자요 불신자보다 더 악한 자다.(딤전5:8)"라고 했다.

마. 나라와 국민을 사랑하는 효

효 실천의 다섯 번째는 나라를 사랑하고 국민을 사랑하는 효이다. 나라를 사랑하는 방법은 국가의 3요소를 사랑하는 것이다. 즉 '영토'를 보존하고 '주권'을 수호하며 '국민'을 사랑하는 것이다. 그리고 '국민' 속에는 내가 있으므로 나의 직분에 성실하는 것도 나라사랑에 포함된다. 이를 효의 기본원리와 연계하면 '사랑과 공경의 원리'·'관계와 조화의 원리'·'자기성실과 책임의 원리'와 연관된다.

나라를 사랑해야 하는 이유는 나라가 있어야 나와 우리 가족이 있을 수 있기 때문이다. 우리 민족은 900여 회 넘게 침략 받은 역사가 있고, 이를 통해 나라 없는 설움을 경험한 바 있다. 또한 나의 존재는 나를 보호해주는 국가가 있기 때문에 가능하다는 점에서 나라를 사랑해야 한다. 국민은 나라를 지키는데 의무와

---

145 "愛親者 不敢惡於人 敬親者 不敢慢於人."

책임을 다해야 할 존재이며, 공동운명체이다. 그러므로 국민 또한 사랑의 대상이다.

우리 민족은 예로부터 '충효일신(忠孝一身)', '충효일본(忠孝一本)'이라 하여 효와 충을 함께해야 하는 것으로 여겨왔다. 이런 점에서 효는, 국민은 나라를 사랑하고 국가지도자는 국민을 사랑해야 하는 의미가 포함되는 것이다.

이런 내용은 『효경』에 "리더(군자)는 부모를 섬김에 효를 다하는 고로 그것을 군주에게 옮겨서 충성한다.(광양명장)"[146], 『성경』에 "너희는 부모를 공경하고 먼저 그의 나라와 그의 의를 구하라.(출20:12, 마6:33)", "하늘에 계신 우리 아버지여 이름이 거룩히 여김을 받으시오며 나라에 임하옵시며 뜻이 하늘에서 이루어진 것 같이 땅에서도 이루어진다.(마6:9-10)", 불교 경전에 "충으로써 나라를 사랑하라.(事君以忠, 원광법사)", "가정에서 효도하고 나가서는 국가에 충성한다.(삼국사기)"고 했다. 또한 『예기』에 "관직에 나가 성실하지 않으면 효가 아니

---

146 "君子之事親孝 故忠可移於君."

고 전장에서 용감하지 않으면 효가 아니다.(제의편)" [147], 『후한서』에 "나라를 구할 충성된 신하는 효자의 가문에서 나온다.(후한서)" [148], 『충경』에 "무릇 충이란 자신에게서 일어나 집안에서 드러나고 나라에서 완성되는데 실행하는 것은 모두 한결같다.(천지신명)" [149], 『여씨춘추』에 "나라를 기만하는 것은 불충이고 부모를 병들게 하는 것은 불효이다. 불충과 불효보다 더 큰 죄악은 없다.(정사편)" [150]고 했다.

바. 자연을 사랑하며 환경을 보호하는 효

효 실천의 여섯 번째는 자연을 사랑하고 환경을 보호하는 효이다. 자연을 사랑하고 환경을 보호해야 하는 이유는 자연이 '나·우리 가족·나라'를 보호해주기 때문이다. 따라서 자연과 환경은 인간의 삶을 도와주는 고마운 존재로 보아야 한다. 이를 효의 기본원리와 연계하면 '사랑과 공경의 원리'·관계와 조화의 원리'·'자기성실과 책임의 원리'와 연관된다.

자연은 인간의 소유물이 아니며 모든 생명의 터전이 되는 인류의 자산이다. 자연이 있기에 인간이 있을 수 있으며, 사람도 죽으면 자연으로 돌아간다. 이런 맥락에서 사람도 곧 자연에 포함된다. 그런데 현대 상황은 세계적으로 환경오염이 인간의 생명을 위협하고 있다. 따라서 우리 삶의 터전인 삼천리 금수강산을 아름답게 보호하고 보전해야 한다. 자연이란 사람의 손이 닿지 않은 상태로 존

---

147 "菑官不敬非孝也 戰陣無勇非孝也."

148 "求忠臣必於孝子之門."

149 "夫忠興於身 著於家 成於國 其行一焉."

150 "欺君不忠 病母不孝 不忠不孝 有罪莫大."

재하는 현상이며, 영원히 인간과 함께 존재해야 할 공동운명체이다. 이런 의미에서 우리는 자연을 사랑하고 보호해야 하는 것이다.

이러한 내용은 『효경』에 "효는 하늘의 법칙(經)이고 땅의 질서(義)이며 백성들이 실천(行)해야 할 것이다. 하늘과 땅의 법칙을 백성들이 본받으니, 하늘의 밝음을 본받고 땅의 이로움으로 인하여 천하 백성이 순하게 된다.(삼재장)" [151], 『성경』에 "생육하고 번성하여 땅에 충만하여라. 땅을 정복하여라. 바다의 고기와 공중의 새와 땅 위의 생물을 보호하라.(창1:28)", "자연도 구원의 대상이다. 하나님의 거룩한 산 어디에도 그들을 해치는 것이나 다치게 하는 것이 없을 것이다. 물이 바다를 덮듯이, 그 땅에는 여호와를 아는 지식이 가득 찰 것이다.(이11:6~9)", 불교 경전에 "극락세계에 왕성하고자 하면 부모·어른·스승을 공경하고 살생을 말아야 한다.(관무량수경)", "신체와 국토의 몸은 차별이 없다.(성유식론)"고 했다. 또한 『예기』에 "수목(樹木)은 때에 맞춰 베고 금수(禽獸)도 때에 맞춰 잡아야 하며, 때를 맞추지 않으면 효가 아니다.(제의편)" [152], 『맹자』에 "리더는 짐승에 대해 그 살아있는 것을 보고서는 그것이 죽는 것을 차마 보지 못하며, 그 죽는 소리를 듣고서는 차마 그 고기를 먹지 못한다.(양혜왕 상)" [153]고 하여 생명존중과 함께 자연사랑을 강조하고 있다.

---

151 "孝天之經也 地之義也 民之行也. 而民是則之 則天之明 因地之利 以順天下."

152 "樹木以時伐焉 禽獸以時殺焉 不以其時 非孝也."

153 "君子之於禽獸也 見其生 不忍見其死 聞其聲 不忍食其肉 是以 君子 遠庖廚也."

사. 이웃을 사랑하고 인류에 봉사하는 효

효 실천의 일곱 번째는 가족을 사랑하는 마음으로 이웃을 사랑하고 인류에 봉사하는 효이다. 이웃은 우리 가정을 외롭지 않게 해주는 인류공동체이다. 따라서 이웃을 사랑하고 인류에 봉사하는 정신은 인류공동체 구현을 위해 중요하다. 이를 효의 기본원리에 연계하면 '사랑과 공경의 원리'·'관계와 조화의 원리'·'자기성실과 책임의 원리'와 연관된다.

이웃을 사랑하는 것은 가족 이기주의를 탈피하여 공동체를 지향하는 것이다. 가족을 지키려는 의지와 사랑의 정신을 이웃으로 확대한다면 층간소음의 분쟁이나 학교와 직장 등에서 따돌림과 같은 현상은 훨씬 줄어들 것이며, 우리 사회의 삶의 질은 높아질 것이다. 그리고 이렇게 되기 위해서는 자기성실을 바탕으로 책임을 다하는 자세가 필요하다.

이런 내용은 『효경』에 "부모를 사랑하는 사람은 다른 사람을 미워하지 않고 부모를 공경하는 사람은 다른 사람을 업신여기지 않는다.(천자장)"[154], "부모를 섬기는 사람은 윗자리에 있어도 거만하지 않고 아랫자리에 있어도 질서를 어지럽히지 않으며 같은 무리와 함께 있어도 서로 다투지 않는다.(기효행장)"[155], 『성경』에 "네 이웃을 네 몸과 같이 사랑하라.(레위기19:18)", "내 일뿐 아니라 이웃의 일까지 돌보아야 한다.(빌2:3-4)", 불교 경전에 "모든 남자는 내 아버지이고 모든 여자는 내 어머니이다. 그러므로 육도의 중생을 모두 내 부모로 생각하고 섬겨야 한다.(범망경)"고 했다. 또한 『맹자』에 "자기 집 노인을 공경하여서 그 마음이

---

154 "愛親者 不敢惡於人 敬親者 不敢慢於人."
155 "事親者 居上不驕 爲下不亂 在醜不爭."

다른 집 노인을 공경하는 데까지 미치게 하고, 자기 집 어린이를 사랑하여서 그 마음이 다른 집 어린이를 사랑하는 데까지 미치게 한다. 이렇게 마음을 쓴다면 천하를 쉽게 이끌어 갈 수 있다.(양혜왕 상)"[156]고 했다.

Ⅱ 효의 정의(定義, Definition)

효를 정의한다는 것은 '효란 무엇인가?'에 대한 답(答)을 규정(規定)하는 것이다. 본디 정의(定義, Definition)는 사전적으로는 '어떤 일이나 사물의 뜻을 명백히 밝혀 규정하다.'는 의미이다. 한자(漢字)로는 '定'자와 '義'자의 합자인데, 定은 '정하다'·'바로잡다'·'반드시'라는 뜻이 있고 義는 '옳음'·'바름'·'의미'·'의의' 등의 뜻을 가진 글자이다. 따라서 효에 대한 정의는 '효에 대해 의미를 바르게 규정하는 것'이라 할 수 있다.

---

156 "老吾老以及人之老 幼吾幼以及人之幼 天下可運於掌."

효에 대한 정의는 영문표기의 효(孝, HYO) 글자와 연계하면 쉽게 이해할 수 있다. 즉 "효는 하모니(H)를 추구하는 젊은 세대(Y)와 노년세대(O)의 조화적 노력이다."라는 의미이기 때문이다. 그리고 효를 정의함에 있어서는 효를 행하는 당사자와 대상이 누구냐에 따라서 달라질 수 있는데, 예컨대 효를 행하는 당사자가 아들·딸·며느리의 입장에 따라 다르고, 효를 받는 대상이 아동·청장년·노년층 등에 따라 달라질 수 있다. 따라서 효를 정의함에 있어서는 다음과 같은 내용이 고려되어야 한다.

첫째, 효(孝, HYO)는 일방향성이 아닌 쌍방향성이라는 점에서 효도(孝道, filial piety)와는 의미상으로 구별되어야 한다. '효'는 조화(Harmony)적·수평적 의미가 포함되지만 '효도'는 일방향적·수직적 의미이기 때문이다.

둘째, 효의 의미를 개념적으로 보느냐, 본질적으로 보느냐, 실천적으로 보느냐에 따라 효의 정의가 달라진다. 효는 그 의미를 어디에 부여하느냐에 따라 정의가 달라질 수 있다.

셋째, 효를 감성적으로 보느냐, 이성적으로 보느냐에 따라 정의가 다를 수 있다. 효는 감성적 접근이 필요하긴 하지만 '나무꾼과 선녀', '심청전', '손순매아', '향득사지' 등 전통적 효교육 사례가 그렇듯이, 감성에 치우치면 이성적이지 못할 수 있으며, 정의 또한 달라질 수 있다는 점에서다.

넷째, 효를 협의적(狹義的)으로 보느냐, 광의적(廣義的)으로 보느냐에 따라 정의가 다를 수 있다. 효를 가족사랑·가정윤리 등 가정의 영역으로 보느냐, 실천적 관점에서 '3통7효'의 영역으로 보느냐에 따라 의미와 범주가 달라질 수 있기 때문이다.

다섯째, 효를 이데올로기로 이해하느냐, 문화로 이해하느냐에 따라 정의가 달라질 수 있다. 효는 충효를 강요했던 과거의 것으로 이해하기보다는 21세기 문화의 시대에 어울리는 문화적 관점에서 이해해야 한다.

1. 효의 협의적 정의

효에 대한 '협의적 정의'는 효를 가족사랑과 가정윤리 등 가정의 영역에서 하는 좁은 의미의 정의(定義)이다. 효는 본디 가족관계에

서 시작되는 것이므로, "부모는 자식을 사랑하고 자식은 부모에게 효도해야 한다."는 '父慈子孝(부자자효)', "부모와 자식은 어떠한 경우라도 친함을 유지해야 한다."는 '父子有親(부자유친)', "부모는 자식의 벼리(모범)가 되어야 한다."는 '父爲子綱(부위자강)' 등에서 보듯이 부모와 자식간의 애경사상(愛敬思想)이 작용한다. 효를 협의적 관점에서 정의하면 다음과 같이 정리할 수 있다.

<표 6> 효에 대한 협의적 정의

입장	정의
공통	• 효는 가족 구성원이 서로를 위하는 가족사랑이다.
	• 효는 하모니(H)를 추구하는 자녀(Y)와 부모(O)의 조화적 노력이다.
	• 효는 가족 구성원이 서로를 위하는 보편적·이타적 가치이다.
부모	• 효는 가족사랑을 기초로 조화를 이루는 사랑의 언어이다.
자식	• 효는 자식으로서 부모에 대한 사랑과 정성이다.
형(언니)	• 효는 동생을 사랑함으로써 우애를 이루는 조화적 노력이다.
동생	• 효는 형(언니)을 공경함으로써 우애를 이루려는 조화적 노력이다.
남편	• 효는 아내와 자녀를 사랑하여 가정을 화목하게 가꾸어 나가려는 조화적 노력이다.
아내	• 효는 남편과 자녀를 사랑하여 가정을 화목하게 가꾸어 나가려는 조화적 노력이다.

2. 효의 광의적 정의

효에 대한 '광의적 정의'는 가족사랑과 가정윤리를 기초로 타인과 이웃·사회와 국가·인류와 자연으로 확대하는 개념이다. 앞에서 효를 3통(통교·통시·통념)으로 해석한 바 있듯이 효는 종교를 초월하고 시간적으로 과거와

> **Tip**
>
> 효의 광의적 정의는 효를 가정의 영역을 벗어난 확장된 의미, 즉 가족사랑과 가정윤리를 기초로 타인과 이웃, 사회와 국가, 인류와 자연으로 확대하는, 넓은 의미의 효이다.

현재·미래를 포함하며, 세대적으로 부모세대와 자녀세대의 하모니가 포함된다. 그리고 공간적으로 가정·학교·사회·국가라는 보다 넓은 의미로 보는 것이

다. 효를 광의적 관점에서 정의하면 다음과 같이 정리할 수 있다.

〈표 7〉 효에 대한 광의적 정의

관점	정의
개념적 의미	• 효는 가족사랑을 바탕으로 이웃과 사회, 나라와 자연을 사랑하는 인류의 보편적·이타적 가치이다.
	• 효는 가족을 사랑하는 마음으로 이웃과 사회, 나라와 자연을 사랑하는 조화적 노력이다.
본질적 의미	• 효는 상호적 관계를 기초로 의를 추구하며 예와 충으로 확장되는 보편적·이타적 가치이다.
	• 효는 가족사랑을 기초로 이웃과 사회, 국가와 자연으로 확장하는 사랑이다.
	• 효는 부모와 자식의 상호적 관계를 기초로 조화를 추구하는 노력이다.
	• 효는 의(義)를 기초로 조화(harmony)를 추구하는 상호적 노력이다.
	• 효는 가족사랑을 기초로 이웃과 사회, 국가와 자연으로 확대하는 조화적 노력이다.
실천적 의미	• 효는 하늘을 경외하는 마음으로 세상을 살아가는 인류질서의 근본이다.
	• 효는 부모를 공경하는 마음으로 어른과 스승을 공경하는 것이다.
	• 효는 자녀를 사랑하는 마음으로 어린이·청소년·제자를 사랑하는 것이다.
	• 효는 가족을 사랑하듯이 친척과 인척을 사랑하는 것이다.
	• 효는 생명을 존중하는 마음으로 자연을 사랑하고, 환경을 보호하는 이타적 사랑이다.
	• 효는 가족을 사랑하는 마음으로 이웃을 사랑하고 인류에 봉사하는 이타적 가치다.
기타	• 효는 세대공감을 바탕으로 이웃과 사회, 나라와 자연으로의 사랑을 확대하는 조화적 노력이다.
	• 효(孝, HYO)는 하모니(H)를 추구하는 젊은 세대(Y)와 노인 세대(O)의 조화적 노력이다.

Ⅲ 효의 영역

1. 자기적 효

'자기적 효'는 일명 수신(修身)의 효로 자신에게 성실하는 효이다. 즉 자기 자신에게 충실해서 부모님을 걱정하지 않게 할 뿐 아니라 부모님께 기쁨을 드리는 효이다. 이를 위해서는 부모님의 뜻을 이어가는 '계지술사(繼志述事)'의 효, 열심히 공부하고 노력해서 성공하는 입신양명(立身揚名)의 효가 포함된다. 그리고 나를 알고 부모를 알아가는 정체성을 바탕으로 생애설계(生涯設計)대로 살아가는 성실한 삶을 의미한다.

> **Tip**
>
> 자기적 효는 자기 자신에게 성실함으로써 부모님과 자녀에게 심려를 끼치지 않고 기쁨을 주는 효이다. '수신제가치국평천하(修身齊家治國平天下)'에서 보면 '수신'에 해당하는 효이다.

수신(修身)은 마음과 행실을 바르게 하여 몸을 닦는 것을 뜻하는데, 여기에는 배움과 가르침이 포함된다. 즉 "몸을 닦는 것(수신)은 학문을 하는데 있으며, 학문을 닦는 것은 가르침에 있다.〔修身在於學 修學在於敎〕" [157] 는 표현에 잘 나타나 있다.

결국 자신을 수양하기 위해서

---

[157] 조민 저, 오광익 역해, 『수신의 길』, 명문당, 2017. p. 13.

는 학문에 길이 있으며, 좋은 가르침을 필요로 한다는 것이다.

자식의 입장에서 보면 부모님은 나를 잉태하시고 열 달 동안 애지중지(愛之重之) 품어주셨다가 온전한 몸으로 낳아주셨다. 그리고 젖먹이에서부터 유치원·초·중·고등학교와 대학을 마칠 때까지 정성으로 돌봐주셨다. 따라서 자식이 부모님을 걱정 끼쳐드리지 않고 기쁘게 해드리는 삶을 살아가는 것은 당연하다. 그리고 부모님의 뜻을 기리는 것은 부모님 살아계실 때만이 아니라 돌아가신 뒤에도 뜻을 기리며 부모님의 뜻을 존중하며 살아가야 한다. 『효경(孝經)』에 "몸과 머리카락, 피부까지도 부모님으로부터 받았으므로 다치거나 상하게 하지 않는 것이 효의 시작이며, 성공함으로써 후대에 이름을 날려 부모님 이름을 드러나게 하는 것이 효의 마지막이다.(개종명의장)"[158], 『성경』에 "무릇 지킬만한 것보다 더욱 네 마음을 지키라. 생명의 근원이 여기에서 남이니라.(잠언5:23)", 불교 경전에 "부모님께서는 나를 낳으실 때 서 말 서 되의 피를 흘리시고, 여덟 섬 너 말의 젖으로 키우셨으니 내 몸을 소중히 해야 한다.(부모은중경)"고 했다. 그리고 『논어』에 "부모가 살아계실 때는 그의 뜻을 살피고 부모가 돌아가셨을 때는 자식의 행동을 관찰하는 것이니 삼 년 동안 부모의 뜻(道)을 고치지 않아야 효라고 할 수 있다.(학이편)"[159], 『예기』에 "효자가 어두운 곳에서 일을 하지 않으며 위험한 곳에 오르지 않는 것은 어버이를 욕되게 할까 두렵기 때문이다.(곡례상편)"[160]라고 하였다.

또한 부모입장에서 보면 부모는 자녀를 위해 정성과 책임을 다해야 한다. 그

---

158 "孝始於事親 中於事君 終於立身 立身行道 揚名後世 以顯父母 孝之終也."

159 "父在觀其志 父沒觀其行 三年無改於父之道 可謂孝矣."

160 "孝子不服闇不登危懼辱親也 父母存不許友以死."

렇게 했을 때 자식은 부모의 기대를 생각하면서 보은의 자세로 성장하게 되기 때문이다. '자기적 효'를 모범적으로 보여준 사례로는 첫째, 맹모삼천지교(孟母三遷之敎)에서 자식에 대한 사랑을 보여준 맹모(孟母)와 모친의 사랑을 받은 아들이 훗날 만인의 스승이 되어 보답한 맹자(孟子)를 들 수 있다. 둘째, 사임당(師任堂)의 가르침에 대해 포대기 효자라는 별명과 함께, 마침내 조선시대의 큰 스승이 된 율곡 이이(李珥)를 들 수 있다. 셋째, 14살에 친구가 찬 축구공에 두 눈을 실명하게 되자 그 충격으로 돌아가신 홀어머니를 생각하며 장애인이면서도 연세대학을 2등으로 졸업하고 미국의 피츠버그 대학에서 석사·박사학위를 취득했으며, 마침내 미 백악관 장애인 담당 비서관(부시 대통령)에 오른 고(故) 강영우 박사를 들 수 있다. 이 외에도 박찬호, 이대호, 양학선, 신지애 선수 등도 '자기적 효'의 실천을 통해 성공으로 승화시킨 사례라 할 수 있다.

2. 가정적 효

일반적으로 가정은 가족이 모여서 생활하는 공간이다. '가정적 효'는 가정에서 가족 구성원이 각자의 역할과 도리를 다함으로써 하모니를 이루는 효이다. 가족은 부부관계를 시작으로 부모와 자식, 형제자매가 포함된다.

> **Tip**
>
> 가정적 효는 '개인·가정·사회·국가'의 영역에서 '가정'에 해당하는 영역이다. 이를 '수신제가치국평천하(修身齊家治國平天下)'와 연계하면 '제가'에 해당한다.

그리고 부모는 살아계신 부모뿐 아니라 돌아가신 부모의 부모(조부모, 조상) 등이 해당된다. 부모는 자식을 사랑하고 자식은 부모를 공경하며 형은 아우를, 아우는 형을 위하고 언니는 동생을, 동생은 언니를 위하는 가운데 바람직한 가족공동체를 만들어가는 효가 '가정적 효'이다. '가화만사성(家和萬事成)', '수신제가치국평천하(修身齊家治國平天下)'라는 말은 가정의 중요성을 나타내준다. 즉 "가정이 화목해야 모든 일이 잘 이루어진다." "자신을 수양해서 가정을 잘 다스리고, 그런 연후에 나라와 천하를 다스릴 수 있다."는 표현에서 가정의 중요성을 알 수 있다. 그리고 가정을 건강하게 지탱해주는 덕목이자 가치가 효이다.

가정이 화목하거나 평탄치 않고 가족을 잘 이끌지 못하는 상태에서는 어떤 일도 이루어 낼 수 없음은 자명한 이치다. 그래서 가정을 인생의 안식처, 사랑의 보금자리 등으로 표현한다. 그렇다면 성공적인 가정, 화목한 가정은 어디에서 오는 것일까? 그것은 부모는 자식을 사랑하고 자식은 부모에게 효도하는 '효(孝)·제(悌)·자(慈)'가 있는 가정[161]에서 온다. 이러한 가정은 돈이 많다거나 공부를 많이 하는 데서 오는 것이 아니라 가족 구성원이 서로를 사랑하고 신뢰하는 분위기에서 온다는 점이다.

3. 사회적 효

사회란 일반적으로 '가정 – 사회 – 국가'라는 표현에서 가정을 벗어난 영역에서 공동생활을 하는 모든 형태의 인간집단을 뜻한다. 그리고 사회생활은 사람이 사회의 일원으로서, 집단적으로 모여서 질서를 유지하며 살아

> **Tip**
> 사회적 효는 '개인·가정·사회·국가'의 영역에서 '사회'에 해당하는 영역이다. 가정에서 보호받지 못하는 소외계층을 도와서 사회복지의 기초로 작용되어야 하는 효이다.

---

161 정약용 지음, 박석무·정혜렴 역자, 『다산논설선집』「원교(原教)」, 현대실학사, 2000. p. 339.

가는 공동생활을 의미한다. 이런 의미에서 '사회적 효'는 가정에서 부모·자식 간 형성된 원초적 사랑을 바탕으로 타인과 이웃, 사회와 인류를 대상으로 하는 효를 의미한다.

현대사회는 문화의 흐름상 자식의 효심이 있고 없고를 떠나서, 부모의 사랑이 깊고 얕음을 떠나서 가족의 힘만으로는 어찌할 수 없는 상황이 도래했다. 가정에서 돌봄을 받지 못하는 노인과 어린이를 보듬어 주는 활동은 곧 사회적 효에 해당한다. '사회적 효'는 사회복지(社會福祉)와 밀접하게 관련되어 있는데, 사회복지가 물질적 지원에 가깝다면, '사회적 효'는 사랑과 정성에 의한 정신적 지원에 초점을 두는 복지라고 할 수 있다.

우리 사회는 가정의 보살핌을 받지 못하고 생활하는 노인과 어린이가 늘어나고 있다. 그래서 자녀의 부양을 받지 못하는 노인과 부모의 보살핌을 받지 못하는 어린이를 보호하고 상담하며 사회적으로 따뜻한 손길을 주는 활동이 '사회적 효'이다. 특히 현대와 미래사회는 고령자가 점점 많아지게 될 것은 불 보듯 뻔한데, 여기에 대한 대비는 부족해 보인다. 그 실례로 우리나라가 OECD(경제협력개발기구)국가 중에서 노인 자살률과 노인 빈곤율이 가장 높은 것으로 나타나고 있다는 것은 이에 대한 반증이다.

노인자살이 많은 이유 중에 하나는 노인의 욕구가 다양해지는 데 반해 가족관계는 더욱 소원해지면서, 소외감과 고독감·궁핍함 등 자녀에 대한 기대감 상실로 인해 삶의 의미를 잃어가기 때문이다.

따라서 이러한 문제에 대한 근본적인 해결점을 효에서 찾아야 하는데, 효는 인류질서를 유지시켜주는 근본인 동시에 사랑을 나누는 언어라는 점에서다. 특히 오늘날 치매 등으로 고생하는 노인들이 많아지고 있는데, 이러한 문제를 가정과 국가의 노력만으로 해결하기에는 한계가 있으므로 사회적 관심과 사랑이 필요하다는 점에서 '사회적 효'가 요구되고 있다.

『효경』에 "군자가 효를 가르치는 것은 자기 부모뿐만 아니라 남의 부모까지도 자기 부모처럼 공경하고 형제간 우애하며 남의 형제까지도 우애하게 하기 위함이다.(광지덕장)"[162], 『성경』에 "너는 센 머리 앞에 일어서고 노인의 얼굴을 공경하라.(레위기 19:32)", 불교 경전에 "모든 남자는 내 아버지이고 모든 여자는 내 어머니이다. 그러므로 육도의 중생은 모두 내 부모로 생각하고 섬겨야 한다.(범망경)"고 했다. 또한 『맹자』에 "자기 집 노인을 공경하여서 그 마음이 다른 집 노인을 공경하는 데까지 미치게 하고, 자기 집 어린이를 사랑하여서 그 마음이 다른 집 어린이를 사랑하는 데까지 미치

게 한다. 이렇게 마음을 쓴다면 천하를 쉽게 이끌어 갈 수 있다.(양혜왕 상편)"[163], 『목민심서』에도 "목민관은 노인을 봉양하는 일〔養老〕'과 '고아를 거두어 보살피는 일〔慈幼〕', 그리고 '병으로 고통받는 사람을 돕는 일〔寬疾〕' 등을 잘 수행해야 한다.(애민육조)"고 이르고 있다.

---

162 "君子之教以孝也 非家至而日見之也 教以孝 所以敬天下之爲人父者也 教以悌 所以天下之爲人兄者也."

163 "老吾老以及人之老 幼吾幼以及人之幼 天下可運於掌."

사회적 효에 대한 실천사례는 효녀 가수 '현숙 씨의 어르신 공경'을 들 수 있으며 지역단위로 운영되는 아동보호 및 상담소, 마을 단위로 행해지는 경로당 운영, 종교단체에서 노인들을 대상으로 실시하는 무료급식, 독거노인에 대한 요양보호 활동, 지하철이나 버스에서 노인에게 자리를 양보하는 일 등이 포함된다.

4. 국가적 효

'국가적 효'는 정부가 주축이 되어 법과 제도 등을 통해 효를 권장하는 제반 활동을 말한다. 예컨대 정부에서 어린이날·어버이날·노인의 날, 가정의 달·효의 달 등을 지정해서 시행하는 일들이 이에 해당된다. 그리고

> **Tip**
> 국가적 효는 '개인·가정·사회·국가'의 영역에서 '국가'에 해당하는 영역이다. 이를 '수신제가치국평천하(修身齊家治國平天下)'와 연계하면 '치국' 및 '평천하'와 연관된다.

『효행장려 및 지원에 관한 법률』에 의한 효문화진흥원 설립 및 운영을 비롯하여 『노인복지법』, 『저출산고령사회기본법』, 『다문화가족지원법』, 『노인장기요양보험법』, 『헌법 제34조(사회보장), 36조(혼인과 가족생활)』, 『민법 제974조(부양의 의무)』 등에 근거하여 가정을 건강하게 하는 것도 국가적 효에 해당된다.

과거 삼국시대(三國時代)나 고려시대, 조선왕조시대에는 조정(朝廷)이 직접 나서서 효를 권장했던 것처럼 21세기에도 보편적·이타적 가치인 효를 기초로 출산을 장려하고 고령자를 보살피는 문제에 대하여 국가가 직접 나서서 관리할 필요가 있는데, 이런 것이 국가적 효이다.

Ⅳ 생각해보기(토의 주제)

Topic of discussion

❶ 효의 '의미'가 가지는 의의, 그리고 효의 의미를 개념적·본질적·실천적 의미로 구분해야 할 필요성에 대해 각자의 주관적 의견을 발표해 봅시다.

❷ 효에 대한 정의를 '협의'와 '광의'로 구분하여 각자의 주관적 입장에서 발표해 봅시다.

❸ 효의 영역을 구분해야 할 필요성, 그리고 각각의 영역에서 리더의 역할에 대하여 주관적 의견을 발표해 봅시다.

제5장

효교육의 필요성과 방법

본 장(章)은 "효는 왜 교육해야 하고, 어떻게 교육해야 하는가?"에 대하여 살펴본다. 효를 교육해야 하는 이유는 인간은 본디 교육을 통해서 사람다운 사람으로 성장되어지고, 그 교육은 효에서 비롯되기 때문이다. 이는 "효는 덕의 근본이요 모든 가르침이 그로 말미암아 생겨난다.(개종명의장)" [164]는 『효경』, "만일 과부에게 자녀나 손자들이 있거든 저희로 먼저 자기 집에서 효를 행하여 부모에게 보답하기를 배우게 하라.(딤전 5:4)"는 『성경』, "리더는 근본을 세우는 일에 힘써야 하며 근본이 서면 길과 방법이 저절로 생기는데, 효와 우애는 인을 이루는 근본이다.(학이편)" [165]라는 『논어』, "근본을 다스림에는 효보다 귀한 것이 없다.(효행편)" [166]는 『여씨춘추』 등에 잘 나타나 있다.

---

164 "孝德之本也 教之所由生也."

165 "君子務本 本立而道生 孝悌也者 其爲仁之本與."

166 "務本莫貴於孝."

사람들은 대체로 효는 교육을 받지 않아도 천성적으로, 또는 자연스럽게 터득되는 것으로 인식하는 경향이 있으나 이는 결코 그렇지 않다. 프랑스의 '야생소년' 사례[167]와 인도의 '늑대소녀 자매'[168] 사례가 말해주듯이, 사람이 태어나 혈육간 사랑(Storge)과 정성어린 교육을 받지 않으면 인간으로서가 아니라 짐승의 모습으로 살아가게 되고, 단명(短命)할 수밖에 없음을 보여주고 있다.

효교육 또한 마찬가지로 효하는 방법을 교육받지 않으면 사람으로서의 도리를 잃게 될 수 있는 것이다. 이점에 대해 율곡(栗谷)은 『격몽요결』에서 "대체로 사람들은 부모에게 효도해야 한다는 것을 알면서도 효도하는 사람이 별로 많지 않은데, 그 이유는 부모의 은혜를 깨닫지 못하기 때문이다. 그러므로 부모의 은혜를 깨달을 수 있도록 효를 가르쳐야 한다."고 했다.

---

167 1795년 프랑스의 남부 '아베롱' 숲속에서 청년 의사 이따르(Itard)에 의해 12-13세로 추정되는 한 소년을 발견했는데, 벙어리 상태로서 짐승의 소리를 내고 있었다. 파리로 옮겨 5년 동안 정성으로 교육한 결과 어느 정도 감각을 일깨웠고 언어를 사용해서 자기 요구를 표현하는 일도 할 수 있었다. 얻은 교훈은 인간의 사회성이나 도덕성은 문명의 혜택을 받았을 때만 가능하며 인간으로서의 가치를 발휘하며 살아가기 위해서는 사랑에 기반한 교육이 절대적으로 필요하다는 점을 발견하는 계기가 되었음.

168 1920년 10월 인도 뱅갈 지역에서 두 살 된 아말라(Amala)와 여덟 살 된 카말라(Kmala)라는 여아 자매를 늑대 굴에서 미국의 '싱(Singh)' 목사 부부가 구출했는데, 형질적 특성은 인간이 분명했지만 행동은 늑대와 흡사한 점이 많았다. 이들은 네 발로 기어 다니며 빛을 싫어하고 옷을 입혀주면 찢어버리며, 두 손으로 그릇을 잡는 데만 1년의 시간이 걸렸고, 꼿꼿이 설 수 있는 데 1년 반이 걸렸으며 죽기 전까지 9년 동안 배운 언어가 보통아 5-6세의 수준이었다고 한다. 인간이 나쁜 잘못된 습성에 물들게 되면 차라리 백지상태에서 어떤 행동이나 습관을 형성하는 것보다 더욱 어렵고 오랜 시간이 걸린다고 '싱' 목사 부부는 말했다. 헌신적인 보살핌에도 불구하고 아말라는 1년, 카말라는 9년 후에 죽고 말았음.

┃ 효교육의 이유

효(孝, HYO)를 가르쳐야 하는 이유는 효를 바르게 알도록 해서 실천하게 하기 위함이다. 효를 바르게 알아야 효를 바르게 행할 수도 있고, 가르칠 수도 있기 때문이다. 그리고 효를 알아야 하는 이유는 효가 인성교육의 바탕

> **Tip**
> 효를 가르쳐야 하는 이유는 효를 바르게 알도록하기 위함이다. 효를 바르게 알아야 '효'를 '효도'와 구별할 수 있고 '효(孝, HYO)'의 관점에서 가르칠 수 있다.

이 되고 복지의 기반이 되며, 리더십의 요건으로 작용하는 등 학제간 융합 역량의 기본이 되기 때문이다. 조선시대 문장가로 알려진 유한준(俞漢儁)은 '지즉위진간(知則爲眞看)', 즉 "아는 것만큼 참모습을 볼 수 있다."고 했다.

효가 무엇인지를 알아야 효와 여타 학문과의 학제간 융합할 수 있는 역량을 갖추게 되는 것이다. 일부 식자(識者)들 중에 "인성교육에서 '효'와 '예'는 배제해야 한다."고 주장하는 것은 효를 알지 못한 데서 나온 말이다. 실제로 도덕성과 학업성취의 관계에 대하여 EBS와 서울대 심리학과의 연구에 의하면 "도덕성이 높은 아이들이 더 긍정적인 자아상을 갖고 있으며, 자아존중감과 교우관계가 더 좋은 반면, 도덕성이 낮은 아이들은 집중력이 낮고 또래의 어울림에서 어려움을 겪으며 공격성 지수도 높게 나타났다." [169]는 결과가 나왔다. 가정에서 효의식, 즉 도덕성이 있는 아이들과 그렇지 않은 아이들의 차이점을 알 수 있는 내용이다. 이런 점에서 효를 교육해야 할 이유에 대해서는 효의 '협의적' 관점과 '광의적' 관점으로 구분해서 살펴볼 수 있다.

---

169 교육부, 『인성지수 개발연구』, Jinhan M&B, 2014. p. 15.

1. 협의적 효의 관점

협의(狹義)의 효는 가족사랑과 가정윤리의 관점, 즉 가정의 영역에서 효를 교육해야 할 이유를 살펴보는 것이다. 그리고 효는 '가족사랑'과 '가정윤리'라는 표현에서 알 수 있듯이 효는 '쌍방향성'의 용어이다. 즉 자식으

로서 부모에게 효도하는 것만이 아니라 부모는 자식을, 형은 동생을 사랑하고 돌보아야 한다는 의미가 포함된다. 따라서 협의적 관점에서 보는 효교육의 이유는 다음과 같이 다섯 가지로 정리해 볼 수 있다.

가. 부모와 자식이 서로의 도리를 알아야 하기 때문이다.

부모나 자녀는 서로 각자의 도리를 알아야 한다. 『효경』에 "부모와 자식이 가야 할 길은 하늘의 뜻에 따라야 한다.(부모생적장)" [170], 『성경』에 "(효는) 부모를 기쁘게 하고 걱정 끼치지 않는 것이며, 자녀를 돌보고 사랑하는 것이다.(잠언 23:25)", 불교 경전에 "부모는 자식을 잘 가르치고 자식은 부모가 원하는 바를 계승해야 한다.(아함부경)"고 했다. 그리고 『예기』에 "인의(人義)라고 하는 것은 부모는 자식을 사랑하고 자식은 부모에게 효도하며, 형은 아우를 사랑하고 아우는 형을 공경하며, 남편은 의롭고 아내는 남편 말을 경청해야 하며, 어른은 은혜로워야 하고 어린이는 순해야 하며, 군주는 인자해야 하고 신하는 충성해야 한다.

---

170 "父子之道 天性也."

이상의 열 가지를 이르러 사람의 의로움이라고 한다.(예운편)" [171], 『격몽요결』에서는 "부모는 마땅히 자식을 사랑하고 자식은 마땅히 부모에게 효도해야 한다.(서문)" [172]고 하여 쌍무호혜적 도리를 강조하고 있다.

나. 부모는 부모로서의 역할을 알아야 하기 때문이다.

가족사랑과 가정윤리의 실천은 부모의 역할에 의해 좌우된다. '자식의 행동은 부모의 거울이다.' 라고 했다. 『명심보감』에 "그 임금을 알고자 하면 먼저 그 신하를 살피고, 그 사람을 알고자 하면 먼저 그 친구를 살피며, 그 부모를 알고자 하면 먼저 그 자식을 살핀다. 임금이 성인(聖人)답다면 신하가 충성하고 부모가 자식을 사랑하면 자식은 부모에게 효도할 것이다.(성심편 하)" [173]라고 했고, 『논어

---

171 "人義 父慈子孝 兄良弟弟 夫義婦聽 長惠幼順 君仁臣忠 十者謂之人義."
172 "爲父當慈 爲子當孝."
173 "欲知其君 先視其臣 欲知其人 先視其友 欲知其父 先視其子 君聖臣忠 父慈子孝."

집주』에도 "몸으로 가르치면 따르고 말로 가르치면 따진다.〔以身教從 以言教訟〕"는 표현은 부모의 솔선수범이 중요함을 이르는 말이다. 맹모의 삼천지교(三遷之敎), 그리고 신사임당과 전혜성 박사 등의 자녀교육 사례에서도 부모의 역할과 그 중요성을 알 수 있다.

다. 자식은 자식으로서의 역할과 도리를 알도록 해야 하기 때문이다.

우리가 세상에 나온 것은 부모님의 은혜로 말미암은 것이다. 그리고 먹여주고 입혀주고 학교에 보내 주고 결혼시켜서 살도록 살림을 내주시는 등 자식을 위해 온갖 사랑을 베풀어 주신 부모님의 은혜를 알도록 가르쳐야 하는데, 이는 가정보다 '학교의 몫'이 크다. 『효경』에 "효자가 부모를 섬김에 평소에는 공경을 극진히 하고 봉양할 때에는 즐거움을 다하고 질병에 걸렸을 때는 근심을 다하고 돌아가셨을 때는 슬픔을 다하고 제사 지낼 때는 엄숙함을 다해야 한다. 이 다섯 가지를 갖춘 뒤라야 부모를 잘 섬긴다고 할 것이다.(기효행장)"[174], 『성경』에 "네 아버지와 어머니를 공경하라, 이것이 약속있는 첫 계명이니 이는 네가 잘되고 이 땅에서 장수하리라.(에베소서 6:2-3)", 불교 경전에 "낳으실 때 서 말 서 되의 피를 흘리시고 여덟 섬 너 말의 젖으로 키워주신 부모님의 은혜를 갚아야 한다.(부모은중경)"고 이르고 있다.

---

174 "孝子之事親也 居則致其敬 養則致其樂 病則致其憂 喪則致其哀 祭則致其嚴 五者備矣 然後 能事其親."

라. 형제자매의 역할과 도리를 알도록 해야 하기 때문이다.

『명심보감』에 "자식이 부모에게 효도하면 부모가 기뻐하고 가정이 화목하면 모든 일이 모두 이루어진다.(치가편)"[175]고 했는데, 형제자매가 서로 화목하면 부모는 기쁜 마음으로 살아갈 수 있다. 형제끼리의 어린 시절은 콩 한 쪽도 나누는 마음으로 서로를 위하며 살았다. 그런데 형제자매가 재산과 돈 때문에 반목하는 것은 효교육이 부족한 탓과도 관련된다. 우리나라 일부의 재벌 형제간 재산 다툼 현상은 부모의 마음을 편안하게 할 리 없다. 효를 하면 복을 받지만 불효를 하면 천벌을 받게 된다는 『성경』과 『맹자』의 내용을 유념해야 한다.

마. 부모님 돌아가신 뒤에, 자식이 성장한 뒤에 후회하기 때문이다.

효를 교육해야 하는 이유는 무엇보다도 인간다운 삶을 꾸리도록, 후회없는 삶을 살아가도록 하기 위해서다. 세상을 살아가는 유명인사 중에 자식 교육을 잘못해서 패가망신하는 경우를 보게 되고, 부모님이 돌아가시면 후회하는 자식들을 본다. 그래서 주자는 "부모에게 불효하면 부모님 돌아가신 뒤 후회한다.〔不孝父母死後悔〕"고 했다. 부모님께 효도하지 않는 자녀, 자녀를 사랑하지 않은 부모 등은 반드시 후회하게 됨을 알도록 가르쳐야 하는 것이다.

---

175 "子孝雙親 樂家和萬事成."

2. 광의적 효의 관점

"효는 인류질서의 근본이다.", "효는 덕의 근본이다." 등의 표현에서 보듯이 효(孝, HYO)는 가족사랑과 가정윤리를 바탕으로 타인과 이웃·사회와 국가·인류와 자연 등으로 확대하는 친친애인(親親愛人)과 동심원(同心圓)의 원리가 작용한다. 따라서 광의적 관점에서 보

면 효교육의 이유는 다음과 같이 네 가지로 정리할 수 있다.

가. 효는 인성교육의 기초이자 중심으로 작용하기 때문이다.

인성의 형성은 관계에서 비롯된다. 생명이 잉태되는 순간부터 부모와의 관계를 시작으로 형제와의 관계·친구와의 관계·직장동료와의 관계·부부관계 등을 통해서 인성이 형성되고 함양되는데, 그 시작은 가족관계에서 비롯된다는 점이다. 그래서 효는 인성교육의 기초가 되는 것이다.

인성교육은 가정교육·학교교육·사회교육이 통합적이면서 잉태해서부터 죽음에 이르기까지 전생애적으로 이루어져야 하는데, 가정에서 가족사랑과 가정윤리의 덕목인 효는 인성교육의 중심으로 작용한다. 우리는 흔히 인성이 된 사람이냐, 아니냐의 판단 기준을 '부자관계'에서 찾곤 하는데, 사람을 관계함에 있어 부모이면서 자식을 사랑하는 사람과 그렇지 않은 사람, 자식이면서 부모에게 효도하는 사람과 그렇지 않은 사람, 형제자매 관계이면서 우애가 있는 사람과 그렇지 않은 사람은 호감과 비호감으로 상반되기 때문이다.

『효경』에 "부모를 사랑하는 사람은 다른 사람을 미워하지 않고, 부모를 공경하는 사람은 다른 사람을 업신여기지 않는다.(천자장)"[176], "부모를 섬기는 사람은 윗자리에 있어도 거만하지 않고 아랫자리에 있어도 질서를 어지럽히지 않으며 여럿이 함께 있어도 서로 다투지 않는다.(기효행장)"[177]고 했고, 『맹자』에 "자기 집 노인을 공경하여서 그 마음이 다른 집 노인을 공경하는 데까지 미치게 하고 자기 집 어린이를 사랑하여서 그 마음이 다른 집 어린이를 사랑하는 데까지 미치도록 하는 사람이 천하를 쉽게 이끌어 갈 수 있다.(양혜왕 상편)"[178]고 했다. 이렇듯 효는 인성함양의 기초가 되는 것이다. 공자가 『논어』에서 "젊은이들은 들어와서는 효도를 하고 나가서는 우애(友愛)를 지키며 근신하고 신의를 지키고 널리 여러 사람들을 사랑하며 인(仁)을 친근히 하여야 한다. 이렇게 하고도 남는 힘이 있으면 공부하는 것이다.(학이편)"[179]라고 하여 사람이 되고 나서 공부를 해야 한다는 '선행후지(先行後知)'를 강조했다.

나. 효는 교화육성의 근본으로 작용하기 때문이다.

교육(教育)은 교화육성(教化育成)의 줄임말이다. 그리고 교육의 근본은 효에서 비롯되는데, 『효경』에 "효는 덕의 근본이요 모든 가르침이 그로 말미암아 생겨난다.(개종명의장)"[180], 『성경』에 "만일 어떤 과부에게 자녀나 손자들이 있거든 저

---

176 "愛親者 不敢惡於人 敬親者 不敢慢於人."

177 "事親者 居上不驕 爲下不亂 在醜不爭."

178 "老吾老以及人之老 幼吾幼以及人之幼 天下可運於掌."

179 "弟子 入則孝 出則悌 謹而信 汎愛衆 而親仁 行有餘力 則以學文."

180 "孝德之本也 教之所由生也."

희로 먼저 자기 집에서 효를 행하여 부모에게 보답하기를 배우게 하라.(딤전 5: 4)", 『논어』에 "리더(군자)는 근본을 세우는데 힘써야 하며 근본이 서면 길과 방법이 저절로 생긴다. 효도와 우애는 인(仁)을 이루는 근본이다.(학이편)"[181]라고 했다. 따라서 교육의 근본이 되는 효를 가르쳐야 하는 것이다.

다. 효는 현안과제 해결의 철학적 기초이자 국가발전의 원동력으로 작용하기 때문이다.

대한민국이 현재 안고 있는 현안과제는 저출산과 고령화 문제·다문화가정의 문제·학교폭력 등 각종 사회적 병리현상·세대갈등과 양극화 문제 등이 있다. 이러한 과제는 효가 기저(基底)를 이루도록 해야 하는데, 출산장려와 고령화·다문화가정의 문제 등은 가정의 안정을 필요로 한다는 점에서다. 그리고 학교폭력 등 사회적 병리현상을 해결함에 있어서도 가정·학교·사회가 안정되어야 하는데, 여기에도 효가 바탕이 되어야 한다. 그리고 세대갈등과 소득 양극화 문제 등도 궁극적으로는 가정의 안정과 직장에서의 이타적 인성을 필요로 한다는 점에서 효와 연계성이 깊다.

또한 '효행장려지원법(제1조, 목적)'에 "효를 국가 차원에서 장려함으로써 고령사회 문제를 해결하고 국가발전의 원동력으로 삼는 외에 세계 문화발전에 이바지한다."고 했고, 제5조에 "유치원·초중고교·평생교육원·군대 등에서 효를 교육하도록 노력해야 한다."고 나와 있는데, 이는 "부모를 사랑하는 사람은 다른 사람을 미워하지 않고 부모를 공경하는 사람은 다른 사람을 업

---

181 "君子務本 本立而道生 孝悌也者 其爲仁之本與."

신여기지 않는다.(천자장)"[182], "부모를 섬기는 사람은 윗자리에 있어도 거만하지 않고 아랫자리에 있어도 질서를 어지럽히지 않으며 같은 무리와 함께 있어도 서로 다투지 않는다.(기효행장)"[183]는 『효경』, "그 사람됨이 효성스럽고 겸손하면서도 윗사람에게 대드는 사람은 거의 없다. 윗사람에게 대들지 않는 사람 치고 난동부리는 사람은 아직까지 없었다.(학이편)"[184]는 『논어』의 표현이 이를 뒷받침한다.

182 "愛親者 不敢惡於人 敬親者 不敢慢於人."
183 "事親者 居上不驕 爲下不亂 在醜不爭."
184 "其爲人也孝弟 而好犯上者鮮矣 不好犯上 而好作亂者 未之有也."

II 효교육의 방법

1. '수범(垂範)'을 통한 효교육

효교육의 왕도(王道)는 수범(垂範)이다. 그리고 수범은 수신(修身)을 기본으로 한다. 그러므로 가정에서 부모, 학교에서 교사, 사회에서 어른 세대의 수범은 중요하다. "자식은 부모의 등을 보고 배운다." "교육의 질은 교사의 질을 넘어설 수 없다."는 말이 있듯이 효(孝, HYO)교육은, 효를 교육하는 사람이 수범을 보이는 데서 시작된다. 사람에게는 거울신경(Mirror Neuron)이 작용하는 관계로 가정과 학교에서 부모와 교사의 수범은 필수이며, 링거링 효과(Lingering Effect)로 이어지도록 해야 한다. 이런 이유에서 효교육의 왕도(王道)는 수범에 있다고 하겠다. 이는 "몸으로 가르치면 따르고 말로 가르치면 따진다."[185], "임금은 임금답고 신하는 신하다우며, 부모는 부모답고 자식은 자식다워야 한다."[186], "그 몸이 바르면 명령을 하지 않아도 행하지만, 그 몸의 행실이 바르지 않으면 비록 명령을 한다 하더라도 따르지 않는다."[187]는 표현에 잘 나타나 있다.

> **Tip**
>
> 효를 가르치는 방법은 수범(垂範)이 최상이다. 거울신경(Mirror Neuron)이 작용하기 때문이고, 링거링 효과(Lingering Effect)로 이어져야 하기 때문이다. 그러므로 수범을 통해 알려주고 느끼게 하며 스스로 다짐해서 행하도록 해야 한다.

---

185 『논어집주』, "以身教者從 以言教者訟."
186 『논어』, 「위정편」, "君君臣臣父父子子."
187 『논어』, 「자로편」, "其正不令而行 其身不正雖令不從."

2. '교화의 과정'에 의한 효교육

'교화의 과정'은 [知(앎)→情(느낌)→意(다짐)→行(행동)]을 말한다. 먼저 효가 무엇인지를 알도록(知) 해서 느낌(情)을 받게 하고, 앎과 느낌을 통해 스스로 다짐(意)하도록 해서 효를 행(行)하도록 해야 하는 것이다.

가. 知(지) : 효를 어떻게 알려줄 것인가?

효(孝, HYO)를 알게 하는 데는, 알려주는 방법도 중요하지만 '무엇을 알게 할 것인가', 즉 '내용'이 중요하다. 안다는 것(智, 知)에 대해 맹자(孟子)는 '시비지심(是非之心)'이라 했고, 정약용(丁若鏞)은 '흑백지심(黑白之心)'이라고 했는데, 이는 인간으로서 기본(基本)이 된 후에 효가 무엇인지를 알도록 해야 한다는 뜻이다.

이점에 대해 율곡은 『격몽요결』에서 "사람들은 대체로 부모에게는 당연히 효도해야 한다는 것을 알면서도 효도하는 사람이 별로 많지 않은데, 그 이유는 부모의 은혜를 깊이 깨닫지 못하기 때문이다. 이 세상 어느 물건도 내 몸보다 귀한 것은 없는데, 이 몸은 부모께서 주신 것이기 때문에 더욱 귀한 것이다. 지금 남에게 재물을 주었다면 그 물건의 많고 적음이나 가치의 경중에 따라 그 은혜에 감사하는 마음도 깊고 얕을 수 있겠지만 부모가 나에게 이 몸을 주셨으니 천하의 어떠한 물건에도 비할 수는 없는 것이다.(사친장)"[188]라고 했다.

---

188 "凡人莫不知親之當孝而孝者甚鮮由不深知父母之恩故也 天下之物莫貴於 吾身乃父母之所遺也 今有遺人以財物者 則隨其物之多小輕重而感恩之意爲之深淺焉父母遺我以身以擧天下之物無以易此身矣."

효를 알게 하는 방법은 가정이든, 학교든 솔선수범을 통해서 효도하는 모습을 직접 보여주는 것만큼의 왕도는 없다. 그리고 효교육의 궁극적인 목적은 사람다운 사람, 인간 됨됨이를 바르게 하는데 있음을 잊어서는 안된다.

이런 관점에서 효교육을 성공적으로 시킨 사례는 거짓말하는 아들을 뉘우치도록 해서 대학교수, 대학 총장에 오르도록 한 '박찬석 대학 총장의 아버지'의 사례가 있다. 박 총장은 경북 산청의 어려운 가정에서 태어나 그곳에서 초등학교를 졸업했는데, 아버지는 어려운 가정형편에도 아들을 대구에 있는 대구중학교에 입학시켰다. 그런데 아들 박찬석은 1학년 성적이 68/68 등으로 나오자 성적표를 1/68 등으로 고쳐서 아버지께 보여 드렸다. 그러자 아버지는 "우리 아들 찬석이가 1등을 했구나. 장하다."라면서 마을 사람들에게 "우리 찬석이가 1등을 했으니 축하해주이소…"하면서 재산목록 1호인 돼지를 잡아 잔치를 베풀었다. 이 모습을 본 아들 찬석 군은 본인이 거짓말을 함으로써 아버지가 아까운 돼지까지 잡아 잔치를 벌이는 것을 보고 거짓말한 것을 뉘우치며 후회한 끝에 열심히 공부해서 경북대 교수·경북대 총장·국회의원이 된 사례이다. 이렇게 되기까지는 아들의 거짓말을 '심기일전(心機一轉)'으로 승화시키도록 한, 아버지의 지혜로운 교육방법이 있었음을 볼 수 있다.

나. 情(정) : 어떻게 느낌을 받게 할 것인가?

효교육에서 '무엇을, 어떻게 가르침으로써 '느낌(情)'을 받게 할 것인가?'하는 점은 중요하다. '아! 효는 해야 하는 것이구나.'를 느끼게 하는 방법은 여러 가지가 있을 수 있는데, 첫째는 솔선수범을 통해 느낌을 받게 하는 것이다. 사람에게는 거울신경(Mirror Neuron)이 있어서 본받으려는 속성이 있고 링거링 효과

(Lingering Effect)에 의해 오래오래 머릿속에 기억하게 되어서 영향을 미치게 된다. 그래서 서로 공감할 수 있는 내용과 방법은 무엇보다도 수범을 보이는 것이 중요하다. 그리고 환경(상황)을 조성함에 있어서도 부모의 솔선수범만 한 것이 없다. 부모의 모습 자체가 느낌을 주기 때문이다. 그리고 학교교육에서 느낌을 받게 하는 방법은 교사가 수범을 보이면서 '어머니 마음'이나 '어머니 은혜' 등 노래를 함께 부르고 영상자료를 감상하면서 토론하는 것도 부모님 은혜를 알게 하는 좋은 방법이다.

둘째는 부모님의 은혜를 알도록 함으로써 느끼게 하는 일이다. 부모가 나를 낳으시기까지 열 달 동안 고생하신 이야기며, 낳으신 이후 유아시절·아동시절·초등학교·중학교·고등학교시절, 자신을 뒷바라지하면서 고생하신 일들을 각자가 떠올릴 수 있도록 가르쳐야 한다. 그 방안으로는 부모님에 대해 감사 '열 가지 쓰기(십감사)', '백 가지 쓰기(백감사)', '천 가지 쓰기(천감사)' 등을 하게 해서 은혜를 깨치게 할 수 있고, 또는 복지시설에 가서 어려운 여건에서 생활하는 사람들에게 봉사활동을 체험하도록 하는 방법이 있다. 장애인을 휠체어에 태워 산책을 시켜주고 목욕탕에 함께 가서 목욕을 시켜주다 보면 "부모님이 나를 이렇게 건강하게 낳아주신 것만으로도 감사드려야겠구나!"를 통감하게 된다.

필자의 경우 군 지휘관시절 장병들과 함께 봉사활동에 참여해 보았고, 경민대학교 교수로 있을 때도 대학생들과 함께 2년 동안 매주 토요일 학교 인근에 있는 복지시설에서 봉사활동을 해보았다. 봉사활동을 하고 나서 장병 및 학생들로부터 소감문을 받아보면 이구동성으로 "힘이 들긴 했지만 누군가를 도와줄 수 있어서 뿌듯했고, 부모님의 은혜를 생각하게 됐습니다. 특히 부모님이 저를 이처럼 건강하게 키워주신 것만도 부모님 은혜에 감사드리게 됩니다."라는 소감을 볼 수 있었다. 그리고 봉사활동을 하면서 느낀 사항들을 각각의 입장에서 발표케 하고, 의견을 나누다 보면 서로 공감하게 되고, "부모님께 잘해 드려야 하겠구나."라는 '다짐(意)'으로 연결되는 것이다.

다. 意(의) : 어떻게 다짐하게 할 것인가?

다짐이란 이미 한 일이나 앞으로 해야 할 일에 대해 단단히 스스로 마음을 굳게 먹는 것을 말한다. 따라서 '무엇을, 어떻게 가르쳐서 다짐(意)하게 할 것인가?'가 중요한데, 효를 '다짐(意)'한다는 의미는 효를 행하기로 마음이나 뜻을 굳게 가다듬어 정하는 상태를 뜻한다.

그런데 여기서 효를 해야겠다고 마음을 굳게 먹는 단계가 오기까지는 무엇보다도 교육자(부모, 교사)의 본보기만큼 확실한 왕도는 없다. 링거링 효과(Lingering Effect)로 이어지기 때문인데, "효자 집안에서 효자 난다."는 격언은 부모의 행동을 본 자식이 느낌에 의해 '다짐'한 결과이다. 특히 인간은 누구나 부모님의 은혜에 대하여 깨닫게 되고 사무치도록 그립고 고마움으로 다가올 때가 있는데, 이런 기회를 통해서 다짐하도록 교육해야 하는 것이다. 필자의 경험으로는 군대생활을 시작하는 사관학교 시절에, 교수님이나 초빙강사님들이 강의 도중 부모님과 관련된 내용을 말씀하실 때, 부모님 생각에 눈물이 나곤 했었는데, 이때가 효를 '다짐' 하게 되는 계기가 되었다고 생각한다.

라. 行(행) : 어떻게 행하게 할 것인가?

마지막으로 '무엇을, 어떻게 가르침으로써' 실천(行) '하게 할 것인가?' 하는 점이다. 효에 대한 실천은 전적으로 당사자의 몫이다. 그렇기 때문에 "효를 하라."

고 다그친다거나 '확인하겠다'고 해서 될 일은 아니다. 본인의 의사에 맡기는 수밖에 없는데, 다만 교육자 입장에서는 피교육자로 하여금 부모님의 마음에 부합하는 삶을 살아가겠다고 느끼고 다짐하도록 격려와 칭찬하는 등의 방법을 활용해야 한다. 그리고 효실천은 생전의 효만이 아니라 사후(死後)의 효도 중요하다. 부모와 자식이 서로 사랑하는 '부자자효(父慈子孝)'와 '부자유친(父子有親)', 그리고 부모님의 뜻을 이어서 세상에 펼치겠다는 '계지술사(繼志述事)'의 자세를 유지하고 실천해야 하기 때문이다. 이점에 대해 성공학의 권위자로 알려진 '브라이언 트레이시'는 『성취심리』에서 "부모는 살아서만 자식의 성공에 영향을 미치는 것이 아니라 돌아가신 후에도 자식의 성공에 영향을 미친다."[189]면서 부모님의 가르침에 따르는 자녀의 삶을 강조하였다.

3. 육하원칙(六何原則)에 의한 효교육

육하(六何)원칙이란 어떤 일을 할 때에 지켜야 할 내용을 6가지 요소로 표현한 것을 말한다. 그 요소는 '누가', '언제', '어디서', '무엇을', '어떻게', '왜' 등 6개 요소이다.

> **Tip**
>
> 효교육은 부모와 스승이(누가)/어린 시절부터(언제)/가정과 학교에서(어디서)/효하는 모습을 보여서(무엇을, 어떻게)/자녀와 제자가 본보기로 삼도록(왜) 해야 한다.

가. 누가 : 효교육은 누가, 누구를 대상으로 하는 것인가?

효교육을 누가 누구를 대상으로 할 것인가 하는 점이다. 먼저 누가 할 것인가

---

[189] 홍성화 번역, 브라이언 트레이시 지음, 『성취심리』 씨앗을 뿌리는 사람, 2003. p.63.

에 대해서는 가정에서는 부모, 학교에서는 교사가 해야 한다. 그리고 무엇보다 부모와 교사의 수범적인 자세가 중요한데, 거울신경(Mirror Neuron)에 의한 본보기 효과 때문이다. 그리고 『논어집주』에도 "말로 가르치면 따지고 몸으로 가르치면 따른다.〔以言敎訟以身敎從〕"고 이르고 있다.

다음 '누구를 대상으로 할 것인가' 하는 점이다. 교육의 대상은 어린이와 청소년뿐 아니라 성인과 노년에 이르기까지 그 대상이 확대된다. 본보기와 링거링 효과로 이어져야 하기 때문인데, '부자자효(父慈子孝)'의 원리로 볼 때 '내리사랑'의 결과에 대한 반응으로 '올리효도'가 있을 수 있으며, 효를 하는 사람도 중요하지만 효를 받는 사람의 역할도 중요하다. 그리고 '효'는 '효도'와 달리 360도의 방향성을 가지고 있어서 효의 대상은 '위(上)'만이 아니라 '옆(平)'과 '아래(下)'도 해당되는 것이다.

특히 최근 효교육의 대상을 말할 때 '젊은 부모'를 우선 교육해야 한다고 주장하는 사람이 많은데, 실제로 필자에게 강의를 듣는 석·박사 학생 중에 어린이집과 유치원에서 20년 넘게 근무한 사람들, 그리고 상담사로 활동하는 이들과 대화해 보면 날이 갈수록 아이를 양육하는 부모에 대해 교육이 필요함을 느끼게 된다는 것이다. 예컨대 자녀와 대하는 태도, 자녀를 돌보고 가르치는 교사를 대하는 태도 등이 그렇고, 학부모 회의 시 워킹맘보다 전업주부가 더 무성의하다는 점, 그리고 자녀를 상담사에게 맡겨 놓고 딴 일 하러 다니는 부모의 모습 등을 볼 때 젊은 부모들에 대한 '부모' 교육이 필요하다는 점이다.

나. 언제 : 효교육을 언제, 어떤 시기에 해야 할 것인가?

현대 교육학에서 평생교육이 강조되고 있다. 평생교육의 선구자로 알려진 랑

그랑은 교육의 기간을 '요람에서
무덤까지'로 표현했는데, 효교
육은 인간이 잉태되는 순간부
터 임종에 이르기까지 이루어지
는 교육이다. 따라서 효교육은 태
아교육을 비롯, 유치원·초중고·대
학·군대·직장·노인대학에 이르기까
지 지속적으로 이루어져야 한다.

다. 어디서 : 효교육은 어디서 해야 할 것인가?

효를 교육하는 장소는 어느 곳이든 해당된다. 사람은 환경의 영향을 받기 때문인데, 효교육은 가정에서만이 아니라 학교·군대·직장(회사)·시민사회단체·종교시설 등에서 할 수 있다. 그중에서도 특히 학교는 효교육의 중심적 역할을 해야 한다. 그 이유는 핵가족·맞벌이 등으로 가정의 역할 및 기능이 제한되고, 자녀들이 가정보다 학교에서 보내는 시간이 많기 때문이다. 이점에 대해 맹자는 일찍이 '역자교지(易子教之)'라 하여, "자식 교육은 부모끼리 서로 바꾸어서 가르쳐야 한다."고 했다. 이를 현대에 맞춰보면 효는 도덕에 해당하는 영역이라서 부모가 직접 하기보다는 다른 부모가 가르치는 것이 효과적이라는 것이다. 즉 자기 자식에 대해서는 본보기를 보이면 되고, 가르치는 역할은 제3자가 해야 한다는 것이다. 그리고 국민교육도장으로 일컬어지는 군대에서의 효교육은 대단히 효과적이라 할 수 있는데, 사람들은 대체로 "학교가면 사람된다."기보다 "군대가면 사람된다."고 생각하는 경향에서 보듯이 군대는 효교육의 천연적 토양인 것이다. 장병들이 입대하기 전까지는 부모님 슬하에서 호의호식(好衣好食)하면서 지냈지만 막상 입대하고 나면 주위가 낯설고 대부분은 혼자서 해결해야 하기 때문에 부모님이 그립고 은혜를 생각하기 마련이다. 이런 환경에서 효를 교육하면 대단히 효과적일 뿐 아니라 국민교육도장으로서의 사명을 다하는 것이 된다.

또한 직장에서의 효교육도 필요하다. '출산친화적기업'·'가족친화적기업'이란 용어에서 보듯이 산모들이 직장생활을 하면서 육아를 병행할 수 있도록 여건을 제공해주는 것은 출산장려와 함께 효를 실천하게 하는 데 있어 중요하다. 그리고 직장생활을 열심히 하는 것 자체가 부모님께 효도하는 것이고, 고령사회를 대비하는 것이라는 점에서 일석삼조의 효과를 기대할 수 있다. 직장생활을 성실히 함으로써 직장 내에서 인정받고 입지를 튼튼히 하는 것은 가정을 안정되게 할 뿐 아니라 부모님을 기쁘게 해드리는 일이다. 또한 사(社)측에서도 산후휴가·육아휴직·사내어린이집 운영 등을 통해 근무여건을 개선해주고, 특히 효도수당을 부모님 계좌로 입금시킴으로써 직장과 가정이 공동체가 되도록 하는 것도 중요하다. 예컨대 한국의 '한맥도시개발(회장 류시문)'과 중국의 '쑤저우 귀더전자(회장 吳念博)'의 경우는 효도수당을 자식이 아닌 부모이름의 통장에 입금시킴으로써 부모들이 직접 수령하고 회사에 대해 고맙게 생각하며, 자녀에게도 회사에 대한 칭송과 함께 성실할 것을 주문하고 성원한다. 이렇게 되면 '사화만사성(社和萬事成)'이 되어 회사가 추구하는 목표가 수월하게 달성될 수 있다. 그리고 종교시설에서도 경전의 내용을 기초로 효를 가르쳐야 한다. 그러면 '높은 가르침을 주는 곳'이라는 종교(宗敎)의 의미에도 부합하게 된다.

라. 무엇을 : 효교육은 어떤 내용으로 해야 할 것인가?

효교육은 어떤 내용으로 할 것인가 하는 점이다. 효교육 내용은 시기적으로 농경사회의 교육자료였던 '심청전'이나 '나무꾼과 선녀', '손순매아', '향득사지', '성무구어' 등과 같은 사례는 지양하고 최근 언론에 보도된 성공한 인물이나 스포츠 스타, 연예인 등에서 '링거링 효과(Lingering Effect)'로 이어질 수 있는 인물을 모델로 하는 것이 효과적이다. 예컨대 피겨의 김연아·수영의 박태환·골프의 박세리/신지애/최경주·축구의 박지성/지소연·야구의 류현진/박찬호/이승엽/이대호/서건창·농구의 김주성·가수 현숙 씨 등의 경우를 사례로 교육하는 것이다. 이들은 부모님의 기대에 부합하고 기쁨을 드리기 위해 성실한 자세로 열심히하다 보니 입신양명(立身揚名)에 이를 수 있었던 표상이기 때문이다. 반면에 "심청이처럼 효도해라.", "나무꾼처럼 효도해라.", "손순처럼 효도해라.", "향득이처럼 효도해라."는 식의 교육은 인륜질서에도 맞지 않을뿐더러 비현실적이어서 효과를 기대하기가 어렵다.

마. 어떻게 : 효교육을 어떤 방법으로 해야 할 것인가?

효교육을 효과적으로 하는 방법은 기본에 충실하는 방안·부모가 솔선수범하는 방안·효행장려지원법과 인성교육진흥법을 융합하는 방안 등이 있을 수 있다.

첫째, 기본에 충실한 교육을 해야 한다. 효교육에서 특별한 왕도는 없다. 기본과 기초에 충실하고 손윗사람이 본보기가 되어서 절로 전수(傳受)되도록 하는 것이 좋은 방법이다. 『소학』에 "사람을 가르침에는 순서가 있으니 먼저 작은 것과 가까운 것부터 가르치고 그런 뒤에 큰 것과 먼 것을 가르쳐야 하거니와 먼저 가깝고 작은 것으로부터 전하고 뒤에 멀고 큰 것을 가르쳐야 한다.(가언편)"[190]고 했고, "물을 뿌린 다음 마당을 쓸고, 어른 보면 인사하고 나갈 때와 물러날 때를 아는 것이 예절이다.(서제)"[191]라고 했는데, 효 또한 마찬가지다. 사소하고 작은 것이지만 기본이 되는 예절, 이를테면 인사예절·식사예절·언어예절 등을 어릴 때부터 가르쳐서 체화되도록 해야 한다. 그런데 이러한 기본교육은 과거 대가족제도일 때보다 현재와 같은 핵가족 시대가 더 중요해졌다는 점이다. 대가족일 때는 할머니·할아버지에게서 '듣고 배우는 교육'과 '보고 배우는 교육'이 다 가능했지만, 현대의 핵가족 시대에서는 오직 부모를 통해서 '보고 배우는 교육'에 의존해야 하는 상황이다. 따라서 부모와 스승, 어른들이 본을 보여줌으로써 자녀와 제자, 어린이 청소년들에게 '거울신경(Mirror Neuron)'으로 작용하도록 해야 한다. 필자가 군에서 지휘관(자)으로 근무하면서 관찰한 결과로 보면 할머니·할아버지가 있는 집안에서 자란 장병과 핵가족, 특히 맞벌이 부부의 슬하에서 자란 장병들은 인내심·친화력 등에서 차이가 있었으며, 부대적응에도 힘들어하는 모습을 본 일이 있다.

둘째, 부모가 효하는 모습을 보여줘야 한다. "왕대밭에서 왕대나고 효자가문에서 효자난다."는 말이 있다. 이런 현상은 부모의 효행을 자식들이 본받아서 따라 하게 되는 거울신경(Mirror Neuron) 기능이 링거링 효과(Lingering Effect)로 이어진다는 점을 의미하는 것이다. 흔히 "아이는 부모의 등을 보고 배우며 성장한

---

190 "君子教人有序 先傳以小者近者 而後教以大者遠者 非是先傳以近小 而後不教以遠大也."
191 "灑掃應待進退之節."

다.”고 한다. 또한 『예기』에 “리더(부모)가 사랑의 도를 천하(가정)에 세우려면, 먼저 스스로 그 어버이를 사랑하는 것에서 시작해야 한다. 그러면 백성(자식)들에게 자목(慈睦)의 도를 가르칠 수 있다.(제의편)”[192], 『명심보감』에도 “내가 어버이에게 효도하면 내 자식 역시 나에게 효도한다. 내가 효도하지 않는다면 어찌 자식이 나에게 효도하겠는가?, 효도하고 섬기는 자는 다시 효도하고 섬기는 자식을 낳게 되지만 어그러지고 거슬리는 자는 다시 패역하고 불효하는 자식을 낳게 되나니 믿지 못할 것 같으면 처마 끝의 물방울을 보라. 방울방울 떨어짐이 어긋남이 없느니라.(효행편)”[193]고 했다. 부모의 수범이 없이는 효교육 자체가 어렵다는 것이다.

셋째, 효행장려지원법과 인성교육진흥법을 학제간 융합하는 노력이 요구된다. “융합이란 과학의 길을 걷는 사람과 인문학의 길을 걷는 사람이 교차로에서 만나 관계를 통해 얻어지는 가능성과 창의성이며 집단지성이다.(스티브 잡스)”라고 했다. 따라서 효행장려지원법과 인성교육진흥법이 추구하는 목적이 교차로에서 만나 관계 속에서 이 시대가 요구하는 효인성교육 콘텐츠를 개발해야 한다.

「효행장려 및 지원에 관한 법률」은 2007년 7월 2일 제정되고 8월 3일 공포(법률 제8610호)되었으며 2008년 8월 4일부로 시행되고 있다. 이 법의 제정은 효 문화의 회복과 재건에 대한 국민적 열망의 산물이라 할 수 있는데, 만시지탄(晚時之歎)은 있지만 쇠퇴해 가던 효문화를 진흥시킬 수 있는 계기가 마련되었다는 점에

---

192 “立愛自親始 教民睦也.”

193 “孝於親 子亦孝之 身旣不孝 子何孝焉 孝順 還生孝順子 悖逆 還生孝逆子 不信 但看詹頭水 點點滴滴不差移.”

서 의의가 있다. 이 법은 목적(제1조)에서 "아름다운 전통문화유산인 효를 국가차원에서 장려함으로써 효행을 통하여 고령사회가 처하는 문제를 해결할 뿐만 아니라 국가가 발전할 수 있는 원동력을 얻는 외에 세계문화의 발전에 이바지함을 목적으로 한다."고 기술하고 있다. 국가 차원에서 장려하여 (저출산 문제와) 고령사회 문제를 해결함으로써 국가발전의 원동력으로 삼는다는 내용을 주목하게 된다. 그리고 효행장려를 위해서 보건복지부 장관은 관계 중앙행정기관 의장과 협의하여 5년마다 효행장려기본계획을 수립해야 하며 환경을 조성하고, 국가 및 지방자치단체는 유치원·초중고·영유아 어린이집·사회복지시설·평생교육기관·군 등에서 효행교육을 실시하도록 노력하여야 한다고 기록하고 있다. 또한 효문화진흥을 위해 효문화진흥원을 설치하며, 그 업무는 ①효문화진흥을 위한 연구조사 ②효문화진흥에 관한 통합정보 기반구축 및 정보제공 ③효문화 진흥을 위한 교육활동 ④효문화 프로그램에 관한 개발 및 평가와 지원 ⑤효문화 진흥과 관련된 전문인력의 양성 ⑥효문화진흥과 관련된 단체에 대한 지원 ⑦ 그밖에 보건복지부령으로 정하는 효문화진흥과 관련된 업무 등을 수행하도록 명시하고 있다. 효행자 지원을 위해서 '효행 우수자에 대하여 표창하고 '부모 등의 부양에 대한 주거시설 공급'과 효운동 민간단체, 효행장려 사업을 수행하는 법인단체 또는 개인에 대하여 필요한 비용의 전부 또는 일부를 보조하거나 그 업무수행에 필요한 사항을 지원할 수 있도록 하고 있다.

「인성교육진흥법」은 당시 국회의장인 정의화 의원 외 101명의 발의로 2014년 12월 29일 국회 전체회의에서 만장일치로 통과되어 2015년 1월 29일 공포되었으며, 2015년 7월 21일부로 시행되고 있다. 이 법의 제정은 그동안 가정교육과 학교교육이 인성함양보다는 입시 위주 교육에 치중되어 있었던 교육적 폐단을 극복하고 전인(全人)을 육성하는 교육패러다임으로 전환하려는데 목적이 있다. 인성교육진흥법의 목적(제1조)은 "「대한민국헌법」에 따른 인간으로서의 존엄과 가치를 보장하고 「교육기본법」에 따른 교육이념을 바탕으로 건전하고 올바른 인성을 갖춘 국민을 육성하여 국가사회의 발전에 이바지함을 목적으로 한다."고 기록하고 있다. 이 법안에 따라 2015년 7월부터 국가와 지방자치단체, 학교에 인성교육 의무가 부여되었는데, 이를 위해 정부는 인성교육진흥위원회를 설립해 5년마다 인성교육 종합계획을 수립한다. 또 종합계획에 따라 17개 시·도 자치단체장과 교육감은 개별 기본계획을 세우고 실행하게 되며 전국의 초·중·고교는 매년 초 인성교육 계획을 교육감에게 보고하고 인성에 바탕을 둔 교육과정을 운영해야 한다. 아울러 교사는 인성교육 연수를 의무적으로 받아야 하고 사범대·교대 등 교원 양성기관은 인성교육 역량을 강화하기 위한 필수과목을 개설해야 한다. 그리고 인성교육의 목표로 삼을 8대 덕목에 '효'를 포함시킴으로써 효와 인성교육을 연계시키고 있는데, "인성교육법은 대한민국에 '인의예지(仁義禮智)'라는 4개의 기둥을 세우고, '충효(忠孝)'를 대들보로 삼아 건강한 대한민국을 만들어가기 위해 법을 발의했다."[194]라는 정의화 대표발의자의 취지 발언에서 인성교육진흥법과 효행장려지원법이 학제간 융합되어야 하는 당위성을 발견할 수 있다.

---

194 정의화, 『위기의 한국사회 인성에서 길을 찾는다.』, 국회인성교육실천포럼, 2014. p. 10(개회사).

바. 왜 : 효를 교육해야 할 이유는 무엇인가?

효교육을 해야 하는 이유는 앞서 설명했듯이 효를 바로 알고 행할 수 있도록 해야 하기 때문이다. 그러나 안다는 것도 어디에 주안을 두느냐가 중요한데, 소크라테스는 "알아야 한다."고 했고 베이컨은 "아는 것이 힘이다."라고 했지만, 아리스토텔레스는 "알면서도 행하지 않는 것이 문제다."라고 하여 도덕과 윤리를 강조했다. 또한 맹자는 '안다는 것(智, 知)'에 대해 "옳은 것과 그른 것을 구별하는 마음"이라 하여 "시비지심(是非之心)"을 강조했고, 정약용은 "검은 색과 흰 색을 구별하는 마음"이라고 하여 "흑백지심(黑白之心)"으로 표현했다. 오늘날 가정이나 학교 모두 효와 같은 기본이 되는 가치교육보다는 입시에 치중한 성적위주의 교육을 함으로써 우리에게 부메랑이 되어 사회적병리현상으로 나타나고 있다. '불효자방지법'·'효도계약서' 등의 패륜적 용어 출현이 이를 경고하고 있는 것이다.

따라서 효를 제대로 알게 함으로써 효를 바르게 행하도록 하고, 효를 행함으로써 복(福)을 받고 화(禍)를 면하게 해야 할 것인데, 이를 위해서는 교육자의 수범을 통해 효를 가르쳐야 하는 것이다. 특히 현대사회는 과거에 비해 상대적으로 아는 것은 많아졌고 물질적으로 풍족해졌지만, 기본은 오히려 후퇴한 것으로 보여 진다. 대학을 졸업하고 좋은 성적으로 대기업에 취업한 사람들에게 맨 먼저하는 교육이 인사 요령인데, 이것만 봐도 교육에서 기본을 소홀히 하고 있다는 반증인 것이다.

Ⅲ 생각해보기(토의 주제)

❶ 효를 가르쳐야 하는 이유에 대하여 각자의 주관적 생각을 이야기해 봅시다.

❷ 효교육 방법에 대하여 '교화의 과정 4요소'를 기초로 발표해 봅시다.

❸ 효교육 방법을 적용함에 있어서 '육하원칙 6요소'를 기초로 발표해 봅시다.

3부 인성이란 무엇이며, 어떻게 교육할 것인가?

6장 인성과 인성교육의 이해

7장 인성교육의 내용과 방법

인성교육(人性敎育)은 '인성(人性)'을 '교육(敎育)'한다는 의미이다. '인성교육'이라는 단어는 국어사전에 없었다. 그러다가 사전에 기록된 것은 근자에 와서인데, 이는 아마도 인성이 (지식) 교육이라는 수단에 의해 형성되고 함양될 수 있는 것인가에 대한 의문 때문이라 생각된다. 그렇지만 인성교육은 이미 법령이 제정될 정도로 보통명사화되었다는 점에서 '인성교육'은 의미 그 자체로 받아들여지고 있다.

그러나 인성교육은 시대적 요구와 그 중요성에도 불구하고 시행에는 많은 어려움이 예상된다. 교육을 이끌어가는 교육계 리더들의 견해차가 클 뿐 아니라 '효'와 '예' 등 전통 가치를 소홀히 하는 경향이 나타나고 있기 때문이다. 이를테면 어떤 교육감은 "인성교육은 전제국가에서나 가능한 것이므로 시행해서는 안 된다.", "학생들에게 인성보다 인권이 더 중요하다."고 하는가 하면, 또 어떤 교수는 "군대에서 하는 인성교육에서는 '효'와 '예'를 배제해야 한다."는 논문을 군인성교육 실무자를 대상으로 발표한 바 있고, 또 어떤 국회의원은 "인성교육의 핵심가치 및 덕목이 충효교육을 연상하게 할 정도로 지나치게 전통가치를 우선하고 있으므로 핵심가치에서 '효'는 빼야 한다."는 법률개정안을 국회에 제출하기도 했다.

이러한 사회적 리더들의 인식은 인성교육을 매우 어렵게 할 것으로 보인다. 만에 하나 이런 내용을 액면(額面) 그대로 받아들인다면 학교에서는 인성교육을 하지 않게 되고, 국민교육도장인 군대에서도 '효'와 '예' 가치를 배제하게 될 것이며, '나라

사랑'과 '가족사랑'의 가치인 충효가 인성교육에서 불필요한 가치로 인식될 수 있기 때문이다. 때문에 "'효'와 '예' 등을 시대 성격에 맞는 내용으로 교육해야 한다."는 제안은 몰라도 "교육에서 배제해야 한다."는 주장은 그야말로 소(牛)가 웃을 일(?)이다. 군장병들은 군생활 그 자체를 통해 부모님의 은혜를 깨닫고 나라사랑 정신과 예절을 체득한다. 그래서 사람들은 "군대 가면 사람 되고 효자 된다."고 기대한다. 또한 인성교육에서 가정교육이 중요하다는 것은 삼척동자도 아는 일인데, "인성교육에서 '효' 덕목은 빼야 한다."는 것은 상식적으로 맞지 않다.

이런 현상이 나타나게 된 데에는 여러 요인이 있겠지만, 그동안 우리는 '잘살아보세'를 목표로 선진국에서는 300년의 세월에 걸쳐 이룩한 산업화를 우리는 불과 40년에 달성하면서, 전인교육을 소홀히 한 채 입시교육에 치우쳐온 점, 그리고 '사이토 교육시책' 등의 영향으로 우리 문화를 경시하는 데서 나온 것으로 보인다.

이런 맥락에서 제3부[인성이란 무엇이며, 어떻게 교육할 것인가?]에서는 '인성과 인성교육을 어떻게 이해할 것인가?(6장)', '인성교육은 어떤 내용과 방법으로 해야 할 것인가?(7장)'에 대하여 살펴보기로 한다.

제6장

인성과 인성교육의 이해

인성교육은 '인성(人性)'과 '교육(敎育)'을 합쳐놓은 말로 '인성을 가르친다.' 는 의미이다. 그러므로 인성을 가르치기 위해서는 '인성'은 무엇이고 '인성교육'은 어떤 것이며, 어떻게 교육해야 하는 것인지를 알아야 한다. 그리고 무엇보다도 교육자의 수신(修身)과 수범(垂範)이 전제되어야 한다는 점도 간과해서는 안 된다. 그러나 '인성'과 '인성교육'을 이해하기가 쉽지 않은 것도 사실이다. 그 이유는 심리학·철학·윤리학·교육학 등 학계의 관점이 각기 다르고, 전통종교·불교·유교·기독교 등 종교적으로도 관점이 달라서 모호하기 때문이다. 그리고 인성교육은 가정교육·학교교육·사회교육이 통합적이면서, 생명이 잉태할 때부터 죽음에 이르는 순간까지 전생애적으로 이루어져야 하는 교육이라는 복합적 성격을 가진다. 그리고 분명한 점은 가정의 역할과 기능의 중요성이다. 프로이드가 밝혔듯이 인성은 대체적으로 5세 이전, 즉 어린 시절 부모와의 관계를 통해 대부분 형성되기 때문에 가정교육이 중요할 수밖에 없다. 그래서 가정에서 가족 구성원이 지향해야 할 핵심가치이자 덕목인 효(孝, HYO)가 중요한 것이다.

이런 맥락에서 본 장(章)에서는 인성, 그리고 인성교육의 의미에 대하여 고찰해보고, 인성교육과 유사한 용어들을 살펴본 다음, 인성과 인성교육의 의미로 본 효와의 연관성에 대해 살펴본다.

Ⅰ 인성의 이해

인성(人性)은 사람이 갖춰야 할 바람직한 성품이다. 성품(性品)은 '성격(性格)'과 '품격(品格)'이 합쳐진 말로, 성격은 정신적인 바탕 혹은 본디부터 지니고 있는 개인의 독특한 바탕을 의미하고 품격은 인간됨의 좋고 나쁨의 정도 혹은 품위와 기품을 의미한다. 인성(人性)의 의미는 글자[漢字]를 통해서도 알 수 있는데, 인성을 '인간성(人間性)'의 줄임말로 보면 '사람(人)과의 관계(間)에서 상대방의 마음(忄)을 살아나게(生) 하는 성품과 역량'으로 이해할 수 있다. 그리고 상대방의 마음을 살아나게 하려면 나 자신의 내면을 바르게 한 상태에서 상대를 존중하고 배려하는 마음이 필요하다. 이런 점에서 인성은 자신을 조율하고 타인·공동체·자연과 조율할 수 있는 성품과 역량이다. 이런 인성은 가정에서 부모와의 관계, 형제자매와의 관계 등 효제(孝悌) 정신에서 비롯된다는 점에서 효와 연관성이 있다.

1. 인간의 성품과 효

인간의 성품에 대해서는 다양한 견해가 존재한다. 인간은 태어날 때 '선한 성품을 갖고 태어난다.', '악한 성품을 갖고 타고 난다', '착하지도 악하지도 않은 성품으로 태어난다.', '성품은 자기가 좋아하는 쪽으로 형성되어간다.' 는 등의 관점이다.

Tip

사람의 성품은 태어날 때 선한 성품으로 태어난다는 '성선설'/악한 성품으로 태어난다는 '성악설'/악하지도 선하지도 않은 상태로 태어난다는 '백지설'/그리고 살아가면서 각자가 좋아하는 쪽으로 형성되어 간다는 '성기호설' 등이 있다. 이러한 주장은 모두 부모와의 관계에서 비롯된다는 점에서 효와 연관성이 있다.

첫째, 성선설(性善說)과 효의 관계이다. 성선설은 인간은 본디부터 선한 성품을 가지고 세상에 태어난다는 학설인데, 성선설을 주장한 대표적 인물은 맹자(孟子, B.C. 372?~B.C. 289?)와 장자크 루소(J. J. Rousseau, 1712~1778)이다.

맹자는 인간은 본래 그 성품이 선하기 때문에 각자가 본성적으로 선한 것을 토대로 행동을 하게 되면 성인의 경지에 도달할 수 있다고 하였다. 즉 사람의 본성은 '측은지심(惻隱之心)', '수오지심(羞惡之心)', '사양지심(辭讓之心)', '시비지심(是非之心)'을 가지고 있어서 천부적으로 선하며, 그것은 각각 인(仁)·의(義)·예(禮)·지(智)의 근원을 이루게 되고, 사람의 마음은 '희(喜)·노(怒)·애(哀)·락(樂)·애(愛)·오(惡)·욕(欲)'이라는 '칠정(七情)'으로 나타나게 된다는 것이다. 맹자가 성선설을 주장한 이래 순자를 비롯한 여러 학자들이 성악설을 내세워 맹자의 주장을 반박했는데, 이후 맹자의 주장을 뒷받침한 인물이 장자크 루소이다.

루소는 그의 교육사상을 밝힌 『에밀』에서 "인간은 본시 악한 것이 아니라 선하다. 인간은 출생 시에 어질고 티없는 선한 성품을 지니고 태어나게 되지만, 인간의 풍습과 관습에 오염됨으로써 악하게 된다."고 하여 맹자의 성선설을 뒷받침했다. 루소는 "부모나 교사는 되도록 어린이가 자연적으로 자라나는 것을 방해하지 말아야 한다."면서 인간을 식물에 비유했다. 그러나 루소의 주장도 역시 인간발달에 관한 실증적인 증거에 기초한 것이 아니라 전통적인 성악설에 대하여 반대 입장을 내놓은 것일 뿐 과학적인 근거를 가지지는 못한 것으로 보고 있다. 이렇게 볼 때 성선설 관점에서의 인성교육은 인간의 선한 성품이 지속적으로 유지되도록 해야 한다는 점이다.

이러한 성선설을 효와 연계한다면, 인간이 선한 성품으로 태어나기 위해서는 태아를 잉태한 산모가 사랑과 정성으로 태교에 임함으로써 선한 성품으로 성장하도록 내리사랑이 필요하다는 점에서 이타적 가치이자 가족사랑인 효와 연관이 있다고 할 수 있다.

둘째, 성악설(性惡說)과 효의 관계이다. 성악설은 인간은 본디부터 악한 성품을 가지고 세상에 나온다는 주장이다. 이 설(設)의 대표적 인물은 순자(荀子, B.C. 298~B.C.238)와 칼빈(J. Calvin, 1509~1564), 홉스(T. Hobbes, 1588~1679) 등이다.

순자(荀子)는 "인간의 성품은 악하다. 선한 것은 인위다."라며 성악(性惡)을 주장했으나 그의 의도는 맹자와 마찬가지로 사람들에게 수양(修養)을 권하여 도덕적 완성을 이루도록 해야 한다는 점을 강조하는데 있었다. 즉, 사람이 태어나면서부터 가지고 있는 감성적인 욕망에 주목하고, 그것을 방임하면 사회적 환경의 영향을 받아서 악하게 될 수 있다고 본 것이다. 그래서 수양은 사람에게 잠재해 있는 것을 기르는 것이 아니라 외부의 가르침에 의해 후천적으로 쌓아올려야 한다는 주장이다. 성악설에 의하면 인간은 태어날 때 도덕적으로 악한 충동을 지니고 있으므로 본질적으로는 죄악스러운 존재라는 것인데, 이런 연유로 인간은 교육을 제대로 받지 않으면 선한 행동보다 악한 행동을 하게 된다는 것이다. 서양문화에서는 성악(性惡)의 생각이 대부분 지배적이었는데, 이는 구약성서의 영향으로 보인다. 인간은 아담으로부터 내려오는 악한 본성을 물려받아 출생하게 된다는 원죄의식(原罪意識)이 기독교의 교리로 등장하게 되었고 16세기 프랑스의 복음주의자 칼빈에 이르러 성악사상(性惡思想)으로 발전하였다. 고대 희랍의 철학자들 사이에서도 성악설이 널리 퍼져 있었는데, 그들은 인간은 영(靈)과 혼(魂), 몸(體)으로 구성되어 있다고 보고 육신은 불순하고 악한 반면 영(靈)은 순결하고 선한 것이라고 생각하였다. 그러므로 영(靈)이 인간을 지배하면 선한 행동을 기대할 수 있으나 육(肉)이 인간을 지배하게 되면 인간은 악하게 되고, 그 결과로 악한 행동을 하게 된다는 것이다. 이러한 성악(性惡)의 관점은 아동의 양육과 교육에 지대한 영향을 미치게 되었는데, 엄한 규율을 가지고 훈육을 시키지 않으면 인간은 본성적인 악한 성향을 제압하거나 제거할 수 없다고 보고 훈육에 의해서만 아동을 올바른 방향으로 이끌 수 있다고 본 것이다. 더욱이 인간의 악한 성품은 되도록 일찍 고쳐져야 한다고 믿었기 때문에 어린 시절부터 훈육이 강조되었다.

성악설을 효와 연계한다면, 임산모의 사랑과 정성에 의한 태교를 생각해 볼 수 있다. 인성은 태아의 안정된 태내 성장과 함께 형성되어지므로 임산모의 심리적 안정은 필수이다. 따라서 산모에게는 부모와 남편의 사랑과 지지를 받는 축복된 임신이라는 정서적 안정이 필요하며, 이를 기반으로 한 태교를 통해서 태아의 악한 성정을 순화시킬 수 있다는 점에서 효와 연관성이 있다.

셋째, 백지설(白紙說)과 효의 관계이다. 백지설(중성설)은 인간은 선하지도 악하지도 않은 상태, 즉 백지와 같은 상태로 태어난다고 보는 것이다. 이 설(設)을 주장한 대표적 인물은 고자(告子, 맹자와 같은 시대 인물로 추정)와 존 로크(John Locke, 1632~1704)이다.

고자는 "인간의 본성은 흐르는 물과 같아서 선한 쪽으로 트이면 선한 쪽으로 발전하고, 악한 쪽으로 트이면 악한 쪽으로 발전한다."고 했고, 로크는 "인간은 출생 시에 이른바 본능이라는 것을 가지고 있지 않고 환경의 자극을 수동적으로 받아들일 수 있는 태세만을 갖추고 있으므로 오직 경험에 의해 인성이 형성된다."고 하였다. 이 설에 의하면 인간은 환경의 영향을 받을 수밖에 없으며 인간의 마음은 특수하게 만들어진 카메라와도 같아서 환경으로부터 오는 경험을 그대로 기록하기도 하고, 어떤 때에는 두 개의 인상(印象)을 합쳐서 하나의 관념을 만들기도 한다는 것이다. 출생 시 백지와 같은 인간의 마음에는 감각 기능뿐 만 아니라 사고(思考) 기능도 포함되며, 경험한 바를 기록하고 정리하여 인성이 형성되는 과정에서 토대가 된다고 보았다.

이렇게 볼 때 백지설 관점에서의 인성교육은 본래 타고난 백지와 같은 성품이 좋은 쪽으로 함양되도록 하는 교육이어야 한다는 점이다. 그리고 이는 가정의 역할이 중요하고 부모의 사랑과 교육이 뒷받침되어야 좋은 쪽으로 선택될 수 있다는 점에서 가족사랑인 효와 연계된다고 할 수 있다.

넷째, 성기호설(性嗜好說)과 효의 관계이다. 성기호설은 인간의 성품은 기호(嗜好), 즉 좋아하는 쪽으로 발전해나간다는 것으로, 이 설(說)을 주장한 학자는 정약용(丁若鏞, 1762~1836)이다. 이는 기존의 성리학에서 본 성품론과는 차이가 있는데, 성리학에서 보는 인간은 선천적으로 인의예지(仁義禮智)라는 내면적 도덕성을 지니고 있다고 보는데 비해 정약용은 인간의 심성은 선(善)이나 악(惡)으로 결정되어 있는 것이 아니라 자유 의지에 따라 '선(善)'과 '악(惡)' 중에서 좋아하는 쪽으로 선택되어지며, 인간은 본디 선을 좋아하고 악을 싫어하는 경향이 있다는 것이다.

정약용은 인간에게는 두 가지 기호(嗜好)가 있다고 했는데, 하나는 영지(靈知)의 기호이고, 또 하나는 형구(形軀)의 기호이다. 영지(靈知)의 기호는 영성적(靈性

的)·지성적(知性的)으로 즐기고 좋아하는 것으로 우리가 선을 즐거워하고 악을 미워하며 덕행을 좋아하고 더러움을 부끄럽게 여기는 마음인데, 이것은 인간만이 가지고 있는 도덕적 성품이라는 것이다. 다음 형구(形軀)의 기호는 육체적·감각적으로 즐기고 좋아하는 것으로 인간의 눈이 좋은 빛깔을 좋아하고 입이 맛있는 요리를 즐기며, 따뜻하게 입고 배부르게 먹는 것을 좋아한다는 것이다.

이렇게 볼 때 성기호설 관점에서의 인성교육은 인간이 출생하여 성장하면서 자신이 좋아하는 것들이 옳고 선한 쪽으로 선택되어지도록 해야 한다는 점에서 가정의 역할이 중요하고, 부모의 사랑과 교육이 뒷받침되어야 한다는 점에서 효와 연관되는 것이다.

2. 인성의 의미와 정의

'인성(人性)'에 대한 견해는 각자가 가지는 개념과 이론적 입장에 따라서 관점이 다를 수 있다. 실제로 종교에 따라 관점이 다르고 심리학·철학·윤리학·교육학이 차이가 있다 보니 인성에 대한 개념이 모호하고 이해하기도 쉽지 않다. 그러나 분명한 점은 인성은 타고난 본성(本性)에 각종 환경의 영향과 교육을 통해 형성되어진다는 점이다. 그래서 인성의 형성은 가정과 학교, 사회교육의 통합적·전생애적 과정을 필요로 한다. 때문에 개인이 자신의 삶을 어떻게 열어 가느냐 하는 것은 바로 자신의 인성과 밀접한 관계가 있다. 그리고 이런 관계는 나 자신을 조율하고, 타인과의 관계를 조율하며, 공공의 이익을 위해 우리

> **Tip**
> 인성은 연구자가 어떤 학문적 기반을 가졌느냐, 어떤 종교관을 가졌느냐, 어떤 부모와 스승으로부터 가르침을 받았느냐에 따라 각기 다르게 인식되는 경향이 있다. 그래서 '인성'은 '모호성'을 가지게 되는 것이다.

가 함께 조율하는 쪽으로 확대되어 지는 것[195]이라는 점에서 효와 연관되는데, 인성의 의미와 정의를 제시하면 〈표 8〉과 같다.

■ 〈표 8〉 인성의 의미와 정의

1. 인성은 사실로서의 인간의 심리적 특성을 일컫는 것이 아니라 인간의 마음이 구현해야 할 가치나 규범이다. 즉 인성은 인간이 성취해야 하는 규범, 인간다운 모습, 인간됨의 조건을 뜻하는 것이다.
   – 장성모(1996), 『인성교육』, 양서원, 2008. p.197 –

2. 인성이란 글자 그대로 사람의 성품(性品)이다. 성품은 사람의 성질(性質)과 품격(品格)이다. 성질은 마음의 바탕이고 품격은 사람됨의 바탕이다. 인성이란 곧 한 사람의 마음의 바탕과 사람됨의 바탕을 가리키는 말이다.
   – 남궁달화, 『인성교육론』, 문음사. 1999. p.7 –

3. 인성이란 인간이 태어날 때 이미 갖추고 있는 성질이 아니라 인간이 본래 갖추어야 할 성질이다. 따라서 인간의 본성은 우리가 당위적으로 성취해야 할 인간 본연의 모습이다.   – 이흥우 · 장성모, 『인성교육』, 양서원. 2005. p.197 –

4. 인성이란 사람이 지니고 있는 독특한 바탕으로 그 사람의 됨됨이(品格)를 나타내는 것이며 선천적 특성이 강하면서도 후천적 환경과 교육에 의해 변화하면서 형성되어진다.   – 박의수, 『인성교육』, 양서원, 2008. p.14 –

5. 인성은 인격과 구별되는데, 인격은 사람으로서 도달할 수 있는 최고의 도덕적 이상인 반면, 인성은 지고한 도덕적 인격이라기보다 최소한의 기초를 확립하기 위한 초보적인 인격이다. 즉 사회적으로 바람직한 행위규범을 내면화함으로써 인간으로서 갖추어야 할 최소한의 품성이 인성이다.
   – 신차균, 『인성교육』, 양서원. 2008. p.201 –

---

195 조벽, 『인성이 실력이다』, 해냄. 2016. p.56.

6. 인성이라는 용어는 인간 본성·성격·인격·품성·인간성 등의 용어와 서로 복잡하게 얽혀 있다. 그래서 동일하게 인성이라는 용어를 사용할지라도 사람들은 그 의미를 다르게 이해할 수 있다.

　　　　　　　　　　　　　　　　　　　　　　　　－ 고미숙, 『인성교육』, 양서원. 2008. p.196 －

7. 인성은 인간으로서 지녀야 할 바람직한 성향이며, 가치 함축적인 용어이다.

　　　　　　　　　　　　　　　　　　　　　　　　－ 추병완, 『인성교육』, 양서원. 2008. p.199 －

8. 인성은 보다 안정적이고 변화하지 않는 측면의 개인적 기능과 유동적이고 변화하는 측면의 과정을 모두 포함한다.　　　　　　－ 특수교육학 용어사전(2009) －

9. 인성은 자기 입장을 탈피하여 타인의 입장이 되어 타인의 마음을 이해하고 추론할 수 있는 조망수용능력이다. 조망수용능력은 타인의 관점을 취하여 그들의 사고나 의도 등을 지각하는 능력이다.

　　　　　　　　　　　　　　－ 『인성교육활성화방안』, 한국교육정책 연구소, 2013. p.10 －

10. 인성의 구성요소는 ① 개인 차원(도덕성·전일성 등) ② 대인관계 차원(관계성) ③ 사회적 차원(민주시민성·생명성)으로 분류된다.

　　　　　　　　　　　　　－ 교육부, 『인성지수 개발연구』, Jinhan M&B, 2014. p.12 －

11. 인성이란 사람의 심성, 성격 및 인격을 포괄적으로 통합하는 개념이다. 인성은 인간이 개인적으로 갖추어야 할 바람직한 심성과 사회적으로 갖추어야 할 가치 있는 인격 및 행동 특성으로 정리될 수 있다.

　　　　　　　　　　　　－ 박성미 외, 『인성지수개발연구』, 진한 앰&비, 2014. p.101 －

12. 인성이란 개인과 환경 간 역동적 상호작용에 의해 나타나는 태도이다.

　　　　　　　　　　　　－ 김인숙, 『인성의 길에 서다』, 서울인성교육실천엽합, 2014. p.17 －

13. 인성은 보다 긍정적이고 건전한 개인의 삶과 사회적 삶을 위한 심리적, 행동적 특성이다.

　　　　　　　　　　　　－ 지은림·양명희, 『인성지수개발연구』, 진한 앰&비, 2014. p.101 －

14. 인성이란 개인의 인품과 사회적·환경적 요구 간의 복합적인 상태에서 개발

되어 굳어진 습성을 나타내며 개인과 환경 간의 역동적 상호작용 상태에서 나타나는 태도를 포함한다. 따라서 인성이란 개개인의 고유한 인품과 성품이 어우러져서 그 실재가 존재하는 것이다.

– 김인숙, 『인성의 길에 서다』, 서울인성교육실천엽합, 2014. p.17 –

15. 인성의 개념은 타고난 기질적 특성이 아니라 후천적으로 획득 가능한 특성으로 볼 수 있다. 즉 의도적인 학습이나 반복 연습 및 피드백을 통해 습득시킬 수 있는 심성, 특히 학교교육의 맥락에서 학생들에게 함양시켜 줄 수 있는 바람직한 성품을 인성교육이 추구해야 할 인성이라고 본다.

– 조난심, 『인성지수개발연구』, 진한 앰&비, 2014. p.11 –

16. 인성이란 자신의 내면을 바르고 건전하게 가꾸고 타인·공동체·자연과 더불어 살아가는데 필요한 인간다운 성품과 역량을 말한다.

– 인성교육진흥법 제2조(2014. 12. 29) –

17. 인성, 즉 사람의 됨됨이는 그 사람의 생각·감정·행동의 표현이며, 문화와 관련돼 있다. 좋은 성품은 타인의 요구에 무조건적으로 순응하고 화합하는 것이 아니라 갈등과 위기의 순간에 더 좋은 생각과 감정을 표현해서 문제를 해결하는 능력이다.

– 이영숙, '이제는 인성이다(3회)', 국회방송, 2014. 11. 21 –

18. 인성은 자기관리와 대인관계 능력을 뛰어넘어 창의적 리더십과 통합, 또는 융합의 핵심역량이다. 인성은 생각과 감정을 통합해서 올바르고 아름다운 행동으로 이어지게 만드는 감성지능이며 인생성공을 위한 최고의 역량이다. 감성이 생각과 조화를 이루어 바람직한 행동으로 표출되게 하는 인성은 타고나는 자질이 아니라 노력해서 배우는 자질이다. 그래서 인성은 '3율'이다. '3율'은 개인 차원에서 자기를 조율하는 '자기조율', 관계 속에서 다른 사람과 조율해가는 '관계조율', 공공의 이익을 위해 조율하는 '공익조율'을 말한다.

– 조벽, 『인성이 실력이다』, 해냄, 2016. p.12 –

Ⅱ 인성교육의 이해

인성교육은 '인성을 교육한다.' 는 의미이다. 따라서 인성교육을 이해한다는 것은 '인성을 어떻게 교육할 것인가?' 에 대해 이해하는 것이다. 앞에서 인성에 대한 관점이 다양하듯이, 인성교육에 대한 관점 또한 다양하다. 그러다 보니 인성교육은 모호성을 내포할 수밖에 없는데, 인성교육은 자신을 조율하고 타인·공동체·자연과 조율할 수 있는 바람직한 성품과 역량을 기르는 교육이다. 여기서 조율(調律)은 어떤 대상에 알맞게 조절하는 것을 말하는데, 인성교육은 대상과 시기에 따라 내용과 방법을 달리해야 한다. 인성교육에 대한 견해에 대하여 인성교육의 성격, 그리고 인성교육의 내용과 방법으로 구분해서 정리하면 〈표 9, 10〉과 같다.

1. 인성교육에 대한 견해

가. 인성교육의 성격에 대한 견해

> **Tip**
>
> 인성교육은·'인성'이라는 단어가 모호성을 갖는 관계로 인성교육에 대한 관점, 인성교육의 내용과 방법 등에 대한 견해가 다양하다. 그래서 인성교육은 다학문, 다종교, 통합교육, 전생애 교육이라는 특성이 있으며, 문화적 산물로 나타난다는 점에서, 효가 기본이 되어야 하는 것이다.

〈표 9〉 인성교육의 성격에 대한 견해

1. 인성교육이란 마음의 바탕인 지(知)·정(情)·의(意)를 교육하고 가치를 추구하고 실현하는 인간됨을 교육하는 것이다.
   - 남궁달화(1997), 『아동인성교육 콘텐츠 개발연구』, 초록우산, 2013, p. 10 -

2. 인성교육이란 인간으로서 바람직한 품성을 길러주기 위한 다양한 교육이다.
   - 조난심(2004), 『아동인성교육 콘텐츠 개발연구』, 초록우산, 2013, p. 10 -

3. 인성교육이란 덕성을 바탕으로 교양과 능력을 겸비한 인간을 기르는 교육이다.

      – 한국교육개발원(2004), 『아동인성교육 콘텐츠 개발연구』, 초록우산, 2013, p.10 –

4. 인성교육이란 인격교육을 중심으로 민주시민교육·소질 적성개발 및 개발교육·합리적 의사결정 능력 및 창의적 문제해결 능력교육·리더십을 포함한 진취적 태도 함양 등에 대한 교육이다.

      – 안범희(2005), 『아동인성교육 콘텐츠 개발연구』, 초록우산, 2013, p.10 –

5. 인성교육이란 개개인의 인격완성과 자아실현을 통해 보다 나은 미래사회, 즉 인격과 인격이 더불어 살아가는 사회를 건설하는 것이다.

      – 김명진(2007), 『아동인성교육 콘텐츠 개발연구』, 초록우산, 2013, p.10 –

6. 인성교육은 인성에 대한 변화의 가능성을 전제로 인간의 전면적 조화적 발전을 추구하며 초교과적·통합교과적 접근을 요하는 교육이다.

      – 박의수, 『인성교육』, 양서원, 2008. p.14 –

7. 인성교육은 덕을 가르침으로써 인격을 형성하려는 의도적인 노력이며 인간이 덕을 소유하면 할수록 인격은 더 강해진다. 인격교육은 행동과 실천을 강조하며, 인간다운 품성은 덕의 함양을 통해서 드러나게 된다.

      – 고미숙, 『인성교육』, 양서원. 2008. p.212 –

8. 인성 역시 환경에 대한 고려 없이 접근하는 것은 불가능하다. 물론 유전적 기질(temperament)의 영향도 어느 정도 있겠지만 인성은 환경 속에서 끊임없이 상호작용하며 변화하기 때문이다.

      – 『아동인성교육 콘텐츠 개발연구』, 초록우산, 2013, p.12 –

9. 인성교육에서 좋은 인성의 개발은 가정에 있지만 체계적인 계획 하에서 이루어지는 것은 학교의 몫이다. 부모교육이나 사회교육도 따지고 보면 학교교육의 산물이다. 따라서 인성개발의 중심은 학교이다.

      – 이상철, 『인성과 직업윤리』, 중문. 2013. p.12 –

10. 인성교육은 태어나면서 지니고 있는 본성 위에 학습자(부모·교사·종교지도 자·기타 지인)로 하여금 건강한 민주시민으로 성장할 수 있도록 교육하는 것 이다.   – 『인성교육활성화방안』, 한국교육정책 연구소, 2013. P.10 –

11. 인성교육이란 자신의 내면을 바르고 건전하게 가꾸고 타인·공동체·자연 과 더불어 살아가는 데 필요한 인간다운 성품과 역량을 기르는 것을 목적으 로 하는 교육이다. 인성교육의 '핵심 가치·덕목'은 인성교육의 목표가 되 는 것으로 '예(禮), 효(孝), 정직, 책임, 존중, 배려, 소통, 협동' 등의 마음가짐 이나 사람됨과 관련되는 핵심적인 가치 또는 덕목을 말한다.
     – 인성교육진흥법 제2조(2014. 12. 29) –

나. 인성교육의 내용 및 방법에 대한 견해

〈표 10〉 인성교육의 내용 및 방법에 관한 견해

1. 리코나(1998)는 인성교육의 포괄적인 접근방식 12가지를 제시했다. 그것은 ①배려의 제공자·역할 모델·스승으로서 활동 ②도덕공동체 만들기 ③도덕 적 규율 시행 ④민주적 교실환경 조성 ⑤교육과정을 통한 인격교육 시행 ⑥ 협동학습 사용 ⑦직무에 대한 양심발달 교육 ⑧도덕적 반성 장려 ⑨갈등해 결 방법교육 ⑩교실을 나와 봉사학습 촉진 ⑪학교에서 긍정적인 도덕적 문 화조성 ⑫부모와 지역사회를 인격교육의 파트너로 끌어들이는 일 등이다.
     – 고미숙, 『인성교육』, 양서원. 2008. p.211 –

2. 프로이드는 "인성은 5세를 전후해서 결정되는데, 중요한 것은 5세 경에 일어 나며 이후의 삶은 생후 5년간의 것에 대한 재조직일 뿐이다. 어린 시절은 한 인간의 심리적 운명을 결정짓는다."고 말했다. 그러나 그의 딸 안나 프로이 드는 "아버지의 저러한 말을 왜곡해서는 안된다. 저러한 말은 유아기 및 아

동기의 중요성을 강조한 것으로 보아야 하며, 아버지가 한 말은 시대적 배경 등과 함께 이해해야 할 것이다. 우리는 성장하면서 계속해서 배우며 적어도 계속 배울 수 있는 가능성이 있다.”고 했다.

– 남궁달화, 『인성교육론』, 문음사. 1999. p.289 –

3. 인성교육의 구성요소는 정서교육·가치교육·도덕교육이다. 정서교육은 마음의 발달을 위한 교육이고 가치교육은 자아실현을 위한 교육이며 도덕교육은 더불어 살기 위한 교육이다.

– 남궁달화, 『인성교육론』, 문음사. 1999. p.11 –

4. 인성교육은 교사가 학생들에게 덕을 주입하는 방식을 사용하기보다는 학생들이 상황 속에서 옳은 행위를 고민하면서 스스로 선택할 수 있도록 하는 것이 중요하다. – 고미숙, 『인성교육』, 양서원. 2008. p.221 –

5. 21세기형 인성교육의 내용과 방법적 원리는 ①관계성 함양 ②도덕적 통합성 ③전일성 함양 ④영성 함양 ⑤생명성 촉진 ⑥창의성 함양 ⑦민주시민성과 공동체성 함양에 대한 의도적인 노력이다.

– 강선보 외, 『인성교육』, 양서원. 2008. pp.291~299 –

6. 인성교육은 수직적인 관계를 중심으로 하여 점차적으로 수평적인 관계로 넓혀가는 것이 중요하다. 즉 인성교육은 부자(父子)·사제(師弟)·장유(長幼) 등 기본적·수직적인 관계를 중심으로 다양한 방법과 프로그램을 경험하는 데서 이루어진다. – 『인성교육활성화방안』, 한국교육정책 연구소, 2013. pp.10~11 –

7. 인성교육은 가정을 기본단위로 학교와 지역사회 기관 등에서 자연스럽게 진행되는 것이 중요하다. 부모의 가정교육·교사의 학교교육·다양한 수업과목의 내용과 교육전달방법 등을 통해 생활화하는 것이 필요하다.

– 『아동인성교육 콘텐츠 개발연구』, 초록우산, 2013. p.107 –

8. 인성교육은 나와 너의 관계·나와 우리의 관계(공동체)·그리고 나와 그것과의 올바른 관계 정립을 위한 학습훈련이 되어야 한다. 인성교육은 이러한 기

본적인 관계를 중심으로 이루어져야 한다.

- 『인성교육활성화방안』, 한국교육정책 연구소, 2013. p. 11 -

9. 인성교육의 궁극적인 목적은 사람을 행복하게 하는데 있다. 사람이 행복하기 위해서는 마음과 몸, 인간 내적인 부분과 환경 외적인 부분이 함께 뒷받침 되어야 한다. 행복한 사회환경을 의미하는 복지사회는 내적 힘을 키우는 역량강화(empowerment)와 환경을 개선하는 옹호(advocacy)가 병행되어야 한다. 세상을 살아가면서 경험하게 될 다양한 어려움을 이겨낼 수 있도록 내적 힘을 키워주어 외부의 자원까지도 활용할 수 있도록 해야 하며, 개인의 힘으로 벅찬 사회문제를 환경으로부터 보호하고 지켜주며, 안전한 사회환경을 만들기 위해 적극적으로 변화를 추구해야 한다.

- 『아동인성교육 콘텐츠 개발연구』, 초록우산, 2013. p. 1 -

10. 인성교육은 자아관련·타자관련·사회 관련 등 세 영역의 인격특성을 가진다. 자아와 관련된 인격특성으로서 책임·자제·용기, 타자와 관련된 인격특성으로 정직·존중·친절·감정이입을, 사회와 관련된 인격특성으로 공정성·정의·시민의 덕을 제안한다.

- 강선보 외, 『인성지수개발연구』, 진한 앰&비, 2014. p. 11 -

11. 인성교육의 내용은 ①자기에 대한 존중(자아수용·자기존중·직업윤리) ②타인에 대한 존중(이타주의·정직) ③시민정신(민주주의·애국심·자연환경에 대한 존중)이 포함된다.   - 교육부, 『인성지수 개발연구』, Jinhan M&B, 2014. p. 17 -

12. 인성교육은 가정 및 학교와 사회에서 모두 장려되어야 하고 인간의 전인적 발달을 고려하면서 장기적 차원에서 계획되고 실시되어야 하며 학교와 가정, 지역사회의 참여와 연대하에 다양한 사회적 기반을 활용하여 전국적으로 실시되어야 한다.   - 인성교육진흥법 제5조(인성교육의 기본방향), 2014. 12. 29 -

13. 인성교육은 가정에서부터 시작된다. 아이는 부모의 등을 보며 배우기 때문인데, 사람의 뇌에는 거울신경(Mirror Neuron)이 있어서 부모의 본을 보고

흉내 내는 습성이 있고 그것이 학습으로 이어진다. 그러므로 그 본보기가 오래오래 기억되는 링거링 효과(Lingering Effect)로 이어지도록 해야 하는데, 여기에는 시대상황과 문화가 변해도 기본적으로 변화되지 않는 핵심가치(Core Value)를 필요로 한다. 그러므로 인성교육은 부모가 본을 보이는 데서 시작된다.　　　　　　　- 이시형, "이제는 인성이다.(7회)" 국회방송TV, 2014. 12. 19 -

14. 인성과 인성교육은 채소와 달구지에 비교할 수 있다. 예전에는 마을 사람들에게 싱싱한 채소를 공급하는 데는 달구지가 제격이다. 그러나 지금은 서울까지 채소를 싱싱하게 전달하는 데는 운반기구와 방법을 달리해야 하는 것이다. 인성교육도 원리는 같지만 방법은 시대와 상황에 맞도록 변해야 한다.
　　　　　　　　　　　　　　　　- 조벽, 『인성이 실력이다』, 해냄. 2016. p. 24 -

15. 인성 회복을 위한 실천과제로 ①인성교육진흥법을 통해 인성교육지원을 위한 법적·제도적 뒷받침을 제공한다. ②생애 단계별 인성교육이 실시되어야 한다. ③인성교육을 중심에 두면서 학력 신장을 도모해야 한다. ④인성형성의 주체로서 자기책임의 중요성을 인식시킨다. ⑤도덕적 실천 및 체험기회를 확대한다. ⑥인성교육 강화를 위해 가정과 학교의 협력관계를 구축한다. ⑦인문정신 함양교육을 통해 인성교육을 강화한다. ⑧최소 도덕에서 최대 도덕으로 가야 한다. ⑨인성을 중시하는 풍토조성을 위해 매스미디어의 역할을 강화한다. ⑩사회지도층의 솔선수범 등이 필요하다.
　　　　　　- 정창우, 『인성교육의 이해와 실천』, 교육과학사, 2016. pp. 46～58 -

16. 인성교육을 위한 핵심 인성역량은 개인적 차원과 관계 차원이 요구된다. 개인적 차원은 ①도덕적 문제해결능력 ②긍정적 태도 ③도덕적 자기관리능력 ④도덕적 자기성찰능력이 포함되고, 관계차원은 ①타인과의 관계영역(도덕적 의사소통능력, 도덕적 대인관계능력) ②공동체와의 관계영역(공동체의식, 다문화세계시민의식) ③자연과의 관계영역(환경윤리의식)이 포함된다.
　　　　　　- 정창우, 『인성교육의 이해와 실천』, 교육과학사, 2016. pp. 125～128 -

17. 인성교육은 인성의 핵심역량을 키우는 것이다. 인성의 핵심역량은 회복탄력성과 그릿(GRIT), 그리고 소통능력이다. 회복탄력성은 크고 작은 역경과 어려움을 도약의 발판으로 삼는 마음의 근력이고 그릿은 'Growth through(인성함양경로)'·'Relatedness(사회성=대인관계력)'·'Intrinsic motivation(열정=자기동기력)'·'Tenacity(집념=자기조절력)'이며, 소통능력은 인간관계를 맺는 능력으로 사랑(호감과 신뢰도)과 존중(설득력과 리더십)에서 나온다.

   – 김주환, 『핵심인성역량, 어떻게 키울 것인가?(인성교육포럼)』,
   정몽구 재단, 2016. pp. 63~88 –

2. 인성교육과 유사한 개념 및 용어

가. 전인교육

전인(全人)은 인간으로서 결함이 없는 온전한 인간을 뜻한다. 그러므로 전인교육(全人教育)은 온전한 인간으로 기르는 교육이라 할 수 있는데, "전인교육은 문화의 여러 기초를 삶으로 다지고 문화와 삶의 발전을 기하는 온전한 문화 인격교육이다."[196]라는 표현에 잘 나타나 있다. 『교육학 사전』에는 "전인교육은 지·정·의(知情意)가 완전히 조화된 원만한 인격자를 기르는 것을 목

> **Tip**
>
> 인성교육과 유사한 개념의 용어에는 전인교육, 도덕교육·윤리교육, 인격교육, 시민성교육 등 다양하다. 이런 용어들은 사람다운 사람을 육성하는데 목적을 둔다는 점에서 유사성이 있다.

---

196 김정환, 『전인교육, 어떻게 할 것인가?』, 내일을 여는 책, 1997. p. 39.

적으로 하는 교육이다. 공리주의와 입신 출세주의를 동기로 하거나 국가권력이 요구하는 부국강병주의에 지배되어서 인간생활의 일면에 지나지 않는 지식·지능이나 극단적인 애국심만을 강조하는 교육에 반대하여 나타난 것으로 알려져 있다."라고 기술하고 있다.

따라서 전인교육은 지식이나 기능 따위의 교육에 치우치지 아니하고 인간이 지닌 모든 자질을 조화롭게 발달시키는 것을 목적으로 하는 교육이고, 인성교육은 마음의 바탕인 '지(知)·정(情)·의(意)'를 교육하고, 가치를 추구하고 실현하는 인간됨을 교육하는 것이라는 점에서 인성교육과 전인교육과의 유사점을 발견할 수 있다.

나. 도덕교육·윤리교육

대체로 도덕과 윤리는 근본적인 차이는 없다는 것이 일반적인 견해다. 도덕과 윤리에 대한 사전적 의미도 "사람으로서 마땅히 해야 할 도리"로 나와 있으므로 도덕교육과 윤리교육은 "사람으로서 마땅히 해야 할 도리를 가르치는 교육"이라 할 수 있다. 그러나 도덕교육과 윤리교육은 의미상으로 구별되어야 한다고 본다. 왜냐하면 용어 사용의 용처에 따라 의미가 달라지기 때문이다. 도덕교육은 도덕성을 기르는 교육이고, 윤리교육은 윤리성을 기르는 교육이라는 점에서다. 필자가 초등학교 다닐 때는 '도덕'이라는 과목으로, 중고등학교 시절에는 '윤리'라는 과목으로 배웠다. 그리고 도덕은 '공중도덕'에서, 윤리는 '정보윤리·부동산윤리·직업윤리·언론윤리·군대윤리' 등의 용어에서 '윤리'와 '도덕'의 용처가 다름을 알 수 있다. 이런 점에서 보면 도덕과 윤리는 구별되어야 하고 도덕교육과 윤리교육도 의미상으로 구분되어야 한다고 보는 것이다.

도덕(道德)은 구성원으로서 이상이 되게 하고자 하는 행위와 생활태도를 익히는 교육으로 생활과 체득의 의미가 담겨 있다. 사람이 가야 할 길을 감에 있어서 부모·자녀·학생·직장인·농사꾼·장사꾼으로서의 인격적 역량을 발휘하면서 가는 길이 도덕의 길이다.

윤리(倫理)는 인간이 마땅히 지켜야 할 도리와 이치이다. 윤리의 적용은 그 대상이 인간이지만 조금만 더 들여다보면 법에 대한 근본 이치를 말하고 있음을 알 수 있다. 즉 마땅히 해야 할 행동이라 할 때, 그 기준이 되는 룰, 또는 규칙과 연계되어 있는 것이다. '윤리'의 '윤(倫)'자를 파자해보면 '사람인(人)'변에 '생각륜(侖)'이 합쳐진 글자로 '사람다운 생각'이라는 뜻이 담겨있고, '륜(侖)'자는 '삼합집(亼)'자에 '문서책(冊)'자가 합쳐진 글자이니 책이 있는 집을 뜻한다. 또한 '이(理)'자는 '이치(理致)'·'이법(理法)'·'도리(道理)' 등의 뜻이 들어 있다. 또한 물리(物理)가 '만물의 이치'라면 윤리(倫理)는 '인간관계의 이치'라고 할 수 있다. 때문에 사물의 관계[物理]는 변화가 어느 정도 일정한 존재의 이치로 나타나지만 사람의 관계[倫理]는 당위(當爲)로서 나타난다는 점에서 차이가 있다.

이런 맥락에서 도덕과 윤리를 구별해 본다면 도덕은 법이 없이도 스스로 자각하여 타인을 돕고 배려하는 행위적 도리라면, 윤리는 사람들 사이에서 법으로는 정해져 있지는 않지만 구성원들 사이에 암묵적으로 '이러이러한 것은 지켜야 한다.', '타인에게 피해를 주면 안된다.'는 규범이 뒷받침되는 도리로 인식된다. 도덕적인 것이 자연스럽게 마음에서 우러나와 다른 사람을 돕고 배려하는 것이라면, 윤리적인 것은 주위를 의식하는 상태에서 매너 있게, 남들에게 피해를 주지 않도록 하는 것이라고 할 수 있다.

이렇게 보면 도덕이 더 넓은 개념이며, 윤리의 바탕을 이루는 것이 도덕이라면 윤리는 그 도덕을 아름답게 가꾸기 위한 근본적 이치라 할 수 있다. 그리고 "인성교육은 덕성을 바탕으로 교양과 능력을 겸비한 인간을 기르는 교육.(한국교육개발원)" 이라는 점에서 인성교육은 도덕교육 및 윤리교육과 유사성이 있다고 할 수 있다.

다. 인격교육

인격(人格)은 사람으로서 갖추어야 할 품격이다. 인성교육이 품성(品性)을 기르는 교육이라면 인격교육은 품격(品格)을 기르는 교육이다. 품성과 품격은 비슷한 의미라는 점에서 인성과 인격이라는 용어도 비슷한 의미로 받아들여지고 있다.

"인성은 인격과 구별되는데, 인격은 사람으로서 도달할 수 있는 최고의 도덕적 이상인 반면, 인성은 지고한 도덕적 인격이라기보다 최소한의 기초를 확립하기 위한 초보적인 인격이다. 즉 사회적으로 바람직한 행위규범을 내면화함으로써 인간으로서 갖추어야 할 최소한의 품성이 인성이다.(신차균)"라는 표현에서 인성교육과 인격교육의 유사점을 발견할 수 있다.

라. 시민성 교육

시민성이란 공동체의 구성원이 관계를 해나가는데 필요한 자질로, 시민으로서의 올바른 인성을 의미한다. 시민의식·공동체 의식 등으로 설명할 수 있는 시민성은 개인의 사회화를 통해 체득되어진다. 그래서 시민성은 개인과 국가와의 관계 및 국가 안에서 개인들 사이의 관계에 관련되는 일이다.

"시민성교육은 변화하는 사회에 시민들로 하여금 적용할 수 있는 능력과 훌륭한 시민으로서의 자질을 함양하는 교육이다. 따라서 이 교육은 지식과 사고력을 갖출 뿐 아니라 능력을 갖추고 가치와 신념, 그리고 참여와 관심이 있는 시민을 만드는 교육으로 시민의 사회화를 위한 교육이라 할 수 있다."[197] 또한 "인성교육은 태어나면서 지니고 있는 본성 위에 학습자(부모·교사·종교지도자·기타 지인)로 하여금 건강한 민주시민으로 성장할 수 있도록 교육하는 것이다."[198], "인성교육이란 인격 교육을 중심으로 민주시민교육·소질적성개발 및 개발교육·합리적 의사결정 능력 및 창의적 문제해결 능력교육·리더십을 포함한 진취적 태도 함양 등에 대한 교육이다."[199]라는 내용에서 시민성교육과 인성교육의 유사점을 발견할 수 있다.

3. 인성과 인성교육의 의미로 본 효와의 연관성

〈표 8, 9, 10〉에서 볼 수 있었듯이 '인성'과 '인성교육'의 의미는 다양한 관점이 존재한다. 인성이란 '사람 됨됨이', '사람의 성품', '인간다운 성품과 역량', '인간이 본래 갖추어야 할 성질', '인간으로서 지녀야 할 바람직한 성향', '사람의 심성·성격·인격을 포괄적으로 통합하는 개념' 등 다양하다. 그리고 인성교육

> **Tip**
>
> 인성교육은 선천적으로 타고난 성품을 후천적으로 잘 가꾸고 계발해서 바람직한 인간이 되도록 하는 교육이다. 그리고 효교육은 가족간·세대간 하모니를 기초로 타인과 이웃, 사회와 국가, 인류와 자연 등과 하모니를 이루도록 하는 교육이라는 점에서 효와 인성교육은 연관이 깊다.

197 이춘, 고병호 공저, 『인성교육의 이해와 지도』, 교육아카데미, 2015. p. 29.
198 한국교육정책 연구소, 『인성교육활성화방안』, 한국교총, 2013. p. 10.
199 안범희, 『아동인성교육 콘텐츠 개발연구』, 초록우산, 2013. p. 10.

또한 이러한 인성을 교육하는 과정이라는 점에서 다양한 해석이 가능하다.

인성은 사람이 태어날 때 이미 갖추고 있는 성질로 보기도 하지만, 선천적인 성품에다 교육이라는 수단을 통해 인간으로서 갖추어야 할 바람직한 성품으로 변화시키는 과정으로 본다. 따라서 인성교육은 먼저 나 자신의 내면을 바르고 건전하게 가꾸고, 이를 바탕으로 타인·공동체·자연 등과 조화를 유지하는 가운데 더불어 살아갈 수 있는 성품과 역량을 기르는 교육으로 볼 수 있다.

효교육은 효를 통하여 부모를 공경하고 가족을 사랑하는 마음을 가짐으로써 가족관계를 돈독히 하고, 이를 기초로 타인과 이웃·사회와 국가·인류와 자연으로 확대하여 사랑하는 마음이 발현하도록 하는 교육이다. 그리고 여기에는 「경천의 원리/사랑과 공경의 원리/관계와 조화의 원리/덕성과 의로움의 원리/자기성실과 책임의 원리」 등 '효의 기본원리'가 작용한다. 또한 「경천하는 효/부모·어른·스승을 공경하는 효/자녀·어린이·청소년·제자를 사랑하는 효/가족과 친인척을 사랑하는 효/나라와 국민을 사랑하는 효/자연을 사랑하고 환경을 보호하는 효/이웃을 사랑하고 인류에 봉사하는 효」 등 '실천적 의미'를 가진다는 점에서 인성교육과 연관된다.

인성교육은 여러 학문이 관련된 다학문(多學問), 여러 종교가 관련된 다종교(多宗敎), 가정·학교·사회교육이 함께해야 할 통합교육(統合敎育), 잉태해서부터 사망할 때까지의 전생애(全生涯) 교육이라는 특성을 가지며, 문화적 산물이 반영되어 나타난다. 그러다 보니 어린 시절에 이루어지는 가정교육의 비중이 클 수밖에 없으며, 가정을 건강하게 하는 핵심가치이자 덕목인 효(孝, HYO)가 중요하다. 이런 점에서 인성과 효는 수어지교(水魚之交)에 비유할 수 있다.

인성교육과 효교육의 관계는 효행장려지원법과 인성교육진흥법의 목적과 내용에서도 발견할 수 있다. 그리고 4대 성인들도 효를 강조하고 있는데, 석가모니 (B.C. 563?~B.C. 483?)는 "효는 수행자의 삶의 기준과 준거, 죄악을 범하지 못하게 하는 규정이다.", 공자(B.C. 551~B.C. 479)는 "효는 덕의 근본이요, 모든 가르침이 그로 말미암아 생겨난다."[200], 소크라테스(B.C. 470~B.C. 399)는 "부모를 섬길 줄 모르는 사람과는 벗하지 말라. 왜냐하면 그는 인간의 첫걸음으로부터 벗어난 사 람이기 때문이다.", 예수(B.C. 4?~30)는 "네 부모를 공경하라."고 한 데에 잘 나타 나 있다.

Ⅲ 인성교육에 대한 종교와 학계의 관점

1. 종교에서 보는 인성교육

가. 전통종교의 관점

전통종교의 인성교육은 인간을 널리 이롭 게 한다는 홍익인간(弘益人間) 정신에 바탕을 두고 있다. 전통종교는 대체로 한민족의 전통 정신에 근거하는 종교를 말하는데, 교주를 섬 기는 신도보다 교주를 섬기지 않는 신도가 더

> **Tip**
> 종교(宗教)의 인성교육은 높은 가르 침을 통하여 바람직한 인간으로 육 성하는데 목적을 두는 교육이다. 전 래된 순으로 전통종교·불교·유 교·기독교 모두의 공통점은 타인 에게 도움을 줄 수 있는 바람직한 인간을 육성하는 데 있다는 점이다.

---

200 『효경』 「개종명의장」, "孝德之本也 教之所由生也."

많은 것이 특징이다. 외래 종교인 불교·유교·기독교에 비한다면 민족종교라는 표현도 가능하다. 민족종교는 어떤 구체적인 교주를 갖지 않고 '민족정신' 그 자체를 신앙하는 종교라는 특징을 갖고 있다. 천도교·대종교·증산도(대순진리회)·원불교·단군교·한얼교 등의 일부에서는 무속신앙처럼 단군이나 환웅을 모시는 경우도 있지만 숭배의 대상이 어떤 특별한 인물이기보다 사상 그 자체인 경우가 대부분이다.[201]

한국의 대표적인 민족 종교로는 대종교와 천도교를 들 수 있다.[202] 대종교는 국조 단군을 교조로 하는 한국의 고유 종교인데, 『천부경(天符經)』, 『삼일신고(三一神誥)』, 『참전계경(參佺戒經)』을 기본 경전으로 한다. 『천부경』의 핵심 사상은 '인간을 크고 넓게 이롭게 한다'는 홍익인간(弘益人間) 사상이며 이는 곧 배달겨레의 건국이념이다. 대종교에서는 충효사상을 매우 중요시하는데, 단군 한배검이 백성을 크게 깨우치게 했다는 '대화문(對話文)'에 잘 나타나 있다. "너희가 생겨났음은 어버이로 하여금 났으며, 어버이는 한울님으로부터 면면히 내려오셨다. 그러니 너희는 어버이를 공경하고 한울님을 진실로 공경하여 온 나라에 미치도록 하라. 이것이 곧 나라에 충성하고 어버이에게 효도하는 길이다. 이 도리를 진실로 잘 지키면 설사 하늘이 무너진다 해도 반드시 화를 면할 것이다."라는 내용이다.

'인내천(人乃天) 사상'을 기본으로 하는 천도교는 신앙의 대상인 신(神)을 '한울님'이라고 부르며 그 뜻은 무궁 무한의 시간과 공간을 총칭한다. 즉 한울님은

201 박정학, 『겨레의 얼을 찾아서』, 백암, 2007. p. 139.
202 이명수, 『효 이야기』, 지성문화사, 1994. p. 141.

천지 만물의 창조주가 되는 동시에 만인의 부모가 된다고 보는 것이다. 인간도 한울님의 기운으로 창조되었으므로 인간 속에 한울님이 존재하고 있으며, 이것이 바로 '인내천(人乃天)', 즉 '사람이 곧 하늘' 이라는 사상이다. 천도교에서는 "부모님 모시기를 한울님 섬기는 것과 같이하라." 하여 효도를 강조하고 있는데, "무슨 일을 할 때에 자기가 내키는 마음대로 하지 말고 부모에게 여쭈어서 그 말씀에 좇아 행해야 한다. 이렇듯이 매사를 한울님에게 마음으로 고함으로써 그 명령에 따라 행해야 하며 어디에 갈 때나 돌아왔을 때, 잠을 자거나 일어났을 때, 식사할 때, 그밖에 일거일동을 부모에게 고하듯 한울님에게 마음으로 고하고 항상 웃는 얼굴로 큰소리 내지 아니하며, 효성을 다하여 부모님을 기쁘게 해드리듯 한울님을 정성을 다하여 공경하라."고 기록하고 있다. 이처럼 한국의 전통종교는 홍익인간 정신에 기초하고 있으며, 효와 연관된다는 점을 알 수 있다.

나. 불교의 관점

불교의 인성교육은 불성을 깨달아 인간의 본래 모습을 회복하는 과정으로 이루어진다. 여기서 말하는 불성은 '부처의 본성', '중생이 본디 가지고 있는 부처가 될 성질' 을 뜻한다. 인성교육에 대한 불교의 관점은 "인간은 선과 악이라는 이분법적 구도를 가지고 있으나 또한 인간은 누구나 불성(佛性)을 가지고 있으며 인간의 본성에는 차별이 없는 것으로 본다. 그러므로 인성교육은 가르침을 통해 불성을 깨달아 인간 본래의 모습으로 회복하도록 가르쳐야 한다고 보고 있다. 즉 자기수행을 통해 자아를 발견하고 진리를 깨달아 조화와 균형을 이루는 가운데 지혜로움을 터득하도록 교육해야 한다."[203]는 것이다.

---

203 김귀성, 『인성교육』, 양서원. 2008. p. 99.

불교가 우리나라에 들어온 것은 372년(고구려 소수림왕 2년)에 진(秦)나라의 순도(順道)와 아도(阿道)가 불경과 불상을 가지고 들어와 초문사(肖門寺)를 창건하고 설법한 것이 그 시초로 알려져 있다. 불교는 시조인 석가모니(釋迦牟尼)가 29세 때 출가(出家)하여 6년간 고행(苦行)을 하면서 깨달은 바를 전파한 데서 유래하는데, 여기서 말하는 깨달음이라는 것은 염불(念佛)이나 독경(讀經)을 통해서 스스로 터득하는 것이다. 이를테면 옷을 적게 입으면 춥고, 힘든 일을 하면 덥고, 술을 많이 먹으면 머리가 아프고, 상대에게 욕하면 상대방이 기분 나쁠 것이고, 나를 키워주신 부모님의 은혜가 거룩하고⋯ 등등을 스스로 알게 되는 것이 깨달음이다.

불교의 인성교육은 효와 연관이 깊다.『부모은중경』등의 경전에 나타나 있는 것처럼 부모가 자신을 양육하는 동안의 수고로움에 대해 깊이 감사하는 보은(報恩)을 중요시하며, 아버지보다 어머니의 은혜를 떠올리게 하고 물질(物質)보다 정신(精神)을 강조한다. 또한 부모에 대한 효는 맹목적인 따름보다 이성적인 공경을 강조하며 부모의 잘못을 보고도 그대로 둔다면 그것은 진정한 효도가 아니므로 부모님께 '간쟁'을 해야 한다고 가르친다. 즉 불교의 효는 마음(心)에서 나오는 효를 더 중요시하는 것으로 효와 불심(佛心)은 궁극적으로 일심(一心, 마음의 본체)의 회복이라는 것인데, 이러한 마음의 본체 회복을 위한 효는 결국 대승불교의 보살관에 근거하는 것으로, 궁극적으로 부모님의 은혜를 깨닫게 하여 인성 함양에 이르도록 한다는 것이다. 또한 불교의 효는 효순공덕(孝順功德)을 강조하며 효를 선(善)의 극치로, 불효를 악(惡)의 극치[204]로 보고 있는데, 이는 모든 덕

---

204 이성운,『불교의 효사상』, 불교사찰문화연구원, 1996. p. 16.

(德)의 근본인 도(道)가 효에서 발현하는 것으로 본다는 점에서 인성교육과 효를 연계하고 있음을 볼 수 있다.

다. 유교의 관점

유교의 인성교육은 성선설(맹자)·성악설(순자)·백지설(고자) 등에서 보듯이 인간의 성품은 선천적이라는 관점에서 출발하며, 경천(敬天)과 수기안인(修己安人)에 기초한 인(仁)과 의(義)를 목표로 한다. 경천(敬天)은 숭앙(崇仰)의 대상이 되는 '상제(上帝)'와 '하늘(天)'을 의미하는데, 이는 우주와 인간을 주재하는 초인간적·초자연적 절대 신(神)에 대한 숭경(崇敬)의 의미를 담고 있다. 상제는 인간을 감찰하고 화복을 내려주는 무한한 권위를 지닌 절대타자(絕對他者)로 인식된다. 이러한 '상제'나 '천(天)'에 대한 인식의 근본적 전환은 공자에 이르러서였다. 공자는 인(仁)을 모든 도덕을 일관하는 최고이념으로 삼고, 수신(修身)·제가(齊家)·치국(治國)·평천하(平天下)의 실현을 추구했다. 그 후 맹자는 인(仁)의 실천을 위해 의(義)를 내세워 인의(仁義)를 병창(倂唱)하였으며, 또한 인간의 본성은 선(善)이라 하여 내면적인 도덕론을 펴고, 선한 본성에서 우러나오는 덕치(德治)로서의 왕도론(王道論)을 주장하였다.

유교(儒敎)가 우리나라에 들어온 것은 삼국시대에 유학(儒學)이 들어오면서부터이다. 고구려는 372년(소수림왕 2년)에 태학을 세웠고 신라는 682년(신문왕 2년)에 국학을 세웠으며 백제는 285년(고이왕 2년)에 이미 왕인 박사가 『논어』와 『천자문』을 일본에 전한 기록으로 보아 그 이전에 전래된 것으로 추정된다.[205]

---

205 김익수, 『한국인의 효사상』, 「삼국시대의 효사상과 효문화의 수용」, 수덕문화사, 2009. p. 27.

유교는 공자의 가르침에서 비롯되어 우리의 전통 사회에 지대한 영향을 미친 사상이자 철학이라는 점에서, 유교를 종교로 보는가 하면 학문으로 보기도 한다. 유교(儒教)는 유학(儒學)이라는 말과 함께 쓰이는데, 유학은 본래 공자 학도의 교학(教學) 내용을 의미하며 때로는 유교를 공부하는 사람의 의미로 유가(儒家)·유림(儒林) 등과 통용하여 사용되기도 한다. 유교에서는 "하늘이 명한 것을 성이라 이르고 성에 따르는 것을 도라 이르며 도를 닦는 것을 가르침이라 이른다."[206]고 하여 하늘이 내려 준 사람의 성품은 교육을 통해 수양되는 것으로 보고 있다. 그리고 그 가르침은 효에서 비롯된다고 보는데, 『효경』에 "효는 덕의 근본이요 모든 가르침이 그로 말미암아 생겨난다."[207]고 했다. 또한 인(仁)을 이루는 근본이 가족관계에 기인한다고 보는데, 『논어』에 "군자는 근본을 세우는데 힘써야 하며 근본이 서면 길과 방법이 저절로 생긴다. 효와 우애는 인을 이루는 근본이다."라는 내용에서 알 수 있다. 즉 인(仁)의 근본을 효(孝)와 제(悌)에 기초한 가족적 결합의 윤리에서 시작하여 육친(肉親) 사이의 진심에서 우러나는 애경을 강조하는 한편, 그것을 인간 사회의 질서 있는 조화적 결합의 원리로 삼아 정치(政治)에 적용했다. 이러한 유교 윤리는 오륜(五倫)과 오상(五常)을 근본으로 하는데, 오륜(五倫)은 5가지 기본적인 인간관계로 설정한 부모와 자식(父子)·임금과 신하(君臣)·남편과 아내(夫婦)·어른과 아이(長幼)·벗과 친구(朋友) 등의 관계를 뜻하고, 오상(五常)은 인간관계에 요구되는 오륜을 실천해야 할 '친(親)·의(義)·별(別)·서(序)·신(信)'의 다섯 가지의 도덕규범을 말한다. 부모와 자식의 관계는

---

206 『중용(1장)』, "天命之謂性 率性之謂道 修道之謂教."
207 「개종명의」, "孝德之本也 教之所由生也."

친함이 있어야 한다는 점에서 인성교육은 효와 관련이 깊다는 점을 알 수 있다.

라. 기독교의 관점

기독교의 인성교육은 '영성(靈性)'을 회복하는 데서 찾는다. "영성회복은 성령의 9가지 열매를 맺도록 삶의 과정을 가르치는 것이다. 그리고 9가지 열매는 ① 사랑 ② 희락 ③ 화평 ④ 오래 참음 ⑤ 자비 ⑥ 양선 ⑦ 충성 ⑧ 온유 ⑨ 절제.(갈라디아서5:22-23)"라고 『성경』에 제시되어 있다. 영성은 영(spirit)과 영혼(anima)에 관한 서구적 개념으로 하나님을 믿고 거듭난 모든 자녀들에게 주어진 영적인 성품이며, 예수 그리스도를 통해서 이루어진 하나님의 모든 은혜와 은총을 경험하는 자에게서 나타나는 자연스럽고 경건한 성품이다. 이는 "성령의 충만한 은혜 속에서 성령의 지배를 받고 살아가는 영적인 사람의 속성.(엡3:16, 20)", "하나님과의 바른 관계에서 이뤄지는 것(요일1:3)"이라는 표현에 나타나 있다.

인간은 초월적 절대적 존재자인 하나님에 의하여 창조된 존재이기 때문에 하나님의 형상을 닮은 자이며, 그래서 닮으려고 노력해야 한다는 것이다. 이러한 인간의 본성을 영성으로 표현하는데, 영성은 인간의 삶에 불가해(不可解)하게 다가오곤 했던 신비로운 힘에 대한 체험에 근거하며, 영성의 회복은 근본적으로 내재(현세)와 초월의 융화(融和, harmony)를 통해서 가능하다고 본다.

한국의 기독교는 천주교(天主敎)와 기독교(개신교)로 나뉜다. 천주교(로마 가톨릭)는 이승훈(李承薰, 1756~1801)이 1700년대 후반 로마 가톨릭을 처음 들여올 때부터 시작되었고, 기독교(개신교)는 1879년 이응찬(李應贊, ?~1883)·서상륜(徐相崙, 1848~1926) 등이 중국 만주에서 세례를 받은 데서 비롯된다.

천주교(天主教)는 부모를 육신의 부모라 하여 효행을 무시하고 선조의 혼령을 마귀라 하며, 제사를 마귀의 행사라고 배척한다는 등의 이유로 금교(禁敎)되면서 사사건건 유교사상과 배치되기도 했다. 그러면서 나라의 금교령(禁敎令)을 무시하고 비밀리에 잠입한 포교(布敎)자들에 의해 그 세력이 확대되던 중에 기해박해(己亥迫害)·신유박해(辛酉迫害)·병오박해(丙午迫害)·병인박해(丙寅迫害) 등을 당하기도 했다. 1883년 일본에서 야스가와 목사에게서 세례를 받은 이수정(李樹廷, 1842~1886)은 1885년에「마가의 전복음서 언해」한글판 번역서를 출판했는데, 그의 성경 번역은 한국에서 선교를 준비하는데 많은 도움을 주었다.

기독교(개신교)는 1885년에 미국 북장로교회 선교사 호러스 그랜트 언더우드(H. G. Underwood) 목사와 미국 북감리교의 아펜젤러 목사가 인천 제물포항으로 입국하면서 시작된다. 언더우드는 서울 정동 32번지에 경신학당(언더우드학당)과 서양식 의료기관인 광혜원(廣惠院, 연세학당)을 세웠고, 아펜젤러는 배재학당(現 배재고등학교, 배재대학교)을 세우게 된다. 그리고 1년 뒤인 1886년에 스크랜튼 미국 여선교사가 이화학당을 설립하면서 대한민국에 사학의 기초를 세웠다.

　기독교의 인성교육은 『성경』에 근거하여 영성을 회복하는 데 두고 있다. 그리고 『성경』에 "부모는 먼저 자녀들이 부모로부터 사랑받고 있는 존재임을 알리고 사랑을 표현해야 한다.(데살로니카전서 2:8)", "만일 어떤 과부에게 자녀나 손자들이 있거든 저희로 먼저 자기 집에서 효를 행하여 부모에게 보답하기를 배우게 하라. 이것이 하나님 앞에 받으실만한 것이니라.(딤전 5:4)", "네 아버지와 어머니를 공경하라, 이것이 약속 있는 계명이니, 이는 네가 잘되고 땅에서 장수하리라.(에베소서 6:2-3)", "부모를 거역하는 것은 성령을 거스르는 것이므로 성령은 이러한 사람들을 반드시 사망케 한다.(마태복음 15:4, 로마서 1:32)", "누구든지 가정에서 부모형제를 사랑하지 않으면서 보이지 않는 하나님을 사랑한다는 것은 거짓이다.(요한일서 3:20)"는 내용에서 효실천을 통한 사랑과 화평, 자비와 온유 등 영성회복의 길을 갈 수 있다는 점에서 효와 인성교육의 연관성을 발견할 수 있다.

2. 학계에서 보는 인성교육

　학계에서 보는 인성교육은 심리학에서는 인성을 'Personality'로 해석하지만, 철학·교육·윤리학 등에서는 'Character'로 해석한다.

　심리학(心理學, Psychology)은 인간의 행동 및 그 행동에 관련된 생리적·심리적·사회적 과정을 연구하는 학문이다. 심리학은 개인의 심리적 과정뿐 아니라 신체기능을

> **Tip**
> 인성교육을 보는 학계의 관점은 철학·윤리학·교육학에서는 Character로, 심리학에서는 Personality로 본다. 그러나 인성교육의 목표는 인간다운 인간을 육성하는 데 있다.

제어하는 생리적 과정, 그리고 개인 간 관계와 사회적 과정까지 연구의 대상이 된다. 여기서의 행동은 두뇌에서 이루어지는 내적인 행동과 신체 움직임으로 나타나는 외적인 행동, 정상적 행동과 비정상적 행동을 모두 포함한다. 심리학에서는 인성을 개인적·선천적 특성으로 이해한다. "인성이란 타인과 구분되는 독특한 심리적 행동양식으로서 타인의 언행에 대해 배려하는 공감능력과 소통하는 태도로 사회적 상호작용에 대해 책임성 있게 실천하는 역량이다."[208], "인성이란 시간과 상황에 걸쳐 지속되는 인간의 사고·감정·행동의 양식을 포괄하는 성격을 의미한다."[209] 등의 표현에 잘 나타나 있다.

철학(哲學, Philosophy)은 인간과 세계에 대한 근본 원리와 삶의 본질 따위를 연구하는 학문, 또는 자신의 경험에서 얻은 인생관·세계관·신조 따위를 이르는 말이다. 예컨대 "사람은 언제나 최선을 다해야 한다는 철학을 가져야 한다.(김진섭)", "사람은 누구나 자기 인생의 체험과 사색을 통하여 저마다 저다운 행복의 철학을 갖는다.(안병욱)"의 표현이다. 그러나 철학이란 용어는 철학이라는 개념 자체가 갖는 포괄성과 다의성 때문에 매우 광범위하고 다양하게 사용되고 있어 한 가지 개념으로 이해하기는 어렵다. 이를테면 소크라테스와 플라톤은 철학을 '참다운 앎을 얻기 위한 노력'으로 정의하였으며, '참다운 지식'을 얻기 위해 대화를 통한 검토와 반박의 과정을 중요시하였다. 소크라테스가 추구한 철학, '앎(智)에 대한 사랑'은 '이론적 지식' 뿐만 아니라 올바른 실천적 행위를 목표로 하는 '실천적인 지식'에 두고 있다. 그러므로 소크라테스의 철학은 '지행합일(知行

---

208 한국교육정책 연구소,『인성교육활성화방안』, 한국교총, 2013. p. 10.
209 은지용,『아동인성교육 콘텐츠 개발연구』, 초록우산, 2013. p. 9.

合一)'의 성격을 띠게 되는데, 이는 아리스토텔레스에 이르러 인간 바깥의 자연 세계 및 우주에 대한 이론적 앎, 그리고 인간의 올바른 행위를 다루는 실천적 앎으로 분류되었다.

윤리학(倫理學, Moral Philosophy)은 인간의 행위에 대한 도덕적인 가치판단과 규범을 연구하는 학문을 일컫는다. 윤리(倫理)는 인간이 마땅히 지켜야 할 도리와 이치로, 물리(物理)가 '만물의 이치'라면 윤리(倫理)는 '인간관계의 이치'이다. 때문에 사물의 관계(물리)는 변화가 어느 정도 일정한 존재의 이치로 나타나지만 사람의 관계(윤리)는 당위(當爲)로서의 이치라는 점에서 차이가 있다.

교육학은 교육행위와 교육현상에 관한 제반 영역을 학문적으로 연구하여 이를 이론체계로 종합한 것을 말하는데, 교육은 그 자체가 지식·기술·규범 등을 가르치고 배우는 과정으로 보지만 인간은 어머니 뱃속에 잉태되는 순간부터 죽음 직전까지 제반 삶의 과정을 통해서 학습과 함께 교육을 받으며 살아간다. 그리고 여기에는 교육의 세 마당이라는 가정교육·학교교육·사회교육이 포함된다.

이렇듯 철학·윤리학·교육학에서는 인성을 도덕적 특성으로 이해한다. 다시 말해서 선천적이기보다는 후천적 교육에 의해서 인성이 함양되고 도덕적으로 성장한다고 본다. 또한 "인성교육은 자아관련·타자관련·사회 관련 등 세 영역의 인격특성을 가진다. 자아와 관련된 인격특성으로서 책임·자제·용기, 타자와 관련된 인격특성으로 정직·존중·친절·감정이입, 사회와 관련된 인격특성으로 공정성·정의·시민의 덕을 제안한다."[210]라는 철학적 관점, "인성교육은 인간다운 품성인 인격을 함양하는 교육이며, 인간이 갖추어야 할 인간 본연의

---

210 강선보 외, 『인성지수개발연구』, 교육부(진한 엠엔비), 2014. p. 11.

모습을 성취하는 것이다. 이는 덕을 가르침으로써 인격을 형성하려는 의도적인 노력이며, 인간이 덕을 소유하면 할수록 인격은 더 강해진다. 인격교육은 행동과 실천을 강조하며 인간다운 품성은 덕의 함양을 통해서 드러나게 된다.(고미숙)"는 윤리학적 관점, "인성교육은 태어나면서 지니고 있는 본성위에 부모와 교사, 종교지도자 등 학습자들로 하여금 건강한 민주시민으로 성장할 수 있도록 교육하는 것이다.(한국교육정책 연구소)", "인성은 태어나면서 지니고 있는 성격이나 특질의 개념이 아니라 의도적 교육이나 학습에 의해 습득하거나 변화가 가능한 인간의 성품을 지칭하는 것이다."[211]라는 교육학의 관점을 통해서 이해할 수 있다. 이렇듯 인성교육은 학문적으로도 접근하는 관점이 다르다는 점을 알 수 있다.

Ⅳ 생각해보기(토의 주제)

Topic of discussion

❶ 인간의 성품과 효, 문헌에 제시된 인성에 대한 견해를 기초로 '인성'과 '효'의 관계에 대하여 각자의 주관적 입장에서 발표해 봅시다.

❷ 문헌에 제시된 인성교육의 견해, 인성교육의 유사개념 등을 기초로 인성교육과 효교육의 연계성에 대하여 각자의 주관적 입장에서 발표해 봅시다.

❸ 종교계와 학계에서 보는 인성교육의 공통점과 차이점에 대하여 각자의 의견을 발표해 봅시다.

---

211 교육부, 『인성지수개발연구』, 진한 앰&비, 2014. p. 10.

제**7**장 인성교육의 내용과 방법

인성교육은 다학문적(多學問的 : 교육학 · 심리학 · 철학 · 윤리학 등)이고 다종교적(多宗敎的 : 전통종교 · 불교 · 유교 · 기독교 등)이며, 통합교육적(統合 : 가정 · 학교 · 사회)이고 전생애적(全生涯的 : 잉태순간~죽음)이며, 몸에 익혀 절로 체화(體化)되는 교육이라는 복합적 특성을 가진 교육이다. 때문에 그 결과는 전인적 활동에 의한 문화적 산물로 나타나게 된다. 따라서 인성교육은 "이런 내용으로 이렇게 하면 된다."는 식의 원안(原案)을 내놓기는 어렵다.

그러나 분명한 것은 가정에서는 부모가, 학교에서는 교사가, 사회에서는 어른들이 본을 보여서 전수(傳受)되어 체화(體化)되도록 해야 한다는 점이다. 그럼으로써 자녀와 제자, 어린이들이 본받은 것을 흉내 내려 하고, 그런 가운데 학습으로 이어지도록 해야 하는 것이다. 그중에서도 부모와 교사의 언행이 중요한데, 이는 "자녀와 학생들은 부모와 교사의 등을 보고 배운다."는 말처럼 거울신경(Mirror Neuron) · 링거링 효과(Lingering Effect)와 연계되기 때문이다.

이 점에 대해서 공자는 "효는 덕의 근본이요 모든 가르침이 그로 말미암아 생겨난다."[212]고 하여 '효'와 '덕'을 연계하였다. 그리고 토마스 리코나는 "인성교육은 덕을 가르침으로써 인격을 형성하려는 의도적인 노력이다."라고 하여 '덕'과 '인성'을 연계하였다. 인성교육은 덕을 가르침으로써 이루어지고, 덕은 효가 근본으로 작용한다고 본 것이다. 그러므로 가정과 학교에서는 효를 가르침으로써 덕성이 함양되도록 해야 하며, 효(孝, HYO)가 핵심가치(Core Value)로 작용하기 위해서는 환경이 뒷받침되어야 한다. 인간은 환경의 영향을 받을 수밖에 없기 때문인데, 그 환경은 결국 리더의 위치에 있는 부모·스승·어른들의 역할과 리더십에 의해 조성된다는 점을 유념해야 한다.

이런 점에서 본 장(章)에서는 인성교육의 내용과 방법에 대해서, '육하원칙의 요소에 의한 방법'과 '리더십에 의한 방법'을 살펴보고, 최근 인성교육에서 거론되는 기타 내용과 방법 등에 대해서도 알아보고자 한다.

Ⅰ '6W(육하원칙)'으로 본 인성교육의 내용과 방법

1. 인성교육은 '누가', '누구를' 대상으로 하는 것인가? [Who]

인성교육은 인성을 '교육이라는 수단'에 의해서, 바람직한 인간의 성품으로 함양되도록 하는 과정이다. 그러나 이는 어떤 장소, 어

> **Tip**
> 인성교육은 부모가 자녀를 대상으로, 스승이 제자를 대상으로, 어른이 어린이를 대상으로 인성을 함양하는 제반 교육활동이다.

---

212 『효경』「개종명의장」, "孝德之本也 敎之所由生也."

편 상황이냐에 따라 적용방법은 달라진다. 그리고 리더와 팔로어의 관계에서 이루어지는 활동은 환경과 여건의 영향을 받게 되는데, 이를 교육의 세 마당과 연계하면 가정에서는 부모가 자녀를 대상으로, 학교에서는 교사가 학생을 대상으로, 사회에서는 기성세대가 어린이와 청소년을 대상으로 교육하게 된다. 그리고 사회의 인성교육은 군대·직장·시민사회단체·종교 등 다양한 기관과 단체에서 하게 되는데, 군대에서는 상급자가 하급자를 대상으로, 직장에서는 상사가 직원을 대상으로, 시민사회단체에서는 소속단체의 리더가 그 단체의 회원과 시민을 대상으로, 종교에서는 성직자가 신자(성도)를 대상으로 하게 된다.

2. 인성교육은 '어느 때' 해야 하는가? [When]

인성교육의 시기는 임산모의 태내(胎內)에 있는 기간을 시작으로 삶을 마감할 때까지의 기간이 해당된다. 이를 세분화한다면 ① 태내기 ② 영아기(1~2세) ③ 유아기(3~5세) ④ 초등단계(6~12세) ⑤ 중·고등단계(13~19세) ⑥ 성인기(19~64세) ⑦ 노년기(65세~) 등으로 구분할 수 있다.

> **Tip**
>
> 인성교육은 어머니 뱃속에 잉태되는 순간부터 죽음에 이르는 동안 이루어지는 교육활동이다. 그 과정에는 가정·학교·사회에서 아동 및 청소년기와 장년 및 노년기의 활동 등이 포함된다.

가. 태내기(胎內期) 인성교육

태내기 인성교육은 엄마의 뱃속에 있는 기간에 하는 교육이다. 이 시기의 교육은 임산모의 신체적·정신적 안정을 통해서 이루어지게 된다. 태아는 6개월이

경과하면 외부의 소리에 귀를 기울이게 되는데, 모태 안에서 듣는 소리는 빠르거나 느려지는 유동적인 엄마의 심장소리·높고 낮은 소리·크고 작은 소리 등 모든 소리에 영향을 받는다.

　　엄마의 스트레스로 인해 발생하는 불안한 심장박동 소리는 태아에게 세상이 무섭고 힘들다는 느낌을 받게 하지만 엄마의 경쾌한 심장소리는 태아를 편안하고 즐겁게 해준다는 점에서 임산모는 기분 좋고 경쾌한 심장박동소리를 전달할 수 있어야 한다.[213] 이를테면 태아는 임산모의 심장박동소리를 음률로, 혈류소리를 시냇물 소리로, 숨소리를 바람소리로 듣게 되는 것이다. 특히 임산모의 마음이 '기쁨'의 상태일 때·'불안'의 상태·'분노'의 상태일 때 등에 따라 심장 박동

---

213 양승춘,『동요태교를 통한 효의식함양에 관한연구』성산효대학원대학교 박사학위논문, 2016. p.52.

소리가 달라지는데, 기분이 좋을 때는 3/4박자로, 기분이 안 좋을 때는 7/8박자로 들리는 등의 차이가 있다는 점이다.

태내기 교육에서 엄마의 심리적 상태가 태아에게 미치는 영향에 대해 필자는 '하모니'라는 영화를 보면서 느낀 바가 있다. 이를테면 엄마가 합창연습을 하고 있는 장면을 보고 있던 꼬마 아들이 엄마의 목소리(옥타브)가 올라가면 사정없이 울어대는데, 그 이유는 아마도 태내에 있을 때 아빠의 폭력에 시달리던 엄마의 '괴성'과 같은 소리로 들렸기 때문이라 여겨진다. 이런 점에서 태내기 산모의 안정된 정서는 남편의 내조가 중요하며, 가족사랑·부부사랑의 효(孝, HYO)가 뒷받침되어야 한다.

나. 영아기(嬰兒期) 인성교육

영아기(1~2세) 교육은 애착관계가 형성되는 시기로, 이때의 애착발달은 인성형성에 미치는 영향이 크다. 애착은 영아와 양육자 간에 형성되는 친밀한 정서적 유대감으로 애정이나 사랑 같은 긍정적 정서의 의미를 지닌다. 특히 영아기에 형성된 애착은 이후 인지·정서·사회성 발달에도 영향을 미친다.

프로이드는 심리발달에 있어 아기와 산모의 정서적 유대를 강조했다. 출생 후에서 6주까지는 낯선 사람과 마주쳐도 개의치 않지만 생후 6주에서 8개월까지의 기간은 애착이 형성되는 단계이기 때문에 친숙한 사람과 낯선 사람에 따라 반응이 달라진다. 이후 18개월까지는 분리불안을 느끼는 시기이고, 2세 말 경부터는 상호관계 형성단계로 분리불안이 감소되는데, 영아기 인성교육은 엄마의 사랑이 그 어느 때보다도 중요하다는 점에서 가족사랑인 효(孝, HYO)와 연관이 있다.

다. 유아기(幼兒期) 인성교육

"세 살 버릇 여든 간다.", "내가 정말 알아야 할 모든 것은 유치원에서 배웠다.(로버트 풀검)"는 표현이 말해 주듯이 유아기의 인성교육은 중요하다.

유아기(2~6세)는 공감능력이 발달하고 기본예절 및 생활습관이 형성되는 시기이다. 보통 2세부터 초등학교 입학 전인 6세까지를 유아기라고 하는데, 유아기에는 신체가 꾸준히 성장하면서 대뇌가 함께 성장하는 시기다. 이 시기에는 인지능력이 발달하여 눈앞에 존재하지 않는 대상을 기억하는 표상능력이 생기는데, 유아기는 영아기에 분화된 정서가 더 발달하고 정서규제 능력이 향상되는 기간이다.

이 시기는 자녀와 함께 높임말을 사용하는 것도 좋은 교육이며 아이와 같이 많은 시간을 보내는 것이 중요하다. 그리고 책으로 하는 교육도 좋지만 놀이로 배우는 교육도 중요하다. 또한 놀이터에서도 엄마들은 아이들과 호흡을 함께 하는 것이 좋다. 엄마들끼리 대화하면서 아이 혼자 놀게 하면 아이는 혼자 노는 법만 알게 되어 다른 아이들이 자신의 장난감에는 손도 못 대게 하고 혼자 놀려고 하는 경향이 생긴다. 어린이는 사회생활의 첫걸음이 놀이터이기 때문에 엄마나 아빠가 같이 동참해서 다른 아이들과 어울리는 방법과 놀이터에서 즐겁게 같이 놀도록 하는 것 역시 아이들의 관계 형성과 인성함양에 좋다.

유아기에서 중요한 것 중에 하나는 사랑을 느끼도록 하고 사랑하는 법을 가르치는 것인데, 사랑을 받아봐야 사랑을 할 줄 알게 되기 때문이다. 아이들은 엄마와 아빠 간의 스킨십을 통하여 사랑과 믿음을 배우게 되며 이러한 과정은 사회성과 인지발달에도 영향을 준다. 글자와 숫자를 가르치기보다 스스로 궁금하게 환경을 바꿔주어서 스스로 생각하게 하는 것이 좋고 어른께 존댓말을 사용하게 하며, 대상에 따라 예절바른 언어를 사용하며 정직하게 말하고 행동하게 하는 것도 필요하다. 이런 점에서 어린이집에 데려다주는 엄마들은 아이 앞에서 솔선수범이 필요하다. 그중에서도 특히 손자·손녀의 손을 잡고 어린이집에 등원하는 할머니·할아버지에게 엄마(아빠)가 먼저 인사하는 모습을 자녀에게 보여주는 것은 본보기에 의한 인성교육으로써 중요하다.

라. 초등단계 인성교육

초등단계(6~12세)는 생활중심이 가정(또는 어린이집)에서 학교로 옮겨지는 중요한 시기이다. 공식적 학교교육을 통하여 규범을 익히고 타인과 더불어 생활하는 방식을 터득하게 되는 시기이기도 하다. 또한 이때는 인지능력이 발달하고 사회군집 집단에서의 사회적 기술을 습득하는 시기이다. 대략 5세까지는 자신이 생활하는 공간을 중심으로 생활하지만 6~7세부터는 친척 집·이웃·친구 집 등에 대한 공간개념이 형성되고, 9~10세가 되면 시간표에 따라 규칙적이고 계획된 일을 실행에 옮길 수 있으며 좋아하는 TV프로그램의 시작시간 등을 비교적 정확히 인식할 수 있는 시기이다. "인성교육은 태어나면서 지니고 있는 본성 위에 학습자(부모·교사·종교지도자·기타 지인)로 하여금 건강한 민주시민으로 성장할 수 있도록 교육하는 것이다.(한국교육정책 연구소)"라는 표현에서 보듯이 초등학교는 교사와의 관계, 교우와의 관계 등을 통해 사회화 과정을 처음 겪게 된다는 점에서 자상하고 세심한 지도를 필요로 하는 시기이다. 따라서 자녀 입장에서 보면 부모가 조부모에게 효도하는 모습을 보게 될 때 부모를 본받게 돼, 계승하게 되는 것이다.

마. 중·고등 단계 인성교육

중·고등 단계(13~19세)교육은 바람직한 자아정체성 및 목적의식 발달, 그리고 기본적인 인문학적 소양과 상상력이 발달하는 시기이다. 때문에 더 많은 인성교육의 시간 반영이 요구되는 시기이다. 그렇지만 우리 사회는 학업 스트레스와 학교폭력 문제 등으로 불안한 청소년기를 보내는 면이 있다. 그러다 보니 OECD에서 전 세계 15세 학생 54만 명을 조사한 결과 한국 학생 삶의 만족도가 48개국 중 47위라는 발표[214]가 있었다. "인성교육은 인성에 대한 변화의 가능성을 전제로 인간의 전면적 조화적 발전을 추구하며 초교과적·통합교과적 접근을 요하는 교육이다.(박의수)"라는 표현이 말해주듯이 중고등학교에서의 인성교육은 교사가 하는 모든 교육행위와 관련된다는 점에서 특정 과목에 의한 인성교육보다는 통합교육의 관점에서 이행되어야 한다. 그리고 이 시기는 부모님의 은혜를 생각하게 되고 부모님의 존재와 향후 부양 등에 대해 생각하게 되는 시기이므로 효도와 예절교육 등을 병행해야 하는 시기이다. 그러나 자녀들 중에 부모

---

214 김연주 기자, 조선일보(2017. 4. 21, 1 - 2면) : 한국 학생들의 학력은 OECD(경제협력개발기구) 국가 가운데 최상위권이지만 '삶의 만족도'는 최하위 수준인 것으로 조사됐는데, 사교육을 가장 일찍부터 시작하고 공부 시간도 가장 긴 반면, 신체 활동 시간이나 부모와 대화하는 시간은 꼴찌 수준이었다. 한국 학생들은 최고가 되고 싶다는 성취동기가 매우 강한 것으로 나타났는데, 예컨대 '내 반에서 최고의 학생이 되고 싶다'는 학생이 80% 이상으로, OECD 평균(59%)보다 크게 높았다. OECD 국가 평균적으로 공부 시간이 길면 학업 성취도는 오히려 떨어졌는데 한국은 유일하게 공부 시간이 긴 학생들이 삶의 만족도와 학업 성취도 둘 다 높았다. 또한 최안나 정책분석관은 "다른 나라는 보통 공부가 뒤처지는 학생들이 사교육(tutoring)을 받는데, 한국은 반대로 공부 잘하는 학생들이 선행학습을 많이 받는다."며 "한국 청소년들은 공부를 열심히 하고 잘할수록 부모나 선생님에게 관심과 칭찬을 받기 때문에, 학업 성취도가 삶의 만족도에 큰 부분을 차지하는 것 같다."는 보도 내용임.

를 싫어하는 학생이 있다면, 효도 교육이 오히려 역효과를 초래할 수 있다는 점에서 학생에 대한 신상파악을 기초로 부모와의 관계를 고려한 개별지도가 바람직하다.

바. 성인기 인성교육

성인기(19~64세) 교육은 청소년기에 형성된 자아정체성과 삶의 목적의식이 확립되는 시기이다. 이시기는 진정한 고뇌를 통해 자신이 누구인지, '나'로서 사는 삶, 혹은 '나'만의 길이 어떤 길인지, 어떤 삶이 가치 있는 삶인지를 발견하고 이에 따라 삶을 설계하도록 교육해야 한다. 또한 대학생 시기는 특히 도덕적 추론이 유의미하게 발달하는 중요한 시기라는 점에서 성인 초기에는 공동체 역량을 강화시키는 교육이 필요하고, 성인 초기인 대학생 시기에는 직장생활과 새로운 가정형성 등을 앞두고 있기 때문에 이에 따른 역할과 책임의식 등을 통해 인성함양을 견인토록 해야 한다.[215] 특히 한국사회에서 이 시기에 이루어지는 성인교육으로 군대교육을 들 수 있는데, 대한민국은 국민개병제를 시행하는 관계로 젊은 남성이라면 누구나 군대를 가게 된다. 그러므로 "군대 가면 사람 된다."는 국민적 기대에 부응하는 국민교육도장으로서 군대 인성교육은 효과가 기대되는 교육이다. 그리고 부모 곁을 떠나 있는 군생활 기간은 '효교육의 천연적 토양'이라는 점에서 효에 기초한 인성교육을 할 수 있는 좋은 기회가 되는 것이다.

---

215 정창우, 『핵심 인성역량, 어떻게 기를 것인가?』 정몽구재단, p. 19.

사. 노년기 인성교육

노년기(65세~)는 과거와 현재의 변화에 대한 통찰과 함께 삶의 마감을 철학적으로 대비하는 시기이다. 노년기는 일반적으로 65세부터 시작되는 것으로 알려져 있는데, 현대에 와서 수명이 늘어나고 노년층 인구가 증가하면서 노년기를 초기(65~74)·중기(75~84)·후기(85세 이상)로 구분해야 한다는 의견이 나오고 있다. 현대사회에는 특히 노년 후기에 속하는 85세 이상의 노인집단이 급격하게 증가하는 추세이다. 노년기에는 여러 가지 변화가 일어나는데, 신체적으로는 체력과 건강상태가 저하되는 등 전반적인 신체기능이 퇴화하고 심리적으로는 지능저하와 기억력 감퇴, 정보처리 둔화와 사고의 경직성 증가 등이 나타난다. 그리고 사회적 지위와 역할에도 큰 변화를 겪게 되는데, 직업에 종사하다가 은퇴를 하게 되므로 수입이 급격히 줄기도 하고 전직을 하게 되는 변화를 겪게 되며 사회적 고립과 소중한 사람들과의 사별로 인한 상실감을 겪기도 한다.

때문에 고령화 사회에 사는 노인들은 급변하는 환경에 적응해 가는데 필요한 교육을 받도록 해야 한다. 이러한 노년기의 교육으로는 노화적응교육·은퇴준비교육·삶의 질 향상 교육·스트레스 해소교육·의미 있는 역할을 발견케 하는 교육·치유와 상담·정서적 욕구충족 교육·죽음에 대한 준비교육·영성교육 등이 있다.

따라서 노년기에 하는 교육은 내리사랑·올리사랑, 가족사랑·가정윤리를 내용으로 하는 효교육과 연계함으로써 자신의 존재의미를 재발견하고, 경험지식(암묵지)을 활용하게 해야 한다는 점에서 효와 연계하는 교육이 필요하다.

3. 인성교육은 '어디서' 해야 하는가? [Where]

인성교육은 태내(胎內)에서 죽음에 이르는 동안 환경과 마주하는 장소에서 이루어지고 문화적 산물로 나타나게 된다. 인성교육과 연관된 장소를 대별하면 가정·학교·사회로 구분할 수 있다.

> **Tip**
>
> 인성교육은 가정과 학교, 사회교육 등 생활과 연계하여 시행하는 것이 좋다. 그중에서도 어린 시절을 보내게 되는 가정, 그리고 본격적인 배움의 현장인 학교에서의 본보기 교육이 중요하다.

첫째, 가정이다. 가정은 태내기·영아기·유아기의 인성교육을 담당하는 곳이다. 가정은 도덕기능·양육기능·교육기능 등을 수행한다는 점에서, 그리고 학교교육과 사회교육의 기반이 되는 역할을 한다는 점에서 중요하다.

둘째, 학교이다. 학교는 인성교육의 중심이라는 점에서 어떤 내용을, 어떻게 교육할 것인가가 중요하다. 학교는 아동기·중고등학교·대학교 생활 기간 동안 인성교육을 담당한다는 점에서 학교장의 리더십과 함께 교사들의 체화적(體化的) 교육이 중요하다. 특히 "교육의 질은 교사의 질을 넘어설 수 없다."[216]는 말처럼 교사의 본보기가 필수이다. 그리고 인성교육의 성격상 가정에서 하기 곤란한 내용을 '역자교지(易子敎之)'[217]적 관점에서 담당해야 하는 곳이 학교이다.

셋째, 사회이다. 사회는 군대·직장·시민사회단체·종교 등 다양한 기관에서 인성교육이 가능하다. 사회는 성인기와 노년기의 인성교육을 담당하면서 가정과 학교교육에는 환경적 영향요인으로 작용하게 되므로 인성교육의 옹호(擁護, advocacy)적 기능으로 작용토록 해야 한다.

---

216 박정수, 『한국 교육 거듭나기』, 삼성경제연구소. 2006. p.68.

217 『맹자』 「이루상편」에 나오는 내용으로, 윤리 분야 등 부모가 직접 가르치기 어려운 내용은 다른 집 부모가 자녀를 서로 바꾸어서 가르쳐야 한다는 내용임.

4. 인성교육은 '어떤 내용'으로 해야 하는가? [What]

일반적으로 인성교육은 부자(父子)관계 · 사제(師弟)관계 · 장유(長幼)관계 등의 기본적 관계에서 출발한다. 부모를 몰라보고 스승을 몰라보며 어른을 몰라보는 아이에게 인성교육은 그 자체가 불가능하기 때문이다. 그리고 "윗물이 맑아야 아랫물도 맑다."는 말처럼

앞에서 이끌어주는 부모와 교사, 어른의 본보기가 중요하다. 『소학』에 "마당 쓸기 전에 물을 뿌리고 어른 보면 인사하고 나아갈 때와 물러날 때를 아는 것이 예절이다.(서제)"[218], "부모를 사랑하고 어른을 공경하며 스승을 받들어야 하며, 친구와는 친하게 지내야 한다.(서제)"[219]라는 내용,

그리고 『대학』에 '수신제가치국평천하(修身齊家治國平天下)', 『명심보감』에 '가화만사성(家和萬事成)', 그리고 "세 살 버릇 여든 간다."는 속담이 말해주듯이 인성교육은 기본과 수범(垂範)에서 출발하는 것이다. 한 마디로 본보기를 통한 전수교육이 될 수 있는 내용이어야 한다는 점이다.

외부환경 급변

소비자 욕구

218 "灑掃應對進退之節."
219 "愛親敬長隆師親友."

가. 인성교육진흥법의 핵심가치 및 덕목

인성교육진흥법에서는 '8대 덕목' 이자 '핵심가치' 로 「예, 효, 정직, 책임, 존중, 배려, 소통, 협동」을 제시하면서 8가지 요소를 '인성교육의 목표' 로 기술하고 있다. 여기서 주목할 것은 8가지 덕목이나 가치를 지식적으로 가르치는 것이 아니라 '마음의 근육(心筋)' 으로 작용하도록 교육함으로써 핵심인성역량(力量)이 되도록 해야 한다는 점이다.

나. 교육부의 '3차원 6대 덕목'

교육부에서는 '3차원 6대 덕목'[220]으로 ①도덕성(정직/책임, 윤리) ②사회성(공감/소통, 봉사) ③감성(정서성:자기이해/자아존중, 자기조절)을 제시하고 있다.

다. 기타 연구자들의 견해

인성교육 내용에 대해서는 연구자에 따라 다양하다. 남궁달화(1997)는 정서교육·가치교육·도덕교육으로, 강선보(2008) 외는 인성교육의 내용 및 방법적 원리로 관계성·창의성·생명성·도덕성·전일성·영성·민주시민성 등을 들고 있다. 그리고 정창우(2016)는 "자신의 내면 가꾸기·타인·공동체·자연과 더불어 살아가는데 필요한 인간다운 성품과 역량이다."라고 했고, Pearson은 "자아 관련 인격특성·타자 관련 인격특성·

---

220 교육부, 『인성지수개발연구』, 진한엠앤비, 2014. p.102.

사회 관련 인격특성이다."라고 했으며, 토마스 리코나는 "인성의 구성요소는 도덕적 지식·도덕적 감정·도덕적 행동이며, 인성의 발달은 좋은 도덕적 환경 속에서 가능하다."고 했다. 또한 피터스는 "인성은 인간의 행동방식이다. 인성은 앎의 문제가 아닌 태도의 문제이고 태도는 이성과 감성을 필요로 한다."고 했다.

5. 인성교육은 '어떻게' 하는 것인가? [How to]

가. 통합적·전생애적 교육

인성교육은 가정·학교·사회가 통합적이면서 전생애적(全生涯的)으로 이루어져야 하는 교육이다. 인성은 개인적 가치·대인 간 관계적 가치·사회적 가치·국가 중심적 가치·자연 중심적 가치 차원에서 접근해야 하는 영역이기

> **Tip**
>
> 인성교육을 하는 방법은 다양해서 한 마디로 '이렇게 하는 것이다.' 라고 말하기는 어렵다. 그러나 분명한 것은 가정에서는 부모, 학교에서는 교사, 사회에서는 어른들이 본을 보이는 것은 확실한 방법이다.

때문이다. 이런 이유에서는 가정에서 가족 간 정상적인 관계를 이루고, 이를 통해서 기본을 형성한 다음에 학교에서는 학우들과의 관계, 사회에서는 종교활동 등 다양한 관계를 통해 균형 잡힌 인성이 함양되도록 해야 한다. 특히 인간은 사회적 동물인 관계로 사회적 환경의 영향을 받을 수밖에 없다. 따라서 인성은 전인적이고 문화적 산물에 의해 형성되고 교육되는 것이다.

나. 지식전달보다는 과정(process)을 통한 역량 강화교육

인성교육은 지식 전달에 의한 교육보다 과정(process) 그 자체를 통해 핵심가

치(Core Value)가 체화되는 교육이어야 한다. 그리고 과정은 합리성과 투명성이 뒷받침되어야 한다는 점에서 '역량강화(Empowerment)'와 '옹호(擁護, Advocacy)'가 병행되어야 하는데, 피교육자는 역량강화 쪽에, 교육자는 옹호 쪽에 초점을 두어야 한다.

역량강화(Empowerment)는 스스로 내구성을 가질 수 있도록 직간접적인 경험을 통해 자생적 역량을 충전하는 것이다. 예컨대 "젊어서 하는 고생은 사서라도 해야 한다."는 말이 있듯이, 각종 봉사활동·아르바이트·병역의무 참여 등을 경험해본 사람이 그렇지 않은 사람에 비해 회복탄력성이 크다는 점이다.

옹호(Advocacy)는 인성교육의 유해환경을 제거하고 개선하며 보호하는 것이다. 예컨대 청소년에게 담배를 판매하는 일, 청소년 학습장 주변 유흥업소 난립 등을 제거하고 어린이집 교사폭력 등을 방지하는 시스템을 만드는 일 등이 해당된다.

다음은 인성교육의 핵심 가치 및 덕목을 실천하는 습관을 길러주어야 한다. 창의적 인성이라는 것도 예의바른 행동을 통하여 주위 사람들에게 호감을 얻고 조화로운 인간관계를 맺도록 하는 것이다. 이런 점에서 예(禮)를 통해 매너와 에티켓 등을 습성화하도록 해야 한다. 이를테면 대기업에서 신입사원을 교육할 때 제일 먼저 강조하는 것이 인사예절인데, 인사만 잘해도 인성이 바른 사람으로 비춰지게 되는 것이다. 이런 이유에서 과거 서당교육에서는 마당 쓸기 전에 물부터 뿌리게 하고, 어른을 보면 인사하기를 강조하는 등 기본에 중점을 두는 교육을 했던 것이다.

6. 인성교육을 '왜', 해야 하는가? [Why]

인성교육을 해야 하는 이유는 인성교육진흥법 목적에 잘 나타나 있다. "대한민국헌법에 따른 인간으로서의 존엄과 가치를 보장하고 교육기본법에 따른 교육이념을 바탕으로 건전하고 올바른 인성(人性)을 갖춘 국민을

육성하여 국가사회의 발전에 이바지함을 목적으로 한다."는 내용이다. 모든 문제의 근원은 사람에 있고 사람의 문제는 인성에서 비롯된다. 인간은 타인과 공동체, 자연과 더불어 살아갈 수 있는 성품과 역량을 키워야 하고, 인성은 선천적인 영향을 받지만 교육을 통해 후천적으로 변화되고 형성된다. 또한 인성은 개인적 특성인 동시에 인간의 보편적 가치를 지향하기 때문에 교육이 뒷받침돼야 올바른 인성을 갖추게 될 수 있다. 따라서 가족관계를 기초로 타인과 이웃·사회와 국가·인류와 자연까지도 더불어 살아갈 수 있는 성품과 역량을 키워야 한다는 점에서 효를 시발점으로 하는 인성교육이 요구되는 것이다.

Ⅱ 리더십에 의한 인성교육

리더십은 조직(집단)의 리더와 구성원이 뜻을 모아 목표를 달성해가는 과정이다. 이 표현에서 보면 인성교육은 리더십의 목표가 될 수 있고, 리더십은 인성교육의 수단이 될 수 있다. 인성교육을 리더십과 연계해야 하는 이유는 어떤 집단이나 조직이든 인성교육은 리더의 리더십이 없이는 인성교육 자체가 어렵기 때문이다. 이는 "교육의 질은 교사의 질을 넘어설 수 없다."는 말과 같은 맥락이다. 인성교육에서 리더십이 중요한 또 다른 이유는 링거링 효과(Lingering Effect)로 이어져야 하기 때문이다. 즉 리더의 리더십이 뒷받침되지 않으면 아무리 좋은 내용과 방법이라 할지라도 인성교육으로 이어지기 어렵다는 뜻인데, 여기서 말하는 리더십은 '지적 역량'만이 아닌 '본보기'와 '사랑'이 뒷받침된 리더십이어야 하는 것이다.

리더십은 여러 의미로 표현되는데, 그중에 하나는 '선장(Leader)'이 '배(Ship)'를 몰고 등대를 찾아가는 과정(Leader＋ship)에 비유하는 것이다. 그리고 여기서 말하는 배(Ship)는 '가정(家庭)'이 될 수 있고, 학교(學校)·회사(會社)·국가(國家) 등이 될 수 있다. 따라서 그 조직(집단)을 이끌어가는 리더는 그 조직(집단)의 규모와 성격에 맞게 리더십을 발휘해서 자연스럽게 인성교육으로 연계되도록 해야 한다.

궁극적으로 인성교육의 목적은 인성을 갖춘 리더를 키워냄으로써 좋은 리더십이 발휘되도록 하는데 있다. 훌륭한 리더를 양성함으로써 가정의 리더·학교의 리더·사회와 국가의 리더들이 해당 영역에서 좋은 리더십을 발휘하도록 해야 하는 것이다. 따라서 리더십을 통해서 인성교육을 효과적으로 하는 방법을 알아봄에 있어, 먼저 리더십에 대한 일반적인 이해를 기초로 리더십의 역할과 리더십의 구성요소에 대해 고찰해보고, 현대 리더십의 흐름과 연계하는 인성교육에 대해서 살펴본 다음, 마지막으로 효리더십을 통한 인성교육 방안을 제시해본다.

1. 리더십의 이해

리더십의 원리는 인류의 기원과 함께 존재해 왔지만 리더십 이론에 대한 체계적인 연구가 이루어진 것은 미국에서 1900년대 초부터인 것으로 알려져 있다. 이러한 리더십은 "리더는 특성을 선천적으로 타고나며, 그러한 특성이 리더십을 좌우한다."고 보았던

> **Tip**
> 리더십은 그 원리는 같지만 적용하는 방법은 조직이 추구하는 목표와 구성원의 수준, 그리고 상황 및 여건에 따라 다르다. 때문에 리더십에 대한 정의에 있어서도 시대와 문화에 따라 다양하게 표현되고 있음을 이해해야 한다.

특성론(1920~50)을 시작으로 "리더의 행동이 리더십을 좌우한다."는 행동론(1960), "주어진 여건과 상황이 리더십을 좌우한다."는 상황론(1970), "변화와 혁신이 리더십의 성패를 좌우한다."는 변혁론(1980), 그리고 "문화와 함께 리더의 자기관리가 중요하다."는 문화 및 자기관리론(2000) 등으로 인식이 변화되어 왔다고 할 수 있다. 그중에 1970년대 로버트 그린리프에 의해 제기된 '서번트 리더십'은 리더십에 대한 패러다임을 획기적으로 변화시키는 계기가 되었으며, 그 후 리더십의 흐름이 다양하게 이어지고 있다. 즉 목표달성을 위해서는 리더가 마치 하인처럼 구성원을 섬겨야 한다는 서번트 리더십, 원칙을 적용하여 이끌어가는 원칙중심 리더십, 가치를 공유하고 함께 지향케 하는 가치중심 리더

십, 감성에 의존하여 팔로어를 움직이는 감성적 리더십, 진실과 진정성에 기초하는 오센틱 리더십 등 다양한 시각에서 리더십을 제안하고 있는 것이다. 그리고 리더가 갖추어야 할 기본 요건으로 동양에서는 '수신제가치국평천하(修身齊家治國平天下)', 서양에서는 'Be(인격요소) – Know(지식요소) – Do(행동요소)' 등을 꼽는다.

특히 변혁적 리더십(Transformational Leadership)을 주창한 번즈(Burns)는 "리더십이란 리더와 부하가 상호 간 더 높은 도덕적 및 동기적 수준을 갖도록 만드는 과정이다."라고 정의하면서 변혁적 리더는 공포·탐욕·질투·미움 등과 같은 하등 수준의 감정을 이용하는 것이 아니라 자유·정의·평등·평화·인본주의 등과 같은 고등 수준의 이상과 도덕적 가치에 호소함으로써 부하의 의식을 고양하여 집단의 목표 달성을 추구해야 한다고 했다. 번즈는 변혁적 리더십을 거래적 리더십(Transactional Leadership)과 대비시키고 있는데, 거래적 리더십은 개인의 이기적 관심을 자극하여 부하를 동기화하는 방법으로, 예컨대 지방자치단체장 선거 출마자들은 '고용정책·각종 보조수당 지급·교통난 해결' 등의 공약사업을 내걸어서 주민들의 표와 거래하고, 회사의 고용자는 임금과 직위를 이용해서 피고용자의 노동과 교환한다. 이에 비해 변혁적 리더십은 구성원의 욕구·가치·신념 등 고차원적인 가치관과 도덕성을 자극하여 동기화하는 것으로 부하의 반응에 따라 행동을 변경해가면서 고차원적 동기가 유발되도록 한다는 점에서 거래적 리더십과는 차이가 있다.

이렇듯 현대 조직사회에서 가장 빈번하게 사용되고 있는 어휘 중 하나가 리더십이지만, 그 이론과 개념이 다양해서 명쾌하게 정의되지 못하고 있는 것도 사실이다. 그래서 스토그딜(Stogdill)은 "리더십의 정의는 리더십을 정의하려는 사람의 수만큼이나 많다."고 했고, 카멜(Carmel)은 "리더십의 정의는 연구자의 목적에 따라 달라질 수 있다."고 했으며, 워렌 베니스(Warren Bennis)는 "수십 년간에 걸친 학문적 분석의 결과, 리더십에 대한 850가지 이상의 정의를 찾을 수 있었지만 유능한 리더와 무능한 리더, 성공하는 조직과 실패하는 조직을 구분하는 것이 무엇인지에 대해 명확하고도 뚜렷한 기준은 존재하지 않았다."[221]고 했다.

이렇듯 리더십은 인성교육과 마찬가지로 모호성을 가지는데, 리더십의 정의가 다양하게 표현되는 이유는 리더십의 역할을 구성요소 중, 어디에 초점을 두느냐에 따라 리더십의 정의는 달라질 수 있는 것이다. 리더십의 정의를 인성교육과 연관된 내용을 중심으로 제시하면 〈표 11〉과 같다.

〈표 11〉 리더십의 정의

주창자	정의
Bennis(1959)	리더가 부하들을 바람직한 방향으로 행동하도록 이끌어 가는 과정이다.
Samuel H. Hays(1967)	리더가 바라는 방식으로 임무를 달성하도록 인간 행동에 영향을 미치는 예술이다.
Jacobs(1970)	한 사람이 다른 사람에게 그가 요구하거나 제안하는 대로 행동하면 결과가 개선될 것이라는 확신이 들도록 정보를 제공해주는 사람들 간의 상호작용이다.
Stogdill(1974)	기대와 상호작용 속에서 조직을 만들고 유지하는 것이다.
Yukl(1989)	집단 및 조직의 목표 결정 과정에 참여하고 이들 목표 추구를 위한 동기를 유발하며, 집단의 유지 및 문화형성에 영향을 미치는 과정이다.

---

221 김원석 역, Warren Bennis & Burt Nanus 공저, 『리더와 리더십』, 황금부엉이, 2005. p. 25.

Bass(1995)	부하들을 변화시키고 성취할 수 있는 목표의 비전을 창조하여 그 목표들을 성취할 수 있는 방법을 명확히 표명하는 것이다.
박정기(1996)	리더십이란 사람을 이끄는 기술이며, 따르게 하는 기술이다. 리더는 이를 위해 사람을 사랑하고 심신을 단련하며 힘든 일에 앞장서야 한다. 그리고 목표와 방향을 정하고 박력 있게 추진하며, 세상을 밝게 보고 용기와 희망을 고취하며, 어떤 경우든 절망하지 않고 모든 일에 책임을 진다.
Lokkesmoe (2009)	리더십이란 목표를 달성하기 위해 지리적·국가적·경제적·인종 간·언어적 영역을 넘어 다른 사람에게 미치는 긍정적 영향력이다.

2. 리더십의 역할과 구성요소

가. 리더십의 역할

리더십의 역할은 조직에서 리더와 구성원, 상황이 역동적으로 조화를 이루어 목표를 효율적이고 효과적으로 달성하도록 돕는 것, 또는 조직의 목표달성과 함께 구성원의 개인적 욕구와 자아실현을 도와주는 과정이라 할 수 있다. 미 육군에서는 리더십의 역할을 "임무

> **Tip**
>
> 리더십의 역할은 조직 및 구성원에게 목표와 방향을 제시(Path Finding)하고, 조직을 한 방향으로 정렬(Aligning)시키며, 구성원 각자가 내적 동기를 유발(Empowering)되도록 본보기(Modeling)를 통해 목표를 달성해 가는 데 있다.

를 완수하고 조직을 개선하는 동시에 목표 및 방향, 그리고 동기부여를 통해서 사람들에게 영향을 미치는 것이다."[222]라면서 '가치(Values), 특성(Attributes), 기

---

222 육군본부, 『육군(미 야전교범 – 1)』, 2006. p. 31.

술(Skills), 행동(Actions)'을 리더십의 네 기둥으로, 그리고 'Be(인격요소) –
Know(지식요소) – Do(행동요소)'를 리더의 기본 요건으로 제시하고 있다.

그리고 스티븐 코비는 리더십의 역할[223]을 ①목표 및 방향제시(Pathfinding)
②조직의 한 방향정렬(Aligning) ③개인의 내적 동기부여(Empowering) ④본보
기(Modeling) 등 네 가지(4ROLES MODEL)로 제시했는데, 이를 도식하면 〈그림
1〉[224]과 같다.

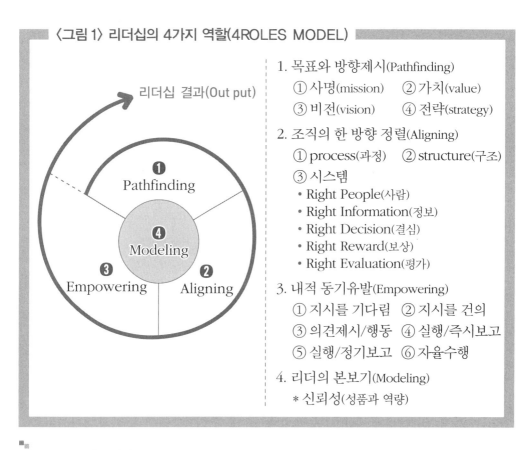

〈그림 1〉 리더십의 4가지 역할(4ROLES MODEL)

리더십 결과(Out put)

❶ Pathfinding
❹ Modeling
❸ Empowering
❷ Aligning

1. 목표와 방향제시(Pathfinding)
   ① 사명(mission)　② 가치(value)
   ③ 비전(vision)　④ 전략(strategy)
2. 조직의 한 방향 정렬(Aligning)
   ① process(과정)　② structure(구조)
   ③ 시스템
   • Right People(사람)
   • Right Information(정보)
   • Right Decision(결심)
   • Right Reward(보상)
   • Right Evaluation(평가)
3. 내적 동기유발(Empowering)
   ① 지시를 기다림　② 지시를 건의
   ③ 의견제시/행동　④ 실행/즉시보고
   ⑤ 실행/정기보고　⑥ 자율수행
4. 리더의 본보기(Modeling)
   * 신뢰성(성품과 역량)

223 한국리더십 센터, 『THE 4ROLES OF LEADERSHIP』, 1999. pp. 13~79.
224 본 그림은 스티븐 코비의 『성공하는 사람의 일곱 가지 습관』과 『원칙중심 리더십』의 내용을
　　함축한 것으로, 효와 본보기(Modeling)가 밀접하게 연관된다는 점에 착안하여 제시하였음.

그림에서 보듯이 리더가 목표와 방향을 제시(Pathfinding)하고 조직을 한 방향으로 정렬(Aligning)시키며 개인별 내적 동기를 부여(Empowering)함에 있어 리더의 본보기(Modeling)가 바탕이 되는 과정속에서, 리더십의 결과(Output)는 저절로 나오게 된다는 것이다. 따라서 본서에서는 리더십의 역할 및 기능을 스티븐 코비가 제시한 '4ROLES' 모델의 내용을 기초로 알아본다.

1) 목표와 방향제시(Pathfinding) 기능

목표와 방향제시(Pathfinding)는 조직과 구성원이 나아가야 할 방향을 제시하는 것이다. 그리고 올바른 목표와 방향을 제시하기 위해서는 조직과 구성원의 사명(Mission) · 가치(Value) · 비전(Vision) · 전략(Strategy)이 역동적으로 작용토록 해야 한다. 즉 조직과 개인의 사명이 무엇이고 공유해야 할 가치는 무엇이며, 지향하고 있는 비전과 이를 달성하기 위해서는 어떤 전략(戰略)을 구사해야 할 것인가에 관한 것이다.

첫째, 사명(使命, Mission)이다. '맡겨진 임무', '부여받은 명령'을 뜻하는 사명은 우리가 존재하는 이유를 알게 하는 '그 무엇'이다. 스티븐 코비는 사명을 "왜, 우리는 존재하는가?(Why we exist?)"를 아는 것이라고 했다. 개인의 입장에서는 내가 왜 존재하고, 조직의 입장에서 우리가 왜 존재하는지를 알도록 하는 것이다.

둘째, 가치(價値, Value)이다. '물건의 값어치 · 사물의 중요도 · 인간이 지향해야 할 정신적 목표 · 행동기준의 원칙' 등으로 해석되는 가치는 인간을 가치 지향적 삶으로 이끌어주는 '그 무엇'이다. 스티븐 코비는 "가치란 우리를 믿고 의지하게 해주는 그 무엇?(What we believe in?)"이라고 했다. 가치에는 보편적 · 이타적 가치, 목적적 · 수단적 가치, 정신적 · 물질적 가치 등이 있는데, 개인적으로 어떤 가치를 기준으로 어떻게 살아갈 것인가?, 집단과 조직은 구성원에게 어떤 가치를 공유케할 것인가가 중요하다. 이런 맥락에서 가정에서 '가훈(家訓)', 학교에서 '교훈(校訓)', 회사에서 '사훈(社訓)' 등을 설정해서 공유케함으로써 개인과 집단, 조직에서 가치 지향적 삶을 유도하게 된다.

셋째, 비전(Vision)이다. '꿈·희망·목표·이상·전망·내다보이는 장래의 상황' 등으로 해석되는 비전은 우리가 이루고자 하는 '그 무엇'을 의미한다. 비전은 여러 의미로 해석되지만 대체로 발음 그대로의 용어를 사용하는데, 스티븐 코비는 "우리가 이루고자 하는 그 무엇인가?(What we want to be?)"이라고 했다.

넷째, 전략(戰略, Strategy)이다. 전략이란 전쟁·전투의 계략, 전쟁을 치르기 위한 국가적인 방략, 운동경기나 정치적 승부와 관련된 세부적인 방책 등을 뜻하는데, 스티븐 코비는 "전략이란 싸워 이기기 위해 실행계획(Action plan)화 하는 것"이라고 했다. 즉 "구슬이 서 말이라도 꿰어야 보배다."라는 말이 있듯이 '비전·미션·가치' 등을 실행계획화하는 것을 말한다.

2) 조직의 한 방향 정렬 기능

조직의 한 방향 정렬(Aligning)은 부분과 전체의 관계 속에서 리더와 구성원이 서로의 사고(思考)를 정렬하는 것이다. 스티븐 코비는 조직이 정렬되기 위해서는 '구조(Structure)·과정(Process)·시스템'을 어떻게 작동케 하느냐가 중요하다고 했다.

첫째, 조직의 구조(構造, Structure)에 관해서이다. 구조는 부분이나 요소가 어떤 전체를 짜서 이루는 상태를 말한다. 어느 조직이건 부서의 편성이 어떻게 짜여 지느냐에 따라 조직의 효율성과 직결된다. 즉 조직의 구조가 잘못 짜여 지면 조직을 한 방향으로 정렬하기가 어렵고 서로의 이해관계와 맞물려서 결과를 도출하기도 어렵다. 이는 결국 업무진행과정과 시스템에 영향을 미친다.

둘째, 업무 진행의 과정(過程, Process)이다. 과정은 일이 되어 가는 경로이다. 아무리 구조가 잘 되어있다고 해도 업무의 진행 경로가 잘못되었거나 불합리하거나, 투명하지 않으면 소통이 되지 않는 관계로 조직이 한 방향으로 정렬되기가 어렵다. 그러므로 과정은 투명해야 하며 진행되는 일이 예측 가능해야 한다.

셋째, 조직의 시스템(System)이다. 시스템이란 어떤 과업의 수행이나 목적 달성을 위해 공동 작업하는 조직화된 구성 요소의 집합이다. 따라서 조직의 시스템이 원활하게 움직이기 위해서는 올바른 사람(Right People)을 필요로 하고, 올바른 정보(Right Information)를 공유해야 하며, 리더가 올바른 결심(Right Decision)을 해야 한다. 그리고 어떤 일의 결과에 대하여 공정한 보상(Right Reward)이 따라야 하고, 올바른 평가(Right Evaluation)를 통해서 피드백돼야 한다. 이렇게 되었을 때 그 조직이 한 방향으로 정렬될 수 있고 좋은 결과로 연결될 수 있는 것이다.

3) 개인의 내적 동기유발 기능

내적 동기유발(Empowering)은 구성원들이 신바람 속에서 자신이 가지고 있는 재능·열정·공헌 등을 기꺼이 발휘케 하는 것인데, 여기에는 리더십 여건과 리더십 스타일이 중요시된다. 리더십 여건은 리더가 부하를 대상으로 리더십을 발휘하는데 미치는 상황요인을 뜻하고, 리더십 스타일은 리더가 리더십을 발휘할 때 부하의 수준과 상황 등에 따라 '통제형·방임형·감독형·자율형' 등의 리더십 스타일을 선택하는 것을 말한다. 스티븐 코비는 부하의 임파워먼트 수준을 여섯 부류로 나누고 있는데, 첫째는 리더의 지시를 기다리는 부하, 둘째는 리더에게 지시를 건의하는 부하, 셋째는 리더에게 의견을 제시하고 행동으로 옮기는 부하이다. 네 번째는 해야 할 일을 실행하고 즉시 보고하는 부하, 다섯 번째는 해야 할 일을 실행하고 정해진 시간에 보고하는 부하, 여섯 번째는 자율적으로 알아서 일을 수행하는 부하로 구분하는데, 가장 이상적인 부하의 모습은 여섯 번째의 유형이다.

여기서 여섯 부류의 부하를 대상으로 적용할 리더십 스타일을 구분하면 세 번째까지는 '감독형' 스타일을, 네 번째에서 여섯 번째까지는 '자율형' 스타일을 적용하는 것이 좋으며, '통제형'과 '방임형'은 가급적 배제하는 것이 좋다.

4) 리더의 본보기 기능

본보기는 리더의 성품과 역량을 바탕으로 신뢰를 구축해 가는 것을 의미한다. 사람에게는 거울신경(Mirror Neuron)이 있어서 누군가를 본받으려 하기 마련인데, 그것을 흉내 내다보면 습관화되고 그것이 인성으로 함양된다. 그래서 리더의 본보기는 어쩌면 리더십의 시작과 끝이라고 할 수 있는데, 본보기가 되기 위해서는 리더의 성품과 역량이 뒷받침되어야 한다. 성품(性品)이란 리더의 성질이나 됨됨이를 뜻하는 것으로, 인간으로서의 품격을 뜻한다. "선생님이 좋아야 과목이 재미있다."는 말이 있듯이 리더의 됨됨이가 뒷받침되지 않으면 좋은 인간관계를 구축할 수 없고 좋은 리더십을 기대하기도 어렵다. 성품이 결여된 사람이 높은 지위에 오르게 되면 그 휘하에 있는 구성원은 스트레스를 받게 되고 업무의 효율성도 떨어진다.

그리고 역량(力量)은 어떤 일을 해낼 수 있는 힘, 즉 리더가 그 일을 감당할 수 있는 힘이다. 군대에서 역량이 모자라는 사람을 임명해 놓으면 전쟁에서 승리로 이끌기 어렵다. 기업에서 역량이 모자라는 친인척을 핵심 직위에 앉히게 되면 그 기업은 성과를 내기가 어려울 수밖에 없는 것이다. 이는 군대나 기업뿐만 아니라 가정에서 부모로서의 역량이 안되는 사람이 가정을 이끌게 되거나 학교에서 역량이 모자란 교사가 학생을 가르치게 되면 교육이 제대로 될 리 없다. 이런 연유로 리더십에서 성품과 역량은 중요하다.

신뢰(信賴)는 서로 믿고 의지하는 것을 뜻한다. 믿음은 족히 다른 것들을 하나로 연결해주는 기능(信足而一異)이 있다. 좋은 성품을 가진 사람, 그리고 일할 수 있는 역량을 갖춘 사람이 상대방에게 신뢰를 줄 수 있다. 효심을 가진 사람은 좋은 성품을 가지기 마련이고, 부모와 자식의 관계가 좋은 사람이 상대에게 호감을 줄 수 있으며 신뢰의 바탕이 되는 것은 당연하다. 이런 면에서 리더의 본보기는 중요하며 효(孝, HYO)는 본보기의 중요한 역량이 되는 것이다.

나. 리더십의 구성요소

리더십의 구성요소는 리더십을 어떻게 정의하느냐에 따라 달라질 수 있다. "리더십은 목표를 달성하기 위하여 영향력을 행사하는 과정이다."라는 정의로 볼 때, 리더십은 다음과 같이 세 가지 구성요소에 의해 발휘된다.

> **Tip**
>
> 리더십의 구성요소는, 리더십을 '목표를 달성하는 과정', 또는 '영향력을 행사하는 과정' 등으로 볼 때, '리더', '집단 및 구성원(팔로어)', 그리고 리더와 팔로어에게 영향을 주는 '상황' 등으로 볼 수 있다.

첫째, 리더이다. 리더는 리더십에서 주도적 역할을 하는 사람이다. 모든 리더십은 리더에 의하여 다루어진다고 해도 과언이 아닐 정도로 그 역할이 중요하다.

둘째, 집단 및 구성원(팔로어)이다. 리더십은 집단 및 구성원을 떠나서는 생각할 수 없으며, 리더의 상대가 되는 대상이다.

셋째, 상황요인이다. 상황요인은 리더와 구성원 사이에 진행되는 리더십 행위에 영향을 미치는 모든 요소를 뜻한다.

이와 같이 '리더·팔로어·상황' 등을 리더십의 3대 구성요소라고 한다. 그러나 리더십을 구사하는 조직의 규모나 성격, 추구하는 목적에 따라서 구성요소는 달라질 수 있다. 예컨대 '비전·미션·전략' 등을 리더십의 구성요소에 포함할 수도 있다는 점이다.

3. 현대 리더십의 흐름과 연계한 인성교육

가. 서번트 리더십에 의한 인성교육

서번트(Servant) 리더십은 서번트적인 자세로 구성원을 이끌어가는 리더십이다. 서번트적 자세란 타인을 위한 봉사에 초점을 두며 구성원들과 소통을 최우선으로 여기고, 그들의 욕구를 만족시키기 위해 마치 하인(종)처럼 봉사(헌신)적 자세로 구성원을 이끌어가는 리더십이다. 서번트 리더의 표준 모델은 이

> **Tip**
>
> 현대 리더십은 대체로 서번트 리더십이 출현한 시점을 기준으로 거래적 리더십과 변혁적 리더십으로 나뉜다. 변혁적 리더십은 카리스마·영감·개별적 배려·지적 자극 등을 통해 자발적 참여와 조직몰입을 이끌어내는 변화와 혁신을 추구하는 리더십이다.

세상의 모든 어머니에게서 찾을 수 있다. 자녀를 위해 평생 동안 뒷바라지하는 어머니의 모습이야말로 진정한 의미의 서번트적인 삶, 그 자체이기 때문이다.

따라서 서번트 리더십에 의한 인성교육은 리더가 마치 서번트인 것처럼 섬기는 자세로 구성원의 인성을 함양시키는 리더십을 말하는데, 이는 서번트 리더십을 이해하면 인성교육의 연계성을 알 수 있게 된다.

서번트 리더십은 1970년대 중반, 로버트 그린리프(Rovert K. Greanleaf)에 의해 제기된 리더십의 한 모델이다. "리더가 사랑을 잃었을 때 권력에 의존하게 되고, 권력에 의존한 리더십으로는 어떤 조화도 이룰 수 없으며, 어떤 문제도 해결할 수 없다."면서 이 리더십의 필요성을 제기했는데, 이는 현대 리더십 트랜드에 크게 영향을 준 리더십 모델이다.

서번트 리더는 가장 먼저 자신이 서번트라는 생각에서 출발한다. 사람이란 누구나 다른 사람에게 봉사하고자 하는 인간 본연의 감정을 가지고 있다는 전제에

서 진정한 리더는 먼저 다른 사람에게 봉사하는 가운데 그들을 이끌어 가야 한다는 것이다. 특히 구성원을 서빙하고 섬기고자 할 때, 그 기준을 '구성원의 성공과 성장'에 두어야 한다는 점에서, 서번트 리더는 다른 사람의 성공과 성장을 도와주는데 초점을 두는 리더십이라 할 수 있다.

서번트 리더십을 내놓기까지 로버트 그린리프는 다음과 같이 세 가지의 영향을 받은 것으로 파악된다. 첫 번째는 헤르만 헤세의 소설 『동방으로의 여행』에서 주인공 '레오(Leo)'의 역할을 통해 깨달은 내용이다. 어느 날 동방국가를 찾아 여행을 떠나는 순례자 집단에서 '레오(Leo)'라는 인물이 안내를 하게 되는데, 레오(Leo)는 순례자 집단의 서번트, 즉 하인처럼 그들과 함께 여행하면서 그들의 모든 일을 도왔다. 그는 하찮은 일을 도맡아 할 뿐만 아니라 순례자들의 지친 심신을 위로하고 그들의 불평이나 하소연을 마다하지 않고 들어주며 순례자들이 이상을 잃지 않도록 격려해주는 드높은 영혼의 소유자인 동시에 순례자들이 여행에 차질이 없도록 헌신적으로 안내하고 봉사하는, 서번트적인 사람이었던 것이다.

두 번째는 그린리프의 학창시절 대학 스승인 '오스카 헤밍' 교수의 영향이다. 그린리프가 대학생이던 1920년대 중반, 한 평범한 교수로 알려진 '오스카 헤밍' 교수의 강의를 들으면서 공공기관이나 기업이 개인의 존엄성을 무시하거나 박탈해 가고 있는 현상에 대해 관심을 갖게 된 것이다. 헤밍 교수는 미국 사회가 공룡처럼 거대한 기관들로 채워져 가는 것을 우려했는데, 이를테면 거대한 교회·거대한 기업·거대한 정부·거대한 노동조합·거대한 대학 등을 보면서, 어떤 조직이든 조직이 비대해지면 그 조직의 시스템이 제대로 작동하기 어렵게 된다는 점을 지적했다. 그러면서 그는 "기관들의 역할이란 구성원에게 서비스를 제공하면서 삶의 질을 높여주는데 있는 것임에도 불구하고 비대해진 기관들은 그들에게 서비스를 제대로 제공해 주지 않고 있다면서, 구성원들이 보다 나은 서비스를 받을 수 있는 방법을 연구하고 실행하는 것이 중요하다."는 요지의 강의를 듣고 깨닫게 된 것이다. 그러면서 그린리프 자신도 언젠가는 다른 사람의 삶의 질을 높이는데 기여할 수 있어야 하겠다는 사명을 갖게 된 것이라고 기술[225]하고 있다.

세 번째는 그가 성인이 된 후 대학교수가 되어 학생을 지도하는 과정에서, 학생운동을 바라보면서 깨달은 점이다. 이 내용은 그의 저서 『서번트 리더십』을 저술하게 된 동기(動機)에서 다음과 같이 밝히고 있다. "서번트 리더십은 1960년대 말과 1970년대 초, 대학이 학생운동으로 신음하는 동안 그들과 함께 고민하면서 깨달은 것을 내놓은 것이다. 유수한 대학들이 어떻게 손써 볼 사이도 없이 허물어지는 것을 지켜보면서 그들 앞에 닥친 사태를 이해하려 노력했고, 그 상처를 치유하는데 도움을 주고자 했던 당시의 경험은 매우 소중한 시간이었던 것으로 기억되는데, 나의 서번트 정신은 그때부터 싹트기 시작했다."[226]는 내용이다. 따라서 이러한 정신을 인성교육과 연계하면 리더는 서번트적인 자세로 헌신과 봉사하는, 마치 부모와 같은 자세로 구성원을 돌보고, 구성원은 그러한 리더의 서번트적인 희생에 보답하는 삶을 살아야 한다는 점에서 인성교육은 서번트 리더십과 연관성이 있다. 그리고 효는 원초적 사랑이자 내·올리 사랑으로 작용한다는 점에서 효는 서번트 리더십의 기본으로 작용하는 것이다.

---

225 강주현 譯, Rovert K. Greanleaf 著, 『서번트 리더십(원전)』, 참솔, 2007. pp. 16~18.
226 강주현 譯, Rovert K. Greanleaf 著, 『서번트 리더십(원전)』, 참솔, 2007. p. 18.

나. 셀프 리더십에 의한 인성교육

셀프 리더십(Self Leadership)은 내가 원하는 바람직한 방향으로 나를 이끌어 가는 리더십이다. 즉 셀프 리더는 자기가 자기 스스로를 원하는 방향으로 자신을 이끌어 가는 사람인데, 현대 리더십은 팔로어가 리더의 지시에 의해서만 움직이는 것이 아니라 스스로 알아서 긍정적인 방향으로 움직이는 조직문화를 만들어야 한다는 필연에 의해 등장하게 된 리더십의 한 모델이다.

이 리더십은 만즈와 심스(C. Manz and P. Sims Jr.)의 공저『슈퍼 리더십 : 사람들이 스스로 리드하게 만드는 리더십』이 1989년에 출판되면서 알려지게 되었다. 만즈와 심스는 자기 자신에게 영향을 미치기 위해 취하는 광범위한 사고 및 행위 전략으로 셀프 리더십이 필요하다면서 부하들로 하여금 '자신이 원하는 방향으로 자기를 이끌어가도록 하는 것이 슈퍼리더의 역할이라고 강조한다. 현대 리더십은 구성원들의 자각에서 비롯되어 구성원의 잠재력을 발현할 수 있게 하는데 초점이 있다는 점에서, 슈퍼 리더는 구성원의 개인적인 능력을 중시하며

'알아서 스스로 한다'는 정신을 요구한다. 그래서 슈퍼 리더는 자신보다 똑똑한 사람을 영입하고 교육과 훈련을 통해 인재를 육성할 것을 요구하며 학습하는 조직문화를 만들어 간다. 이는 각자가 스스로의 주인이고 리더가 되어야 진정한 조직 경쟁력이 형성된다고 믿기 때문이다. 이러한 리더십을 일컬어 '슈퍼 리더십'이라 하고 구성원 개개인들이 자기 자신을 리드할 수 있는 셀프 리더가 될 수 있도록 리드해 가는 사람을 슈퍼 리더라고 한다. 대체로 셀프 리더십 성공적 고려사항으로 신체적(身體的) 역량·감성적(感性的) 역량·지적(知的) 역량·영적(靈的) 역량을 높이는 노력[227]을 들고 있다. 따라서 인성교육은 구성원 스스로가 자신의 역량(Empowerment)을 강화해 나감으로써 인성을 함양해 간다는 점에서 셀프 리더십과 인성교육은 연관성이 있다. 그리고, 효는 부모님이 원하시는 방향으로 자신을 이끌어 나가는 것이라는 점에서 셀프 리더십의 기본으로 작용하는 것이다.

다. 원칙중심의 리더십에 의한 인성교육

원칙중심(Principle Centered) 리더십은 '원칙'을 바탕으로 발휘하는 리더십이다. 여기서 말하는 원칙은 세상에서 변할래야 변할 수 없는 법칙을 뜻한다.

이 리더십을 제안한 스티븐 코비(Stephen R. Covey)는 원칙(原則, Principle)을, 뿌린 대로 거두는 농사의 법칙, 그리고 나침반의 자침이 언제나 진북향(Truenorth)을 향하고 있는 것에 비유하였다.[228] 또한 농사꾼이 농사를 지으려면 봄에 씨를 뿌

---

227 새뮤얼 D. 리마 저, 황을호 역, 『셀프 리더십』, 생명의 말씀사, 2006. pp. 136~253.
228 김경섭·박창규 역. 스티븐 코비 저. 『원칙중심 리더십』, 김영사, 1998. pp. 21~26.

리고 여름에 김을 매고 거름을 주며, 가을에 추수를 하고 겨울에 토지를 쉬게 해 주는, 이러한 일련의 과정이 일종의 원칙이라는 것이다. 그러면서 "황금알을 낳는 거위는 하루가 지나야 또 하나의 황금알을 낳을 수 있는 것이지, 거위의 뱃속에 있는 황금알을 한꺼번에 꺼내려다가는 거위마저 죽게 해서 황금알 모두를 잃고 만다.", "물고기 한 마리를 주면 하루 양식을 주는 것이지만, 물고기 잡는 법을 가르쳐 주면 평생 동안 먹을 수 있는 지혜를 주는 것이다.", "소나무를 넘어뜨리기 위해 톱질을 하다가 톱이 무뎌지면 톱날을 날카롭게 한 다음에 톱질을 해야 나무를 빨리 쓰러뜨릴 수 있다.", "자동차를 몰고 도로를 달리는데 주유 게이지가 깜박거릴 때는 최근 거리 주유소에 가서 기름을 주유하고 목적지로 향하는 것이 빨리 목적지에 도착하는 방법이다."는 등의 사례를 들어 원칙을 설명하고 있다. 이처럼 사람이 세상을 살아가는 데는 '삶의 지배법칙'을 따라야 하는 데, 이것들이 원칙적인 삶이라는 것이다.

"父慈子孝(부자자효)"

원칙중심 리더십의 철학은 스티븐 코비가 이 리더십을 제안하게 된 두 가지의 이유를 보면 쉽게 이해할 수 있다. 하나는 미국 사회에서 성실한 사람보다 처세에 능한 사람이 성공하는 경향이 나타나고 있다는 경고, 즉 미국의 200년 역사를 통해 성공한 사람을 문헌으로 조사해본 결과, 독립 이후 150년 가까이는 성실 근면한 사람이 성공하는 추세였지만, 근래 50년 동안은 성실한 사람보다도 처세에 능한 사람이 더 출세한 것으로 나타나는 현상을 보면서, 코비는 '성실하고 근면한 사람이 올바르게 평가받는 미국 사회를 만들어야 한다.'는 생각에서 '원칙'을 강조하게 된 것이다. 또 하나는 리더의 솔선수범과 윤리적 행위 면에서 벗어난 것에 대한 각성이 필요하다는 이유에서인데 한 예로, 베트남 전쟁에 참전한 미군의 장교 및 부사관 등 초급 리더들의 비윤리성으로 인해 발생한 하극상 사건이다. 이를테면, 베트남전쟁에 참가한 미군이 월맹군에게 패하고 나서 가브리엘 교수가 그 원인을 분석해 본 결과, 전투에 참여한 미군 장교·부사관 중 부하의 총에 맞아 사망한 인원이 무려 1,016명이나 되는데, 이는 간부 전체 사망자의 20%에 해당하며, 그 원인은 미군 리더들의 비윤리성에 있었다는 내용을 예로 들고 있다.

코비에 의하면 사람은 누구나 가정이나 직장생활에서 어려운 문제에 부딪쳤을 때 스스로에게 '해법'에 대해 질문을 하기 마련인데, 여기에는 반드시 원칙이 뒷받침되어야 한다는 것이다. 사람들 중에 일부는 목적이 훌륭하면 수단은 어떤 것이 되어도 상관이 없다고 생각하기도 하는데, 이는 원칙중심의 삶에 위배되는 것이다. 이런 점에서 원칙중심 리더십은 인성교육과 연관이 있다. 그리고 '부자자효(父慈子孝)', '부자유친(父子有親)', '부위자강(父爲子綱)' 등은 인간이 지켜야 할 원칙 중의 원칙이라는 점에서 효는 원칙중심 리더십과 연계성이 있는 것이다.

라. 가치 중심 리더십에 의한 인성교육

가치 중심 리더십(Value–based Leadership)은 인간이 지향해야 할 가치(價値, Value)에 근거하여 발휘하는 리더십이다. 이 리더십은 오늘날처럼 사회적 문제로 부각되고 있는 가치의 혼돈(아노미) 상황을 해결하기 위해 1995년 미국의 교육자인 수잔 쿠즈마스키(Susan S. Kuczmarski)와 토마스 쿠즈마스키(Thomas D. Kuczmarski)에 의해 제기되었다.[229] 인간은 본디 가치에 따라 판단하고 행동 방향을 선택하는 속성이 있다는 점에 착안한 리더십의 한 모델이다.

가치(價値)란 일반적으로 '물건의 값어치', '사물이 지니는 의의나 중요도', '인간 정신의 목표가 되는 보편타당의 당위', '인간행동의 기준이 되는 주요 원칙', '어떤 대상이 인간관계에 의하여 지니게 되는 중요성', '인간의 감정·욕구나 관심이 되는 것', '조직의 공통된 목표·신념·이상' 등 여러 의미로 해석되는데, 대체로 자신의 문화적 배경에 대한 믿음을 반영한다. 어려서부터 인간은 문화적 영향·개인적 경험·가정교육 등을 근간으로 가치 체계를 형성하게 되는데, 이것은 우리에게 세상을 보는 '안경'으로 작용한다. 우리는 자신만의 안경을

229 홍기현 역, Susan S. Kuczmarski 저, 『가치중심의 리더십』, 학지사, 1999. p. 51.

통해 삶을 바라보는 방식으로 가치를 평가하고 우선순위를 정하고, 판단하고 행동하는 것이다. 이런 이유에서 구성원들이 가치를 공유하는 것은 중요한데, 가치 공유란 리더와 조직 구성원 모두가 공통의 가치를 추구하는 것을 뜻한다. 『손자병법』에 "상관과 부하가 하고자 하는 마음이 같은 쪽이 승리한다."는 '상하동욕자승(上下同欲者勝)' 은 가치 중심 리더십의 적용 결과라 할 수 있다. 가치 공유가 이루어진 조직에서는 서로가 달성하고자 하는 목표는 물론, 지속적인 성장과 발전이 가능하게 된다는 점에서 가치 공유는 리더십 발휘 차원에서 대단히 중요하며, 이런 점에서 가치중심의 리더십과 인성교육은 연관성이 있다. 또한 효는 보편적·이타적 가치라는 점에서 가치중심 리더십의 기본으로 작용하는 것이다.

마. 윤리적 리더십에 의한 인성교육

윤리적 리더십(Ethical Leadership)은 '윤리지향의 리더십' 으로 표현되기도 하는데 1996년 미국의 켈로그(Kellog) 재단에 의해 제시되었다. 리더는 일반적으로 추종자들보다 더 많은 권력을 가지고 있기 때문에 리더가 추종자들의 삶에 긍정적인 영향이 미치도록 해야 한다는데 초점을 두는 리더십의 한 모델이다. 리더십에서 리더는 고도의 윤리성과 도덕성을 가지고 기본적인 가치관에 의거하여 구성원들을 이끌어가는 리더십이다.[230] 21세기 들어 윤리 중심 리더십이 부각되는 이유는 조직의 리더들이 그 조직의 이해관계자들로부터 신뢰를 얻을 수 있어야 한다는 점 때문이다.

윤리는 리더십의 중심에 자리하고 있으며, 리더가 조직의 가치를 확립하고 강

---

230 김남현·김정원 역, Peter G.Northouse 『리더십』, 경문사, 2004. p.376.

화하는데 도움을 준다. 모든 리더는 자기 나름의 독특한 신념과 관점을 가지고 있고, 일련의 신념·제안·가치·아이디어·이슈들을 가지고 있다. 한 리더에 의해 촉진되는 가치들은 그 조직 전체의 가치에 큰 영향을 미칠 수 있다는 점에서 리더의 윤리적 행위는 조직 내의 윤리적 환경을 조성하는데 중요한 역할을 하게 된다.

윤리

리더는 집단의 과업이든 지역사회의 과업이든 간에 리더들은 구성원들을 고용하여 공동의 목표를 추구하게 되는데, 그러한 상황에서 리더들은 추종자들을 나름대로의 독특한 정체성을 지닌 인간으로 대해야 하는 윤리적 책임이 있다.[231] 이러한 '인간에 대한 존경심(respect for persons)'은 리더들에게 추종자들 자신의 이해관계, 욕구 및 양심적인 사항들에 대해 주의를 기울일 것을 요구한다. 인간은 누구나 다른 사람들을 소중한 존재로 대우해야 할 윤리적 책임을 가지고 있지만 리더들은 리더십 지위가 갖는 특수한 속성 때문에 특별히 더 큰 윤리적 책임이 요구되며, 다음과 같은 고려사항[232]을 감안해야 한다.

첫째, 윤리적 리더는 타인을 존중해야 한다. 둘째, 윤리적 리더는 타인을 섬긴다. 셋째, 윤리적 리더는 공정하다. 리더는 공정성과 정의에 관심을 기울여야 한다. 넷째, 윤리적 리더는 정직하다. 다섯 째, 윤리적 리더는 공동체를 구축한다는 것이다.

231 김남현·김정원 역, Peter G.Northouse 『리더십』, 경문사, 2004. p.383.

232 김남현·김정원 역, Peter G.Northouse 『리더십』, 경문사, 2004. pp.388~397.

이런 점에서 윤리적 리더십은 인성교육과 연관성이 있으며, 효는 가정윤리이
자 가족사랑이라는 점에서 윤리적 리더십의 기본으로 작용한다.

바. 문화중심 리더십에 의한 인성교육

문화중심의 리더십은 문화(文化)를 중심으로, 문화에 기초하는 리더십이다. 21세
기는 UN에서 문화의 시대로 명명할 정도로 문화가 중요시되고 있다. 그리고 인성
교육에서 문화중심의 리더십이 요구되는 이유는「리더·부하·상황」이라는 리더십
구성요소가 역동적으로 움직이기 위해서는 문화가 '상황' 요인으로 작용되어야 하
기 때문이다. 이런 점에서 문화는 전통문화라는 용어와 함께 이해되어야 한다.

문화는 정의가 200여 개에 달할 정도로 다양하지만 대체로 다음과 같이 세 가
지 의미를 포함한다. 하나는 문화계·대중문화 등 '문학과 예술적 의미'이고, 둘
은 문화인·문화민족 등 '지적(知的)·발전적 의미'이며 셋은 한국문화·서양문
화·호남문화·영남문화 등 '생활양식의 의미' 등이다. 그리고 이러한 의미는 문
화(文化)라는 글자를 통해서도 알 수 있는데, '밝게 하다.', '빛나게 하다.'의
'文' 자와 '되게 하다.'는 의미의 '化' 자가 합쳐진 글자이니 '밝게 변화시킨다.'
는 의미가 가능하다. 그래서 "문화는 인간의 삶을 밝게 해주는 정신적·예술적
영역의 총체이다."라는 정의는 설득력을 갖는다. 그리고 전통문화(傳統文化)는
과거로부터 전해 내려오는, 삶을 밝게 변화시켜주는 유산(遺産)이라는 점에서 가
시적이고 유형적인 것보다는 그 민족 고유의 생활 습속과 의식을 지배해온 불가
시적인 문화유산, 즉 철학·사상·종교·윤리규범 등 정신적인 의미가 더 강하
다. 이러한 정신적 문화유산은 서책(書册)의 내용물에 의해서 만이 아니라 그 민
족의 혈맥 속에 면면히 이어져 오는 시비(是非)·선악(善惡)·정사(正邪)를 판단하

고 질량(質量)을 선택하는 생활의 원리로 작용되는 과정과 함께 전해진다.

따라서 문화는 리더십에서 리더와 팔로어 모두에게 영향을 미치게 된다는 점에서 중요하다. "인간은 문화가 다르기 때문에 가치도 약간 다르다. 사람들은 다른 목적을 추구하고 다른 충동을 가지며 다른 형태의 행복을 그리워한다.(말리노프스키)", "앎(知)의 기저에는 문화적 체계가 있다.(미셸 푸코)", "문화는 조직 활동의 근본 패턴으로 작용하는 기본적인 가정들과 신념들이다.(샤인)", "나는 우리나라가 세계에서 가장 아름다운 나라가 되기를 원한다. 내가 원하는 우리 민족의 사업은 가장 부유한 나라가 아니다. 결코 세계를 무력으로 정복하거나 경제적으로 지배하려는 것이 아니다. 오직 한없이 갖고 싶은 것은 높은 문화의 힘이다. 문화의 힘은 우리 자신을 행복하게 하고 나아가 남에게 행복을 주기 때문이다.(김구)"라는 표현은 리더십과 문화의 관계를 잘 나타내 주고 있다.

이런 점에서 문화중심의 리더십은 인성교육과 연관성이 있다. "송충이는 솔잎을 먹어야 살 수 있다."는 말처럼 한국에서의 리더십은 한국적인 문화에 기초하는 리더십이 요구된다. 이런 맥락에서 정약용이 저술한 『목민심서』는 한국문화에 바탕을 둔 한국적 리더십의 기본서(基本書)라고 할 수 있다. 리더가 부임해서 임무를 시작하는 '부임육조(赴任六條)'에서부터 임무를 마칠 때의 '해관육조(解官六條)'에 이르기까지의 과정을 기술하고 있고, 리더가 자신을 조율하라는 '율기육조(律己六條)', 백성을 사랑하라는 '애민육조(愛民六條)', 안보를 튼튼히 해야 한다는 '병조육조(兵典六條)' 등 12편 72조로 구성되어 있어서 한국의 문화를 기반으로 한 리더십의 기본서(基本書)라 할 수 있는데, 특히 '효제자(孝悌慈)'를 기반으로 하고 있다는 점에서 더욱 그렇다. 그리고 효는 한국 정신문화의 기본에 해당된다는 점에서 문화중심 리더십의 기본으로 작용하는 것이다.

사. 오센틱 리더십에 의한 인성교육

오센틱 리더십(Authentic Leadership)은 진정성(眞正性)과 진실성(眞實性)에 바탕을 두는 리더십의 한 모델이다. 이 리더십은 긍정적 자기인식과 자기조절이라는 기반 위에서 자신의 가치와 내면의 소리에 충실할 것을 요구하는 리더십의 새로운 접근방식이다. 이는 빌 조지(Bill. Goerge)의 저서『진실의 리더십(2004)』과 미국에서 '동암연구소'를 운영하는 전혜성 박사가 '오센틱 리더십의 개념' 발표(2004)와 함께『섬기는 부모가 자녀를 큰 사람으로 만든다.(Authentic leadership in multicultural society)』라는 책을 통해 알려지게 되었다.

전혜성은 이 책에서 오센틱 리더와 비(非)오센틱 리더를 구분하고 있는데, 오센틱 리더는 자신이 어떻게 생각하고 행동하는지에 대해 깊이 인식하고 자신과 주변의 사람들과 적응유연성(Resilience)을 가지며 높은 도덕적 특성을 가진 리더인 반면, 비(非)오센틱 리더는 구성원의 희생으로 자기 이익을 추구하는 가치를 지닌 착취적 리더(Exploitative leader)에 비유한다.[233]

233 정성묵 역, 빌조지 저,『진실의 리더십』, 윈윈북스, 2004. pp. 11~13.

오센틱 리더십은 그동안 대부분의 리더십 연구에서 강조해 온 리더가 어떠한 행동 스타일을 표방하는 것을 고의적으로 거부한다. 오센틱 리더십은 리더의 오센티서티(Authenticity)[234]라는 개념을 제시하면서 긍정성을 기반으로 한 리더의 역할 모델링을 통해 윤리적 가치와 같은 비전과 모범을 전달할 수 있다면 구성원들의 임파워먼트를 끌어내 조직의 존속과 지속적 발전을 보장할 수 있을 것이라는 믿음에서 출발한다. 특히 리더가 지니는 '자기인식(Self-awareness)'과 '자기조절(Self-regulation)'이 자기초월(Self-transcendent) 가치와 행동을 만들며 결국 구성원들에게 긍정적인 영향력을 행사하고 동기를 부여함으로써 조직의 성과뿐만 아니라 리더 및 구성원 모두 웰빙(Well-being)에 이르도록 기여한다는 것이다. 이러한 의미에서 오센틱 리더십은 21세기에 필요한 획기적이고 새로운 접근이라 할 수 있다.

오센틱 리더십이 출현하게 된 배경은 21세기에 부합하는 리더십을 발휘하기 위해서는 인간이 오센틱해야 한다는 점 때문이다. 리더십은 오랜 기간 다수의 학자들에 의해 특성론·행동론·상황론·변혁론 등으로 이론이 발전되어 오는 동안 리더 중심적 관점, 부하 중심적 관점, 교환 관계적 관점 및 변혁적 관점의 과정에 이르기까지 많은 양의 연구들이 발표되고 있지만, 진정한 의미의 리더십은 오히려 후퇴하고 있다는 것이다. 특히 현대에 오면서 정부조직 및 기업경영 일선에서 벌어지고 있는 일련의 윤리의식 결여 현상과 기술의 발달 및 무한경쟁

---

234 Authenticity를 진실성, 진정성 등으로 단순히 번역하는 것은 거의 불가능하다. 리더의 윤리 및 도덕적 특징을 포함하는 진실성(integrity), 내면의 자기(self)에 충실한 것과 같은 다양한 의미를 함축하고 있기 때문이다. 따라서 본 논문에서는 번역을 통해 이를 대체할 만한 단어는 찾기 어렵다는 점에서 '오센틱', '오센티서티'와 같은 원어 발음 그대로 표기하여 사용하였음.

속에서 변화하는 환경과 조직 존속위협 등의 현상은 좀 더 고결하고 정직하며 '자기 자신에게 진실한' 리더를 필요로 하게 되었다.

이런 점에서 우리가 리더십을 발휘함에 있어서 다른 사람으로부터 존경받고 스스로도 성취감을 높일 수 있는 '진정성의 리더십'을 발휘하기란 쉬운 일이 아니다. 우리가 연상할 수 있는 리더십은 예컨대 가정의 경우, 부모가 먼저 그 틀을 짓고 자녀를 이끌어야 한다. 학문적으로도 리더란, 집단 구성원의 욕구에 맞는 공동 목표를 세운 뒤 적절한 정신적·물질적 힘으로 그것을 성취시켜줄 수 있는 사람이다. 그런데 뛰어난 능력을 가진 선장(부모)이라 할지라도 그 역시 한때는 선원(자녀)이었고, 그런 그가 수많은 경험을 거쳐 리더에 올랐다는 사실이다. 우리가 기억해야 할 것은 리더는 태생적 자질 못지않게 후천적으로 교육과 훈련에 의해 육성되는 부분이 많다는 것이며, 후천적 육성의 바탕을 만들어주는 사람이 부모라는 점이다. 부모의 노력에 따라 아이들은 진정한 리더로서의 요건을 갖출 수 있게 되는 것인데, 이를 위해 전혜성 박사가 제시한 '오센틱 리더의 7가지 덕목'[235]은 아래와 같다.

첫째, 뚜렷한 목적의식과 열정을 가져야 한다. 둘째, 공동의 목표와 이익을 위해 봉사해야 한다. 셋째, 자기 정체성과 문화적 역량을 갖춰야 한다. 넷째, 재주보다 덕을 중시하는 태도〔德勝才〕를 가져야 한다. 다섯째, 창의적인 통합능력을 갖추어야 한다. 여섯째, 역사인식을 기초로 글로벌한 안목을 가져야 한다. 일곱째, 대인관계 역량을 키워야 한다는 점 등이다.

이런 점에서 오센틱 리더십은, 리더의 오센틱한 모습이야말로 본보기(Mirror

---

235 전혜성, 『섬기는 부모가 자녀를 큰 사람으로 키운다.』, 랜덤하우스 중앙, 2006. pp. 65~126.

Neuron)가 되고 링거링 효과(Lingering Effect)로 이어지도록 돕는다는 점에서 인성교육과 연계되며, 또한 효는 오센틱 리더십의 기본으로 작용하는 것이다.

4. 효(孝, HYO) 리더십을 통한 인성교육

가. 효(孝, HYO) 리더십의 개념

리더십에 대해서는 수많은 사람들이 정의를 내렸고 이론도 다양하게 제시되고 있지만, 아직까지 '리더십은 이런 것이다.' 라고 단정할 만한 정의는 존재하지 않고 있다. 그러나 수많은 리더십의 정의에서 찾을 수 있는 공통점은 목표와 방향성(Pathfinding)이 있어야 하

> **Tip**
>
> 효리더십은 효(孝, HYO)를 기초로 발휘하는 리더십으로, 일명 수신제가치국평천하(修身齊家治國平天下)의 리더십이다. 가정에서 좋은 리더십을 발휘하는 리더가 학교·군대·기업·시민사회단체·종교 등에서 건강한 리더십을 발휘할 수 있다는 점에서다.

고, 구성원의 생각을 정렬(Aligning)할 수 있어야 하며, 구성원의 자발적 참여(Empowering)를 이끌어내야 하는데, 여기에는 리더의 본보기와 모범(Modeling)이 필수이다. 그리고 이런 과정을 통해 리더십의 결과가 저절로 나타나게 된다는 점이다.

조직이나 집단에서 리더의 행동과 그 역할이 결과에 미치는 영향은 매우 크다. 우리는 한 조직의 성패가 리더에 의해 좌지우지되는 경우를 많이 보아 왔다. 가정에서 부모의 리더십이 어떠하냐에 따라 그 가정의 성패가 좌우되고 학교에서는 교사의 리더십이 어떠하냐에 따라 교육의 성패가 좌우된다. 우리는 늘 성공한 인물을 말할 때, 그 사람의 부모와 스승을 말하게 되고 가정에서 좋은 관계

를 유지하는 사람들이 학교에서나 사회생활에서도 관계가 좋을 뿐 아니라 성공의 길로 안내되는 경우를 보게 된다. 결국 성공의 DNA가 가정에서부터 시작되는 것이다.

그렇다면 가정의 흥망성쇠에 영향을 미치는 것은 무엇일까? 부모는 자식을 어떻게 양육하고 자식은 부모를 어떤 사람으로 인식하느냐가 가정의 흥망성쇠를 가름하게 되는데, 우리는 부모와 자식의 관계를 이어주는 가치이자 덕목을 효(孝, HYO)라고 한다.

이런 점에서 효에 기초한 리더십은 중요할 수밖에 없는데, 특히 4차 산업혁명 시대를 맞고 있는 우리로서는 로봇과 드론, 사물인터넷, 모바일 금융 등에 필요한 시스템을 제조하는 것은 결국 사람이므로 사람의 인성이 중요하다. 인성이 잘못된 사람에 의해 제공되는 과학화된 장비들은 자칫 인류에게 재앙을 가져다줄 수도 있다는 점에서다.

그렇다면 이러한 리더십은 어디서부터 시작되는가? 현대 리더십의 트랜드를 보면 리더십의 중심은 사람이고 사람에게는 사랑을 필요로 하며, 그 사랑은 어머니가 자식에게 보내는 서번트적 사랑에서 시작된다고 본다. 그리고 이러한 사랑과 도덕성에 기초한 신뢰성이 그 리더십의 핵심으로 작용하게 되는 것이다. 또한 이러한 사랑과 신뢰성이 시작되는 곳이 가정이고 가족관계가 그 출발이라는 점이다. 이런 점에서 효(孝, HYO)에 기초한 리더십은 하모니를 추구하게 하는, 모든 리더십의 실마리라고 할 수 있다.

나. 효(孝, HYO) 리더십의 필요성

21세기를 문화의 시대라고 한다. 그만큼 문화가 중요하다는 의미인데, 리더십에서도 문화가 중요할 수밖에 없다. "송충이는 솔잎을 먹어야 살 수 있다."는 말이 있듯이 효(孝, HYO) 리더십은 한국의 전통적 정신문화인 효를 바탕으로 발휘하는 리더십이라는 점에서 한국적 리더십의 성격을 가진다. 효를 바탕으로 가정을 건강하게 하고, 이를 기반으로 학교와 사회, 인류와 자연을 건강하게 하는 친친애인(親親愛人)과 동심원(同心圓)의 원리가 작용하는 리더십이라 할 수 있는데, 효리더십의 필요성은 다음과 같이 정리할 수 있다.

첫째, 경천(敬天)의 리더십이 요구되기 때문이다. 『성경』에 "네 부모를 공경하라, 그리하면 네가 잘되고 장수하리라(엡 2:3-4)", 『맹자』에 "하늘에 순응하는 사람은 살고 거역하는 사람은 죽는다." 등에서 보듯이 경천(敬天)의 원리로 작용하는 효는 경천의 리더십에서 기본 덕목으로 작용하는 것이다.

둘째, 사랑과 공경의 리더십이 요구되기 때문이다. 효를 기초로 살아가는 사람은 가족사랑·가정윤리를 기초로 아랫사람을 사랑하고 윗사람은 공경하는 삶을 살아가게 된다. 그리고 이를 기초로 타인과 이웃, 인류와 자연으로 사랑이 확대되는 리더십을 발휘하게 되는 것이다.

셋째, 관계와 조화를 유지하는 리더십이 요구되기 때문이다. 효는 관계역량의 기본이 되고 가정에서 체득된 가족 간의 하모니는 타인과 이웃·사회와 나라·인류와 자연과의 조화로 확대된다는 점에서 효 리더십은 관계와 조화력을 증진시킨다.

넷째, 덕성과 의로움이 바탕이 되는 리더십이 요구되기 때문이다. 덕(德)을 다른 말로 표현하면 큰 사랑이며 도덕적·윤리적 이상을 실현해 나가는 인격적 역량이다. 덕(德)의 또 다른 의미는 공정하고 남을 넓게 이해하고 받아들이는 마음이나 행동이다. 그리고 의로움은 사람으로서 지키고 행하여야 할 바른 도리를 뜻한다. 이렇듯 효리더십은 덕성과 의로운 마음을 증대시키게 되는 것이다.

다섯째, 자기성실과 책임의 원리가 적용되는 리더십이 요구되기 때문이다. 자기 성실은 자신을 위해 도덕을 기초로 최선을 다하는 것이다. 이러한 마음의 출발은 부모와의 관계에서 비롯된다. 책임은 맡아서 해야 할 임무를 뜻하는데, 친친애인(親親愛人)의 원리로 보면 책임의식은 곧 가족 구성원 간의 책임의식에서 비롯되고, 특히 부모로서 자녀를 보살펴야 하는 책임과 자녀로서 부모를 섬겨야 하는 책임이 교차할 때 삶의 의미를 찾게 되고, 행복의 길로 안내되는 것이다. 이런 점에서 효리더십은 자기성실과 책임의식을 증대시키는 것이다.

여섯째, 한국적인 리더십이 요구되기 때문이다. 한국적 리더십은 한국에서 한국인에 의해 발휘되는 리더십이다. 한국인 리더가 한국인 팔로어에게 한국 문화를 바탕으로 적용하는 리더십이다. 한국적 리더십이 요구되는 이유는 리더십에서 작용하는 상황요인의 영향 때문이다. 이점에 대해 이규태는 "강남(江南)의 귤나무를 강북(江北)에 옮겨 심으면 귤이 아니라 탱자가 열린다."는 회남자(淮南子)의 '남귤북지(南橘北枳)'를 인용하면서, 미국인의 의식구조를 기반으로 발전시킨 리더십 이론을 한국인에게 적용하게 되면 "미국의 귤나무를 한국에 심어놓고 미국에서와 같은 맛이 담긴 귤이 열리기를 바라는 것과 같다."[236]고 했다. 즉 미국과 한국은 문화가 다르기 때문에 리더십의 원리는 같지만 적용하는 데는 방법을 달리해야 한다는 것이다. 그러나 안타깝게도 우리가 그동안 배우고 가르쳐온 리더십은 서양에서 서양 사람의 의식구조와 이윤창출을 목표로 발전시켜온 것을 차용해서 여과없이 사용해왔다고 할 수 있다. 그러다 보니 "한국에는 리더는 있으나 리더십은 없다."[237]는 표현에 수긍하게 된다. 서양인과 의식구조가 확연히 다른 한국인에게, 서양인에게 적용되는 리더십을 여과없이 가르쳐서는 안되고, 이윤창출에 초점을 맞춘 기업 경영 리더십을 가정·학교·공직·종교·군대 등에 적용하는 것 또한 주의해야 한다. 문화가 다르면 과정과 결과에도 영향을 미치기 때문이다. "인간은 문화가 다르기 때문에 가치(價値)도 약간 다르다. 사람들은 다른 목적(目的)을 추구하고 다른 충동(衝動)을 가지며 다른 형태의 행복(幸福)을 그리워한다.(말리노프스키)", "앎(知)의 기저에는 문화적 체계가 작용한다.(미셸 푸코)"는 표현이 이를 대변해 준다. 이런 맥락에서 한국의 전통문화이자 정신의 뿌리라 할 수 있는 효를 기초로 발휘하는 효리더십은 필요한 것이다.

---

236 이규태, 『리더십 한국학』, 신태양사, 1987, 서문.
237 이석훈, 『리더는 있으나 리더십은 없다』, 북랜드, 2000, 책 제목.

다. 효(孝, HYO) 리더십의 적용 방안

효에 기초한 리더십은 가정에서 부모와 자식, 형제자매 간의 관계를 기초로 이웃과 사회, 국가와 자연으로 사랑을 확대하는 리더십이다. 다시 말하면, 하늘을 경외하고 어른을 공경하며, 이웃을 사랑하고 나라와 자연을 사랑하는 리더십이라고 할 수 있다.

따라서 효리더십은 다음과 같은 점에서 현대 리더십의 흐름에도 부합된다고 볼 수 있다. 첫째, 서번트 리더십과 연계된다는 점에서다. 효에 기초한 서번트 리더십은 리더가 효를 기초로 서번트하는 것이다. 그리고 그 모습은 '어머니의 모습'에서 찾을 수 있다. 우리를 낳으시고 기르시는 어머니는 어떤 천한 일, 어려운 일을 마다하지 않으시고 마치 하인처럼 우리를 섬기는 마음으로 키워주신 분이다. 따라서 효에 기초한 서번트 리더십은 어머니가 사랑하는 자식 대하듯 발휘하는 리더십이다. 이런 점에서 학교의 교사·군대의 상관·종교의 성직자·기업의 오너가 효에 기초한 서번트 리더십 발휘를 권장할 필요가 있다.

둘째, 셀프 리더십과 연계된다는 점에서다. 셀프 리더십은 내가 원하는 방향으로 나를 이끌어가는 이상향의 리더십이다. 그리고 효는 부모님이 원하시는 방향으로 살아가도록 나를 이끌어주는 가치이자 덕목이다. 셀프 리더십의 삶을 보여준 대표적 인물로 강영우 박사를 들 수 있다. 14살 때 친구가 찬 공(球)에 맞아 양 눈을 실명했고, 그 모습을 본 어머니가 놀라 실신해서 돌아가셨지만, 어머니의 그 모습을 가슴에 간직하고 열심히 공부해서 연세대학을 2등으로 졸업했고 미국 피츠버그 대학에서 석사와 박사학위를 받았다. 그 후 백악관 장애인 담당 비서관에 올랐으며, 두 아들을 훌륭하게 성장시키는 리더십을 보여주었다. 물론 그가 성공하기까지 그를 내조해준 아내 석은옥 씨의 도움도 컸지만, 시각장애의 어려움을 딛고 세계적인 인물이 될 수 있었던 것은 효에 기초한 셀프리더십이 크게 작용한 사례이다.

셋째, 원칙중심 리더십과 연계된다는 점에서다. 원칙은 변할래야 변할 수 없는 법칙이다. 그리고 효는 부자자효(父慈子孝)·부자유친(父子有親)·부위자강(父爲子綱) 등에서 보듯이 부모와 자식사이에 변해서는 안 되는 중요한 원칙이다. 효에 기초한 원칙중심 리더십을 보여준 인물은 세종대왕과 정조대왕을 들 수 있다. 세종대왕은 『삼강행실도』를 편찬해서 백성들에게 효를 가르쳤고, 또한 효를 가르치기 위해 한글을 창제했다는 일화가 전해지고 있다. 정조대왕은 비극적으로 생을 마감한 아버지 사도세자에 대한 효심을 백성을 위한 정치에 승화시킨 임금이고, 『오륜행실도(五倫行實圖)』를 편찬하는 등 효에 기초한 리더십을 적용한 대표적인 리더이다.

넷째, 가치중심 리더십과 연계된다는 점에서다. 가치는 인간의 정신목표가 되는 보편타당의 당위(當爲), 또는 행동의 기준이 되는 원칙이다. 인간은 본디 가치 지향적 존재이기 때문에 가치에 따라 생각하고 행동 방향을 선택하는 속성이 있다. 때문에 어떤 가치를 기준으로 살아가도록 지도하느냐가 중요하다. 효와 연계하여 가치 지향적 삶을 살았던 인물은 많지만, 그중에 퇴계 이황, 율곡 이이, 충무공 이순신을 비롯, 야구의 박찬호·이대호·봉중근·서건창, 농구의 김주성, 골프의 박세리·장정·장하나, 체조의 양학선, 수영의 박태환, 빙상의 심석희 선수 등 수많은 스포츠인들의 사례를 볼 수 있다.

이외에도 윤리적 리더십이나 오센틱 리더십, 문화중심 리더십 등은 모두 효와 연관되는 리더십이라 할 수 있다.

III 기타 인성교육의 관점, 내용 및 방법

사회가 변화하는 시간과 폭이 빨라지면서 불확실성과 다양성이 상존하는 가운데 인성교육도 시대적 흐름에 부합해야 하는 입장에 있다. 인성교육은 환경의 영향을 받을 수밖에 없다는 점에서, 변화하는 환경에 맞춰 다양한 내용과 방법이 개발·제시되고 있는 것인데, 효와 연계하여 살펴본다.

1. 홀리스틱 교육 관점의 인성교육[238]

홀리스틱(holistic) 교육은 홀리스틱 철학에 기초한 '홀리즘적인' 교육의 필요성에서 나왔다. 홀리즘(holism)의 어원은 그리스어 홀로스(holos : 전체), 즉 전체·건강·낫다(heal)·신성한(holy)이라는 의미를 가진다.

> **Tip**
>
> 홀리스틱(holistic) 교육은 통합성·총체성·전일성·상호연관성·통일성 등에 기초하는 교육으로 전인육성, 영성회복, 생명존중, 관계성 등을 중시하는 인성교육이다.

'홀리스틱'이 사용된 것은 홀리스틱 건강·홀리스틱 의학 등 현대의학에서 사용하면서부터인데, 통합적이고 총체적이며 전일성·상호연관성·전체의 통일성 등을 강조하게 되면서부터이다.

홀리스틱 교육 발전에 크게 영향을 미친 존 밀러는 홀리스틱 교육의 특징을 '조화(balance)·포괄(inclusion)·연관(connection)'의 관점에서 설명한다. 즉 시대상황에 맞게 다양한 요소들의 균형을 유지하고 기존의 교육론을 포괄하면서도 그 차원을 넘어 상호 관계성을 탐구하게 하며 기존의 교육에 비해 영성(靈性)을 강조한다.

이렇게 볼 때 홀리스틱(holistic) 교육은 인성교육과 다음과 같은 점에서 연계된다. 첫째, 전인으로서의 인간을 육성한다는 점. 둘째, 영성의 회복을 추구한다는 점. 셋째, 생명체로서의 인간을 존중한다는 점. 넷째, 관계성을 강조하는 점 등이다. 따라서 인성교육은 폴리스틱의 관점, 즉 전체적 존재로서 상호 연관성과 전일적인 측면에서의 접근이 요구되는 교육이다. 이를 효(孝, HYO)와 연계해

---

238 정윤경, 『인성교육』, 양서원, 2008. pp. 230~243. 내용을 요약하는 형태로 제시하였음.

본다면 홀리스틱 교육은 전인으로서의 인간을 육성하고 생명존중과 관계성을 강조한다는 점에서 효(孝, HYO)와 연계성이 있다.

2. 포스트 모더니즘 관점의 인성교육[239]

포스트 모더니즘(post modernism)은 모더니즘(현대성, 근대성)의 결함을 비판함으로써 그것을 해체하고 새로운 대안을 제시하려는 주의에서 출현하였다. 즉 이성 중심적 합리주의를 깨뜨림으로써 등장하게 되는 새로운

> **Tip**
> 포스트 모던 사회의 인성교육은, 인성은 고정된 개념이 아니라 환경에 따라 지속적으로 재구성되고, 이성만이 아니라 의식적·무의식적인 감정을 가진 전인(全人)으로 육성되어야 한다는 점을 중시한다.

움직임에 주목하고, 이것을 이론적으로 뒷받침하려는 새로운 사상적 흐름이라 할 수 있다.

오늘날의 사회는 하나의 진리에 의해 지배되는 사회가 아니라 수많은 담론이 그 나름대로의 정당성을 지니고 있는 이른바 포스트 모던의 사회로 지칭된다. 따라서 포스트 모던은 모던에의 성찰을 최대한 급진화하는 방법론적 전략이며, 모든 획일적 가치체계와 본질주의를 거부한다. 모던 자체가 만들어 낸 인간소외·관료화·획일화·이성의 도구화 등에 대한 근본 비판이야말로 포스트 모던이 지향하는 바인 것이다. 즉 모더니즘이 그동안 의식적, 혹은 무의식적으로 소홀히 해온 문제들에 대해서 새로운 의미를 부여해야 한다는 관점이다.

포스트 모던사회의 인성교육은 고정된 하나의 인간본성, 인간의 본질에 있다

---

239 강선보, 『인성교육』, 양서원, 2008. pp. 247~261. 내용을 요약형태로 제시하였음.

고 보지 않으며, 인간을 합리적이고 자율적인 인간으로 보았던 모더니즘적인 인간관에 대해 비판하고, 이성만이 아니라 의식적·무의식적인 감정, 요구와 필요를 갖고 있는 전인(全人)으로 인간을 이해한다. 이제 자아나 주체는 통일되고 일관된 것이 아니라 유동적이고 탈 중심적이며, 문화적·구성적·관계적인 것으로 간주된다.

포스트 모던 관점에서는 모더니즘적인 인성관에 근거하여 모든 사람에게 획일화된 인성을 갖추도록 하는 방식이 아니라 사람들 간에 대화를 통해서 인성을 구성해 가도록 해야 한다는 것이다. 인성은 고정된 개념이 아니기 때문에 사회·사람·맥락에 따라서 인성은 지속적으로 재구성되는 과정 중에 있고, 인성은 단독적으로 형성해 나갈 수 있는 것이 아니므로 나의 인성을 구성해 나가는 데는 타자로부터도 영향을 받을 수밖에 없게 된다.

그러나 포스트 모던사회에서도 여전히 가정은 중요한 의미를 갖게 될 것으로 보고 있다. 자기중심적인 인성이 아니라 타자와 더불어 구성되어 가는 인성을 위한 교육은 가정에서부터 이루어져야 하므로 인성교육의 출발은 가정이다. 학교교육 위기의 원인을 학교에서만 찾는 것은 적절치 않으며, 가정교육에 원인이 있다고 보아야 한다. 페스탈로치도 가정교육·학교교육·사회교육과의 관계를 동심원적(同心圓的) 관계로 보면서 학교교육의 원활화는 가정교육에서 비롯된다고 했다. "좋은 아버지가 된 후에야 좋은 행정관이 될 수 있고, 좋은 형이 된 후에야 좋은 시민이 될 수 있다. 그러므로 가정의 일이 사회와 국가 일에 앞서야 하며 가정교육이 시민교육에 앞서야 한다."는 것이다. 그리고 『대학』에 '수신제가치국평천하(修身齊家治國平天下)', 『명심보감』에 '가화만사성(家和萬事成)'이라 하여 인간의 삶에서 가정의 역할이 중요함을 강조하고 있다. 가정이 흔들리면 기초가 흔들리고 사회가 흔들리게 된다. 요컨대 오늘날 학교교육이 흔들리는 원인도 가정에 있다고 본다.

따라서 포스트 모더니즘 측면에서의 인성교육과 효를 연관시켜 본다면 효에 대한 패러다임의 전환이 요구되는데, 효(孝, HYO)는 이성적 영역과 감성적 영역, 아트(Art) 영역과 사이언스(Science) 영역이 함께 존재한다는 점이다. 이런 점에서 효(孝, HYO)와 효도(孝道, Filial piety)는 의미상으로 구별되어야 하며, 오늘의 효는 농경사회, 대가족사회의 '효도' 개념과는 다르게 인식될 때 효를 인성교육의 기초로 인식할 수 있기 때문이다. 또한 효교육에 인용해온 전통적 효교육 사례들, 예컨대 '손순매아', '향득사지' 등은 '효도' 사례이지 '효' 사례로 보기 어렵다는 점에서 시대상황에 맞는 효사례를 개발해서 교육에 적용해야 하는 것이다.

3. 핵심인성역량과 인성교육

최근 인성교육의 필요성과 중요성이 부각되면서 '핵심인성역량' 이라는 단어가 등장했다. 이는 '핵심역량' 이라는 단어에 '인성' 이라는 단어가 추가된 것으로 '인성' 역량에서 핵심이 되는 것이 무엇인지를 알아야 한다

> **Tip**
> 핵심인성역량은 인성교육에서 기준을 잡아주는 핵심이 되는 역량으로, 핵심가치 및 덕목(예·효·정직·책임·존중·배려·소통·협동)을 적극적이고 능동적으로 실천 또는 실행하는 데 필요한 통합된 역량이다.

는 주장에서 나온 용어이다. 본디 핵심역량(核心力量, core competence)이라는 말은 '기업 내부의 조직구성원들이 보유하고 있는 총체적인 기술·지식·문화 등 기업의 핵심을 이루는 능력' 을 일컫던 말인데, 기업의 경제용어가 인문사회학 쪽에서도 사용하게 된 것이다. 인성교육진흥법의 제2조(정의)에도 '핵심가치·

덕목'과 '핵심역량'이라는 용어가 나오는데, "핵심 가치·덕목이란 인성교육의 목표가 되는 것으로 예(禮)·효(孝)·정직·책임·존중·배려·소통·협동 등의 마음가짐이나 사람됨과 관련되는 핵심적인 가치 또는 덕목을 말한다. 핵심역량이란 핵심 가치·덕목을 적극적이고 능동적으로 실천 또는 실행하는 데 필요한 지식과 공감·소통하는 의사소통능력이나 갈등해결능력 등이 통합된 능력을 말한다."고 명시돼 있다.

얼마 전 현대차 정몽구 재단에서 주최한 "핵심인성역량 어떻게 기를 것인가?"라는 교육포럼에서 「갈등관리역량, 미래의 핵심 리더십이다.」라는 발표내용에 대한 토론자[240]는 역량에 대해 "학교 현장의 교사들이 '역량'을 이해하고 있을까 의문이 든다. 나는 역량을 능력에 가깝다고 생각한다. 역량은 능력으로 해석되어야 할 것인데, 역량은 원래 직업이나 직무수행능력을 의미하는 용어였다가 OECD가 이를 특정 직업이나 업무수행능력에 한정하지 않고 성공적으로 살아가기 위해 인간이 갖추어야 할 능력으로 확대하여 활용하면서 학교교육에 까지 도입된 개념이다. 그러므로 역량은 능력으로, 갈등관리역량은 갈등관리능력으로 이해되어야 한다."는 의견을 제시하기도 했다. 이렇게 볼 때 '핵심인성역량'은 '인성교육에서 가장 중요시해야 할 능력'으로 이해할 수 있다.

그런데 이런 핵심인성역량을 보는 관점이 연구자에 따라 차이가 있고, 시대적 흐름과 함께 변한다는 점이다. 인성교육은 그 자체가 모호성을 가지고 있기도 하지만, 인성교육은 환경에 대한 고려 없이 접근하는 것은 불가능하다는 점에서 시대적 환경과 개인마다 가지는 인품과 역량이 복합적으로 작용되는 영역으로

---

240 우선하, 『핵심 인성역량, 어떻게 기를 것인가?』, 정몽구재단, 2016, 별책 p. 21.

이해하여야 한다.

정창우는 "인성교육을 통해 길러져야 할 인성의 요소는 '지적 인성', '도덕적 인성', '시민적 인성' 이라는 복합적 차원으로 구성되고, 인성의 각 요소들은 다시 핵심덕목과 핵심인성역량으로 구성된다."[241]고 하면서 "핵심인성역량은 ① 지적 인성역량(도덕적 문제해결능력) ②도덕적 인성역량(도덕적 자기관리능력, 긍정적 태도, 도덕적 대인관계 및 의사소통 능력 등) ③시민적 인성역량(공동체의식, 다문화·세계시민의식, 환경윤리의식 등)으로 구성된다."[242]고 했다. 이렇게 볼 때 인성교육의 목표는 지적 인성·도덕적 인성·시민적 인성을 통합적으로 발달시키는 데 있으며, 각 인성요소별로 인간다운 성품에 해당하는 핵심덕목을 함양하고 좋은 인간성 및 시민성을 갖춘 사람이 되는데 필요한 핵심역량을 함양하는데 있다고 하겠다.

김주환은 "인성의 핵심역량은 회복탄력성과 그릿(GRIT), 그리고 소통능력의 합이다."[243]라고 했다. 즉 회복탄력성은 크고 작은 역경과 어려움을 도약의 발판으로 삼는 마음의 근력이고, 그릿은 'Growth through(인성함양경로)'·'Relatedness(사회성=대인관계력)'·'Intrinsic motivation(열정=자기동기력)'·'Tenacity(집념=자기조절력)' 이며, 소통능력은 인간관계를 맺는 능력으로 사랑과 존중(호감과 신뢰도, 설득력과 리더십)에서 나온다는 것이다.

핵심인성역량은 인성교육에서 기준을 잡아주는데 핵심이 되는 '그 무엇' 에 비유할 수 있다. 즉 '오뚝이' 가 바로 서는 이유는 무게 중심이 밑에 있어서인 것

241 정창우,『인성교육의 이해와 실천』, 교육과학사, 2016. p. 73.
242 정창우,『인성교육의 이해와 실천』, 교육과학사, 2016. p. 74.
243 김주환,『핵심인성역량, 어떻게 키울 것인가?(인성교육포럼)』, 정몽구 재단, 2016. pp. 63~90.

처럼, 교육이 바로 서기 위해서는 가정교육이 바로 섰을 때, 이를 바탕으로 학교교육과 사회교육이 바로 설 수 있는 것이다. 그리고 효는 가정교육의 무게 중심(重心)을 잡아주는 '오뚝이'와 같은 가치의 역할을 하는 것이다.

이런 점에서 인성교육의 핵심역량과 효(孝, HYO)의 관계에서 볼 때, 효는 아무리 세상이 바뀌고 상황이 바뀐다고 해도 변해서는 안 될 핵심가치(Core value)이고 친친애인(親親愛人)과 동심원(同心圓)의 원리로 작용하며, 어떤 어려움에 부딪혔을 때 부모님을 생각하면서 이겨내는 마음의 근육〔心筋〕즉, 회복탄력성으로 작용한다는 점에서 효는 인성교육의 핵심역량과 연계성이 있다.

4. '회복적 정의'·'회복적 생활교육'으로 본 인성교육[244]

'회복적 정의'와 '회복적 생활교육'이라는 용어는 학교에서 학생들 사이에서 발생하는 갈등(葛藤)을 관리하는 한 방법으로 등장했다. '회복적 정의'는 잘못한 사람에게 상응하는 처벌을 부여함을 통해 정의가 이루어진

> **Tip**
> '회복적 정의'는 잘못한 사람에게 상응하는 처벌을 부여함을 통해 정의가 이루어진다는 '응보적 정의'의 대안이며, '회복적 생활교육'은 회복적 정의에 대한 교육적 실천으로 이해된다.

다는 '응보적 정의'에 대한 대안으로 사법부에서부터 시작되었고, '회복적 생활교육'은 회복적 정의에 대한 교육적 실천으로 학교공동체의 정의와 갈등을 다루고자 하는 데서 비롯되었다.

---

244 박숙영,『핵심인성역량, 어떻게 키울 것인가?(인성교육포럼)』,「갈등관리역량, 미래의 핵심 리더십이다」, 정몽구 재단, 2016. pp.97~103의 내용을 관련 내용 중심의 요약 형태로 발췌하였음.

갈등(葛藤)은 사전적으로 '칡' 과 '등나무' 가 서로 복잡하게 얽힌 상태라는 뜻으로 조직이나 집단에서도 개인이나 집단 사이에 의지나 처지, 이해관계 등이 달라 서로 적대시하거나 충돌을 일으킬 수 있음을 이르는 말이다. 다시 말하면 갈등은 개인의 마음속에 상반되는 두 가지 이상의 감정이나 의지 등이 동시에 일어나 갈피를 못 잡고 괴로워하는 상태라 할 수 있다. 그러나 "갈등은 삶을 만들고 삶은 갈등을 만든다.(존 폴 레드락)"는 말처럼 삶의 과정에서 필연적으로 나타나는 자연스런 현상이기도 하다.

학교나 군대, 직장 등에서도 서로 다른 환경에서 성장한 구성원들이 모여 생활하다 보면 수많은 갈등을 겪을 수밖에 없는데, 이러한 갈등은 관계와 공동체의 균열을 일으키기 때문에 공동체에서 위협으로 작용할 수 있다. 그러나 갈등을 어떻게 대처하고 관리하느냐에 따라 공동체가 성장하는데 동력으로 작용해서 공동체를 더욱 단단하게 해주기도 하고, 변화의 계기를 마련해주는 등 유익함도 있다는 점에서 잘 관리해야 한다.

인간의 삶의 과정에서 겪게 되는 문제들 가운데서 가장 일반적이고 큰 비중을 차지하는 것은 사람과 사람의 관계에서 야기되는 갈등 문제이다. 그리고 이는 말(言)에서 비롯되는데, 말의 그의 '내용' 보다 말하는 '방식' 에서 비롯되는 경우가 많다. 특히 '비난' 과 '경멸' 의 언사(言事)는 자제해야 한다. 또한 이러한 갈등을 대처하고 관리하는 역량은 가정에서 어릴 때부터 존중과 배려 등 마음의 도량을 넓히는 교육이 필요하다. 어려서 버릇을 잘못 들이면 성장한 뒤에 그것을 바로잡기는 대단히 어렵다. 그러므로 어린이들을 '자유롭게 키운다' 는 취지 아래 방종을 조장하는 부모는 결과적으로 자녀의 장래를 어둡게 하는 결과를 초래하게 되는 것이다. 과거 가부장적 권위가 가족을 지배하던 시절에는 부모들의 자녀교육이 지나치게 권위주의적이었다는 점이 있긴 하지만, 핵가족화된 근자에는 상대적으로 지나치게 방임하는 추세여서 전통적 가정교육 방법 중에서 좋은 점은 계승되어야 한다고 본다.

'회복적 정의' 는 당사자와 공동체 구성원의 노력에 의해 당사자에게 발생했던 피해가 온전히 회복될 때 정의가 이루어진다는 개념이다. 이는 규칙을 어긴 것 자체가 아니라 규칙위반으로 인해 발생한 관계, 공동체의 훼손이 문제라고 보는 것이다. 하워드 제어의 내용을 기초로 '응보적 정의' 와 '회복적 정의' 를 비교해 보면, '응보적 정의' 는 가해자에게 그에 합당한 처벌을 가함으로써 정의를 회복하는 것이고, '회복적 정의' 는 피해자가 입은 피해를 회복하는데 필요한 피해자의 요구에 따라 자발적 책임을 지는 것' 에 초점을 둔다. 즉 처벌보다는 피해회복에 방점을 두는데, 피해회복을 위해서는 입은 피해를 맥락적으로 이해하고 당사자의 실질적 피해와 욕구를 탐색하며, 가해 당사자의 자발적 책임과 공동체의 협력을 통해 피해를 회복하는 과정을 중요시한다. 이를 통해 가해자와 피해자가 다시 안전한 공동체에 통합되고 공동체는 드러난 갈등과 문제를 통해 성찰하고 성장하는 계기로 삼는 것인데, 이러한 과정을 개인의 문제로 한정하지 않고 공동체의 문제로 본다는 점이다. 따라서 효를 회복적 정의와 연계한다면, 피해 당사자와 가해자와의 관계를 회복하는데 있어서 이타적 사랑이 작용하도록 해야할 것인데, 여기에는 이타적 사랑인 효를 통해 하모니를 이루게 할 수 있다는 점에서 연계성이 있다. 『효경』에 "부모를 사랑하는 사람은 다른 사람을 미워하지 않고 부모를 공경하는 사람은 다른 사람을 업신여기지 않는다.(천자장)" [245], "부모를 섬기는 사람은 윗자리에 있어도 거만하지 않고 아랫자리에 있어도 질서를 어지럽히지 않으며 같은 무리와 함께 있어도 서로 다투지 않는다.(기효행장)" [246]는 내용을 비롯한 여러 경전의 내용이 이를 뒷받침한다. 즉 효는 다른 사람에 대한 존중과 배려의 마음이 생겨나게 한다는 점에서 효는 '회복적 정의'의 기본이 되는 핵심가치라고 할 수 있다.

'회복적 생활교육'은 회복적 정의에 대한 교육적 실천으로 학교공동체의 정의를 통해 갈등을 해소시키는데 주안을 둔다. 회복적 생활교육의 통합적 학교적용 모델은 갈등발생 이전의 예방단계인 공동체성 강화단계, 약한 갈등의 회복을 위한 공동체성 보수단계, 심각한 갈등으로 인한 공동체성 재건단계 등 공동체 내 갈등의 강도에 따라 통합적인 갈등관리 시스템을 제시한다. 특히 '회복적 생활교육'은 갈등을 예방하는 단계로 공동체 내의 신뢰와 안전, 존중의 문화가 우선되어야 함을 강조한다. 이를 위해 공동체 조직문화는 위계적이고 권위주의적이기보다 평등하고 민주적이며, 리더는 힘을 독점하기보다 힘을 공유하는 집단지성에 의존하게 된다. 갈등을 억압하고 회피하기보다는 오히려 갈등을 투명하게

---

245 "愛親者 不敢惡於人 敬親者 不敢慢於人."
246 "事親者 居上不驕 爲下不亂 在醜不爭."

들어냄으로써 갈등을 통해 배우고 성장하며 통합된다고 보는 것이다.

이런 의미에서 회복적 생활교육은 다양한 가치가 공유되고 존중되며 서로 침해하지 않는 공동체의 돌봄과 개인의 자기 돌봄이 상충되지 않는, 정의롭고 평화로운 미래사회를 대비하는데 깊은 통찰과 배움을 주고 있다. 회복적 생활교육은 공동체 내의 갈등을 어떻게 다루어야 하는지에 대한 연구물의 하나이며 많은 시사점을 주고 있다.

이를 효와 연계한다면 『효경』에 "효는 덕의 근본이요, 모든 가르침이 그로 말미암아 생겨난다.(개종명의장)"[247]고 했다. 인간관계의 시작인 효는 관계를 개선하고 선순환적(善循環的) 구조를 형성하는데 있어 갈등요인들을 줄여주는 작용을 하게 된다. 그리고 『예기』에 "가장 큰 효는 부모님을 공경하는 것이요 그다음이 부모를 욕되게 하지 않는 것이며 마지막 단계가 부모를 봉양하는 것이다.(제의편)"[248]라고 한 것처럼 인간관계의 시작인 효는 부모님의 뜻과 기대를 저버리지 않게 하고, 또한 본인이 잘못을 저지르게 되면 그것은 부모님을 욕되게 하는 행동이 되므로 조심하게 된다. 이런 점에서 관계개선의 선순환적(善循環的) 작용과 함께 갈등요인들을 줄여주는 예방교육의 성격을 가진다는 점에서 효는 회복적 생활교육과 연관성이 있다.

---

247 "孝德之本也 敎之所由生也."

248 "大孝尊親 其次不辱 其下能養."

5. 身言書判(신언서판)과 思貌言動(사모언동)으로 본 인성교육

가. 身言書判(신언서판)으로 본 인성교육

신언서판(身言書判)은 1500년 전, 중국 당나라 때 관리를 등용하는 과정에서 '몸〔體貌〕'·'말씨〔言辭〕'·'글씨〔筆跡〕'·'판단〔文理〕' 등 네 가지를 인재 선발 기준으로 삼았다는 데서 유래한다. "무릇 사람을 고르는 방법에 네 가

> **Tip**
>
> 신언서판(身言書判)은 관리를 등용하는데 기준으로 삼았던 몸가짐(身)·말씨(言)·필체(書)·판단력(判)을, 사모언동(思貌言動)은 자기를 관리하는데 필요했던 생각(思)·용모(貌)·말(言)·행동(動)을 의미한다.

지가 있는데 첫 번째가 '몸' 이니 체모가 풍성하고 커야 하며, 둘째는 '말씨' 이니 말이 반듯하고 논리가 분명해야 한다. 셋째는 '글씨' 이니 필법이 옛 법을 따르면서도 아름다워야 하고 넷째는 '판단력' 이니 이치를 따지는 것이 뛰어나야 한다."[249]는 내용이다.

이러한 내용이 우리에게 적용된 것은 고려 광종(光宗) 때부터 조선 시대에 이르기까지 인물을 검증하는데 기준으로 삼았다. 현대에 이 기준을 그대로 적용한다고 해도, 공직자를 비롯한 리더다운 리더를 선발하는 데는 중요한 잣대가 될 수 있다고 본다. 최근 "인성이야말로 진정한 실력이다."라는 표현이 등장하고 있는데, 인성이 실력으로 인정받기 위해서는 '신언서판' 이 기준이 된다면 무리가 없을 것으로 여기며, 다음과 같은 점에서 인성교육의 중요한 항목이 될 수 있다고 본다.

---

249 『당서』 「선거지」, "凡擇人之法有四 一曰身, 言體貌豊偉 二曰言, 言言辭辯正 三曰書, 言楷法遵美 四曰判, 言文理優長."

첫째, 신(身)은 몸가짐을 바르게 하는 것이다. 이는 사람의 풍채와 용모를 뜻하는 데, 여기에는 인상·이미지·옷차림·복장·에티켓 등이 포함된다.

둘째, 언(言)은 자기표현을 바르게 하는 것이다. 말은 조심하고 정직하게 하는 것이 중요하다. 사람이 아무리 뜻이 깊고 아는 것이 많다 해도 말에 조리가 없고, 말이 분명하지 않을 경우, 정당한 평가를 받지 못하게 된다. "말 한마디가 천 냥 빚을 갚는다."는 속담과도 관계된다.

셋째, 서(書)는 글로써 자신을 표현하는 것이다. 예로부터 글씨는 그 사람의 됨 됨이를 말해 주는 것이라 하여 매우 중요시하였다. 자기소개서 등 기록에 대한 문장력은 중요하다. 정약용도 "기록하기를 좋아하라. 동트기 전에 일어나라."고 제자들에게 가르쳤는데, 부지런함과 글쓰기 습관을 강조한 것이다. 학창시절에 일기쓰기와 사관학교에서 작성하는 수양록 등은 인성함양과 문장력 향상에 도움이 된다.

넷째, 판(判)은 사람을 판단할 때 균형감각을 가지는 것이다. 올바른 판단력을 가지기 위해서는 올바른 가치기준을 가져야 한다. 사람이 아무리 체모(體貌)가 뛰어나고, 말을 잘하고 글씨에 능하다 해도 사물의 이치를 깨달아 아는 능력이 부족하면 그 인물됨이 출중할 수 없는 것이다.

나. 思貌言動(사모언동)으로 본 인성교육

사모언동(思貌言動)'은 사암(俟菴) 정약용(丁若鏞)이 전남 강진에서 유배생활을 시작할 때 "네 가지를 마땅히 조심하며 살아가겠다."는 의미로 방문 앞에 '사의 재(四宜齋)라고 이름을 붙인 것에서 비롯되는데, 그 네 가지는 '생각〔思〕', '용모 〔貌〕', '말〔言〕', '행동〔動〕'이며 정약용이 쓴 『사의제기(四宜齊記)』에 나와 있다.

조선시대의 실학자인 정약용(丁若鏞)이 신유옥사(辛酉獄事, 1801)로 전남 강진으로 유배가게 되었을 때, 동문 밖 주막의 방 한 칸에 거처할 처소를 마련하여 4년 동안 유배생활을 시작하면서 그 방 입구에 사의제라는 당호(堂號) 현판을 걸었다. 사의재(四宜齋)라는 당호는 '마땅히(宜) 가지런히(齋) 해야 할 네 가지(四)의 도리'로 "①사(思)는 생각을 맑게 하되 맑지 않으면 더욱 맑게 하고 ②모(貌)는 용모를 단정히 하되 단정치 않으면 더욱 정숙하게 하고 ③언(言)은 말은 요점만 말하되 요점이 전달되지 않으면 더욱 말을 줄이고 ④동(動)은 행동은 무겁게 하되 무겁지 못하면 더욱 중후(重厚)하게 하라."는 내용이다. 즉 '생각·용모·언어·행동'의 네 가지를 의(宜)로서 규제(規制)하여 마땅히 실천하겠다는 것을 자신에 대한 지침(持針)으로 삼은 것이다. 힘든 유배생활을 하면서도 훌륭한 업적을 남길 수 있었던 것은 '사의재' 담긴 '사모언동'과 무관하지 않다. 이런 맥락에서 정약용 선생의 가르침을 통한 인성교육을 이해하기 위해서는 선생의 삶에 대해 이해할 필요가 있다.

선생은 1801년 11월 23일 낯선 땅 강진에 유배되어 18년을 강진지역에 머물렀는데, 만 4년을 사의재에서 생활했다. 그 후 제자인 이학래의 집에서 2년, 보은산방(고성사)에서 2년, 다산초당에서 10년을 거처했다. 그러면서 『목민심서』, 『흠흠신서』, 『경세유표』를 비롯한 500여 권의 저서와 250여 수의 한시(漢詩)를 남겼으며, 황상을 비롯한 많은 제자를 배출했다. 유배생활을 하면서 이런 일들을 할 수 있었던 데에는 사의제에 머물던 당시 사려 깊은 주모(酒母)의 역할이 컸던 것으로 알려져 있다. 선생이 억울하게 누명을 쓰고 유배된 처지라 억울한 마음에서 수심에 잠겨 있을 때 "어찌 그냥 헛되이 사시려 하는가. 제자라도 가르쳐야 하지 않겠는가."라는 주모(酒母)의 말에 자신을 추스르고 1802년 10월경 첫

제자 황상을 시작으로 강진에 있는 6명의 제자에게 글을 가르쳤다. 또한 강진 지역에서 제자를 양성하면서 조선의 사회적 모순을 생생히 목격하고, 그 내용을 기록으로 남겼으며 효에 대한 인식에 대해서도 비판하였다.

필자는 국방대학교에서 '정약용에게 배우는 공직자 리더십'을 강의하면서 효에 대해 많은 깨침을 받았고, 그 결과로 '효패러다임'이라는 용어를 사용하게 되었다. 필자는 선생을 사숙(私淑)한 입장에서, 선생의 학문이 후세에 인성교육으로 이어지기 위해서는 선생의 아호(雅號)를 바르게 이해하고 사용해야 한다고 생각되어 개인적인 생각을 밝히고자 한다. 현재 선생의 대표적 아호로 알려진 '다산(茶山)'은 편지 등에서 지명(地名)으로 사용했을 뿐 아호로 사용한 기록은 발견되지 않고 있다. 다만 강진지역에서는 '다산초당'에서 10년 동안 제자를 가르쳤으니, '다산선생'을 줄여서 '다산'이라는 아호를 사용할 수 있겠지만 남양주시에서 '다산'으로 호칭하는 것은 의미상 맞지 않다고 보는데, 다음과 같은 이유에서다.

첫째, 선생께서 생전에 자신의 아호를 '사암'이라고 밝혔다는 점이다. 이는 선생이 61세 때 쓴 『자찬묘지명(自撰墓誌銘)』에 "이 무덤은 열수(洌水) 정약용(丁若鏞)의 묘이다. 호는 사암(俟菴)이고 당호는 여유당(與猶堂)이다."라고 분명하게 기록해 놓았고, 선생의 현손 정규영(丁奎英, 1872~1927)이 낸 연보(年譜)의 명칭도 '다산연보(茶山年譜)'가 아닌 『사암연보(俟菴年譜)』다. 그리고 '강진'에서 억울한 유배생활을 하는 동안에 아들 '농아'를 잃고서도 아버지로서의 역할을 못했고, 외동딸이 시집갈 때도, 부인이 아팠을 때도 아버지로서 남편으로서의 도리를 하지 못한 아픔이 있는 곳이 만덕산 자락의 '다산(茶山)'이라는 지명이다. 이런 점에서 선생께서 원하는 아호는 '다산'이 아니라 '사암'이라는 생각이 드는 것이다.

둘째, 선생께서 강조하신 '효제자(孝悌慈)' 정신의 계승 차원에서다. '효제자'

는 "자식으로서는 부모님께 효도하고 형제자매끼리 우애하며 부모는 자식을 사랑해야 한다."는 뜻으로, "조상과 부모의 뜻을 이어서 세상에 펼친다.〔繼志述事〕"는 의미가 담겨있다. 그러므로 조선의 대학자의 정신을 계승하고 세상에 펼치기 위해서는 선생의 뜻을 이어서 세상에 펼쳐야 한다는 점에서 아호를 '다산'보다는 '사암'으로 사용하는 것이 맞다는 생각이다. 또한 선생은 아호를 사암으로 선정한 이유에 대해 "내가 죽고 백 년 후에 성인이 나타나 나를 평가할 때, 미혹함이 없는 삶을 살았다.〔百世以俟 聖人而不惑〕"고 평가 받고 싶어 했다. 이런 점에서 선생의 당부를 따라야 한다는 점이다.

셋째, 선생의 정신과 학문을 제대로 계승하자는 뜻에서다. 열수·다산·사암·여유당 등의 의미를 보면, '열수(洌水)'는 선생께서 태어난 곳의 지명으로 "나는 이곳에서 팔대옥당 반열에 올랐던 조상님들의 뒤를 이어 입신양명(立身揚名)하겠다."는 의지가 담겨있고, '다산(茶山)'은 다산초당을 상징하는 강진 만덕산 자락의 동산 이름이며, '사암(俟菴)'은 "백 년이 지나 성인이 나타나서 평가한다 해도 미혹함이 없는 삶을 살았다는 평가를 받겠다."는 의지를 담고 있는 아호이다. 선생이 유배 중에 저술한 『악서고존(樂書孤存)』이나 『목민심서(牧民心書)』 등에도 아호를 '열수'로 기록했지 '다산'으로 기록하지 않았다는 점에서도 선생의 아호에 대해서 깊이 생각해 보아야 할 것이다.

일부 식자(識者) 중에 "선생께서 돌아가신 지 200년(실제 186년)이 가까워 오는데, 지금 바꾸는 것은 비용도 발생하고 교육에 혼란을 주게 되니 그냥 '다산'으로 호칭하는 것이 맞다고 본다."는 견해를 밝히기도 하는데, 선생의 가르침은 향후 2백 년이 아니라 2천 년, 2만 년 그 이상을 지속해야 한다는 점에서, 지금이 오히려 늦지 않다는 생각을 하게 된다. 교육은 진실함과 진정함에 기초해야 한다는 오센틱(Authentic) 리더십 차원에서, 그리고 선생께서 원하시는 바일 것이기 때문이다.

6. 당사자(청소년)의 입장에서 본 인성교육

인성교육은 그동안 교육 수요자(청소년)의 입장보다 부모나 교사 등 어른의 입장에서 접근해온 면이 있다. 그러나 인성교육은 어른의 관점보다는 당사자 입장에서, 관(官)주도보다는 가정과 학교, 사회에서 자연스럽게 이루어지는 것이 바람직하다. 그럼에도 "한국

> **Tip**
>
> 인성교육은 부모와 교사 등 교육자 입장이 있지만, 자녀와 학생 등 당사자 입장을 감안해야 한다. 그리고 '개인'·'가정'·'학교'·'사회'·'국가' 등 각각 영역의 역할을 필요로 한다. 그랬을 때 당사자와 교육자의 긍정적 상호작용이 일어나게 된다.

의 인성교육은 주로 국가가 주도하고 학교와 교사에 의해 학생에게 전달되는 하향식 방법에 의존해 왔다."[250]는 표현이 말해 주듯이 국가가 주도는 했지만 그 성과는 미흡했다고 보여진다.

이점에 대해 정창우는 "그동안 인성교육 정책을 설계하는 과정에는 주로 성인의 목소리만 반영되었을 뿐 상대적으로 청소년의 시각은 거의 반영되지 않았다. 인성교육이 성공하는 데 가장 중요한 열쇠는 바로 학생들의 적극적이고 자발적인 참여이다."면서 인성교육적 시사점을 개인영역·가정영역·학교영역·사회영역으로 구분하였다. 따라서 그 내용을 참고로 국가영역까지를 포함하여 효(孝, HYO)와 연계해서 살펴보고자 한다.

---

250 정창우, 김란, 『청소년의 입장에서 본 인성교육 실태 및 개선방안』, 교보교육재단, 2016. p. 7.

가. 개인영역

개인영역에서의 인성교육은 청소년들의 가치기준을 정립하도록 해주는 교육이 필요하다. "나는 누구인가?", "나는 어디로부터 왔는가?" 등 정체성의 관점에서 답을 찾을 수 있도록 계도함으로써 스스로의 존재가치를 정립하도록 도와주어야 한다. 이를 위해서는 족보를 이용한 뿌리교육, 가훈교육을 통한 가치교육, 좌우명과 신조 등을 이용한 생애설계 및 인생목표 설정과 연계하도록 해야 한다. 그러면서 부모와의 관계를 기초로 가족관계·이웃관계·학우관계를 원만히할 수 있어야 하고, 이를 바탕으로 군대에서 전우관계·회사에서 동료관계·결혼해서 부부관계 등 관계를 건강하게 관리할 수 있는 역량을 키우도록 해야 하는데, 여기에는 효(孝, HYO)가 뒷받침되어야 한다.

나. 가정영역

가정은 교육(敎育)기능 외에도 출산 및 양육기능·도덕기능·경제활동 등 여러 기능을 수행하는 가운데 자연스레 본보기 학습이 이루어지는 영역이다. 가정에서 "자녀는 부모의 등을 보고 배운다."는 표현에서 알 수 있듯이 거울신경(Mirror Neuron)이 작동한다. 때문에 부모는 자녀의 롤 모델이 되어야 한다. 『논어집주』에 "말로 가르치면 따지고 몸으로 가르치면 따른다.〔以言敎訟 以身敎從〕"고 했다. 인성교육에 가장 영향을 미치는 사람은 부모일 수밖에 없다. 자녀들 앞에서, 부모가 막장드라마에 몰입되는 모습을 보여준다든지, 외부에서 귀찮은 전화왔을 때 '없다고 해라' 라는 식의 언행, 또는 TV뉴스를 보면서 심한 욕설을 내뱉는 행위 등은 자녀의 인성함양에 해가 된다는 점에서 주의해야 한다. 그리고 가정에서의 인성함양은 뭐니 뭐니 해도 부모가 조부모에게 효도하는 모습을 자녀에게 보여주는 것이 인성교육의 지름길이라는 점이다.

다. 학교영역

인성교육이 학교교육의 정책으로 반영되어 국가교육 과정에서 공식적으로 다뤄지기 시작한 것은 1995년에 발표된 「5·31 교육 개혁안」이다. 그 후 2009년 「창의 인성교육 기본방안」 발표에 의해 교육계가 창의성과 인성발달에 보다 많은 관심을 가지게 되었으며, 2015년 「인성교육진흥법」이 시행되면서 국가차원에서 법(法)에 의한 학교 인성교육이 추진되고 있다.[251]

학교는 인성교육의 중심(中心)이다. 자녀들이 3~4세가 되는 시기부터 부모 곁을 떠나 학교에서 주로 생활하면서 교사의 영향을 많이 받기 때문이다. 또한 오늘의 자녀가 내일의 부모가 되고, 오늘의 학생은 내일의 성년이 되고, 부모가 되고, 국가지도자가 된다는 점에서다. 그리고 이들은 학교교육을 통해서 몸과 마음이 성장해 간다. 그러나 오늘날 학교의 인성교육은 궤도를 벗어나 있다는 느낌이다. 입시 위주 교육에 치우친 때문이지만, 인성이 바로 선 사람이 되기 위해서는 효가 뒷받침되지 않으면 안되는데, 이런 점에서 학교에서 효를 가르쳐야 하는 것이다.

효는 인간관계의 기본으로 작용한다. 이는 '오뚝이의 원리'와 '동심원의 원리'에 비유할 수 있는데, 오뚝이가 바로 설 수 있는 것은 무게 중심이 밑에 있어서인 것처럼 학교교육이 바로 서기 위해서는 가정의 정상적인 기능과 함께 부모의 역할이 필요하다. 또한 군사부일체(君師父一體)라 했듯이 스승을 부모처럼 공

---

251 조아미, "청소년 인성교육을 위한 교사의 역량 강화 방안", 「인성교육현장연구 발표회(2017. 12. 15)」, 교보교육재단, p. 28.

경하도록 가정에서부터 가르쳐야 하는 것이다. 그리고 호수 가운데에 돌을 던지면 물결파문이 퍼져 나가듯이 효는 대인관계에서 동심원적으로 작용하게 된다. 또한 학교에서 효를 가르치기 위해서는 교사 자신부터 효행의 수범이 되어야 한다. 학교에서 효를 교육하게 되면, 효교육의 성격상 교사 자신부터 효를 행하지 않을 수 없으므로 '일석이조', '일석삼조'의 교육 효과를 거둘 수 있게 된다. 그럼에도 오늘날 학교교육에서 효교육에 적극적인 모습을 보이지 않는 것은 효에 대한 인식이 바르지 않기 때문이다. 『효경』에 "효는 덕의 근본이요 모든 가르침이 그로 말미암아 생겨난다.〔孝德之本也 教之所由生也〕"고 했듯이 학교에서 효를 가르치면 여타 교육의 효과도 저절로 좋아지게 되는 것이다.

라. 사회영역

사회는 공동생활을 영위하는 모든 형태의 인간 집단을 일컫는다. 사회교육에는 군대에서의 교육·직장에서의 교육·시민사회단체의 교육·종교단체의 교육 등이 포함된다. 어떤 사회영역이던 '리더'가 '팔로어'의 인성을 함양하기 위한 노력에 대해서 사회는 '환경요인'으로 작용하기 때문에 사회영역은 잘 관리되어야 한다. 이점에 대해 정창우는 "연구결과에 의하면 청소년은 사회에 다양한 행위 주체들의 인성수준·국민의 시민성·사회의 윤리적 풍토·인성중시 풍토 등의 항목에서 부정적·비판적으로 인식하고 있었다. 특히 학교 급이 올라갈수록 부정적 인식의 정도는 증가하지만 그 비판 근거가 명확하지 않았는데, 사회를 향한 무조건적 비판보다는 합리적이고 건전한 비판의식을 갖도록 돌봐주어야 한다. 청소년들은 인터넷공간의 악성댓글과 욕설, 언론의 부정적인 기사, 선정성·폭력성·비인륜성의 폐단을 규제하지 않는 TV프로그램과 동영상 등을 향해 걱정스러운 시선을 보냈다. 응답자의 10.7%는 자신의 인성에 영향을 미치는 요인으로 대중매체나 연예인을 꼽았지만 교사를 꼽은 응답자는 10.1%에 지나지 않았다. 또한 사회 경제적 지위에 의한 사회적 차별에 가장 큰 불만을 느끼고 있었는데, 면담에서도 우리 사회를 묘사할 때 '헬조선', '금수저' 등에 관한 이야기가 특히 많았다. 정의롭지 못한 사회 분위기는 청소년에게도 그대로 답습되어 질 수 있다. 한국사회의 인성 중시 풍토 또한 매우 낮은 점수를 받았는데, 응답자들은 오늘날 우리 사회에서 인성이 좋은 사람에 대한 사회적 대우가 낮고 실제로 인성보다 성적을 중요하게 여긴다고 평가하였다. 면담 참여자들도 성적을 강조하는 분위기에 대한 책임은 가정이나 학교가 아닌 사회에 있다고 이야기 했다. 즉 응답자들은 사회가 바뀌지 않은 채 가정과 학교만의 노력으로는 인성교육이 어렵다고 느끼고 있었다. 이와 같이 청소년이 사회에 갖는 부정적 인식은 인성교육 자체에 대한 회의감으로 이어질 가능성이 높다는 지적이다. 또한 이러한 문제점을 개선하기 위해서는 부와 권력이 아니라 좋은 인성을 가진 사람이 존경받고 대우받는 사회 분위기를 조성해야 하며, 이를 위해 기업에서 인재채용 및 승진, 대학에서의 학생 선발 등에서 갖춰진 인성이 실제로 중요한 평가 기준으로 기능할 필요가 있다. 또한 좋은 인성을 가지고 살아가는 일이 국민 각자의 삶에서 주요 관심사가 되도록 우리 사회의 풍토 자체를 윤리적으로 개선하기 위한 노력이 있어야 할 것이며, 사회 지도층은 자신의 행동이 젊은 세대에 줄 영향을 인식하고 좋은 기풍을 만들기 위해 솔선수범해야 한다. 학생들에게만 '학생답게 행동해야 한다' 고 훈계하고 설교할 것이 아니라 어른들이 어른답고 품위 있게 행동하려는 노력이 요구된다."[252]고 밝히고 있다.

---

252 정창우, 김란, 『청소년의 입장에서 본 인성교육 실태 및 개선방안』, 교보교육재단, 2016. pp. 67~69.

마. 국가영역

국가는 일정한 영토와 국민으로 구성되고, 주권(主權)에 의한 하나의 통치 조직을 가지고 있는 사회 집단을 말한다. 헌법에는 "모든 국민은 인간으로서의 존엄과 가치를 가지며, 행복을 추구할 권리를 가지며, 국가는 개인이 가지는 불가침의 기본적 인권을 확인하고 이를 보장할 의무를 진다.(10조)", "혼인과 가족생활은 개인의 존엄과 양성의 평등을 기초로 성립되고 유지되어야 하며, 국가는 이를 보장한다. 국가는 모성의 보호를 위하여 노력하여야 한다.(36조)"고 기록하고 있다.

헌법에 명시돼 있듯이 국가는 국민이 행복을 추구할 수 있도록 혼인과 가족생활을 보장하고 모성(母性)을 보호할 책임이 있는 것이다. 이를 위하여 어린이날·어버이날·부부의 날 등을 제정하여 시행하도록 법률로 정해 놓고 있다. 때문에 국가는 교육을 통해서 국민이 행복해지도록 정책을 펴나가야 하며, 이를 위해서 국가는 가정교육·학교교육·사회교육이라는 교육의 세 마당이 온전하고 건강하게 시행되도록 할 책임이 있다. 그러나 우리나라의 교육행정은 이를 뒷받침하고 있다고 보기 어렵다. 특히 교육에 대해서는, 최근 정치권에서 교육부를 폐지하겠다는 목소리도 나오고 있을 정도이다. 인성이 함양되기 위해서는 무엇보다도 가정의 교육 기능이 발휘되도록 하는 국가적 노력이 요구된다. 그러함에도 아이를 낳은 엄마나 태어난 아기가 권리를 보호받고 있다고 보기 어려운 것이 오늘의 현실이다. 출산한 지 3개월·6개월·1년 만에 출근해야 하는 직장이 많고, 그러다 보니 모유(母乳)보다 우유(牛乳)로 키우게 되고 애착 단계부터 인성함양에 지장을 받고 있다. 생모(生母)보다는 보모(保姆)에 의해 성장될 수밖에 없는 환경이 대한민국의 육아(育兒)현실이라는 점에서 학교교육과 사회교육이 뒷받침한다고 한들 효과적인 인성함양을 기대하기 어렵다. 따라서 저출산·고령화 문제

다문화가정 문제 등에서 효가 철학적 기초로 작용하도록 국가가 나서서 추진해야 할 것인데, 조부모로 하여금 손자녀를 키우게 하고, 병약한 부모에 대해 요양보호사 역할을 자녀가 할 때 수당을 주듯이 조부모가 손자녀를 육아할 때도 수당을 지급하게 되면 노인 일자리 창출과 함께 손자녀의 인성함양에도 효과가 있을 것으로 생각된다.

7. '효행장려지원법'과 '인성교육진흥법'이 융화(harmony)된 인성교육

'효행장려지원법'은 2007년 7월 2일 국회 본회의를 통과했고, 2007년 8월 3일 제정되었으며, 2008년 8월 4일부로 시행된 법률이다. 그리고 인성교육진흥법은 2014년 12월 29일 국회 본회를 통과하고 2015년 1월 20일 공포

> **Tip**
>
> 인성교육은 효가 기본이 되어야 한다. 즉 건강한 학교와 건강한 사회는 건강한 가정을 기반으로 하기 때문이다. 이런 점에서 '인성교육진흥법'은 '효행장려지원법'의 기반적 역할과 융합을 필요로 한다.

되었으며 2015년 7월 21일부로 시행된 법률로 일명 '이준석 방지법'이라고도 한다. 끔찍한 세월호 참사의 선장 이름을 딴 이유는, 다시는 이준석 선장과 같이 선실에 승객을 놔둔채 선장 자신만 살겠다고 탈출하는 리더가 나와서는 안되겠다는 국민의 염원이 담긴 법률 이름이다.

효행장려지원법이 제정되게 된 당시의 사회적 배경은, 사회의 급속한 변화로 가족의 형태가 전통적인 대가족 제도에서 핵가족화됨으로써 경제적 능력을 상실한 부모를 부양하는 것을 기피하는 현상이 발생하고 있다는 우려가 크게 작용하였다. 따라서 국민연금과 같은 사회공적부조 시스템이 준비되지 아니한 상황에서 부모에 대한 부양이 어려워짐에 따라 자녀와 사회 어느 쪽에서도 부양을

받지 못하는 노부모들이 늘어날 수밖에 없게 되었다. 이는 전통적인 효 관념이 약화된 면도 있지만 변화하는 우리 사회현상에 따른 부모부양 환경이 마련되지 못한 것이 주원인으로 보인다. 이에 인류의 보편적 가치인 효의식을 되살리기 위하여 효행을 장려하고 이를 지원하기 위한 방안을 법률을 제정한 것이다.

제정 과정을 살펴보면 2005년 4월에 열린우리당 유필우 의원이 "효행장려 및 지원에 관한 법률안"을, 2005년 5월에는 한나라당 황우여 의원이 "효실천 장려 및 지원에 관한 법률안"을 국회 보건복지위원회에 발의했다. 이 법은 "아름다운 전통문화유산인 효를 국가 차원에서 장려함으로써 효행을 통하여 고령사회가 처하는 문제를 해결할 뿐만 아니라 국가가 발전할 수 있는 원동력을 얻는 외에 세계문화의 발전에 이바지함을 목적으로 한다.(제1조 목적)"는 취지에서다.

'인성교육진흥법'은 건전하고 올바른 인성을 갖춘 시민 육성을 목적으로 제정되었으며, "자신의 내면을 바르고 건전하게 가꾸며 타인·공동체·자연과 더불어 사는 데 필요한 인간다운 성품과 역량을 기르는 것을 목적으로 하는 교육"으로 정의하고 있다. 이 법안에 따라 2015년 7월부터 국가와 지방자치단체, 학교에 인성교육 의무가 부여되었다. 이를 위해 정부는 인성교육진흥위원회를 설립해 5년마다 인성교육 종합계획을 수립하게 된다. 또 종합계획에 따라 17개 시·도 자치단체장과 교육감은 개별 기본계획을 세우고 실행해야 한다. 전국의 초·중·고교는 매년 초 인성교육 계획을 교육감에게 보고하고 인성에 바탕을 둔 교육과정을 운영해야 하며, 교사는 인성교육 연수를 의무적으로 받아야 하고 사범대·교대 등 교원 양성기관은 인성교육 역량을 강화하기 위한 필수 과목을 개설해야 한다.

효(孝, HYO)와 인성교육이 융합되어야 하는 이유는 다음과 같이 정리해볼 수 있다. 첫째, "인간이란 무엇이며 무엇이 인간을 인간답게 만드는가?"에 대한 답을 찾아야 하기 때문이다.

둘째, 교육의 기본을 효에서 찾아야 하기 때문이다. 교육이란 '인도를 닦는 것(공자)', '덕을 닦는 것(소크라테스)', '도덕적으로 만드는 것(헤겔)' 이라는 정의(定義)에서 보듯이 효와 밀접하게 연관돼 있다. 특히 사람됨을 추구하는 모든 교육은 보편적·이타적 가치인 효와 연관되고, 개인의 인성함양은 환경의 영향을 받기는 하지만, 자기 성실과 책임의 원리 작용된다는 점에서 '자기적 효'와 연관이 깊다. 이는 "효는 덕의 근본이고 모든 가르침이 그로 말미암아 생겨난다.(개종명의)"[253]는 『효경』의 내용에 잘 나타나 있다.

셋째, 가정교육의 중요성 때문이다. 효가 바탕이 되지 않는 가정교육은 사상누각(砂上樓閣)에 불과하다. 건강하지 않은 가정에서 성장한 아이들이 학교에서 바르게 생활하기는 어렵다. 이는 '오뚝이'의 원리에 비유할 수 있는데, 오뚝이가 바로 설 수 있는 것은 무게 중심이 밑바탕에 있기 때문이듯이 학교교육과 사회교육이 바로 서기 위해서는 가정교육이 기본적 역할을 해야 가능하기 때문이다 그리고 효행장려지원법과 인성교육진흥법이 학제간 융합이 되기 위해서는 다음과 같은 점에서 효행장려지원법을 수정할 필요가 있다고 본다.

① '제1조(목적)'의 내용수정이 필요하다. 현재의 목적은 고령화 문제를 해결하는 것을 국가발전의 원동력으로 기술하고 있는데, 여기에 '출산장려'를 포함시켜야 한다.

---

253 "孝德之本也 教之所由生也."

② '효(孝, HYO)'의 의미에 맞도록 정의를 수정해야 한다. 현행법에 있는 '효'는 'HYO'가 아닌 'Filial Piety'의 의미를 담고 있는데, 효(孝, HYO)의 개념으로 정의(定義)되어야 하는 것이다. 자식이 부모를 공경하는 것만이 아니라 가족사랑과 가정윤리를 기초로 타인과 이웃·사회와 국가·인류와 자연으로 확대되는 개념의 정의로 수정되어야 한다는 점에서다.

③ '효의 달(10월)' 안에 '효의 날' 지정이 필요하다. 효의 달이 있으면 효의 날을 선정하는 것이 효행을 실천하는데 도움이 되기 때문이다.

④ '효행자'라는 개념에는 '부모부양자' 뿐 아니라 '효문화 창달자'도 포함해야 한다. 농경사회의 효와 21세기의 효 개념은 효를 실천하는 방법 면에서 차이가 있기 때문에 문화로의 진흥이 필요하다는 점에서다.

⑤ 불효자 방지 특례규정(일명, 불효자방지법)을 포함해야 한다. 불효자 방지에 관한 별도의 법을 제정하기보다 효행장려지원법에 포함하는 것이 시행하는데 일관성이 있다는 점에서다.

⑥ '시행령'과 '시행규칙'을 보완해야 한다. 효행장려지원법의 실효성을 높이기 위해서는 다른 법과 마찬가지로 세부적인 내용들로 보강되어야 하기 때문이다.

Ⅳ 생각해보기(토의 주제)

Topic of discussion

❶ 인성교육은 '다학문', '다종교', '통합교육(가정/학교/사회)', '전생애교육' 이 문화적 산물로 나타나게 되는 이유에 대해 각자의 의견을 발표해 봅시다.

❷ 리더십을 수단으로 하는 인성교육 방법에 대하여 그 필요성을 사례를 들어 각자의 의견을 발표해 봅시다.

❸ 최근 거론되고 있는 여러 인성교육의 방법과 효가 연계되어야 하는 이유에 대하여 주관적 의견을 발표해 봅시다.

孝 · H Y O

4부 효에 기초한 인성교육의 적용 방안

지금까지 "효와 인성교육은 어떤 관계인가?(Ⅰ부)", "효란 무엇이며 어떻게 가르칠 것인가?(Ⅱ부)", "인성이란 무엇이며 어떻게 교육할 것인가?(Ⅲ부)"에 대하여 살펴보았다. 제4부에서는 "효에 기초한 인성교육은 어떻게 적용할 것인가?"에 대해 알아본다.

인성교육은 '다학문(多學問)', '다종교(多宗敎)', '통합교육(統合敎育)', '전생애적(全生涯的)'이라는 복합적 특성을 가진다는 점에서 '효인성 리더십'이라는 용어를 사용하였다.

여기서 '효인성 리더십'은 '효에 기초한 인성으로 발휘하는 리더십', 또는 '효를 기반으로 한 인성교육에서 발휘되는 리더십' 등의 의미를 가진다. 그리고 '효인성 리더십'의 영역은 '가정'·'학교'·'사회'로 구분하고, 사회는 다시 '군대'·'직장'·'시민사회단체'·'종교'로 세분해서 기술하였다. 또한 각각의 영역에 대해 가정은 '효인성 리더십의 출발점', 학교는 '효인성 리더십의 중심(中心)', 군대는 '효인성 리더십을 촉진', 직장은 '효인성 리더십을 확대 실천', 시민사회단체는 '효인성 리더십의 수범적 선도', 종교는 '효인성 리더십을 성숙시키는 곳'으로 성격을 규명(糾明)하였다.

오늘날의 효교육과 인성교육은 그 필요성이 증대됨에 따라 '효행장려지원법'과 '인성교육진흥법'을 제정하는 등 국가가 나서고 있지만, 이런 법률이 제대로 시행

될 수 있을지는 의문이다. 이유는 인성교육이 가지는 모호성과 함께 개인별 시각차가 클 뿐 아니라 본보기(Modeling)가 되지 못하여 전수(傳受)되지 못하는 현상 때문이다. 그리고 효교육에 있어서도 '효(孝, HYO)'와 '효도(Filial Piety)'를 의미상으로 구분하지 않는 등 '효'와 '인성'에 대한 명료화 노력이 부족한 면이 있다. 이런 이유에서 '효'와 '인성'은 '감성(感性)'과 '이성(理性)'이 공존하는 영역으로 이해해야 하며, 이런 문제를 리더십으로 승화시켜야 하는 과제를 안고 있다.

또한 리더십으로 승화시켜야 하는 이유는 거울신경(Mirror Neuron) 작용과 링거링 효과(Lingering Effect)로 이어져야 하기 때문이다. 가정·학교·사회 등 여러 계층의 리더십이 바로 서지 않고는 인성교육의 효과를 기대할 수 없다는 점에서다. 그래서 핵심가치(Core Value)로 작용하는 '효'와 '인성'·'리더십'의 융합이 요구되고 있다.

따라서 제4부[효에 기초한 인성교육의 적용 방안]에서는 가정의 효인성 리더십(8장), 학교의 효인성 리더십(9장), 군대의 효인성 리더십(10장), 직장의 효인성 리더십(11장), 시민사회단체의 효인성 리더십(12장), 종교의 효인성 리더십(13장)에 대하여 알아본다.

제8장 가정의 효인성 리더십

가정은 가족이 함께 생활하는 안식처다. 인간의 생명이 잉태되고 출산하고, 도덕·윤리를 체득하며 신체적·정신적으로 성장하는 인간 최초의 학교가 가정이다. 가정(家庭)의 의미는 한자(漢字)를 통해서 알 수 있다. '집 가(家)'와 '뜰 정(庭)' 자가 합쳐져서 '뜰이 있는 집'을 의미하는데, 여기서 '집 가(家)'는 '집 면(宀)' 밑에 '돼지 시(豕)' 자가 합쳐진 글자로 '돼지의 모습처럼 가족이 안전하고 화목하게 살아간다.'는 모양의 글자[254]이다. 또한 '뜰'을 의미하는 '정(庭)'은 '돌집 엄(广)'에 '조정 정(廷)'이 합쳐진 글자로, '비를 맞지 않도록 지붕을 이은 작은 뜰', 즉 '사람들이 모여 사는 집의 뜰'을 가리킨다. 한마디로 가정(家庭)은 마치 정원(庭園)과 같아서 여럿이 함께 가꾸어 아름답게 관리하면서 가족이 화목하게 지내는 곳이라는 의미이다. 그래서 페스탈로치는 "이 세상에는 여러 가지

---

254 '家' 자는 과거 독성이 강한 뱀(毒蛇)이 많았던 시절에, 1층에는 돼지를 키우고 2층에는 사람이 살며, 3층에는 사원을 모시는 모습의 글자라는 설이 있다. 그리고 그 문화적 흔적이 강원도 양구의 해안분지(亥安盆地) 마을과 '제주도 똥돼지' 마을에 남아있다는 말이 있음.

기쁨이 있지만, 그 가운데서 가장 빛나는 기쁨은 가정의 웃음이다. 그다음의 기쁨은 어린이를 보는 부모들의 즐거움인데, 이 두 가지의 기쁨은 사람의 가장 성스러운 즐거움이다."라고 했다. 사람은 누구나 태어나면서부터 부모의 보살핌과 가족의 사랑을 자양분으로 성장한다. 프랑스의 '야생소년'과 인도의 '늑대자매' 사례에서 볼 수 있었듯이 어린 시절에 부모형제의 사랑을 받지 못하고 성장하는 경우는 결코 행복할 수 없으며, 삶의 의미와 존재가치를 알지 못한다. 이런 점에서 가정은 가족이 있어야 하고 화목한 분위기를 필요로 한다.

　이런 맥락에서 본 장(章)에서는 가정에서의 효인성 리더십의 성격을 규명해 보고, 가정의 역할과 기능을 살펴본 다음, 스티븐 코비가 제시한 '리더십의 역할 모델(4ROLES MODEL)', 그리고 '리더십의 구성요소'에 맞추어 효인성 리더십의 적용 방안에 대하여 살펴본다.

▌ 가정은 효인성 리더십의 출발점

　가정을 일컬어 '인생의 안식처', '행복의 보금자리', '애정과 신뢰의 공동체', '사회의 기본 단위' 등으로 표현한다. 가정의 인성교육은 부모의 리더십 수준을 넘어설 수 없다.

> **Tip**
>
> 가정은 '효'와 '인성', '리더십' 역량이 체화되는 학습장이다. 부모와의 조화(Harmony)를 통하여 효의식과 기본적인 인성을 함양하며, 리더십의 기본과 셀프리더십 역량을 키우는 학교인 셈이다.

이것이 인성교육에서 리더십이 요구되는 이유이다. 그리고 가정이 건강하기 위해서는 가족사랑·가정윤리로 일컫는 효가 바탕이 되어야 한다. 가정이야말로 자녀의 거울신경(Mirror Neuron)에 의해 부모의 모습이 링거링 효과(Lingering Effect)로 이어지도록 효(孝, HYO)가 핵심가치(Core Value)로 작용해야 한다. 그래서 가정은 인성 리더십의 출발점이다. 따라서 이런 내용을 '효교육', '효에 기초한 인성교육', '효에 기초한 리더십'으로 구분해서 살펴보면 다음과 같다.

첫째, 효교육의 관점이다. 인간은 누구나 가정에서 부모, 형제자매와 관계하면서 성장하고, 이런 과정을 통해 가족사랑과 가정윤리를 체득한다. 그러면서 부모를 공경하고 형제자매가 서로 사랑하면서 효를 배우게 된다. "부모를 섬길 줄 모르는 사람과는 벗하지 말라, 인생의 첫 발을 잘못 들여놓은 사람이기 때문이다.(소크라테스)"라는 말처럼 가정에서부터 효를 가르쳐야 하는 것이다.

둘째, 효에 기초한 인성교육의 관점이다. 인성이 형성되는 것은 어머니 뱃속에 잉태되는 순간, 부모의 사랑을 받는 순간부터이다. 그런데 부모가 자식을 사랑하는 마음은 시간이 흘러도 변치 않지만, 자식이 부모를 사랑하는 마음은 자식이 성장하면서 약화되어 가기 마련이다. 자식은 누구나 부모의 보살핌이 필요했던 어린 시절에는 부모에 대한 뜨거운 애착과 함께 전적으로 의지하려 들지만, 자라서 독립할 수 있는 단계에 이르면 부모에 대한 애착은 점점 멀어지고 부부

중심·자녀중심으로 살아가게 되는 것이다. 따라서 이런 현상에 대비하기 위해서는, 어린 시절부터 가정에서 효를 가르침으로써 인성으로 함양되도록 해야 한다.

셋째, 효에 기초한 리더십의 관점이다. 리더십의 원형은 가정에 있다. 가정은 리더인 부모와 팔로어인 자녀, 그리고 부모와 자녀에게 영향을 주는 각종 상황 요인의 역동적 관계 속에서 존립하게 된다는 점에서 가정은 효인성 리더십의 출발점이 되는 것이다.

II 가정의 역할과 기능

1. 출산 및 양육의 기능

가정의 첫 번째 기능은 출산 및 양육기능이다. 출산은 자식을 낳아 종족을 보존하는 기능이다. 인간의 종족보존 본능은 가정을 이루는 근원적인 힘이다. 그것을 지혜롭게 충

> **Tip**
> 가정의 역할과 기능은 관점에 따라 다를 수 있지만, 대체로 출산 및 양육 기능, 교화육성 기능, 도덕·윤리 기능, 경제 기능을 수행한다.

족시키는 수단으로 인류는 결혼이란 제도를 창안해 냈고, 그로 인하여 자연스럽게 마련된 가정은 인간이 인간으로서의 삶을 꾸려 나가는 가장 작은 사회를 만들었다. 따지고 보면 가정은 남녀가 결합하여 삶을 실현해 가면서 자녀들을 낳아 양육하는 보금자리이다. 그러므로 가정은 그 보금자리가 어떠한 보금자리냐에 따라 그곳에서 양육되는 자녀들의 사람됨, 즉 인성이 좌우된다는 점에서 가

정은 사랑의 보금자리여야 한다.

그런데 최근 들어 출산 여건과 환경이 열악해지면서 출산율이 점점 낮아지고 있는 것이 문제다. 이제부터라도 효(孝, HYO)의 관점에서 대책을 강구해야 한다. 병아리나 토끼, 강아지나 고양이를 봐도 새끼가 스스로 밥을 먹고 뛰어다닐 수 있을 때까지는 엄마가 보살피는데, 만물의 영장이라는 사람은 태어난 지 3개월, 6개월, 12개월이 되면 엄마와 이별 아닌 이별을 해야 하는 처지이다. 그러다 보니 '모유'가 아닌 '소젖(우유)'으로 키우게 되고, 그러다 보니 사람 성품이 아닌 소의 성품을 닮아가고 있다. 정부가 나서서 출산 후 2년 정도는 아이를 양육하도록 법으로 정해서 육아에 전념케 할 필요가 있다.

때문에 출산과 양육은 가정만의 문제가 아니며 국가차원의 문제로 접근해야 한다. 지금과 같은 정책으로는 젊은이들이 출산에 대한 사명감이나 소명의식이 줄어들 수밖에 없다. 심지어 출산휴가로 인해 직장 보전이 어려워질까 봐 출산 휴가 일부를 반납하는 사례도 나타나고 있다. 기업오너들부터 출산휴가를 줄이려고 한다는 인식을 주지 않아야 하지만, 기업은 여건이 그렇지 못하다. 그래서 정부가 나서야 하는 것이다. 또한 워킹맘의 입장에서 보면 천정부지의 사교육비와 대학 등록금, 집값 상승 등도 출산을 가로막는 장애물이다. 그래서 저출산 현상은 젊은이들만의 문제가 아닌 것이다.

지금 추세로 저출산 현상이 지속된다면 우리 모두에게 큰 재앙으로 다가오게 된다는 점에서, 출산장려는 물질보다 가치지향적으로 접근해야 한다. 한 자녀보다는 두세 명의 자녀가 서로를 의지하며 사랑하는 분위기에서 성장하게 된다는 점을 알게 하고, 이에 필요한 뒷받침을 해야 한다. "후사(後嗣)를 잇지 않는 것이 가장 큰 불효다."라는 『맹자』의 내용처럼, 불효를 면하기 위해서도 아이를 낳으려는 마음을 가지게 하는 교육이 뒷받침되어야 하는 것이다. 그리고 그 방법의 하나가 유치원에서 대학에 이르기까지 효(孝, HYO)를 가르치는 것이다.

양육(養育)은 부모가 자식을 낳아 사랑과 정성으로 보살펴 기르는 일이다. 그러나 오늘날 한국의 부모들은 자녀들을 먹이고 입히는 일에 있어서는 과거의 부모들보다 크게 앞서지만, 자녀를 바르게 키우는 일에 있어서는 상대적으로 뒤지고 있는 것으로 나타나고 있다. 옛날의 부모들은 사람으로서 올바르게 사는 길이 무엇이며 사람됨의 바람직한 모습이 어떤 것인가에 대해서, 나름의 신념을 가지고 있었다. 옛날 부모들이 유식해서가 아니라 기본에 충실한 삶을 살면서 저절로 체화(體化)되는 분위기였기 때문이다. 즉 인간으로서의 윤리규범의 틀이 잡혀 있었던 까닭에 '사람의 도리'가 무엇이냐에 대해서 공통된 상식을 가지고 있었다. 그러나 지금은 그렇지 못하다. 그러므로 전통 방식의 출산과 양육 제도를 본받을 것은 본받아 발전시키는 지혜가 필요하며, 정부 당국에서도 양육 여건과 환경을 효(孝, HYO)차원에서 조성해야 한다.

2. 교화육성의 기능

교육(教育)은 교화(教化)와 육성(育成)의 줄임 말이다. 이 기능은 자식을 가르쳐서 성품을 긍정적으로 변화시켜 정신적·육체적으로 성장하도록 돕는 것이다. 때문에 가정에서는 "무엇을 어떻게 가르쳐서 성품이 긍정적으로 변화하고 성장하도록 할 것인가?"를 고민해야 한다. 앞서 말했듯이 현대의 부모들은 자녀들을 먹이고 입히는 일에 있어서는 옛날의 부모들보다 앞서지만 자녀들을 가정에서 교육하는 일에 있어서는 옛날의 부모에게 뒤지고 있는 것이 현실이다.

"자녀들은 부모의 등을 보고 배운다."는 말처럼 자녀들은 거울신경(Mirror Neuron)에 의해 부모가 하는 언행 하나하나를 보고 배우게 된다. 가정에서는 지식을 배우는 것이 아니라 지혜를 배운다. 필자의 모친과 부친은 초등학교 입학조차도 못하신 분이셨지만, 삶 자체를 통해서 많은 가르침을 주셨다. 필자가 태어날 때 부친은 41세, 모친은 40세이셨으니 노인자제였던 셈인데, "이렇게 해야 한다. 저렇게 해야 한다."는 말씀을 하신 기억이 없다. 삶 자체가 교육이었고 자연스럽게 링거링 효과(Lingering Effect)로 이어진 것이라 생각된다. 지금은 부모인 필자로선 그런 모습을 보여주신 부모님을 생각하면 숙연해진다.

교육적 관점에서 부모의 일거수일투족은 자녀에게 지혜가 되고, 교훈이 되고, 길잡이가 된다. 그래서 자녀교육에 있어서는 아버지의 영향도 크지만 어머니의 영향은 더욱 크다. 어머니의 무릎은 자녀의 학교요, 어머니의 품은 자녀들의 교실이요, 어머니의 말씀은 자녀에게 교과서이기 때문이다. "한 사람의 훌륭한 어머니는 백 사람의 선생과 맞먹는다.(헤르바르트)", "내가 성공을 했다면, 오직 천사와 같은 어머니의 덕이다.(링컨)"라는 말은 어머니의 역할이 얼마나 중요한가를 말해준다.

　가정교육의 중요한 기능 중에 하나는 자녀들이 성장한 뒤에 어려운 문제들을 극복해 가며 살아가게 하는 회복탄력성(心筋)을 갖도록 하는 일이다. 그리고 그 역량은 부모를 생각하면서 부모가 그랬던 것처럼 강한 의지력을 발휘토록 하는 것이 효(孝, HYO)이다. 박찬호, 이대호, 양학선 선수 등 스포츠 스타들이 어려움을 극복하고 성공한 이면에는 효심이 원동력으로 작용했음을 볼 수 있다. 그래서 가정에서는 효심을 갖도록 하는 일이 중요한데, 이러한 효심은 어린 시절 뿐만이 아니라 장성해서도, 부모님이 생존해 계실 때만이 아니라 돌아가신 후에도 작용하도록 해야 한다. 효심은 곧 성공과 직결되기 때문인데, '성공학'의 권위자로 알려진 브라이언 트레이시는 "부모는 살아서만 자식에게 영향을 미치는 것이 아니라 죽어서도 자식의 성공에 영향을 미친다."[255]고 했다.

3. 도덕·윤리의 기능

　인간은 가정에서 인간 도덕의 원형(元型)을 배운다. 우리는 가정에서 사랑과 공경·관계와 조화·덕성과 의로움·자기성실과 책임·희생과 봉사·소통과 공동생활의 지혜 등을 배우게 되는 것이다. 그렇기 때문에 부모의 언행 하나하나는 중요할 수밖에 없다.

　얼마 전 공익광고에서 나온 내용은 현대의 부모들에게 많은 것을 시사하고 있

---

255 홍성화 역, 브라이언 트레이시 저, 『성취심리』 씨앗을 뿌리는 사람, 2003. p.63.

다. "부모는 멀리 보라하고 학부모는 앞만 보라고 합니다.", "부모는 함께 가라 하고 학부모는 앞서가라 합니다.", "부모는 꿈을 꾸라 하고 학부모는 꿈꿀 시간을 주지 않습니다." "당신은 부모입니까, 학부모입니까?"라는 내용이다. 부모일 때와 학부모일 때의 마음가짐이 달라서는 부모로서의 리더십을 바람직한 방향으로 발휘할 수가 없다.

도덕과 윤리를 효와 연계하면 효는 '도덕', 효도는 '윤리'에 가깝다고 할 수 있다. 효는 '사랑'·'봉사' 등으로 표현할 수 있지만 효도는 부모에 대한 자식으로서의 도리를 뜻하기 때문이다. 때문에 부모는 가정에서 도덕적 모범이 되어야 한다.

몇 해 전, 경천동지(驚天動地)할 만한 패륜 사건이 있었다. 고3 수험생이 공부하라며 감시하는 어머니를 무참히 살해하고 무려 8개월 동안이나 안방에 시신을 방치한 상태에서 태연히 수능고사를 치른 사건이다. 이런 일이 세상에 알려지면서 놀라움을 준 바 있는데, 여기서도 부모의 역할이 문제의 원인을 제공했던 것으로 알려지면서 그 아들을 선처해 달라는 탄원서가 제출되기도 했다. 이뿐이 아니라 어떤 젊은 부부는 PC방에서 게임을 즐기는 동안 자식이 굶어 죽게 했고, 또 어떤 엄마는 남매를 수면제로 살해해 놓고 본인의 범죄를 감추기 위해 까무러치며 울어대다가 마침내 범인으로 밝혀지기도 했다. 이와 유사한 사건이 너무 많아서 어지간한 패륜사건은 언론에 보도조차 되지 않는 실정이다. 필자의 어린 시절에 이런 패륜사건이 나면 세상이 들썩일 정도로 몇 날 며칠 동안 톱뉴스로 다루고 대응책을 강구하느라 야단이었지만, 지금은 상대적으로 관심이 약해졌다. 그만큼 인륜(人倫)에 대해 무감각해진 것인데, 이런 문제들은 가정에서 효교육이 약화된 것과 무관치 않다. 최근 일어나고 있는 학교폭력 문제도 그 원인을 들여다보면 가정의 역할이 저하된 때문이고, 또 하나는 학교교육에서 효를 가르치지 않는 것과 무관치 않다고 보여진다.

Ⅲ 효인성 리더십의 적용

가정에서의 효인성 리더십은, 부모가 자녀를 대상으로 인성을 함양시키기 위해 발휘하는 리더십이다. 그리고 여기에는 환경의 영향을 받게 되는데, 가정에서는 여타 집단(조직)과 달리 리더의 수범(垂範)이 크게 영향을 미치는 특징이 있다. 그래서 여기에는 '황금률'[256]과

> **Tip**
>
> 가정에서의 효인성 리더십은 리더인 부모가 자녀들에게 목표와 방향을 제시함으로써 자녀들의 생각이 부모의 생각과 정렬되도록 하고, 자녀 스스로 내적 동기가 유발되도록 해야 하는데, 여기에는 부모의 본보기가 필수이다.

'정명론(正名論)'[257]이 적용된다. 즉 부모의 나이가 많고 경제권을 가지고 있다는 권세에 의해서가 아니라, 부모다움에서 나오는 서번트 리더십 역량에 의해서 자녀들의 자발적 변화를 이끌어야 하는 것이다.

이러한 맥락에서 가정의 효인성 리더십의 적용은 스티븐 코비가 제시한 '리더

---

256 황금률은 그리스도교의 윤리관을 가장 정확하게 표현하고 있는데, "무엇이든지 남에게 대접을 받고자 하는 대로 너희도 남을 대접하라. 이것이 율법이요. 선지자나라(마태복음 7:12)", "남에게 대접을 받고자 하는 대로 너희도 남에게 대접하라(누가복음 6:31)"는 내용임.

257 정명론은 '명분을 바로 잡는다'는 『논어』「안연 11장」에 나오며, 유교의 윤리관을 대표한다. "임금은 임금답고, 신하는 신하다우며, 어버이는 어버이답고, 자식은 자식다워야 한다.〔君君, 臣臣, 父父, 子子〕"는 내용임.

십의 네 가지 역할 모델(4ROLES MODEL)', 그리고 '리더십의 구성요소' 의 '틀' 에 맞춰 적용 방안을 알아본다.

1. '리더십의 역할 모델(4ROLES MODEL)'로 본 효인성 리더십

가정에서의 효인성 리더십이 발휘되기 위해서는 먼저 부모가 목표와 방향을 제시[Path finding]하고 가족들의 생각이 한 방향으로 정렬[Aligning]되도록 해야 하며 가족 구성원의 내적 동기가 유발(Empowering)되도록 부모가 본보기(Modeling)를 보여야 하는데, 이를 구체화하면 다음과 같은 내용들이다.

가. 목표와 방향 제시(Pathfinding)

목표와 방향을 제시하는 일에는 사명(Mission) · 가치(Value) · 비전(Vision) · 전략(Strategy)이 포함된다. 첫째, 사명(Mission)은 부여받은 임무이자 존재하는 이유(Why we exist?)를 알게 하는 것이다. 자녀의 입장에서 "나는 왜 존재하는가?", 가족의 입장에서 "우리는 왜 존재하며, 왜 화목해야 하는가?" 에 대하여, 가족 구성원의 존재가치를 알게 해준다는 점에서 사명은 효와 연관성이 있다.

둘째, 가치(Value)는 '가족이 서로를 믿고 의지하게 해주는 그 무엇(What we believe in?)' 이다. 가치에는 보편적·이타적 가치, 목적적·수단적 가치, 정신적·물질적 가치 등이 있는데, 가족 구성원으로서 "어떤 가치를 기준으로 살아갈 것인가?"를 알도록 하는 것이 중요하다. 따라서 어려서부터 좌우명(座右銘)을 정하게 하고, 이를 기초로 삶의 방향을 설정하도록 지도해야 한다. 그리고 그 방법의 하나가 '가훈(家訓)'을 제정해서 "우리 가족은 어떤 가치를 공유할 것인가?"를 인식하도록 해야 하는데, 효야말로 보편적·이타적 가치인 것이다.

셋째, 비전(Vision)은 가족들이 이루고자 하는 그 무엇(What we want to be?)이다. 그러므로 가족 구성원 모두가 비전을 설정케함으로써 각자가 '목표'를 현실화하도록 해야 하는데, 입신양명(立身揚名)은 비전 중에 비전이다.

넷째, 전략(Strategy)은 어떤 일을 이루어나가기 위한 실행계획(Action plan)이다. "구슬이 서 말이라도 꿰어야 보배다."라고 했듯이 '사명'·'가치'·'비전' 이 목표로 현실화되도록 실사구시(實事求是)적으로 실행계획을 세워야 한다.

나. 가족 구성원의 한 방향 정렬(Aligning)

가정에서의 '한 방향 정렬(Aligning)'은 가문의 정신과 목표를 일치시키는 일이다. 그리고 가문의 정신과 목표를 일치시키기 위해서는 가문의 역사인 족보를 후손에게 가르쳐야 한다. 또한 조상과 부모님에 대한 제사(추모행사)를 통해 가문 정신을 계승해야 한다.

일부 가정에서 제례방법에 대한 종교적 차이 때문에 갈등과 반목이 발생하는 경우가 있는데, 이는 바람직하지 않다. 제례문제는 효의 영역이지, 종교의 영역이 아니기 때문이다. 제사(祭祀) 지낼 때 자기 종교방식만을 주장하는 것은 제사의 본래 취지에서 벗어난 것이다. 또한 제사에서 부모님이 원하시는 방식으로 예를 치르는 것이 원칙이지만 그러나 나름의 종교적 신념이 있다면, 그 종교 방식대로 제사를 모시면 된다. 설령 부모님의 종교와 자녀의 종교가 다르다 해도 부모님은 이해하실 것이기 때문이다. 그리고 제사 일을 기해 자손과 친인척이 모여서 부모(조상)님의 가르침을 상기하고, 따르려는 마음을 갖도록 하는 것이 후손으로서의 도리요, 가문 정신에 정렬(Alining)되도록 하는 것이다.

다. 가족 구성원의 내적 동기부여(Empowering)

가족 구성원의 내적 동기부여(Empowering)는 "말(馬)을 물가에까지 끌고 갈 수 는 있지만 물을 먹도록 하는 데는 어려움이 있다."는 말처럼, 가족 구성원 스스로 물을 먹고 싶어지도록 하는 일이다. 그래서 임파워먼트가 중요한데, 여기에는 리더십의 환경과 리더십 스타일이 적용된다.

리더십의 환경은 부모가 자녀를 대상으로 리더십을 구사하는데 미치는 상황 요인을 뜻하고, 리더십 스타일은 자녀에 대한 부모의 리더십이 '통제형'·'방임형'·'감독형'·'자율형' 중 어떤 유형을 적용하느냐의 문제이다. 스티븐 코비는 임파워먼트 수준을 여섯 부류로 나누고 있는데, ①부모의 지시를 기다리는 자녀 ②부모에게 지시를 건의하는 자녀 ③부모에게 의견을 제시하고 행동으로 옮기는 자녀 ④해야 할 일을 실행하고 즉시 얘기하는 자녀 ⑤해야 할 일을 실행하고 정해진 시기에 얘기하는 자녀 ⑥자율적으로 알아서 행하는 자녀 등으로 구분한다. 이 중에서 가장 이상적인 자녀의 모습은 여섯 번째의 경우이다. 그리고 부모의 이상적인 리더십 스타일은, 자녀의 수준과 상태에 따라 다르긴 하지만, 여러 상황을 감안한 '자율형' 스타일이 바람직하다고 할 수 있다.

라. 본보기(Modeling)

부모의 본보기(Modeling)는 부모의 성품과 역량을 바탕으로 신뢰를 구축하게 한다는 점에서 중요하다. 여기서 성품(性品)은 부모의 성질이나 됨됨이, 즉 품격을 말한다. "선생님이 좋아야 과목이 재미있다."는 말이 있듯이 부모의 '다움'이 뒷받침되어야 자녀와 좋은 관계가 유지될 수 있다. 그리고 역량(力量)은 어떤 일을 해낼 수 있는 힘으로, 부모가 자녀 양육을 감당할 수 있는 능력이다. '부모교육'·'부모면허증'·'부모자격증' 등 신조어에서 알 수 있듯이 부모의 역량이 못 미치면 훌륭한 자녀로 성장시키기가 어렵다. 그래서 어린 시절에서부터 인성을 갖추도록 하는 것이 중요한데, 그중의 하나가 효를 가르치는 일이다. 효심을 가진 사람은 좋은 성품을 가지기 마련이고, 부모와 자식의 관계가 좋은 사람이 대인관계에서 호감을 줄 수 있으며, 신뢰의 바탕이 되는 것은 당연하다. 이런 면에서 리더의 본보기가 중요하다.

2. '리더십의 구성요소'로 본 효인성 리더십

가정에서의 효인성 리더십은 ① 리더(부모) ② 팔로어(자녀) ③ 상황(환경 및 여건) 등 '3대 구성요소'의 역동적 관계를 통해 목표를 추구하는 과정으로 발휘된다.

> **Tip**
> 가정에서의 리더십 구성요소는 ① 리더(부모) ② 팔로어(자녀) ③ 상황(환경 및 여건)이다. 여기에는 부자자효(父慈子孝)·부자유친(父子有親)·부위자강(父爲子綱)의 원칙이 적용된다.

가. 리더(부모) : 자녀의 '본'이 되는 멘토가 되자.

부모는 자녀에게 '무엇'을 위해 '어떻게' 살아갈 것인가에 대한 목표의식을 심어주고 수범을 통해 올바른 길을 안내해야 한다. 가정에서의 인성교육은 부모의 역할이 중요한데, '맹모'의 삼천지교(三遷之敎)'와 '단기지교(斷機之敎)'는 좋은 본보기 사례라 할 수 있다. 부모로서의 역할은 "리더가 구성원들로 하여금 사랑을 실천하게 하려면, 먼저 그 부모를 사랑하는 것에서 시작한다. 이것이 구성원들에게 사랑과 자목(慈睦)의 도를 가르치는 방도이다."[258]라는 『예기』에 잘 나타나 있다. 앞서 제시했던 패륜 사례(어머니를 살해하고 8개월간 방치)를 분석해보면 이혼한 부모, 오직 1등을 위해 공부만 강요하며 감시하는 어머니의 역할에 문제가 있었던 것으로 알려졌다. 이런 점에서 가정에서의 효인성 리더십은 부모의 자애(慈愛)가 전제된 수범이 필요한데 다음과 같은 내용이다.

첫째, 부모가 먼저 효도함으로써 그러한 모습으로 자녀들에게 본이 되어야 한다. 지팡이가 굽으면 그림자는 당연히 굽을 수밖에 없다. "효자 가문에서 효자 난다."는 말은 부모가 먼저 본을 보여서 효행을 알도록〔知〕하고, 그러한 부모의 모습을 통해 느낌〔情〕을 받아서 스스로 다짐〔意〕한데서 나오는 것이다. 그렇게 함으로써 자녀가 비로소 효를 행〔行〕하게 되는 법이다. 특히 인간의 뇌에는 거울신경(mirror neuron)이 이마 뒤에 자리하고 있어서 거울처럼 반영하는 네트워크가 작동하게 되는데, 부모의 모습이 좋게 생각되고 마음에 들면 그것을 흉내 내려 하고, 그 흉내가 습성화되면서 학습으로 이어져 체화(體化)된다. 그래서 『논어집주』에 "말로써 가르치면 따지고 몸으로써 가르치면 따른다."[259]고 했다. 그런

---

258 "立愛自親始 教民睦也."
259 "以言敎訟 以身敎從."

데 오늘날 부모들은 할머니·할아버지에게 불손하게 대하는 모습을 자녀에게 보이기도 하고, 받기 싫은 전화가 왔을 때 "없다고 해라."라는 등 정직하지 않으며 자녀 앞에서 학교 선생님에 대해 험담을 하기도 하는데, 이러한 행위들로는 결코 자녀의 인성을 함양시키기 어렵다. 따라서 부모의 본보기를 통해서 좋은 환경으로 작용하도록 해야 하는데, '맹모삼천지교(孟母三遷之敎)'에서 맹모가 아들을 교육하기 위해 세 번씩이나 이사한 것은 '환경'을 개선시켜준 좋은 사례이다. 그리고 자식이 잘못을 저질렀을 때, 그 자식을 혼내기보다 부모가 자신의 종아리를 때렸던 전통적 자녀교육방식은 오늘날 본받아 새겨야 할 지혜로운 교육 방식이다.

둘째, 모유수유를 통해 내리사랑을 실천하는 일이다. 부모가 자식에게 줄 수 있는 사랑은 여러 가지가 있지만, 그중에 하나가 모유(母乳)를 수유(授乳)하는 일이다. 모유수유의 필요성과 모유의 효능, 모유를 했을 때의 효과 등[260]은 실로 지대하다. 그런데도 한국의 어머니들은 대략 20%남짓 모유를 수유하고 나머지 80%에 가까운 엄마는 우유(牛乳)로 키우는 것으로 나타났다. 필자가 여학생들에게 강의할 때 "여러분은 결혼하면 사람 젖으로 자녀를 키워야지 소젖으로 키우면 안 됩니다."라고 해본 일이 있다. 그랬더니 "교수님, 왜 우유가 소젖인가요?"라고 묻는 학생이 있었다. 그래서 "학생은 우유가 무어라 생각하나요?"라고 했더니 "교수님, 우유는 가공식품이잖아요"라는 것이었다. 그래서 "우유(牛乳)에서 牛는 '소 우', 乳는 '젖 유' 자라서 '우유'는 '소의 젖'이라는 뜻이다."라고 설명한 일이 있다. 한자(漢字)를 안 가르치다 보니 우유를 가공식품으로만 알게 된 것으로 보이는데, 우유를 가공식품으로 이해하는 것도 문제지만, 과거 '우량아

---

260 김종두, 『새로운 패러다임의 효교육』, 명문당, 2012. pp. 229~231.

선발대회' 때 무대 위에 분유통을 잔뜩 쌓아놓고 상품으로 주면서 모유(母乳)보다 우유(牛乳)가 좋은 것처럼 인식하게 했던 매스컴의 책임도 크다. 또한 몸매관리 운운하며 다이어트를 이유로 모유를 기피하는 여성들의 가치관도 문제다.

셋째, 밥상머리 교육을 통해 소통의 기회를 넓히는 일이다. 밥상머리 교육은 가족이 식탁에 함께 앉아 식사하며 대화하는 가운데 자연스럽게 이루어지는 교육이다. 자녀들이 어렸을 때부터 가족이 대화하는 규칙과 습관을 가지는, 기본을 중요시하는 교육이다. 그러나 현대와 같이 바쁜 시간에 가족이 한자리에 모이기가 쉽지 않고 우선순위에서 밀려나는 탓에 밥상머리 교육이 점점 사라져 가는 경향이다. 그렇지만 아무리 바빠도 하루 한 끼는 밥상머리에서 대화할 수 있는 시간을 만들어야 한다. 이때만이라도 소통의 시간이 되고 가족사랑을 실천하는 시간이 되어야 하기 때문인데, 밥상머리 대화는 특히 아이들의 언어 능력 향상에 영향이 큰 것으로 나타났다. 아이가 습득하는 2,000여 개의 단어 중 독서로 얻을 수 있는 단어가 140여 개인데 비해, 가족과의 식사에서 얻는 단어는 1,000여 개에 달한다.[261]는 연구결과가 있다. 밥상머리 교육의 성공사례는 전혜성 박사를 통해 세계적으로 알려진 바 있는데, 자녀 6남매를 모두 하버드 대학과 예일 대학에서 박사학위를 취득케 한 전혜성 박사의 자녀교육 방법 중에는, 어떤 일이 있더라도 아침식사는 가족이 함께 했고 가족회의를 주기적으로 했다는 점이다. 이런 사례가 알려지면서 미국의 중산층 이상의 가정에서는 1일 한 끼니 식사 함께 하기가 유행하고 있다고 하는데, 밥상머리 교육은 자녀들의 품성뿐 아니라 두뇌발달에도 효과가 크다는 점이다.

---

261 장세희, "밥상머리 교육 정말 효과있네", 조선일보, 09. 12. 7.

나. 팔로어(자녀) : 부모의 마음을 헤아리는 멘티가 되자.

자녀의 입장에서는 무엇보다도 '부모님이 원하시는 방향'으로 행하려는 마음이 중요하다. 또한 형제간 우애를 통해서 부모를 걱정 끼쳐드리지 않고 기쁘게 해드리는 삶을 살아야 하는데, 대체로 다음과 같은 내용들이다.

첫째, 어른에게 인사 잘하기이다. '신언서판(身言書判)', '사모언동(思貌言動)' 등도 인사 잘하는 것과 연관이 깊다. 『소학』에 "마당을 쓸기 전에 물을 뿌리고 어른 만나면 인사하고 물러날 때와 나아갈 때를 아는 것이 예절이다.(서문)"[262], 『예기』에 "가장 큰 효는 부모의 뜻을 존중하는 것이고 그다음은 부모를 욕되게 하지 않는 것이며 마지막으로 부모를 봉양할 능력을 갖는 것이다.(제의편)"[263]라고 했다. 필자의 어린 시절에는 어른에게 인사하지 않는 것은, 부모님을 욕되게 하는 가장 나쁜 것으로 여겼다. 시골 동네는 '인사성' 그 자체가 그 집안의 교육 수준으로 비쳤겠기 때문이지만, 그러나 오늘날은 엘리베이터 안에서 이웃끼리 인사하는 모습을 보기도 어려울 뿐 아니라 인사를 하면 오히려 계면쩍어 하는 모습을 보게 된다. 이렇듯 인사와 같은 기본교육이 부족한 탓에 대기업에서 신입사원을 채용하면 맨 먼저 가르치는 것이 '인사방법'이라고 하는데, 이는 바람직스럽지 않은 현상이다.

둘째, 뜻을 세워 입신양명(立身揚名)해야 한다. 어떤 부모든 자식이 열심히 공부해서 성공하는 모습을 보고 싶어 한다. 율곡은 『격몽요결』에서 "뜻을 세우고 노력해서 입신양명(立身揚名)해야 한다."고 했다. 성공은 노력의 산물이다. 그래

---

262 "灑掃應對進退之節 禮樂射御數之文."
263 "大孝尊親 其次不辱 其下能養."

서 많은 학자들은 노력을 강조했는데, "진정한 성공은 노력에 있다.(스티븐슨)", "가난하게 태어난 것은 당신의 잘못이 아니지만 가난하게 죽은 것은 당신 책임이다.(빌 게이츠)", "실패를 걱정하지 말고 부지런히 목표를 향해 노력하라. 노력한 만큼 보상받을 것이다.(노만 필)" 등의 표현이 말해주고 있다. 따라서 가치관과 좌우명 등을 기초로 열심히 노력해서 입신양명(立身揚名)으로 부모님의 은혜에 보답하는 삶을 살아야 한다.

셋째, 형제자매간 서로 존중하고 배려하는 습성을 키워야 한다. 부모님에 대한 효도 중에 기쁨을 드리는 효도는 뭐니 뭐니 해도 형제자매간 우애(友愛)하는 것이다. 그리고 형제간의 우애는 부모의 모습과 가르침에 의해 따르게 된다. 어느 가정이든 이른바 '공평한 나눔'을 경험하게 해야 하는데, 효심이 있느냐 없느냐에 따라 공평의 의미도 달라진다. 예컨대 어머니가 두 아들에게 바나나 하나를 주면서 "공평하게 나누어 먹어라."라고 했을 때, 효심이 있는 큰아들은 바나나를 둘로 나누어 큰 것을 동생에게 주겠지만, 그렇지 못한 경우는 형이 큰 것을 먹는 등 욕심을 부리게 되어 형제간 우애를 유지하기가 어렵게 된다. 오늘날 이른바 부모의 재산을 놓고 법정 다툼을 하는 재벌가의 '형제 난'을 목격하게 되는데, 이는 형제끼리 우애(友愛)의 부족함도 문제지만 부모의 교육에 문제가 있는 것이다.

다. 상황(환경 및 여건) : 가정의 좋은 문화를 함께 만들어 가자.

인성교육이 잘 되기 위해서는 환경 및 여건이 중요하다. 교육에서 '맹모삼천지교'가 자주 인용되는 이유도 교육환경의 중요성 때문인데, 맹자의 어머니가 자식을 위해 세 번 이사했다는 사례는 자녀의 성장에 있어서 '환경'이 얼마나 중요한지를 알려주고 있다. 맹자가 어머니와 처음 살았던 곳은 공동묘지 근처였다. 맹모는 상여 나갈 때 하는 곡(哭)을 아들이 따라 하는 걸 보고, 안 되겠다 싶어서 이사를 했는데, 하필 시장 근처였던 관계로 또다시 물건을 사고파는 장사꾼들의 흉내를 내는 것이었다. 이를 본 맹모는 다시 서당 근처로 이사를 해서 맹자로 하여금 글공부에 취미를 갖도록 했다는 유명한 일화이다. 자녀교육에서 환경이 미치는 영향이 실제로 얼마나 크며, 또한 어린이들이 얼마나 순진한가를 보여주는 사례이기도 하다. 앞서 부모의 역할에서 '거울신경(mirror neuron)'의 작동 원리를 설명했는데, 어린 자녀들이 하는 흉내는 곧 습관으로 이어져서 학습효과와 함께 체화(體化)되고, 이것이 인성으로 함양된다는 점에서 환경조성이 중요하다.

가정에서 좋은 환경을 유지하기 위해서는 여러 가지가 있겠지만, 세 가지를 제시한다면 첫째, 화목한 부부의 모습을 자녀에게 보여주는 것이다. 엄마아빠가 항상 사이좋게 지내는 모습을 본 자녀는 심리적 안정과 함께 무엇이든 부모를 닮으려 할 것은 당연하다. 반대로 부모가 서로 다투고 반목하는 모습을 보고 자라는 자녀들은 심리적 불안으로 이어져서 인성함양에도 나쁜 영향을 받을 수밖에 없다.

둘째, 가훈을 제정해서 부모와 함께 지켜나가는 것이다. 가족회의 때 자녀들이 충분히 이해할 수 있도록 설명하고, 어떻게 지켜나갈 것인지를 토론하는 방식이 좋다. 그런데 안타까운 것은 현대에 와서 가훈을 제정하는 가정이 급격히 줄고 있다는 점이다. 그리고 학교에서도 '가훈 써오기' 등과 같은 숙제도 예전처럼 내주지도 않는데, 가훈제정을 통한 인성교육 환경을 만들어갈 필요가 있다.

셋째, 할머니, 할아버지의 역할과 참여를 확대하는 분위기를 만들어야 한다. 이유는 엄마 아빠에게서 얻을 수 있는 사랑과 할머니·할아버지에게서 또 다른 사랑을 받으면서 성장하는 것이 인성함양에 도움이 되기 때문이다. 필자가 군에서 지휘관할 때 경험한 바로는 할머니, 할아버지가 계신 가정에서 성장한 장병들의 성품이 온순하고 인내심도 강하며 주위 장병들과도 잘 어울리는 모습을 본 일이 있다.

이런 의미에서 경상북도에서 추진하고 있는 '할매·할배의 날' 제정은 바람직한 현상이다. 이를테면 경상북도는 2014년부터 매월 마지막 토요일을 '할매·할배의 날'로 정했는데, 이날은 가족끼리 오순도순 둘러앉아 식사를 하며 이야기를 나누다 보면 세대 간 벽이 허물어지고, 가족공동체가 자연스럽게 회복된다는 것이다. '할매·할배의 날'은 단순한 노인정책만이 아니라 조손(祖孫) 간의 인식차 회복을 통해 잃어버린 정신적 뿌리를 되찾고, 가족 공동체를 복원하기 위함이다. 또한 어른을 제대로 모실 때 사회가 건강해지고 그렇게 되면 나라의 기강도 자연스럽게 바로 서기 마련이다.

이런 점에서 미국을 비롯한 세계 14개 나라가 조부모의 날을 지정해 놓고 있는데, 자녀들의 인성교육, 화목한 가족관계 형성에 조부모의 역할이 크다는 점에 착안한 것이다. 경상북도는 노인문제, 청소년문제 등을 종합적으로 접근해 해결하고, 조부모 중심의 가족공동체 회복에 큰 효과를 보고 있고 한다.[264]

---

264 중앙일보(2015. 7. 27) / 백세시대신문(2017. 5. 5)

Ⅳ 생각해보기(토의 주제)

Topic of discussion

❶ 인성교육의 과정에서 '가정교육'의 중요성을 세 가지 이상의 예를 들어 주관적 입장에서 발표해 봅시다.

❷ 가정의 역할과 기능 중에서 가장 중요하다고 판단되는 것을 제시하고, 가훈과 연계하는 방안에 대하여 각자의 의견을 발표해 봅시다.

❸ 인성이 함양되는 과정에서 모유수유의 중요성을 제시하고, 모유수유의 비율을 향상시킬 수 있는 방안에 대하여 각자의 의견을 발표해 봅시다.

제9장 학교의 효인성 리더십

학교(學校)는 스승과 제자가 가르치고 배우는 가운데 인성을 함양하는 공간이다. 학교는 '배울 학(學)' 자와 '집교·본받을 교·교정할 교(校)' 자가 합해진 글자이니, '배우며 본받고 교정해가는 집'을 의미한다. 본디 '학(學)' 자는 "아이들이 친구들과 손을 맞잡고 한 지붕 안에서 배운다."는 모양의 글자이고, '교(校)' 자는 나무 '목' 자와 사귈 '교' 자가 합쳐진 글자로 '나무들이 서로 사귀며 서있는 모습'을 나타낸다. 설문해자에는 "나무를 가둔다〔木囚也〕"고 돼있다. 그러므로 8장에서 다룬 '가정(家庭)'이 '뜰이 있는 정원'이라면 '학교(學校)'는 '자라나는 동량들이 서로 배우며 사귀고, 본받으며 교정하는 곳'이라 할 수 있다. 따라서 학교는 '어떤' 내용을 '어떻게' 가르침으로써 학생들로 하여금 지식과 인성을 함양케 할 것인가에 주안을 두어야 한다.

그러나 오늘날 학교교육은 입시교육에 치우쳐 있다는 지적이 많고, '백년지대계'로 일컫는 교육제도가 너무 자주 바뀐다는 비판도 있다. 또한 일각에서는 학부모의 모습을 문제 삼아 부모교육의 시급함을 주장하기도 한다. 오늘날 학교교육에서 야기되는 문제점들이 대부분 가정에서 부모의 역할과 관련돼 있다는 점에서다. 그러나 오늘의 학생들이 내일의 어른과 부모가 된다는 점에서, 백년대계 차원에서 효(孝, HYO)에 기초한 인성교육과 리더십이 요구되고 있다.

이런 맥락에서 본 장(章)에서는 학교에서의 효인성 리더십의 성격을 규명해 보고, 학교의 역할과 기능을 기초로 '리더십의 역할(4ROLES MODEL)'과 '리더십의 구성요소'에 맞춰 효인성 리더십을 적용하는 방안에 대하여 제시해 본다.

▎학교는 효인성 리더십의 중심(中心)

"교육의 질은 교사의 질을 넘어설 수 없다."는 말이 있다. 이 말은 "학교의 인성교육은 교사의 리더십을 넘어설 수 없다."는 해석도 가능하다. 이것이 학교의 인성교육에서 리더십이 요구되는 이유이다. 그러므로 학교는 효

> **Tip**
> 학교는 효·인성·리더십의 역량을 체득하는 교육의 중심(中心)적 역할을 한다. 따라서 역자교지(易子敎之)의 관점에서 학생들의 효심·인성·리더십의 융합 역량을 키워야 한다.

에 기초한 인성함양의 리더십 발휘에 있어서 중심이 되어야 한다. 이런 점에서 학교에서의 효인성 리더십은 그 의의가 크다. 이렇게 보는 이유는 효에 기초한 인성교육이 가정에서부터 시작되는 것은 맞지만, 3~4세 만 되면(심지어 3개월 이후부터) 부모의 품을 떠나 어린이집(영아 유아원)을 시작으로 유치원과 초·중·고·대학에서 교육받으며 성장하게 되므로 가정에서 부모와 보내는 시간보다 학교에서 보내는 시간이 더 많기 때문이다.

이런 점에서 교사는 효에 기초한 인성교육을 해야 한다고 보는 것인데, '효교육', '인성교육', '리더십' 의 관점에서 살펴본다.

첫째, 효교육의 관점이다. 효교육은 사안에 따라 부모가 해야 할 내용이 있고, 교사가 해야 할 내용이 있다. 부모가 해야 할 효교육은 가정에서 본보기를 보이는 것 외에는 다른 방도가 없다. 그러나 교사는 부모님의 은혜를 설명해주고 각종 사례 등을 통해 "효가 무엇이며 어떻게 해야 하는 것인지"를 가르칠 수 있다. 물론 여기에도 교사의 본보기적 효행은 필수이다. 만일 부모가 "내가 너를 어떻게 키웠는지 알지?, 나에게 효도하지 않으면 안된다."는 식의 효교육은 할 수가 없다. 그러나 학교에서 교사가 가정의 형편과 부모와의 관계 등을 고려해서 부모님의 은혜를 느끼도록 하면서 "나도 지금 생각해보면 열심히 공부하는 모습을 보여드리지 못한 게 후회된다. 너희들은 부모님이 계실 때 열심히 하는 모습을 보여드려서 부모님을 기쁘게 해드려야 하지 않겠니?"라는 등의 내용으로 효행을 계도할 수 있다. 이런 의미에서 학교는 효교육의 중심(中心)이다.

이 문제에 대해 맹자는 '역자교지(易子敎之)'라고 하여 "자식의 교육은 서로 바꾸어서 가르치는 것이 좋다."고 했다. 이는 제자와의 대화 내용에 잘 나타나 있는데, 『맹자』에 제자가 "군자가 자기 자식을 직접 가르치지 않는 이유는 무엇 때문입니까?"라고 묻자, 뜻대로 다뤄지지 않는 까닭이다. "가르치는 사람은 반드시 올바른 것을 가지고 하는데 올바른 것을 행하지 않으면 거기에 연계되어 노여워하기 마련이고 노여워하면 도리어 가르침을 해치게 된다. '아버지는 내게 올바를 것을 가르치면서도 아버지의 행동은 올바른 데서 나오는 것 같지가 않다.'고 여기게 되면, 이것이 부자간에 서로를 해치는 것이요, 부자간에 서로를 해치는 건 나쁜 것이고, 그래서 옛날에는 아들을 바꿔 가르쳤으며 아버지와 아들 사이에는 잘 되라고 질책하지 않았었다. 잘 되라고 질책하면 사이가 벌어지는데 사이가 벌어지게 되면 상서(祥瑞)롭지 못함이 그보다 더 큰 것이 없다.(이루 상)"[265]라는 내용이다.

둘째, 인성교육의 관점이다. "인성교육에서 좋은 인성의 개발은 가정에 있지만, 교육이 체계적으로 이루어지는 것은 학교의 몫이다. 부모교육이나 사회교육도 따지고 보면 학교교육의 산물이다. 따라서 인성개발의 중심은 학교이다.(이상철, 2013)"라는 표현에서 보듯이 인성이 교육되어지는 곳은 학교이다. 학교생활에서 학우들과 선생님과의 관계 등을 통해 자연스럽게 인성이 함양되어 가는 것이다. "부모 팔아 친구 산다."라는 말이 있듯이 유치원부터 시작되는 학교생활에서 어떤 친구와 어떻게 지내느냐, 어떤 선생님을 본받아 성장하느냐, 어떤 책을 읽느냐, 어떤 일을 맡아 하느냐 등을 통해 인성이 함양되는 것이다. 그러면서 가슴 한 편에 부모님에 대한 생각이 자리하게 된다. 그래서 학교에서의 인성교

---

265 "君子之不敎子 何也 孟子曰 勢不行也 敎者 必以正 以正不行 繼之以怒 繼之以怒 則反 夷矣 夫子敎我以正 夫子 未出於正也 則是 父子相夷也 父子相夷 則惡矣 古者 易子而敎之 父子 之間 不責善 責善則離 離則不祥 莫大焉."

육 방법으로는 효를 가르쳐서 부모님을 의식하는 학교생활이 되도록 하는 것만큼 쉬운 방법이 없다. 다만 교사 스스로 효행에 대해 수범을 보여야 한다는 전제가 따르긴 하지만, 스승과 제자가 부모님을 연상하는 내용으로 대화를 풀어가기만 해도 효인성교육은 절로 되는 것이다.

셋째, 리더십의 관점이다. 학교에서 리더는 교사이고, 팔로어는 학생이다. 우리는 인간관계에 있어서 부모님께 불효하는 사람보다 효도하는 사람을 대할 때 마음이 편하고, 가까이하고 싶어진다. 효하는 사람을 좋아하게 되는 것은 인지상정이다. 때문에 교사와 학생 모두가 부모님을 걱정 끼쳐 드리지 않고 기쁘게 해 드리는 생활을 하게 되면 교사의 리더십은 저절로 나오게 된다. 『예기』에 "리더가 세상 사람들로 하여금 사랑을 실천하게 하려면 리더가 먼저 그 부모를 사랑하는 데서 시작된다. 이것이 팔로어들에게 사랑과 자목(慈睦)의 도를 가르치는 방도이다. 경(敬)의 도를 천하에 세우려면 리더가 먼저 그 형장(兄長)을 공경하는 데서 시작한다. 이것이 팔로어에게 유순(柔順)의 도를 가르치는 방도이다. 자목(慈睦)의 도를 가르쳐서 그들이 어버이 계심을 귀히 여기게 되고, 유순(柔順)의 도를 가르쳐서 팔로어들이 위의 명령을 들음을 귀히 여기게 된다. 이리하여 팔로어들이 모두 자목(慈睦)의 도로써 그 어버이를 섬기고, 유순의 도로써 위의 명령을 청종(聽從)하면, 세상은 반드시 치평(治平)된다. 그러므로 이 두 가지의 도(道)를 천하에 행하면 모든 일이 잘 이루어진다.(제의편)"[266]고 했다. 효가 바탕이 된 리더십의 이유가 여기에 있다고 하겠다.

---

266 "立愛自親始敎民睦也 立敬自長始敎民順也 敎以慈睦 而民貴有親 敎以敬長 而民貴用命 孝以事親 順以聽命 錯 諸天下 無所不行."

Ⅱ 학교의 역할 및 기능

1. 인생의 목표 및 방향 제시 기능

학생은 누구나 학교에서 교사의 지도 아래 목표를 설정하고, 교사의 모습을 본받는 가운데 목표를 구체화해 나간다. 이런 점에서 교사는 학생들에게 입지(立志), 즉 뜻을 세워 목표

> **Tip**
> 학교의 역할과 기능은 관점에 따라 다를 수 있지만, 대체로 인생의 목표와 방향제시, 교화육성, 학급 및 학생 관리 등이 해당된다.

지향적 생활을 하도록 계도한다. 그리고 각자의 생애를 설계하도록 함으로써 목표와 방향이 구체화되도록 하는데, '목표 및 방향제시(Pathfinding)'에는 '사명(Mission)'과 '가치(Value)', '비전(Vision)'과 '전략(Strategy)'이 포함된다. 사명은 "나는 왜, 존재하는가?(Why we exist?)". 가치는 "내가 나를 믿고 의지하게 할 수 있는 것은 무엇인가?(What we believe in?)". 비전은 "내가 이루고자 하는 것은 무엇인가?(What we want to be?)". 전략은 "어떻게 실행계획을 세워서 꿈을 이루어 나갈 것인가?(How to action plan?)"에 대한 답을 얻는 것이다. 그러므로 학교와 교사는 학생들로 하여금 부모님을 생각하면서 자신의 삶을 설계하고 목표와 방향을 설정하도록 하는 역할을 수행한다. 그리고 그 방법의 하나가 '교훈'과 '급훈'을 정하고 학생 각자에게 '좌우명'과 '신조' 등을 정하도록 지도하는 것인데, 여기에는 효(孝, HYO)라는 핵심가치가 '거울신경(Mirror Neuron)'과 '링거링 효과(Lingering Effect)'로 이어지도록 해야 한다.

2. 교화육성의 기능

학교에서의 교화육성은 교사가 가르침을 주어서 학생 스스로가 변화되어가는 가운데 성장되도록 하는 것이다. 그러므로 가정에서의 교화육성이 부모의 본을 보고 배우게 하는데 있다면, 학교의 교화육성은 교사의 본을 보면서 배우게 하고, 지식적인 면도 성장하도록 해야 한다. 그리고 교육자는 교육자답고, 학생은 학생다운 모습을 유지해야 하는 것이다.

옛말에 군사부일체(君師父一體)라고 했다. 국가지도자(君)가 나라와 국민을 생각하는 것이나, 스승(師)이 제자를 생각하는 것이나, 부모(父)가 자식을 생각하는 것은 모두 같다는 뜻이다. 따라서 오늘날 학교가 교화육성의 기능을 잘 수행하려면 정부의 교육정책이 뒷받침되는 가운데 학교의 교사와 가정의 부모 역할이 모두 중요하다. 특히 자라나는 청소년들이 학교에 머무는 시간을 감안한다면, 학교의 교사 역할이 가정의 부모 역할보다 상대적으로 더 중요할 수 있다.

학교에서 효에 기초한 교화육성은 '지정의행(知情意行)'의 과정을 통한 방법이 효과적이다. 즉 효를 알려주고(知) 느끼게(情) 하며 다짐하게(意) 함으로써 스스로 행하게(行) 하는 과정(Process)이다. 따라서 교사는 효가 무엇이며 어떻게 하는 것인지를 학생들에게 알려주고 모범을 보임으로써 학생들로하여금 느낌과 다짐으로 와닿도록 하는 것이 교화육성의 실사구시(實事求是)적 방법이다.

인성교육의 선구자로 알려진 토마스 리코나는 "인성교육은 덕(德)을 기초로 인성을 함양하려는 의도적인 노력이다."라고 했는데, 공자는 "효는 덕의 근본이며 모든 가르침이 그로 말미암아 생겨난다.〔孝德之本也 教之所由生也〕"라고 했다. 결과적으로 인성교육은 효가 기본이된 덕성함양을 통해 이루어지는 것임을 알 수 있다. 이런 이유에서 학교는 효에 기초한 '교화육성'을 통해 인성을 함양해야 하는 것이다.

3. 학급 및 학생 관리기능

관리(管理)는 사전적으로 '어떤 일의 사무를 맡아 처리한다.', '시설이나 물건의 유지, 개량 따위의 일을 맡아 한다.'는 의미이다. 따라서 학교는 학생의 인성이 함양되도록 맡아서 관리하는 기능을 가지는 데, 특히 오늘날은 부모들이 일터에 출근해서 생업에 종사하는 동안 자녀들은 학교에 등교해서 공부를 해야 하는 상황이라는 점에서, 학교는 학생을 관리하는 거대한 교육기관인 셈이다.

학교는 학급을 관리하고 학생을 관리하는 기능을 수행한다. 그러나 오늘날 학교가 수행하는 관리기능은 국민의 기대에 미치지 못하는 것 같다. "군대에 가면 사람 된다."는 말은 들을 수 있어도 "학교에 가면 사람 된다."라는 말은 듣기 어려운데, 그 이유는 군인을 관리하는 '군대'와 학생을 관리하는 '학교'를 비교해 볼 때, '관리'에 대한 질적(質的) 차이 때문이라고 생각된다.

최근 학교폭력, 왕따 문제가 사회적 관심사로 떠오르고 있다. 부모와 교사도 모르는 가운데 학교 내 폭력은 더욱 가혹하고 잔인한 쪽으로 진화하고 있으며, 보복이 두려워 알리지도 못한 채 극단적인 행동을 택하는 학생도 있다. 그런데도 당국의 해결책이라는 것이 '학교폭력 실태조사', '경찰배치', '순찰강화', '상담사 배치' 등을 내놓고 있는 실정이다. 그러나 학내 폭력은 감시나 순찰, 설득 등으로는 근본적 해결이 어렵다. 따라서 효에 기초한 '관리'와 '가치교육'으로 풀어가야 한다.

인간은 본디 가치지향적 존재인 까닭에 피교육자로 하여금 올바른 가치를 지향하는 삶을 살아가도록 하는 것이 중요하다. 그리고 그중의 하나가 '효'라는 보편적·이타적 가치를 지향토록 하는 것이다. 이를 위해서는 교사를 선발할 때부터 어떤 가치기준을 가지고 있는지에 대해서도 구별해서 선발해야 할 필요가 있다. 이유는 교사는 지식만이 아닌 인성까지도 맡아야 할 직분이기 때문이다. 지금처럼 이른바 '성적중심' 사고, 즉 시험점수 높이고 일류대학에 많이 보낸 교사를 우수교사로 보는 학교와 학부모의 프레임도 문제지만, 교육의 정책과 행정 전문가들이 교육자를 평가하는 '틀'도 문제라고 본다. 예컨대, '연구', '교육', '봉사'라는 교육자의 영역 중에서 '봉사'에 주안을 두는 교육자가 되도록 해서 학생들을 잘 관리하도록 해야 하는데, 연구에 초점을 맞추도록 설계된 현행 시스템은 재고되어야 한다는 점이다. '사람된다.'는 표현에 있어서 학교가 군대만 못한 것처럼 비춰지는 이유는, 여러 가지 환경적인 탓이 있긴 하지만, 학교에서 교사(교수)가 학생을 지도하고 관리하는 정도가 군대의 지휘관(지휘자)이 장병을 지도하고 관리하는 것에 비해 미치지 못한 데서 오는 것으로 생각되는데, 이는 '봉사'적 자세의 차이 때문이라고 본다. 그렇기 때문에 군대의 리더들이 하는 것처럼 교사는 부모와의 소통을 하고, 학생들에 대한 신상파악을 정확히 하는 등 효에 기초한 학생관리를 해야 한다고 본다. 그리고 부모 입장에서도 군 지휘관에게 하듯이 학교 교사에게도 지지를 보내야 한다.

그러나 현재 대한민국의 교육상황은 '스승의 날' 조차도 그 의미를 살리지 못할 뿐 아니라 교사의 영(令)이 서지 않고 있다는 자성의 목소리가 높다. 학교에서 오늘날처럼 학생인권을 중시하고 무상급식을 하는데도 학생들이 행복해하지 않는 이유를 다 함께 고민해야 할 이유가 우리에게 있는 것이다. 그리고 효를 기초로 가르치는 것도 하나의 해결책이라 할 것이다.

Ⅲ 효인성 리더십의 적용

학교에서의 효인성 리더십은 교사가 학생을 대상으로 환경과 여건을 감안해서 인성을 함양시키는 리더십이다. 학교의 리더십은 여타 집단(조직)과 달리 리더의 수범(垂範)과 교육환경이 중요하다는 점이 특징이다. 교사의 나이와 지식에 의해서가 아니라 스승다움의 인격과 리더십에 의해 제자들의 인성이 함양되어져야 한다.

> **Tip**
>
> 학교에서의 리더십이 성공하기 위해서는 리더인 교사가 학생들에게 목표와 방향을 제시함으로써 제자들의 생각이 정렬되도록 하고, 학생들 스스로 내적 동기를 유발시켜야 하는데, 여기에는 사정제행(師正弟行)이 필수이다.

이러한 맥락에서 학교의 효인성 리더십은 스티븐 코비가 제시한 '리더십의 네 가지 역할 모델(4ROLES MODEL)' 과 '리더십의 3대 구성요소' 의 '틀' 에 맞춰 적용하는 방안에 대해 알아본다.

1. '리더십의 역할 모델(4ROLES MODEL)'로 본 효인성 리더십

학교에서의 효인성 리더십이 발휘되기 위해서는 먼저 교사가 목표와 방향을 제시[Path finding]하고, 제자들의 생각이 그 방향으로 정렬[Aligning]되도록 해야 한다. 그럼으로써 학생들이 스스로 내적 동기(Empowering)가 유발되도록 해야 하는데, 여기에는 교사의 본보기(Modeling)가 필수이다. 이를 좀 더 구체화하면 다음과 같은 내용들이다.

가. 목표와 방향 제시(Pathfinding)

목표와 방향 제시(Pathfinding)에는 가정에서와 마찬가지로 사명(Mission)·가치(Value)·비전(Vision)·전략(Strategy)이 포함된다.

첫째, 사명(Mission)은 부여받은 임무이자 존재하는 이유(Why we exist?)를 알게 하는 것이다. 스승과 제자의 입장에서 "우리는 왜 존재하며 왜 학교에 와있는가?", 제자의 입장에서 "나는 왜 존재하며 왜 학교에 와있는가?"를 알아야 하는데, 효는 입신양명(立身揚名)의 길로 안내하는 사명으로 작용한다.

둘째, 가치(Value)는 '스승과 제자, 학우들이 서로를 믿고 의지하게 하는 그 무엇(What we believe in?)'이다. 가치에는 보편적·이타적 가치, 목적적·수단적 가치, 정신적·물질적 가치 등이 있는데, 학생으로서는 "어떤 가치를 기준으로 어떻게 살아갈 것인가?"에 대해 알게 해야 한다. 스승은 제자들로 하여금 가치관(價値觀)과 좌우명(座右銘)을 스스로 설정케 함으로써 이를 기초로 삶을 설계하도록 안내해야 한다. 그리고 그 방법의 하나가 '교훈(校訓)'을 제정해서 스승과 제자가 교훈을 가치로 삼도록 해야 하는데, 효는 부모님이 원하시는 방향으로 향하게 하는 가치 중의 가치이다.

셋째, 비전(Vision)은 학생들이 이루고자 하는 그 무엇(What we want to be?)이다. 그러므로 스승은 제자에게 '꿈'과 '희망'을 갖도록 해서 각자가 '목표'를 추구하도록 해야 한다. 여기에서는 막연한 목표보다는 현실적 목표를 세우게 하는 방법으로 신조(信條), 좌우명(座右銘) 등을 노트나 책, 거울이나 책상 앞에 새겨놓고 마음에 간직하도록 하는 것도 하나의 방법이다.

넷째, 전략(Strategy)은 각자가 어떤 일을 이루어나가기 위한 실행계획(Action plan)을 이루어가는 과정이다. "구슬이 서 말이라도 꿰어야 보배다."라고 했듯이

'사명'과 '가치', '비전'을 현실화해서 실사구시(實事求是)적으로 달성해 나가도록 해야 한다.

나. 한 방향 정렬(Aligning)

한 방향 정렬(Aligning)은 학교의 설립정신 및 교육목표 등을 학생들의 생각과 정렬시키는 것이다. 학교의 정신이 학생들과 정렬되기 위해서는 학교의 역사를 가르치고 개교기념일 등의 행사를 통해 설립정신을 알고 실천하도록 해야 한다. 학교의 설립정신은 애교심 함양과 함께 애국심 발휘로 이어지게 된다. 우리나라는 역사적으로 사학의 명문들이 인재양성에 기여를 많이 했던 것으로 알려져 있다. 예컨대 3·1운동 참여, 6·25 한국전쟁 때 학도병으로 지원한 학생들이 사립학교가 상대적으로 많았는데, 이는 학교의 설립정신의 영향이 컸다고 본다. 이런 이유에서 학교의 설립정신과 교훈은 인성함양과 리더십에 미치는 영향이 크다.

다. 내적 동기부여(Empowering)

학생들에 대한 내적 동기부여(Empowering)이다. 앞서 "말(馬)을 물가에까지 끌고 갈 수는 있지만 물을 먹도록 하는 데는 어려움이 있다."고 했는데, 학교에서 학생들을 교실의 책상 앞에 앉혀 놓기까지는 쉬우나 학생들이 공부에 전념하도록 하는 데는 어려움이 따른다. 그래서 임파워먼트가 중요한데, 여기에는 리더십 환경과 리더십 스타일을 필요로 한다. 리더십 환경은 교사가 학생들을 대상으로 리더십을 구사하는데 미치는 상황요인을 뜻하고, 리더십 스타일은 교사의 리더십이 학생의 상태에 따라 선택하게 되는 '통제형'·'방임형'·'감독형'·'자율형' 등을 뜻한다.

스티븐 코비는 임파워먼트 수준을 여섯 부류로 나누고 있는데 ① 스승의 가르침을 기다리는 제자 ② 스승에게 가르침을 건의하는 제자 ③ 스승에게 의견을 제시하고 행동으로 옮기는 제자 ④ 해야 할 일을 실행하고 즉시 얘기하는 제자 ⑤ 해야 할 일을 실행하고 정해진 때에 얘기하는 제자 ⑥ 자율적으로 알아서 일을 수행하고 때가 되면 보고하는 제자로 구분한다. 이 중에서 가장 이상적인 제자의 모습은 여섯 번째의 경우로 주도적으로 학생답게 학교생활에 충실해서 자기계발에 앞장서는 경우이다. 그리고 스승의 이상적인 리더십 스타일은, 제자의 수준과 상태에 따라 다르긴 하지만, 상황과 여건에 맞게 '자율형' 스타일을 적용하는 것이 바람직하다.

라. 본보기(Modeling)

교사의 본보기(Modeling)는 교사의 성품과 역량을 바탕으로 제자들과의 신뢰를 쌓아 간다는 점에서 중요하다. 여기서 성품(性品)은 교사의 성격이나 됨됨이,

즉 품격을 말한다. "선생님이 좋아야 과목이 재미있다."는 말이 있듯이 교사의 '다움'이 뒷받침되지 않으면 제자의 추종을 이끌어내기 어렵고 좋은 리더십을 기대할 수도 없다. 그리고 역량(力量)은 어떤 일을 해낼 수 있는 힘으로, 교사가 제자교육을 감당할 수 있는 능력이다. 그래서 유치원 과정에서부터 교사의 성품과 역량이 중요한데, 제자들에게 좋은 성품과 역량을 가진 것으로 인식시키기 위해서는 교사가 효를 실천하는 본보기와 함께 제자들에게 효를 가르쳐야 한다. 효심을 가진 사람은 좋은 이미지로 비춰지기 마련이고 가족사랑을 실천해서 가족관계가 좋은 사람이 상대방에게 호감을 얻을 수 있으며 신뢰받는 것은 당연하다. 이런 면에서 효행을 통한 리더의 본보기가 필요한 것이다.

2. '리더십의 구성요소'로 본 효인성 리더십

학교에서의 효인성 리더십은 학원(學院)에서의 그것과는 차이가 있다. 학원은 학교 설치 기준의 여러 조건을 갖추지 아니한 사립 교육 기관으로 교육과정에 따라 지식·기술·예체능 교육을 행하는 곳이라는 점에서 학교와는 구별되는 것이다. 학교에서 효를 기초로 인

> **Tip**
> 학교에서의 리더십 구성요소는 ① 리더(교사) ② 팔로어(학생) ③ 상황 (환경 및 여건)이다. 교사가 학생을 대상으로 리더십을 구사하는 과정에 영향을 미치는 '상황요인'까지도 교사가 조성해야 함을 간과해서는 안된다.

성을 함양하는 리더십은 ① 리더(교사) ② 팔로어(학생) ③ 상황(환경 및 여건) 등 구성요소의 역동적 관계를 통해 목표를 추구하는 과정으로 발휘된다.

가. 리더(교사) : 제자의 '본'이 되는 멘토가 되자.

교사는 학생에게 부여된 사명과 설정된 비전, 가치 기준 등을 실행계획으로 옮길 수 있도록 계도해야 한다. "인성교육은 인간다운 품성인 인격을 함양하는 교육이며 인간이 갖추어야 할 인간 본연의 모습을 성취하는 것이다. 따라서 교사가 학생들에게 덕을 주입하는 방식을 사용하기보다는 학생들이 상황 속에서 옳은 행위를 고민하면서 스스로 선택할 수 있도록 하는 것이 중요하다.(고미숙, 2008)"는 표현처럼 시대적 상황이 고려된 인성교육이 되어야 한다. 그리고 학교에서의 인성교육은 교사의 본보기와 기본에 충실하는 과목 진행이 중요하며 사랑이 전제되어야 한다. 『효경』에 "효는 덕의 근본이요, 모든 가르침이 그로 말미암아 생겨난다.(개종명의장)"[267], "리더(군자)가 효를 가르치는 것은 자기 부모뿐만 아니라 남의 부모까지도 자기 부모처럼 공경하고 형제간 우애하며 남의 형제까지도 우애하게 하기 위함이다.(광지덕장)"[268],

『성경』에 "만일 어떤 과부에게 자녀나 손자들이 있거든 저희로 먼저 자기 집에서 효를 행하여 부모에게 보답하기를 배우게 하라. 이것이 하나님 앞에 받으실 만한 것이니라.(딤전 5 : 4)", 『맹자』에 "자기 집 어린이를 사랑하여서 그 마음이 다른

---

267 "孝德之本也 敎之所由生也."
268 "君子之敎以孝也 非家至而日見之也 敎以孝 所以敬天下之爲人父者也 敎以悌 所以天下之爲人兄者也."

집 어린이를 사랑하는 데까지 미치게 한다면 천하를 쉽게 이끌어 갈 수 있다.(양혜왕 상편)"[269]는 내용에서 알 수 있듯이 교사가 효를 기초로 교육하면 교사의 리더십 역량이 저절로 강화되는 효과를 가져오게 되는 것이다.

나. 팔로어(학생) : 스승의 마음을 헤아리는 멘티가 되자.

학생의 입장에서는 무엇보다도 '부모님이 원하시는 방향'으로 학교생활을 하는 것이 중요하다. 또한 학교에서 학우 간 우의(友誼)를 통해서 부모와 스승을 걱정 끼쳐드리지 않고 기쁘게 해드리는 학교생활을 해야 하는데, 대체로 다음과 같은 내용이다.

첫째, 스승을 공경하고 순종하는 자세를 견지해야 한다. 학생으로서 부모님에게 기쁨을 드리는 학교생활은 뭐니 뭐니 해도 학교에서 선생님 말씀 잘 듣고 공부에 충실하는 것이다. 군사부일체(君師父一體)는 국가지도자를 대하는 것이나 부모님의 기대를 생각하는 것이나 스승의 가르침을 받는 자세나 모두 같아야 하는 것을 의미한다.

둘째, 역지사지(易地思之)적 교우관계를 유지해야 한다. 사람은 누구나 귀한 자식이다. '나의 집에서 내가 귀한 자식'이면 상대방도 '그의 집에서 그가 귀한 자식'인 것이다. 따라서 나의 부모님이 나를 귀하게 여기시는 것처럼, 상대방 학우도 귀한 자식이므로 말을 함부로 하거나 업신여겨서는 안되며 학생 상호 간에 이타적 대인관계를 유지해야 한다. 『논어』에 "배우고 때때로 익히면 이 또한 기쁜 일이 아닌가, 벗이 먼 곳에서 찾아오면 또한 즐겁지 아니한가, 남이 나를 알아

---

269 "老吾老以及人之老 幼吾幼以及人之幼 天下可運於掌."

주지 않는다 해도 원망하지 않는다면 어찌 군자라 하지 않겠는가?(학이편)"[270]라고 하여 학우간 이타적 관계의 필요성을 강조하고 있다. 학교에서 효를 교육하면 분명히 학생들의 성품은 온후해진다. 『효경』에 "부모를 사랑하는 사람은 다른 사람을 미워하지 않고, 부모를 공경하는 사람은 다른 사람을 업신여기지 않는다.(천자장)"[271], "부모를 섬기는 사람은 윗자리에 있어도 거만하지 않고 아랫자리에 있어도 질서를 어지럽히지 않으며 같은 무리와 함께 있어도 서로 다투지 않는다.(기효행장)"[272], 『논어』에도 "효도와 우애를 다하는 사람이 윗사람 범하기를 좋아하는 사람은 드물다.(학이편)"[273]고 한 것처럼, 학생에게 효심을 가지게 하고, 교사에 의해 효심이 불러일으켜지면 학내 폭력은 자연스럽게 줄어들 것이다.

셋째, 교칙을 준수하는 습성을 길러야 한다. 사람은 학교를 졸업하면 군대를 다녀와야 하고 직장에 취업해서 가족을 책임지는 삶을 살아가게 되는데, 학창시절부터 규정을 준수하는 습성을 갖는 것은 중요하다. 그리고 부모님과 선생님을 같은 위치에 있는 분으로 여기며 섬겨야 한다.

다. 상황(환경 및 여건) : 학교의 문화를 함께 만들어 가자.

학교에서 인성을 함양하는 교육과 리더십이 살아나기 위해서는 교육환경 및 여건이 중요하다. 지금처럼 "매 맞는 학생보다 매 맞는 스승이 많다."는 자조적

---

270 "學而時習之不亦說乎, 有朋 自遠方來 不亦樂乎, 人不知而不慍 不亦君子乎."
271 "愛親者 不敢惡於人 敬親者 不敢慢於人."
272 "事親者 居上不驕 爲下不亂 在醜不爭."
273 "其爲人也孝弟 而好犯上者 鮮矣."

인 표현은 그만큼 학교의 교육환경이 혼탁해지고 있다는 반증이다.

학교에서 좋은 학습 환경을 유지하기 위해서는 여러 가지가 있겠지만 다음과 같이 네 가지를 들 수 있다.

첫째, 교육정책의 영속성을 유지하는 것과 성적 중심의 교육 중심에서 탈피하는 것이다. 교육을 백년지대계라고 하듯이 100년 앞을 내다보는 교육이어야 하는데, 지금처럼 교육의 정책이 너무 자주 바뀌는 것은 교육에 긍정적 상황요인으로 작용하기 어렵다. 또한 오늘날의 학교교육은 산업화의 영향으로 지식과 기능중심의 교육에 치중하고 있다는 비판이 있는데, 학교가 전인교육의 장이 되어야 한다. 그리고 이를 위해서는 교육정책 당국과 학부모, 그리고 학교가 함께 노력하지 않으면 안된다. 따라서 교사와 학생 모두, 부모님이 원하시는 것이 무엇인지를 알게 하는 효교육을 통해서 교육환경을 좋은 방향으로 관리·유지해야 한다.

둘째, 제정된 교훈을 스승과 제자가 함께 지켜나가는 것이다. 방법으로서는 수업 시작 전, 또는 수업 진행 간 적절한 타임에 교훈의 의미와 의의를 설명해서 학생들이 가치 기준으로 삼도록 해야 한다.

셋째, 학운위 활동을 비롯한 학부모들의 활동이 교육과정에 도움이 되도록 해야 한다. 특히 일부 학부모들이 교사에게 언행을 함부로 하는 것은 자기 자녀뿐 아니라 모든 학생들에게 나쁜 영향을 미친다는 점을 알아야 한다. 이는 최근 주요 언론의 사설이나 칼럼의 제목에서도 교육환경이 얼마나 열악해져 가는지를 알 수 있다. 예컨대 '중고생 절반 선생을 존경하지 않는다.(한국일보, 2003. 5. 1)', '교육의 주체들 어디 갔나?(조선일보, 2003. 5. 7)', '선생들이 왜, 거리로 나갑니까?(중앙일보, 2003. 5. 7)', '교사가 학생을 버릴 때는… (동아일보, 2003. 5. 8)', '교사 10명 중 8명 소신 못 펼친다(중앙일보, 2003. 5. 18)', '왕따 해결책은 입시

보다 도덕교육이다(조선일보, 2004. 3. 2)', '선생 뺨 때리며 자식 잘 되길 바라나(중앙일보, 2004. 6. 14)', '잘못을 잘못이라 가르치지 못하는 학교(조선일보, 2004. 11. 24)', '본질 벗어난 학교 수련회 방치(조선일보, 2004. 12. 4)', '걱정되는 아이들 학교 교육(조선일보, 2006. 3. 10)', '사람 만드는 교육이 없다(조선일보, 2007. 4. 23)', '인성교육 급하다.(조선일보, 2007. 5. 9)', '동방불효지국(경향신문, 2007. 12. 14)', '대학생들의 환경미화원 패륜사건(조선일보, 2010. 6. 5)', '제도만 바꾼다고 되나?(서울신문, 2011. 9. 28)' 등이다.

넷째, 진영논리나 이념논리에서 벗어난 교육이어야 한다. 학생들은 아직 판단 기준이 분명치 않고, 세상을 보는 시야도 좁기 때문에 교사의 말을 그대로 믿고 따르게 된다. 그러므로 검증되지도 않은 이념을 주입하는 일은 교육자로서 맞지 않는 것이다.

Ⅳ 생각해보기(토의 주제)

Topic of discussion

❶ 인성교육의 과정에서 '학교교육'의 중요성을 제시하고, 학교가 인성교육의 중심이 되어야 하는 이유에 대해 각자의 의견을 발표해 봅시다.

❷ 학교의 역할과 기능 중에서 가장 중요하다고 판단되는 것을 제시하고, 교훈과 연계 하는 방안에 대하여 각자의 의견을 발표해 봅시다.

❸ 학교에서 인성이 함양되는 과정에서 교사의 수범에 대한 중요성을 제시하고, 현상 및 문제점과 발전방안에 대해 각자의 의견을 발표해 봅시다.

제**10**장 군대의 효인성 리더십

군대(軍隊)는 국가를 보호하기 위해 조직된 군인들이 모인 집단이다. 군대는 '군사 군(軍)' 자와 '무리 대(隊)' 자가 합쳐 만들어진 글자이니, '군사들의 무리'를 의미한다. 본디 '군(軍)' 자는 '덮을 멱(冖)' 자와 '수레 거(車)'의 합자로 "전차를 줄지어 세워 놓고 위장망으로 덮어 놓은 모습"이고 '대(隊)' 자는 '언덕 부(阝)' 자와 '멧돼지 시(豕)' 자의 합자로 '언덕에 떼지어 있는 멧돼지의 모습'이다. 사전에는 '일정한 규율과 질서를 가지고 조직된 군인의 집단'으로 기록돼 있는데, '대(隊)' 자에서 '돼지 시(豕)'가 들어 있는 것은 '가(家)' 자와 마찬가지로 예부터 군 병영은 돼지의 도움을 받았음에 기인한다. 즉 전투를 위해 자주 옮겨야 하는 병영은 '언덕(阝)'에 '돼지(豕)'를 풀어 놓음으로써 독사(毒蛇)의 접근을 막은 데서 비롯된 글자가 '대(隊)' 자라는 설이 있다.

사람들은 흔히 "군대 가면 사람 되고 효자 되어 돌아온다."고 생각한다. 이는 군대라는 곳이 제복 입은 민주시민을 육성하는 국민교육의 도장이며, 효를 기초로 인성을 함양하기에 매우 적합한 곳으로 여기는 표현으로 볼 수 있다. 이는 가

수 김광석 씨가 부른 「이등병의 편지」 노랫말에도 잘 나타나 있다.

"집 떠나와 열차 타고 훈련소로 가는 날-, 부모님께 큰절하고 대문 밖을 나설 때-, 가슴 속에 무엇인가 아쉬움이 남지만-, 풀 한포기 친구 얼굴 모든 것이 새롭다-, 이제 다시 시작이다 젊은 날의 생이여(중략)/짧게 잘린 내 머리가 처음에는 우습다가-, 거울 속에 비친 내 모습이 굳어진다 마음까지-, 뒷동산에 올라서면 우리 마을 보일는지-, 나팔소리 고요하게 밤하늘에 퍼지면-, 이등병의 편지 한 장 고이 접어 보내오-, 이제 다시 시작이다 젊은 날의 꿈이여"라는 내용이다.

사람은 누구나 군에 와서 통제된 생활을 하다 보면 부모님의 사랑을 받으며 호의호식(好衣好食)했던 시간들을 떠올리게 되고, 불효를 뉘우치기 마련이다. 특히 군 복무기간(20~23세)은 청소년 기본법상 청소년 연령(9~24세)에 해당되므로 국가 차원에서 청소년 교육과 연계할 필요가 있다. 그리고 과거 군대가 인구 억제를 위해 산아제한 정책에 앞장섰듯이, 지금은 출산장려 정책을 추진하는데 앞장서야 할 때이다. 따라서 군대의 효인성함양은 국민교육 차원에서 접근해야 하며, 이를 위해서는 현대적으로 재조명된 효를 가르치고 평생교육과 연계하는 노력이 요구된다. 그리고 에릭슨이 "사람은 성인이 되어서도 심리적 자극을 받게 되면 인성함양에도 긍정적으로 작용한다."고 했듯이, 입대 장병의 연령대에서 효를 바탕으로 한 인성교육은 효과가 있다. 특히 군대라는 특수 환경에서 리더가 효를 기초로 인성교육을 하게 되면 인성함양과 안정적인 부대관리에 기여할 뿐만 아니라 '부모형제를 지키기 위해 기필코 승리해야 한다.'는 각오를 가지게 한다는 점에서 무형전력을 강화하는 일석이조(一石二鳥)의 효과를 기대할 수 있다.[274]

274 김종두, "군 장병의 효심과 복무자세간 관계에 관한 연구", 영남대학교 석사학위 논문(1996), 김종두, "군대 효교육을 통한 장병인성함양과 리더십 역량 강화에 관한 연구", 성산효대학원대학교 박사학위 논문(2007).

이런 맥락에서 본 장(章)에서는 군대에서의 효인성 리더십의 성격을 규명해 보고 군대의 역할과 기능을 기초로 '리더십의 역할(4ROLES MODEL)' 과 '리더십의 구성요소' 에 맞춰 효인성 리더십을 적용하는 방안에 대하여 제시해 본다.

█ 군대는 효인성 리더십을 촉진(促進)하게 하는 곳

군대가 효에 기초한 인성 리더십을 촉진시키는 곳으로 보는 이유는 군대라는 환경이 호의호식(好衣好食)했던 가정과 부모님을 생각하면서 효를 깨우칠 수 있는 곳이기 때문이다. 사람은 외국에 나가봐야 우리나라가 좋은 나라인 줄을 알게 되고, 여자는 시집가서 자식

> **Tip**
>
> 군대는 '효'와 '인성', '리더십' 을 촉진시키는 기회의 장(場)이다. 부모의 은혜를 생각하게 되고, 다양한 인간관계를 통해 자신을 성숙시키며 '이병·일병·상병·병장' 이라는 4형제 계급구조를 통해 리더십 역량을 키운다. 그래서 군대는 국민교육의 도장이다.

을 낳아봐야 부모님의 은혜를 느끼게 된다고 한다. 이렇듯이 사람은 군대를 가봐야 부모님의 고마움을 알게 되는 것이다.

군대의 인성교육의 질은 지휘관(자)의 리더십 수준을 넘어설 수 없다. 이것이 인성교육에서 리더십이 요구되는 이유이다. 이런 점에서 군대는 효인성을 촉진시키는 곳이라 할 수 있는데, 이를 '효교육', '인성교육', '리더십' 의 관점에서 알아본다.

첫째, 효교육의 관점이다. 효교육은 사안에 따라 가정에서 해야 할 내용이 있고 학교에서 해야 할 내용이 있으며 군대와 종교 등에서 교육할 내용이 있는데, 군대는 부모님의 은혜를 알게(知) 하고 느끼며(情) 효를 다짐(意)하게 하여 실천

(行)하게 하는 곳이다. 때문에 각종 사례 등을 통해 부모님의 은혜를 설명해주면서 "효가 무엇이며 어떻게 해야 하는 것인지"를 리더가 수범을 통해서 가르치면 효과가 배가된다. 이러한 교육방법은 맹자가 말했던 '역자교지(易子敎之)'에도 맞는 내용이다.

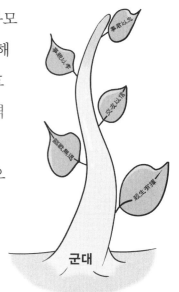

앞서 밝힌 바 있듯이 필자는 33년 동안 직업군인으로 복무하면서 군대 효교육을 직접 적용해서 무사고 부대 육성과 함께 전투력 면에서도 우수하게 평가받는 등 성공적으로 임무를 수행한 경험이 있다. 이는 '어머니 마음', '어머니 은혜' 노래 합창만으로도 부모님을 사무치도록 그립게 하고, 장병의 가슴을 울려서 새로운 각오를 하게 했던 효교육의 덕분이라 생각한다. 어떤 부모든 군에 간 자식이 첫 휴가 나오면 "우리 아들 많이 어른스러워 졌네…" 하면서 대견스럽게 맞이한다. 불과 몇 개월 사이지만 철든 모습이 역력하다는 것이 부모들의 견해다.

군대의 효교육은 1988년부터 육군에서 충·효·예 교육의 일환으로 시작되었다. 그리고 2002년부터 해군과 공군에까지 확대하여 실시하도록 국방부 지침이 하달된 바 있다. "나라에 충성하고 부모님께 효도하며 장병 상호 간에 예의를 지키는 교육"으로 정의되는 충·효·예 교육은 1999년의 육군지침과 2008년도 국방부 정훈 공보활동 지침에 명시돼 있다. 그리고 1999년 지침의 내용은 첫째, 부사관 중심에서 지휘관 중심으로 전환하여 실시할 것. 둘째, 관혼상제 중심의 교육에서 군사사상과 전인교육·무형전력과 리더십으로 승화되도록 가치 지향적으로 실시할 것. 셋째, 야전부대만이 아니라 학교교육 기관에서도 반영하여 실시할 것 등이 담겨 있다.

그런데 이러한 충효예 교육이 최근 인성교육진흥법이 시행되면서 일부 잘못 적용되는 면이 있어 걱정이다. 다름 아닌 군인성교육진흥협회가 주관한 '군 인 성교육의 혁신과 내실화를 위한 토론회'가 2015년 9월 1일 국회의원회관에서 있 었는데, 여기에는 군인성교육 관계자들이 모인 자리였다는 점에서 의의가 있는 토론장이었다. 이날 주제발표 발제자가 "군대에서 하는 인성교육에서는 '효'와 '예'를 배제해야 한다."는 내용을 발표한 것이다. 내용을 간추리면 "군의 인성교 육은 사회의 인성교육과는 달리 군의 임무나 현실과 조화를 이루는 덕목의 비중 이 높아야 한다. 예를 들면 충효예 교육이 매우 오랫동안 군에서 강조되었고, 그 당위성에 대해서는 누구도 부정하기 어렵지만 노력한 바에 비해서 군에서 활성 화되지 못한 이유는 충(忠)의 경우에는 군의 덕목과 일치하지만 효(孝)나 예(禮)는 반드시 그렇게 보기는 어렵기 때문이다.(중략) 부모님을 평소에 보지도 못할 뿐 만 아니라 집을 떠나온 것 자체가 불효인데, 장병들에게 효를 강조할 경우 오히 려 마음의 갈등만 커질 수 있다. 예(禮)의 경우도 상하급자가 분명한 가운데 군 나 름의 예절이 규율로 강조되고 있는 군대에서 일반적인 예를 강조하는 것은 매력 이 있기 어렵다. 예와 효는 그 내용이 지나치게 추상적이면서 군의 상황 및 여건 에 부합되지 않는 측면이 적지 않고, 지금까지 상당히 강조하였지만 정착되지 못 한 점이 있으며, 다른 덕목에 포함되어 있다는 점에서 제외될 수 있을 것이다.(중 략) 군인성교육내용은 '정직'·'책임'·'존중'·'배려'·'소통'·'협동'·'갈등해결 능력'·'정서함양'·'세계시민교육'을 지향할 필요가 있다고 설정하였다."[275]는

---

275 박휘락, "군인성교육의 필요성, 범위, 추진전략", 「군대 갔다 와야 사람 된다(군인성교육의 혁 신과 내실화를 위한 토론회)」, 국회의원 한기호/군인성교육진흥협회, 2015. pp.23~43.
　*국방부에서 제정한 '인성 7대 핵심덕목'에 '예와 효'는 빠져있음.(2017. 12. 18. 국방부 담당 관 확인)

내용이다. 논지(論旨)로 보면, 부모님 곁을 떠나 타지(他地)에 나가서 유학(留學)하거나 군에 가있는 자식은 모두 불효자란 뜻인데, 화랑 관창이나 충무공 이순신, 백범 김구, 안중근 등은 모두 부모 곁을 떠나 나라를 위해 살신성인(殺身成仁)했지만, 그들을 불효자로 보는 사람은 없다. 그리고 '충·효·예 교육'이 정착되지 못한 이유는 지휘관들의 역할부재 때문이지 자생적으로 교육을 해온 부사관들의 잘못은 아니라고 본다. 그리고 군인은 제복을 입고 있는 국민으로 봐야지 별도의 사람으로 보아서도 안된다. 『손자병법』에도 "(장수가) 병사보기를 어린아이 보듯 하면 병사들은 깊고 험한 골짜기라도 함께 들어가게 할 수 있고, 병사를 사랑하는 자식같이 대하면 가히 함께 죽을 수 있게 한다.(지형편)"[276]고 했다.

둘째, 인성교육의 관점이다. 인성이 함양되는 데는 관계가 중요하다. "인성은 자기 입장을 탈피하여 타인의 입장이 되어 타인의 마음을 이해하고 추론할 수 있는 조망수용능력이다. 조망수용능력은 타인의 관점을 취하여 그들의 사고나 의도 등을 지각하는 능력이다.(한국교육정책 연구소, 2013)", "인성이란 개인과 환경 간 역동적 상호작용에 의해 나타나는 태도이다.(김인숙, 2014)"라는 표현에서 보듯이 군대의 병영은 합리적 지휘와 관리만 보장된다면 인성함양의 교육기관으로는 최적의 장소이다. 그리고 "인성교육은 수직적인 관계를 중심으로 하여 점차적으로 수평적인 관계로 넓혀가는 것이 중요하다. 즉 인성교육은 부자(父子), 사제(師弟), 장유(長幼) 등 기본적·수직적인 관계를 중심으로 다양한 방법과 프로그램을 경험하는 데서 이루어진다.(한국교육정책 연구소, 2013)"는 표현에서 보듯이 인성교육은 효와 관련되며, 효는 가족관계를 시작으로 타인과 이웃·사회와 국가·인류와 자연으로 확대되는 친친애인(親親愛人)과 동심원(同心圓)의 원

---

276 "視卒如兒 故可與之赴深谿 視卒如愛子 故可與之俱死."

리로 작용된다는 점에서 군대는 관계를 통해서 자연스레 인성함양을 촉진되는 교육기관인 것이다.

셋째, 리더십의 관점이다. 군대에서 리더는 지휘관(자)이고 팔로어는 장병이다. 지휘관과 장병 모두 부모님을 걱정 끼쳐드리지 않고 기쁘게 해드리는 생활을 하게 되면 리더십 역량은 저절로 향상되기 마련이다. 특히 이병·일병·상병·병장이라는 4형제 계급구조로 되어 있는 병영은 계급 구조상 리더십 역량이 저절로 함양되는 조직으로 돼있다는 점에서 더욱 그렇다. 그리고 이러한 리더십은 효와 연계성이 깊은데,『예기』에 "리더가 세상 사람들이 사랑을 실천하게 하려면 먼저 그 부모를 사랑하는 것에서 시작한다. 이것이 구성원들에게 사랑과 자목(慈睦)의 도를 가르치는 방법이다. 경(敬)의 도를 천하에 세우려면 먼저 스스로 그 형장(兄長)을 공경하는 데서 시작한다. 이것이 구성원에게 유순(柔順)의 도를 가르치는 방도이다. 자목(慈睦)의 도를 가르쳐서 그들이 어버이 계심을 귀히 여기게 되고 유순(柔順)의 도를 가르쳐서 팔로어들이 위의 명령을 들음을 귀히 여기게 된다. 이리하여 구성원들이 모두 자목(慈睦)의 도로써 그 어버이를 섬기고 유순의 도로써 위의 명령을 청종(聽從)하면 세상은 반드시 치평(治平)된다. 그러므로 이 두 가지 도(道)로 천하에 실시하면 모든 일이 잘 행해진다.(제의편)"[277]고 했다.

또한 병영에서 효를 가르치면 장병 상호 간 인간관계가 좋아져서 병영 내 구타 및 가혹 행위 등 병영의 악습이 줄어들게 될 것인데,『효경』에 "부모를 사랑하는 사람은 다른 사람을 미워하지 않고 부모를 공경하는 사람은 다른 사람을 업신여기지 않는다.(천자장)"[278]고 했고, "부모를 섬기는 사람은 윗자리에 있어도 거만하

---

277 "立愛自親始教民睦也 立敬自長始教民順也 教以慈睦 而民貴有親 教以敬長 而民貴用命 孝以事親 順以聽命 錯 諸天下 無所不行."

278 "愛親者 不敢惡於人 敬親者 不敢慢於人."

지 않고 아랫자리에 있어도 질서를 어지럽히지 않으며 같은 무리와 함께 있어도 서로 다투지 않는다.(기효행장)"[279]고 했다. 그리고 『논어』에 "그 사람됨이 효성스럽고 겸손하면서도 윗사람에게 대드는 사람은 거의 없다. 윗사람에게 대들지 않는 사람 치고 난동부리는 사람은 아직까지 없었다.(학이편)"[280], "리더(군자)는 근본을 세우는데 힘써야 하며 근본이 서면 길과 방법이 저절로 생긴다. 효(孝)와 우애(悌)는 인(仁)을 이루는 근본이다.(학이편)"[281]라는 표현에서도 효가 바탕이 된 병영의 인성교육은 리더십 역량강화로 이어지게 됨을 알 수 있다.

Ⅱ 군대의 역할 및 기능

1. 안보기능

군대가 가지는 주요 기능은 첫째는 안보(安保)기능이고, 둘째는 교육(教育) 및 사회화(社會化) 기능이다. 안보기능은 국가를 외부의 적으로부터 지키며 국민의 재산과 생명을 보호하는 기능이고 교육 및 사회화 기능은 국민

> **Tip**
>
> 군대의 역할과 기능은 안보기능과 교육 및 사회화 기능이다. 안보기능은 국가를 보위하며 국민의 재산과 생명을 보호하는 것이고, 교육 및 사회화 기능은 제복 입은 국민, 즉 군인에 대하여 전인적 교육을 하는 것이다.

---

279 "事親者 居上不驕 爲下不亂 在醜不爭."

280 "其爲人也孝弟 而好犯上者鮮矣 不好犯上 而好作亂者 未之有也."

281 "君子務本 本立而道生 孝悌也者 其爲仁之本與."

의 자제(子弟)인 군인을 온전한 사람으로 키우는 전인교육의 기능이다.

孝 · 忠

　안보기능면에서 군이 존재하는 목적은 외부의 군사적 위협과 침략으로부터 국가를 보위하고 평화통일을 뒷받침하며 사회의 안정과 세계평화에 기여하는데 있다. 군인복무규율에도 군대가 존재하는 이유를 "국가를 보위하고 국민의 재산과 생명을 보호하며 개인 및 부대를 육성할 수 있도록 교육과 훈련을 해야 한다."고 명시하고 있다. 군은 국가와 민족의 흥망성쇠를 직·간접적으로 뒷받침한다는 점에서 그 역할은 중요하다. 그러므로 군에 부여된 사명과 임무를 수행하기 위해서는 다른 여느 조직과 달리 조직 구성원의 자유의사나 재량권보다는 목표달성을 위한 행동의 절대성이 요구된다. 불확실한 상황에서 온갖 고난과 위험을 무릅쓰고 임무를 수행해야 하며 전쟁의 승패는 곧 국가의 존망과 직결되기 때문에 조직과 국가가 개인보다 우선하며, 임무수행에서도 신속성과 정확성이 요구된다. 따라서 군은 조직의 구성원들로 하여금 일사불란한 지휘체제하에서 유사시 조국을 위해 기꺼이 신명을 바칠 수 있는 희생정신, 명령에 대한 복종심, 생사고락을 함께 하는 전우애와 단결심 등이 요구된다는 점에서 '충·효·예 정신'에 기반한 군사사상(軍事思想)과 함께 무형전력을 강화해야 한다.

2. 교육 및 사회화 기능

국민개병제를 채택하고 있는 우리나라의 여건상 군대의 교육기능은 중요하다. 공교육이 기능을 제대로 발휘하지 못하는 우리의 형편으로는 더욱 그러한데, 국민교육도장으로 불리는 이유도 그 때문이다. 특히 사람들은 "학교 가면 사람 된다."보다는 "군대 가면 사람 된다."고 생각하는 경향이 있는데, 이는 국민의 기대가 그만큼 크다는 반증이기도 하다. 군 생활은 가정이나 학교와는 달리 비교적 사회·문화적 배경이 다른 젊은이들로 구성되어 있어서 병영생활을 함께하는 전우들과 군대 규율 및 질서, 강한 교육훈련 속에서 체험적 경험과 인내를 통해 정신적, 육체적으로 성숙하게 된다. 이런 점들에 의해 흔히 '군대에 갔다 오더니 사람이 달라졌다.'라는 말을 하게 되는 것이며, 이는 곧 군 생활을 민주시민적 자질 습득과 인간적 성숙을 단련시키는 한 과정으로 보고 있다는 반증이다.

따라서 군대의 리더는 부하들의 올바른 생활태도와 가치관을 형성시켜 줌으로써 현대사회의 건전한 문화시민으로서 역할을 수행할 수 있도록 하는 국민의 교사라는 책임과 사명의식을 가지고 교육자적 자질함양에 힘써야 한다. 이러한 측면에서 볼 때 평상시 군대가 가지는 사회화에 대한 교육적 기능은 민주시민의식에 필요한 올바른 가치관과 태도를 형성시키는 국민교육기능을 수행하는 것으로 보아야 한다. 이처럼 군인은 고도의 훈련과 임무수행 등 어려움을 감수하는 가운데 전인교육(全人敎育)의 도장으로서 국민적 자질을 배양하는 데에도 기여해왔는데, 하나의 예(例)가 '충·효·예 정신'에 기초한 인성교육이다. 예컨대 미국 조지아주의 경우 인성교육 내용에 '애국심(나라사랑)'이 포함[282]되어 있음을 볼 수 있는데, 군대는 가정과 학교와는 다른 인성함양 요소를 적용해서 조직의 성격과 목표에 맞게 인간관계 능력을 향상시켜야 한다.

III 효인성 리더십의 적용

군대의 효인성 리더십은 여타 집단(조직)과 달리 규율의 준수와 리더의 수범(垂範)이 중요한데, 그 이유는 임무와 목숨을 바꾸어야 하는 특수한 사명을 부여받았기 때문이다. 그러므로 군대의 리더십은 상관의 나이가 많고 계급과 권한에 의해서가 아니라 '리더다움'

> **Tip**
>
> 군대에서의 리더십이 성공하기 위해서는 리더인 지휘관(자)이 장병들에게 목표와 방향을 제시하여 장병들의 생각이 정렬되게 하고, 장병들 스스로 내적 동기를 유발토록 함으로써 '상하동욕(上下同欲)'에 이르도록 해야 한다.

에서 풍기는 인격에 기초한 리더십이어야 하는 것이다.

이러한 맥락에서 군대의 효인성 리더십의 적용에 대해 스티븐 코비가 제시한 '리더십의 네 가지 역할 모델(4ROLES MODEL)', 그리고 '리더십의 3대 구성요소'의 '틀'에 맞춰 살펴본다.

---

282 교육부, 『인성지수개발연구』, 진한엠엔비. 2014. p.17.

1. '리더십의 역할 모델(4ROLES MODEL)'로 본 효인성 리더십

군대에서 효인성 리더십이 발휘되기 위해서는 먼저 지휘관(자)이 목표와 방향을 제시[Path finding]하고 장병들의 생각이 그 방향으로 정렬[Aligning]되어야 하며 내적 동기가 스스로 유발(Empowering)되도록 리더가 본보기(Modeling)를 보여야 하는데, 이를 좀 더 구체화하면 다음과 같은 내용들이다.

가. 목표와 방향 제시(Pathfinding)

목표와 방향을 제시(Pathfinding)하는 일에는 사명(Mission)·가치(Value)·비전(Vision)·전략(Strategy)이 포함된다. 첫째, 사명(Mission)은 부여받은 임무이자 존재하는 이유(Why we exist?)를 알게 하는 것이다. 지휘관(자)과 장병의 입장에서 "우리는 왜 존재하며 왜 군에 와있는가?", 장병의 입장에서 "나는 왜 군대에 입대해 있는가?"를 알도록 해야 하는데, 효에 기초한 군생활은 애국심 함양과 함께 입신양명(立身揚名)의 길로 안내하는 사명과 연계된다는 점이다.

둘째, 가치(Value)는 '지휘관(자)과 장병, 전우 간에 서로를 믿고 의지하게 해주는 그 무엇(What we believe in?)' 이다. 가치에는 보편적·이타적 가치, 목적적·수단적 가치, 정신적·물질적 가치 등 다양한데, 군인으로서 "어떤 가치를 기준으로 어떻게 생활해야 할 것인가?"라는 점이 중요하다. 따라서 지휘관(자)은 장병들로 하여금 가치관(價値觀)과 좌우명(座右銘)을 설정케 하고, 이를 기초로 군 생활을 해나가도록 계도해야 한다. 그리고 그 방법의 하나가 '부대훈(部隊訓)'을 제정해서 "우리는 어떤 가치를 공유할 것인가?"를 의식하며 생활하도록 하는 것인데, 가정과 부대를 잇는 가치지향적 군생활이 되도록 하기 위해서는 충과 효를 연계하는 부대훈이 바람직하다.

셋째, 비전(Vision)은 장병들이 이루고자 하는 그 무엇(What we want to be?)이다. 지휘관(자)은 장병들에게 '꿈'과 '희망'을 주고, 각자가 '목표'를 현실화하기 위한 병영생활을 해가도록 안내해야 하는데, 그중의 하나가 생애설계를 기초로 군생활에 성실히 임하도록 함으로써 입신양명(立身揚名)의 초석이 되도록 해야 하는 것이다. 그리고 효에 기초한 인성교육은 비전을 설정하는데 도움을 준다.

넷째, 전략(Strategy)은 각자가 어떤 일을 이루어나가기 위한 실행계획(Action plan)이다. 장병 개인마다 가지고 있는 '사명'과 '가치', '비전'을 현실화해서 실사구시(實事求是)적으로 생애설계 및 인생목표와 연계되도록 해야 한다.

나. 한 방향 정렬(Aligning)

부대의 한 방향 정렬(Aligning)은 부대정신에 기초한 부대장의 지휘중점과 목표 등과 장병의 생각을 잇는 것이다. 부대정신을 개인의 정신과 잇기 위해서는 부대의 역사를 장병들에게 가르쳐서 알도록 해야 한다. 그리고 부대 창설기념일 등의 행사를 통해서 부대정신을 계승해 나가야 한다. 특히 부대마다 6·25를 비롯한 각종 전투에 참여하여 공을 세운 기록 등이 있으므로 이런 것들을 찾아내어 교육함으로써 부대에 소속된 것을 자랑으로 여기도록 해야 한다. 이런 점에서 '충·효·예 정신'에 기초한 인성교육은 무형전력 강화 차원에서 좋은 방안이 될 수 있다.

다. 내적 동기부여(Empowering)

부대에서 병영생활을 하는 장병들의 내적 동기부여(Empowering)이다. 앞서 "말을 물가에까지 끌고 갈 수는 있지만 물을 먹도록 하는 데는 어려움이 있다."는 내용을 언급한 바 있는데, 부대에서도 장병들이 입영통지서를 받고 부대에 들어왔을지라도 장병들이 스스로 임무수행에 전념하도록 하는 데는 어려움이 따르기 마련이다. 그래서 임파워먼트가 중요한데, 여기에는 리더십 환경과 리더의 리더십 스타일을 필요로 한다. 리더십 환경은 군대 리더가 장병들을 대상으로 리더십을 구사하는데 미치는 상황요인을 뜻하고, 리더십 스타일은 리더의 리더십이 '통제형'·'방임형'·'감독형'·'자율형' 중 어떤 스타일의 리더십이냐 하는 내용이다.

스티븐 코비는 임파워먼트 수준을 여섯 부류로 나누고 있는데, ① 상관의 지시를 기다리는 부하 ② 상관에게 지시를 건의하는 부하 ③ 상관에게 의견을 제시하고 행동으로 옮기는 부하 ④ 해야 할 일을 실행하고 즉시 얘기하는 부하 ⑤ 해야 할 일을 실행하고 정해진 시기에 얘기하는 부하 ⑥ 자율적으로 알아서 일을 수행하는 부하 등으로 구분한다. 이 중에서 가장 이상적인 장병의 모습은 여섯 번째의 경우로 자율적으로 군인답게 부대생활에 충실하는 인원이다. 그리고 지휘관(자)의 이상적인 리더십 스타일은, 부하의 수준과 상태에 따라 다르긴 하지만, 상황과 여건에 맞는 '자율형' 스타일이 바람직하다. 그리고 여기서도 지휘관과 구성원의 마음자세, 즉 국가와 부모를 생각하며 전우(戰友)와의 관계를 돈독히 하는 '충·효·예 정신'의 내면화는 동기부여 요인으로 작용한다.

라. 지휘관(자)의 본보기(Modeling)

지휘관(자)의 본보기(Modeling)는 지휘관(자)의 성품과 역량을 바탕으로 장병들과 신뢰를 구축하게 해준다는 점에서 중요하다. 여기서 성품(性品)은 상관의 성질이나 됨됨이, 즉 품격을 말한다. "선생님이 좋아야 과목이 재미있다."는 말이 있듯이 상급자의 '답게 하기'가 뒷받침되지 않으면 부하와의 좋은 관계를 내면화하기 어렵고 좋은 리더십을 기대하기도 어렵다. 그리고 역량(力量)은 어떤 일을 해낼 수 있는 힘으로, 지휘관(자)이 장병을 대상으로 교육할 수 있어야 한다는 뜻이다. 그래서 장병 스스로 인성을 갖추도록 하는 것이 중요한데, 그중의 하나가 효를 가르치는 것이다. 『성경』에 "만일 어떤 과부에게 자녀나 손자들이 있거든 저희로 먼저 자기 집에서 효를 행하여 부모에게 보답하기를 배우게 하라. 이것이 하나님 앞에 받으실만한 것이니라.(딤전 5:4)" 『효경』에 "[리더가 효를 적용하면] 가르침이 엄숙하지 않아도 이루어지고 그 정치가 엄하지 않아도 다스려진다. 리더(선왕)는 그것을 가르침으로써 백성을 교화시킬 수 있다고 보았다.(삼재장)"[283], "[리더가] 백성들을 서로 친애하도록 하는 데에는 효보다 좋은 것이 없고, 백성들을 예에 순응하게 가르치는 데는 공경함보다 좋은 것이 없다.(광요도장)"[284], "[리

283 "其教不肅而成 其政不嚴而治 先王見教之可以化民也."

284 "教民親愛 莫善於孝 教民禮順 莫善於悌."

더] 한 사람이 공경하면 천만인이 기뻐하게 되는 것이다. 공경하는 사람은 적지만 기뻐하며 기꺼이 따르는 사람은 많으니 이것이 중요한 도(道)이다.(광요도장)"²⁸⁵, "[리더가] 사랑과 공경함을 다하여 부모님을 섬긴 연후에 도덕적 교화가 백성들에게 전해져 온 나라에 본보기가 될 수 있다.(천자장)"²⁸⁶, "[리더(선왕)]가 먼저 박애를 실천함으로써 성원들이 부모님을 버리지 않게 되고 덕과 의로써 베풀어 성원들이 자발적으로 [그것을] 실천하였다. 리더가 앞에서 공경하고 겸양하니 구성원들이 다투지 않고, 예악으로 이끄니 백성들이 화목하게 되고, 리더가 호오(好惡)로써 보여주자 구성원들 스스로가 하지 않아야 할 것을 알게 되었다.(삼재장)"²⁸⁷, "[리더가] 그 아버지를 공경(효)하면 아들이 기뻐하며 기꺼이 따르고, 그 형을 공경하면 동생이 기뻐하며 기꺼이 따르며, 그 군주가 존경하면 신하가 기뻐하며 기꺼이 따르게 되는 것이다.(광요도장)"²⁸⁸, "리더(선왕)들은 지극한 덕과 중요한 도를 갖고서 천하 백성을 가르쳤다. [그러자] 성원들은 화목하고 윗사람과 아랫사람들이 서로에 대한 원망이 없었다.(개종명의장)"²⁸⁹, "[리더가 효를 행하면] 그 성원들은 [리더를] 경외하면서 사랑하고, 법도로 삼으면서 본받는 것이다. 그러므로 [리더는] 도덕교육을 이룰 수 있고, 그 정치적 명령을 실시할 수 있다.(효우열장)"²⁹⁰, 불교 경전에 "효는 수행자의 삶의 기준과 준거요, 죄악을

---

285 "敬一人 而千萬人悅 所敬者寡 而悅者衆 此之謂要道也."

286 "愛敬 盡於事親 然後 德教加於百姓 刑於四海."

287 "先之以博愛 而民莫遺其親 陳之以德義 而民興行. 先之以敬讓 而民不爭 導之以禮樂 而民和睦 示之以好惡 而民知禁."

288 "敬其父則子悅 敬其兄則弟悅 敬其君則臣悅."

289 "先王有至德要道 以順天下 民用和睦 上下無怨."

290 "其民畏而愛之 則而象之 故로 能成其德教 而行其政令."

범하지 못하게 하는 규정이다.(범망경)" 『논어』에 "리더(군자)는 근본을 세우는데 힘써야 하며 근본이 서면 길과 방법이 저절로 생긴다. 효(孝)와 우애(悌)는 인(仁)을 이루는 근본이다.(학이편)"[291]라고 했다.

효심을 가진 사람은 좋은 성품을 가지기 마련이고, 가정에서 가족 간 관계가 좋은 사람이 부대에서도 상대에게 호감을 줄 수 있으며 신뢰의 바탕이 되는 것은 당연하다. 이런 면에서 효행을 실천하는데 있어서 리더의 본보기가 중요하다.

2. 리더십의 구성요소로 본 효인성 리더십

병영에서의 효인성 리더십은 지휘관(자)이 장병을 대상으로 군대라는 특수환경과 여건을 감안해서 인성함양을 목적으로 발휘되는 리더십이다. 따라서 병영에서 효를 기초로 인성함양을 위해 발휘되어야 할 리더십은 ① 리더(상관) ② 팔로어(장병) ③ 상황(환경 및 여건) 등 구성요소의 역동적 관계에 의해 목표를 추구하는 과정으로 발휘된다.

> **Tip**
> 군대에서의 리더십 구성요소는 ①리더(지휘관/상관) ②팔로어(부대원) ③상황(환경 및 여건)이다. 군대 리더가 부대원을 대상으로 리더십 행위를 구사하는 과정에 영향을 미치는 상황요인의 조성도 리더의 몫임을 간과해선 안된다.

가. 리더(지휘관(자) 및 상급자) : '상하동욕(上下同欲)'의 멘토가 되자.

리더는 부대원에게 부여된 사명과 설정된 비전, 가치 기준 등을 기초로 실행계획을 수립하여 전투력으로 육성, 발휘되도록 지도하는 것이 중요하다. 그리고 병영에서 사명(Mission)과 비전(Vision), 가치(Value) 등을 병영생활과 연계하는

---

291 *"君子務本 本立而道生 孝悌也者 其爲仁之本與."*

것, 즉 장병 개인이 실행계획(Strategy)을 수립함에 있어서 가치로 작용하는 것이 효이다. 왜냐하면 장병입장에서 효는 부모님과 가족을 생각하면서 존재 이유를 상기하게 되고 부모님을 걱정 끼쳐드리지 않고 기쁨을 드리는 군생활을 하도록 하며 군생활을 잘 마치고 꿈을 향해 정진하는 삶을 통해 비전과 연계하도록 해주는 가치이기 때문이다. 따라서 병영의 리더는 효를 기초로 인성교육을 하면 병영의 안전관리를 비롯한 무형전력 향상과 연계할 수 있는데, 그 방안을 '3절(p.351) : 병영에서 적용할 수 있는 효인성 리더십(사례 중심)'에 제시하였다. 이 외에도 리더는 인성교육 진흥법에 제시되어 있는 '예'·'정직'·'책임'·'존중'·'배려'· '소통'·'협동' 등의 덕목을 통한 효인성 리더십을 발휘하도록 해야 한다.

나. 팔로어(부대 구성원) : '상하동욕(上下同欲)'의 멘티가 되자.

군장병의 입장에서는 무엇보다도 '부모님이 원하시는 방향'으로 군생활을 하려는 마음과 실천이 필요하다. 또한 병영에서 전우간 우의(友誼)를 통해서 부모님을 걱정 끼쳐드리지 않고 기쁘게 해드리는 군생활을 해야 하는데, 대체로 다음과 같은 내용이 해당된다.

첫째, 상급자를 존대하고 규정을 준수하는 자세를 견지해야 한다. 군인으로서 부모님께 기쁨을 드리는 부대 생활은 뭐니 뭐니 해도 상관의 지시사항을 잘 이행하고, 복무규정을 어기지 않으면서 부여된 임무를 성실히 완수하고 부모님 품으로 돌아가는 것이다.

둘째, 역지사지(易地思之)적 전우관계를 유지해야 한다. 사람은 누구나 '나의 집에서 내가 귀한 자식'이면 상대방도 '그의 집에서 그가 귀한 자식'인 것은 틀림없는 사실이다. 따라서 나의 부모님이 나를 귀하게 여기는 것처럼, 전우 또한 그런 입장임을 생각해서 말을 함부로 한다거나 힘들게 괴롭혀서는 안된다. 『효경』에 "부모를 사랑하는 사람은 다른 사람을 미워하지 않고, 부모를 공경하는 사람은 다른 사람을 업신여기지 않는다.(천자장)"[292], "부모를 섬기는 사람은 윗자리에 있어도 거만하지 않고 아랫자리에 있어도 질서를 어지럽히지 않으며 같은 무리와 함께 있어도 서로 다투지 않는다.(기효행장)"[293]고 했고, 『논어』에도 "효도와 우애를 다하는 사람이 윗사람 범하기를 좋아하는 사람은 드물다.(학이편)"[294]고 했는데, 결과적으로 효심은 전우들과의 관계를 좋게 하고, 원만하고 보람있는 군생활을 할 수 있도록 가치로 작용하는 것이다.

셋째, 군생활하는 동안 자기계발에 대한 지속적인 노력을 해야 한다. 군대는 상명하복 체계가 명확하고, 소속된 부대의 임무에 따라 통제된 생활을 해야 하지만, 일과가 비교적 일정하기 때문에 가능한 시간을 이용해서 자기계발을 할 수 있는 곳이 군대이다. 때문에 틈틈이 전공서적을 보거나 독서, 체력관리 등을 할 수 있다. 어떤 면에서는 입대 전의 공부보다 병영에서 하는 공부가 훨씬 더 기억에 남고 효율적일 수 있음을, 필자의 지휘관 시절에 여러 장병들의 모습을 통해서 발견할 수 있었다.

다. 상황(환경 및 여건) : 병영의 문화를 함께 만들어 가자.

리더십의 '환경' 중에서 가장 크게 작용하는 것이 '상급 리더의 리더십 마인드' 이다. 특히 군대조직에서 리더가 차지하는 비중은 크다. 국민개병제(皆兵制)

---

292 "愛親者 不敢惡於人 敬親者 不敢慢於人."

293 "事親者 居上不驕 爲下不亂 在醜不爭."

294 "其爲人也孝弟 而好犯上者 鮮矣."

를 택하고 있는 대한민국 군대는 제복을 입고 있는 국민을 교육하는 국민교육도 장이기 때문이다. 한국이 그동안 산업화와 근대화되는 과정에서 군이 기여했다는 점은 모두가 인정하지만, 군의 리더십 문제는 깊이 들여다볼 필요가 있다. 계속되는 방위산업 비리 문제를 비롯해서 군고위층에서 불미스런 사건이 계속되고 있는 이유는 군의 리더십 교육과도 무관치 않다고 본다.

　필자가 생각하기에, 군의 리더십교육에서는 반드시 개선되어야 할 점이 있다고 본다. 이를테면 지휘관을 경험하지도 않은 사람이 외국에 가서 경영학의 리더십을 국비(國費)로 공부하고 왔다는 경력만으로 '군대 리더십' 교육 및 연구에서 주도적 역할을 한 경우이다. 군대 리더십은 리더십 기본이론에다 『손자병법』을 비롯한 여러 병법서와 전략문서 내용 등을 고려하고, 야전 실정과 정책부서 근무경험을 기초로 교육함으로써 사고력과 함께 리더십 역량을 키워야 한다. 이런 이유에서 교관(교수)은 지휘관을 필하고 정책부서 근무를 마친 경험적 군사지식을 가진 사람을 선발해서 교관(수)직에 근무하도록 해야 하는 것이다. 이른바 미국에서 배운 기업경영의 리더십을 한국의 군인, 또는 공직자에게 가르치면 요구되는 리더십 역량을 얻기가 어렵다는 점에서다. 한국군인에게 맞는 리더십 철학을 바탕으로 해야 하기 때문인데, 이런 것들이 실제로 군 리더십의 환경으로 작용되어진다. 그리고 병영의 효인성교육 차원에서도 환경 및 여건이 중요한데, 특히 군의 구조적 특성상 상황조성에 가장 영향을 미치는 사람이 상관, 즉 지휘관이다. 예컨대 효에 기초한 인성교육을 하고 싶어도 그 지휘관, 또는 상급지휘관이 효에 대한 인식이나 패러다임 여하에 따라 효교육의 여건이 좋아질 수도, 나빠질 수도 있는데, 현재 한국군에서 '충·효·예 교육'이 외면되는 현상 또한 이와 무관치 않다.

3. 병영에서 적용할 수 있는 효인성 리더십(저자 사례 중심)

가. 생활교육을 통한 효인성 리더십

생활교육은 장병들을 주체적 생활자로 인정하고 장병 자신의 경험을 통하여 실생활에 필요한 지식·기능·태도 등이 습득·형성되도록 하는 교육을 말한다. 생활에 의한, 생활을 위한 교육이라 할 수 있다.

생활교육은 '장자크 루소', '페스탈로치', '존 듀이' 등에 의하여 실천적으로 발전되고 이론화되어 19세기 말엽부터 각국에 확대되었다. 장정들이 군에 입대하여 병영생활을 하면서 겪는 생활 자체를 교육으로 보자는 것이다. 생활교육과 연계할 수 있는 내용을 필자의 경험을 중심으로 제시해 본다.

사례① 전입신고 및 간담회 시간을 이용한 효 교육

군대는 '출필곡반필면(出必告反必面)' 즉, "집을 나갈 때는 반드시 알리고 돌아와서는 반드시 얼굴을 보여야 한다."는 내용이 철저하게 지켜지는 조직이다. 이런 이유에서 지휘관은 각종 신고를 받게 되고, 그때마다 훈화를 하게 되는데, 그 중에서도 특히 신병 전입신고식 때 효와 관련된 훈화를 하면 인성교육에 도움이 된다. 신병이 부대에 전입(轉入) 오면 절차에 따라 지휘관에게 신고를 하게 되고, 이어서 면담을 하게 되는데, 지휘관 신고 및 면담시간을 이용한 효 교육은 실효성이 매우 높다고 생각된다.

지휘관에게 신고하기까지의 과정과 절차는, 신병이 도착하면 인사과 담당자가 주임원사에게 안내하여 부대 역사에 대하여 설명을 듣게 한다. 부대에서 가장 오래 근무한 주임원사로 하여금 마치 어머니가 자식을 대하듯 자상하고 친절하게 부대의 역사와 전통, 그리고 각종 병영시설 등을 안내하면서 자연스런 상담이 이루어진다. 이러한 과정이 끝나면 지휘관은 신고를 받게 되는데, 가급적 신고는 아침에 받더라도 면담은 저녁시간에 하는 것이 좋다. 왜냐하면 아침시간은 결재와 외부에서 오는 전화 등으로 바빠서 안정적인 분위기에서 대화하기가 어렵기 때문이다. 그리고 지휘관의 면담은 단순한 교육이 아니라 신상파악과 정신교육을 겸한다는 점에서 주위에 어둠이 깔린 저녁 시간에 상담하는 것이 마음의 문을 열게 하는데 효과적이다.

저녁 식사 후 지휘관 실에서 신병이 작성한 신상명세서 등을 보면서 대화를 나누게 되는데, 이때는 부대 전입 후 느낀 소감을 진술하게 이야기할 수 있는 분위기를 조성해주는 것이 좋다. 그리고 분위기를 조성하는 방법으로는 분위기 전환을 위해 차를 권하고 유머를 섞어가면서 신병들의 마음을 편안하게 해주어야

한다. 또한 대화 주제 중에는 가족에 대한 중요성과 부모님을 생각하도록 하는 내용과 함께 부모님께 감사하는 마음을 갖도록 하고, 부모님 기대에 어긋나지 않는 부대 생활을 하겠다는 각오를 하게 해야 한다. 예를 들면, 군에 입대하기 전까지는 부모님의 부름에 대답도 잘 안했고, 늦잠을 잘 때 어머니께서 일어나라고 하면 이불을 푹 뒤집어쓰고 일어나지 않았던 경험이 있기 마련이다. 그런데 그러한 생활을 하다가 입대한 이후에는 훈련소 조교의 부름에 큰소리로 답할 뿐만 아니라 아침 여섯 시에 기상나팔이 울리면 벌떡 일어나 침구를 정돈하고 일조점호 장소로 뛰어나와 부모님께 감사의 묵념을 하다 보면 자연스레 부모님을 생각하게 된다. 그러다 보면 부모님이 고맙고, 그립고, 부모님 말씀에 순종하지 않았던 불효를 뉘우치게 되는 것이다. 이런 때에 자신의 행동을 되돌아보도록 지휘관이 대화를 이끌어 가면 자연스럽게 부모님을 생각하게 되고, 그런 마음으로 군 생활을 시작하게 되어 저절로 인성함양과 연계되는 것이다.

이때 부모님에 관한 이야기를 집중적으로 하면서 병사의 눈빛을 보면 가정이 어떤 상태에 있고, 지휘관으로서 무엇을 어떻게 도와주어야 할 것인지를 파악할 수 있다. 특히, 간담회를 통하여 자연스럽게 모유를 먹고 성장했는지, 우유를 먹고 성장했는지, 또는 조부모가 계신 가정에서 성장했는지 아닌지를 파악해서 그 내용을 중대장들에게 알려줘서 신병관리에 참고하도록 한다. 모유를 먹고 성장한 경우와 조부모님 슬하에서 성장한 장병은 비교적 안심하고 관리할 수 있기 때문이다. 이처럼 대대장이 전입 신병과 1~2시간 대화를 나누다 보면 부대 전입 시부터 부모님을 생각하게 되고, 부모님이 원하는 방향으로 병영생활을 출발하게 하는 좋은 방법이 되는 것이다.

사례❷ 아침 기상 시 효 경음악 및 멘트 들려주기

효교육을 활용하여 부대를 안정적으로 관리해 가는 방법 중의 하나가 장병들이 아침잠에서 깨어나는 시간에 '효 음악'을 들려주는 것이다. 군 생활을 하다 보면 누구나 느끼겠지만, 아침 기상 나팔소리는 잠을 깰 때 피곤함으로 인해 반갑게 다가오지 않는다. 때문에 상쾌한 아침을 맞이하고 기상 직후부터 부모님의 기대를 생각하면서 하루 일과를 시작하도록 하기 위해 효 음악을 들려주는 것이 좋다. 이러한 방법을 통해서 각오를 새롭게 하고 아침 구보를 함에 있어서도 가족을 생각하게 하는 것이다. 시행방법은 '어머니 마음', '섬집 아기', '이등병의 편지' 등 효 경음악이 흘러나오는 과정에서 "여러분, 지난밤에 잠을 잘 잤습니까? 여러분의 부모님께서도 잘 주무셨는지 관물함의 부모님 사진을 보면서 마음속으로 문안 인사를 여쭙시다. 그리고 오늘 하루 일과를 기약합시다."라는 멘트를 들려준다. 그렇게 되면 장병들은 침구를 정리, 정돈하면서 자연스레 관물함에 부착되어 있는 부모님 사진을 바라보며 효 음악을 듣게 되고, 자신도 모르는 사이 "부모님이 기대하시는 아들답게 오늘 일과를 잘 보내겠습니다."라는 각오와 다짐을 하게 되는 것이다.

최근 교육계와 의료계에서는 음악을 이용한 교육기법과 치료법이 활용되고 있는데, 음악이 인간의 생리·심리에 미치는 기능적 효과 때문이다. 태아교육에 태교음악이 사용되듯이 장병 효 교육에 효 음악을 사용하는 것은 장병 정신건강에 매우 효과적이라고 생각한다. 인류학자 메리암(A. P. Merriam)이 "음악은 감정 표현·커뮤니케이션·도덕과 상징성·신체적 반응유발·사회규범과 사회의 통합에 기여하는 등 사회적 기능을 갖는다."라고 한 것을 볼 때, 효 음악을 통한 인성교육은 병영 내 사고예방뿐만 아니라 인성함양에도 좋은 방법이 되는 것이다.

사례 ❸ 점호를 활용한 '고향예배'와 '명상의 시간' 효 교육

군인이라면 누구나 공통적으로 느끼는 것이 있는데, 그중의 하나가 하루에 두 차례 실시하는 점호행사 때 부모님 얼굴을 떠올리게 된다는 점이다. 새벽 6시 잠에서 깨어난 직후, 인원파악과 건강상태를 확인하는 일조점호 행사 때 당직사관이 "밤새 고향에 계신 부모님께서 안녕히 주무셨는지 문안 인사를 드리도록 하자", "고향예배 실시!"라고 하면, 장병 모두가 구령에 맞춰 일제히 고개를 숙여 부모님께 묵념을 올린다. 그러다 보면 각자가 마음속으로 부모님과 대화를 하게 되고, 그때부터 부모님을 생각하면서 하루 일과를 시작하게 되는 것이다.

그리고 하루의 일과가 종료되면 일석점호에 이어 잠자리에 들어가는데, 이때 내무실에 설치된 스피커에서는 5분 남짓 국군방송에서 들려주는 명상의 음악이 흘러나온다. 그리고 그 음악과 함께 『법구경』이나 『부모은중경』, 『성경』 등 군 생활에 도움이 되는 명구가 곁들여지는데, 이때 부모님의 편지를 낭독하는 등 효 관련 내용을 인성교육과 연결시키는 것이다.

군대에서 명상의 시간은 자기반성을 통해 나날이 새로워지는 시간이다. 그리고 새로워지게 되는 것은 부모님과의 대화를 통해서라는 점인데, 특히 사람은 누구나 어린 시절 부모님의 사랑과 자신에 대한 기대를 성인이 되어서도 잊지 않게 된다는 점에서 장병들로 하여금 부모님의 기대를 생각하게 하는 효 교육이야말로 효과적인 인성교육이며, 이런 과정을 통해서 사람이 한 단계 성숙되어지는 것이다. 채근담에 "사람이 항상 일을 마친 뒤에 뉘우침으로써 어리석음을 깨우친다면 마음이 저절로 바르게 잡힐 것이다."[295]라고 했다.

295 "人常以事後之悔悟 破臨事之 癡迷 則性定而動無不正."

나. 정규교과교육 시간의 효인성 리더십

Tip

정규교과교육은 장병들을 대상으로 일과시간에 이루어지는 효인성교육이다. 영상매체를 활용한 효교육, 신문 스크랩을 이용한 이슈 중심의 효인성 교육 등이 포함된다.

사례① 영상매체를 활용한 효 교육

군대에서 실시하는 효 교육은 대체로 「정규교과 교육」, 「생활화 및 계기별 교육」, 「집중정신교육」의 형태로 행해진다. 정과교육은 주간 단위로 작성하는 '주간 교육훈련 예정표'에 반영하여 실시하는 교육인데, 생활화 교육의 보조적 성격의 교육이다. 즉 생활하는 과정에 실천이 잘 안 되는 내용에 대해 실천이 잘 되도록 알려주고(知), 느끼게 하며(情), 스스로 다짐(意)하도록 함으로써 행동으로 옮겨(行)지도록 하는 지·정·의·행의 과정에서 '지·정·의'에 해당되는 교육이다.

이 중 정규교과 시간의 교육 방법은 다양한데, 예컨대 영상매체를 이용한 교육, 신문 스크랩을 이용한 교육, 효 노랫말 설명 후 합창하기, 나의 뿌리 양식 작성하기, 효의 의미와 현대적 개념, 효의 유래와 종교적 효, 효에 대한 인식과 과제, 효의 구분과 영역, 미래가치로서의 효 등에 대한 강의를 통해 "어떻게 알려(知)줌으로써 느끼게(情)하고 다짐(意)하게 할 것인가"에 초점을 맞추어 실시하면 된다.

그중 영상매체를 활용한 교육 방법에서 교육할 내용의 선택은 교관이나 지휘관 자신이 감명 받았던 내용이 좋다. 예를 들면

TV에서 시청한 내용이 있다면 그 내용을 복사하거나 방송국에 주문해서 활용할 수 있고, 국방홍보원에서 제작한 영상매체를 활용할 수도 있다. 그리고 보여준 내용에 대해서는 반드시 토의 및 소감 발표 시간을 가져야 한다. 왜냐하면 영상물에 대한 시청 소감은 각각의 느낌이 다를 수 있을 뿐만 아니라, 각자가 공감하는 부분의 생각을 교환할 수 있기 때문이다.

그리고 교관이 효교육에 임할 때 유념해야 할 점은 "오늘 효 교육을 한다."는 식의 표현이 아니라 "부모님의 생신일과 결혼기념일에 자식으로서 어떻게 하는 것이 부모님을 걱정하시지 않고, 기쁘게 해드리는 일인지에 대하여 생각해 보자."는 등의 주제와 함께 영상매체를 보여줌으로써 호감과 흥미를 유발케 해야 한다. 이 외에도 "부모님께 편지쓰기와 전화하기에 대하여 생각해 보자.", "부모님을 기쁘게 해 드릴 수 있는 방법에 대하여 서로 이야기해보자." 등의 주제를 제시하면 실질적인 토의가 이루어질 수 있다.

또한 교육을 담당하는 교관의 자세도 중요하다. 그 교관이 평소 효도하는 모습을 장병들한테 보인 경우와 그렇지 않은 경우는 교육의 효과 측면에서 많은 차이를 보일 수밖에 없기 때문이다. 특히 영상교재를 활용하는 방법은 신세대 장병들이 대단히 선호하는 방법 중의 하나다. 그리고 앞서 밝혔듯이 영상매체 시청이 끝나면 반드시 소감을 발표하게 하고 강평을 해야 하는데, 이때 누구를 발표자로 지정하느냐 하는 문제도 중요하다. 즉 결손가정에서 자랐거나 영상교재 내용과 비슷한 입장에 있는 장병을 지명해서는 안 되고, 가급적이면 평소 말재주가 있고 유머가 있는 장병으로 하여금 발표하게 하는 것이 바람직하다. 그리고 발표내용이 교관의 생각과 다른 의견이라 하여 반박하거나 무안을 주어서도 안되며, 그렇다고 방관해서도 안된다. 효인성 리더십이 발휘되어야 하는 이유이다.

사례② 신문 스크랩을 이용한 이슈 중심의 효 교육

효교육은 알려주어서(知) 느끼고(情) 다짐(意)하게 하여 실천(行)케 하는 교육이다. 이런 점에서 신문이나 잡지 등을 읽다가 효교육과 관련된 내용을 사례로 활용하면 효과가 있다. 보도 내용을 복사해서 장병 각자가 읽어보게 하고 느낀 점을 발표하게 하는 것이다. 그리고 교관 자신이 그 당시 느꼈던 내용을 메모해 두었다가 장병들한테 그대로 전달하면 훨씬 진지한 분위기에서 참여를 이끌어 낼 수 있다. 예컨대 "구두닦이 아버지는 나의 영웅"[296]이라는 조영기 상병의 기사는 많은 젊은이들이 공감하고 각급 부대에서 사례로 인용해서 교육된 바 있다. 이처럼 신문에 나와 있는 사례를 이용하면 교육을 흥미있게 진행할 수 있다. 조영기 상병은 교회에서 설교를 듣던 중 자신도 모르게 아버지에게 불효했던 점이 생각나서 교회 주보(週報)의 귀퉁이에 낙서형식으로 쓴 내용이 청소하던 군종병에게 발견되었고 이 내용이 부대 내에 알려지게 되었으며 중앙일간지 신문에 보도된 바 있다. 내용을 요약하면, 당시 조 상병의 아버지는 53세의 나이에 막노동을 하면서 때로는 구두를 닦고 땔감을 만들어 팔기도 하고 남의 집 일을 나가는 등 힘들게 자식을 키웠는데, 이 글은 그러한 아버지의 모습을 창피하게 생각했던 자신을 나무라고 반성하는 심정으로 쓴 글이다. 최근 언론 기사에서도 군 생활하면서 부모님께 효도하는 내용이 국방일보 등의 지면에 소개되고 있음을 볼 수 있는데, 이 또한 좋은 교육자료로 활용할 수 있다.

---

296 전익진, "구두닦이 아버지는 나의 영웅", 『중앙일보』 1999. 2. 9.

다. 집중정신교육 시간의 효인성 리더십

집중정신교육은 반기(6개월) 1회 8시간씩 집중적으로 실시하는 정신교육이다. 이때의 교육내용은 경로당, 지체부자유 장애우 복지시설에 봉사활동을 나가 경로효친 정신을 고양하는 것을 비롯하여 효자·효부 초청 강연 듣기, 부모님께 편지쓰기 등을 실시한다.

Tip

집중정신교육은 장병들이 6개월 단위로 집중적으로 받게 되는 정신교육이다. 이 시간에는 경로당 방문 봉사활동, 사회복지시설 봉사활동, 효자·효부 초청 강연 듣기, 부모님께 편지쓰기 등을 통해 효인성을 함양시킬 수 있다.

집중정신교육시간에 부대의 계획에 의하여 집단적으로 실시하는 봉사활동 시간은 장병 각자가 부모님을 생각하고, 자신을 건강히 키워서 대한민국 군인이 되도록 해주신 부모님께 감사드리는 시간이다. 그런데 이러한 봉사활동을 계획하는 부서에서 참고해야 할 점이 있다. 복지시설 중에는 인력에 의한 노력 봉사보다는 물품이나 현금 등 경제적 지원을 원하는 단체도 있기 때문인데, 노력봉사를 필요로 하는 단체를 선택하는 것이 좋다.

필자가 군 지휘관으로 있을 때, 그리고 대학교수로서 장애인복지시설에 봉사활동을 해본 경험으로는, 그들이 장애우를 휠체어에 태워 산책을 시켜주고 목욕탕에 함께 가서 목욕을 시켜주고 난 후의 소감문에서, 부모님에 대한 효심이 저절로 생겨나게 된다는 점을 발견할 수 있었다. 소감문 내용 중에 "장애우를 목욕시킬 때 힘은 들었지만 나와 비슷한 나이임에도 혼자서 밥을 먹을 수도 없고, 말도 제대로 하지 못하며 혼자서 걸을 수도 없는 장애우를 도와줄 수 있다는 것에 가슴이 뿌듯함을 느낀다. 그리고 이처럼 건강한 몸으로 낳아주시고 키워주신 것만으로도 부모님 은혜에 감사드린다."는 요지의 내용을 발견할 수 있었다.

라. 부대 운영 및 활동을 통한 효인성 리더십

1) 계기별 교육

계기(契機)란 어떤 일이 일어나거나 변화되도록 만드는 결정적인 원인이나 기회를 말한다. 따라서 '계기별 교육'은 부대 운영이나 활동에 있어서 어떤 변화를 만드는 결정적 원인이나 기회가 될 수 있는 날에 하는 교육이다. 때문에 병영생활에서도 어떤 계기가 되는 날에 효를 교육하면 효과적인데, 예를 들면 어버이날·성년의 날·부모님의 생신일과 결혼기념일 등을 기억하게 하고, 전화나 편지를 드리게 하면 장병의 효심을 불러일으키게 할 수 있다. 그리고 정부에서 정한 법정기념일 중 효와 관련되는 기념일에 대하여 의미와 취지 등을 설명하는 것도 효과적인 방안이 될 수 있다.

> **Tip**
> 부대운영 및 활동을 통한 효인성함양은 법정기념일 등을 이용한 계기별 교육, 부모초청행사, 효 동아리 활동 등 다양한 방법이 있다.

법정기념일은 국가 및 정부부처의 업무와 관련하여 국민들이 기억하고 기념하도록 하기 위해 정해 놓은 날이다. 국민이라면 기념일의 의미를 알아야 한다는 취지로 정부에서는 '1973년 3월 30일 [각종 기념일 등에 관한 규정(대통령령 제6615호)]을 제정하였다.

충효교육과 연계하여 교육할 수 있는 날들은 국경일(5), 법정기념일(47), 개별 법령에 의해 정해진 기념일(34) 등 86개의 기념일이 있으며, 이에 관련된 교육 자료들은 공공기관에서 발행한 문서나 인터넷 등의 매체에서 발췌할 수 있다. 또한 민족명절(설, 추석 등), 위인(偉人)의 출생 및 사망일(안중근, 이순신, 유관순, 석가탄신일, 성탄절 등), 국가 안위와 관련된 사건(삼전도 비, 칠백의총, 만인의총 등)을 추가하여 교육할 수 있으며 각종 기념을 정리하면 〈표 12〉와 같다.

〈표 12〉 월별·계기별 현황/근거 : 대통령령 제15843호

월	국경일(5)	법정 기념일(47)	개별법 규정 기념일(34)
2			• 문화재방재의 날(10)
3	• 3·1절(1)	• 납세자의 날(3) • 3·15의거 기념일(15) • 상공의 날(셋째 수요일) • 서해수호의 날(넷째 금요일)	• 결핵예방의 날(24)
4		• 4·3 희생자 추념일(3) • 향토예비군의 날(첫째 금요일) • 식목일(5)　　　• 보건의 날(7) • 대한민국임시정부수립일(13) • 4·19혁명 기념일(19) • 장애인의 날(20)　• 과학의 날(21) • 정보통신의 날(22)　• 법의 날(25) • 충무공이순신탄신일(28)	• 수산인의 날(1) • 국민안전의 날(16) • 자전거의 날(22) • 새마을의 날(22)
5		• 근로자의 날(1) • 어린이날(5) • 어버이날(8) • 스승의 날(15) • 5·18민주화운동기념일(18) • 부부의 날(21) • 성년의 날(첫째 월요일) • 바다의 날(31)	• 씨름의 날(단오) • 유권자의 날(10) • 바다식목일(10) • 입양의 날(11) • 가정의 날(15) • 발명의 날(19) • 세계인의 날(20) • 방제의 날(25)
6		• 의병의 날(1)　　• 환경의 날(5) • 현충일(6) • 6·10민주항쟁기념일(10) • 6·25전쟁일(25)	• 구강보건의 날(9) • 마약퇴치의 날(26)

7	• 제헌절(17)	• 정보보호의 날(둘째 수요일)	• 사회적기업의 날(1) • 도농교류의 날(7) • 협동조합의 날(첫째 토요일) • 인구의 날(11)
8	• 광복절(15)		
9		• 철도의 날(18)	• 통계의 날(1) • 태권도의 날(4) • 해양경비안전의 날(10) • 자살예방의 날(10) • 대한민국법원의 날(13) • 사회복지의 날(17) • 치매극복의 날(21)
10	• 개천절(3) • 한글날(9)	• 국군의 날(1)　• 노인의 날(2) • 세계한인의 날(5)　• 재향군인의 날(8) • 체육의 날(15)　• 문화의 날(셋째 토요일) • 경찰의 날(21)　• 국제연합일(24) • 교정의 날(28)　• 저축의 날(마지막 화요일) • 지방자치의 날(29)	• 임산부의 날(10)
11		• 학생독립기념일(3) • 농업인의 날(11) • 순국선열의 날(17)	• 소방의 날(9) • 소상공인의 날(5) • 보행자의 날(11) • 아동학대예방의 날(19)
12		• 소비자의 날(3)　• 무역의 날(5) • 원자력안전/진흥의 날(27)	• 자원봉사자의 날(5)
기타	【기타 기억해야 할 기념일】 • 설(음1. 1) • 삼전도의 한(1. 30) • 안중근 의사 순국일(3. 26) • 한식 (4. 5, 동지후 105일) • 석가탄신일(음4. 8) • 단오(음5. 5) • 추석(음8. 15) • 경술국치일(8. 29) • 칠백의총(9. 23) • 만인의총(9. 26) • 유관순 열사 순국일(10. 12) • 충무공 이순신 순직일(11. 18) • 윤봉길 의사 순 국일(12. 19) • 성탄절(12. 25)		

2) 부모초청행사

부모초청행사는 비단 군대뿐 아니라 학교, 종교시설 등에서 인성함양을 위한 수단으로 많이 활용되는 교육 방법이다. 필자도 30년 넘는 군생활에서 중대장과 대대장 시절에 했던 부모초청행사는 삼십 년이 경과한 지금도 기억에 남는 장면이 많다. 그때의 경험을 살려 경민대학교 교수로 재직할 때 학생 인성교육 프로그램에 부모초청행사를 적용하기도 했는데, 그 성과가 매우 컸다고 생각된다.

군대에서의 부모초청행사는 효과가 클 수밖에 없는데, 그 이유는 군대에 와있는 자식이나, 자식을 군대에 보낸 부모의 만남에서 하는 교육이기 때문이다. 병영에서 부모님을 단상에 모시고 '어머님 마음'과 '어머니 은혜' 등의 노래를 부르고 세안식(洗眼式) · 세족식(洗足式)으로 이어지는 효 교육은 인성교육으로서는 딱 좋은 내용이다. 또한 옛말에 '백문이불여일견(百聞而不如一見)' 즉, "백 번 듣는 것이 한 번 보는 것보다 못하다."는 말처럼, 직접 경험해야 확실히 알 수 있는 것이다. 부모가 자식이 생활하는 병영을 직접 방문해서 현장을 확인하고, 그곳의 리더들을 만나보는 것은 자식의 안정적 병영생활과 친군(親軍) 활동에 큰 도움이 된다. 그리고 병영에서 부모초청행사를 하는 것은 결과적으로 상하동욕(上下同欲)을 위한 리더십이 되는 것이다.

3) 효 중심의 동아리 활동

동아리 활동은 일명 서클 활동이다. 취미나 목적이 같은 사람들이 모인 서클(Circle)에서 하는 다양한 영역의 활동을 말한다. '동아리'는 '서클'과 같은 의미로 순수한 우리말이다. 인간은 취미 · 오락 · 스포츠 · 정치적 이해관계 등에 따라 다양한 모임(Circle)을 형성한다. 이는 개인의 문화적 · 사회적 욕구를 동호인들끼리 좀 더 효율적으로 충족시키고 자기 발전을 이루려는 자발성을 기반으로 모인 소규모 집단이다. 이는 이익단체와 같은 대규모 집단과는 구별되며 이익보다는 친밀한 인간관계를 유지할 수 있다는 점이 장점인데, 동아리 활동을 함으로써 인간은 사회와 조직에 적극적으로 참여하게 되고 인간관계를 향상시키며 때로는 학습효과를 높이기도 한다.

병영에서는 여러 형태의 동아리가 가능하다. 특히 주 5일제가 되면서 토요일에 할 수 있는 동아리 활동이 가능해졌는데, 병영에서 할 수 있는 동아리는 예컨대 '부모님 편지쓰기 동아리', '사회복지시설 장애우돕기 동아리', '경로당 위로 동아리', '농촌일손돕기 동아리' 등 다양하게 만들 수 있다.

마. 군대 효인성 리더십의 기대효과

1) 인성함양 및 안정적 부대관리

군대에서 효를 교육하면 인성함양과 사고예방의 효과가 있어 안정된 부대관리에 도움이 된다. 『효경』에 "부모를 섬기는 사람은 위자리에 있어도 교만하지 않고 아랫자리에 있어도 난잡하지 않으며 많은 사람이 함께 있어

> **Tip**
> 군대에서 하는 효인성교육에 대한 기대효과는 첫째, 인성함양 및 안정적 부대관리 둘째, 장병의 리더십 역량과 무형전력 강화 셋째, 국민교육도장의 내실화 등을 들 수 있다.

도 다투지 않는다.(기효행장)"[297]고 했고 "어버이를 사랑하는 자는 감히 남을 미워하지 않으며, 어버이를 공경하는 자는 감히 남을 업신여기지 않는다.(천자장)"[298]고 한 것처럼 효심을 가지게 되면 성품이 착해지므로 남을 해치거나 괴롭히지 않게

---

297 "事親者居上不驕 爲下 不亂在醜不爭."
298 "愛親者不敢惡於人, 敬親者不敢慢於人."

된다.[299] 왜냐하면 효는 부모님이 원하시는 방향으로 행동하게 하는 가치지향적 성격을 가지기 때문이다. 『논어』에 "리더는 근본을 세우는데 힘써야 하고, 근본이 서면 길과 방법이 저절로 생기는데, 효와 우애는 그 근본이다.(학이편)"[300]라고 기록하고 있다.

그러나 일부의 사람들이 "부모가 부모답지 않아 청소년들이 결손가정에서 자랄 수밖에 없는 요즈음, 과연 효교육의 효과를 기대할 수 있겠는가?"라면서 군대 효교육을 회의적으로 보기도 하는데, 필자의 경험으로 보면 절대로 그렇지 않다. 장병들에게 부모와 자식은 인륜이 아닌 천륜(天倫) 관계라는 점을 이해시키고, '장애우 복지시설' 등에 가서 함께 봉사활동을 하고 나면, "이렇게 건강한 몸으로 키워주신 은혜만으로도 부모님께 감사드리게 된다."고 소감문에 기록하는 것을 본다.

2) 리더십 역량과 무형전력 강화

효는 보편적·이타적 가치이자 부모·자식 간의 원초적 사랑이며 윤리라는 점에서 가치 중심 리더십·원칙중심 리더십·서번트 리더십·윤리적 리더십·오센틱 리더십 등 현대 리더십의 흐름과 연계시킬 수 있다. 그리고 "군대 가면 사람 된다."는 표현은 "젊은이들이 군대 가서 지도자로서의 자질을 갖추고 나온다."는 의미로 해석할 수 있다. 『효경』에 "효는 덕의 근본이요 모든 교육이 그로 말미암아 생겨난다.(개종명의장)"[301]고 했듯이 효심은 리더십 역량의 요건이 되는 것이다. 특히 현대 리더십의 발전 추세는, 마치 부모가 자식을 사랑하고 보살피는 것처럼 리더가 부하를 사랑하고 보살피는 서번트(Servant)적 자세가 요구된다는 점에서 간부 자신

---

299 김종두, 「군 전투력 향상을 위한 효율적인 부대 관리방안」, 충성대 논문, 2005. p. 154.
300 "君子務本 本立而道生, 孝悌也者 其爲仁之本與."
301 "孝德之本也 敎之所由生也."

이 효를 실천하지 않고서는 교육할 수 없는 윤리적 성격을 가지고 있다. 이런 이유에서 간부 자신이 본보기를 보이는 것이 중요하며, 결과적으로 리더십 역량을 강화시켜주는 효과가 있다.

또한 효교육은 무형전력 강화와도 연계되는데, 이는 여러 전사(戰史)에도 나타나 있듯이 효심은 전투의지력으로 작용되기 때문이다. 전투에 임한 장병들은 국가와 민족을 위한다는 생각이 없지는 않지만, 부모형제를 지키기 위해 싸운다는 생각이 먼저, 작용하는 것으로 나타났는데 다음과 같은 내용이다.

첫째, 일본군의 사례이다. 제2차 세계 대전 당시 가미카제 특공대 3,500명에 대해여 "누구를 생각하면서 전투에 임하느냐?"는 설문조사를 한일이 있다. 그 결과 '천황을 생각한다(29명)', '동료를 생각한다(2명)'는 인원보다 '부모를 생각한다(36명)'는 인원이 더 많았다는 점[302]이다.

둘째, 중동전 사례이다. 1972년 중동전(中東戰) 당시 미 TV 방송국 기자가 아랍군과 이스라엘군 소속의 포로들에게 "왜, 이 전쟁에 참여하게 되었느냐?"는 질문에, 아랍군 소속의 포로들은 "나의 조국을 위해서!!"라고 답변한 반면, 이스라엘군 소속의 포로들은 "내 부모와 형제를 지키기 위해서!!"라고 답변한 내용이다. 이스라엘 병사들은 "만일 우리가 승리하지 않으면 저들에 의해 우리 부모형제가 고통을 당하기 때문에 기필코 우리가 승리해야 한다."고 생각한 것인데, 당시 1억의 인구를 가진 아랍국과 250만의 작은 나라 이스라엘이 싸워서 이스라엘이 승리할 수 있었던 데에는 강한 전투의지력이 있었고, 그 의지력은 바로 부모형제를 지키려는 데서 나온 것임을 알 수 있다.[303]

---

302 국방부, 『군대윤리(직업군인과 가치관)』, 2003. pp.259~260.
303 본 내용은 류태영 박사의 '이스라엘군과 정신전력'(2001. 9. 3 충효예 리더십 워크숍) 내용(육군본부 VCR 제작:2001. 10. 5)에서 인용하였음.

셋째, 세계 2차 대전 때 미 해군 수병(水兵)의 사례이다. 전투임무 수행 중 수병 한 명이 바다로 뛰어든 사건이 있었다. 이 사건으로 그 수병에게는 사형이 구형됐는데, 판결에 앞서 판사가 '군인이 왜 임무수행 중에 바다로 뛰어들었는가?'라고 질문하자 그 수병은 "어머니 사진을 보던 중 실수로 바다에 빠뜨렸기 때문입니다. 저를 낳아주시고 키워주셨으며, 지금도 저를 위해 기도하고 계실 어머니의 사진을 잃는다면 싸울 의지도 잃을 것 같았습니다."라고 답변했고, 그 수병의 효심에 감동한 판사가 무죄를 선고했던 사례이다.

넷째, 6·25 한국전쟁 시 학도병 사례이다. 6·25남침전쟁에 참전한 학도병의 일기장에 보면 어머니를 보고 싶어 하는 마음에서 필승의 의지를 불태웠고, 조선왕조시대 의병들도 국가보다 가족이나 문중을 보호하기 위해 전장에 나간 사례를 들수 있다.[304]

3) 국민교육도장의 내실화

군대 효 교육은 결국 국민의 귀한 자식들에게 전인(全人)다움의 길로 안내하는 교육이라 할 수 있다. 군 입대 장정들은 대부분 핵가족화된 가정환경에서 호의호식(好衣好食)하며 자란 터라 부모의 고마움을 별반 느끼지 못했지만, 군에 입대한 이후로는 엄격한 규율과 통제 속에서 자기의 일들을 대부분 스스로 해결하다 보니 부모님에 대한 고마움을 깨닫게 되고 국가의 소중함을 알게 된다. 그러나 '군대 가면 사람 되고 효자 된다'는 국민의 기대감이 군대 내에 어떤 특정한 교육 프로그램이 있어서가 아니라 그저 '고생의 산물'로 얻어지는 것이라는 점에서, 군대 효 교육에 대해서도 환경변화에 맞춰 프로그램을 개발할 필요가 있다. 또한 군대의 효교육은 1988년부터 시작되어 20년이 넘는 세월이 경과했으므로 내실화의 필요성

---

304 김덕균, 『삭혀먹는 나라 비벼먹는 나라』, 지혜문학, 2005. pp. 128~130.

이 요구되고 있는데, 특히 최근 군에서 발생하고 있는 일련의 사고들, 예컨대 자살사고, 장병 상호 간 구타 및 가혹행위, 총기 사고 등 악성사고를 줄이기 위해서도 군대의 효교육과 인성교육을 연계시킬 필요가 있다고 본다.

Ⅳ 생각해보기(토의 주제)

Topic of discussion

❶ 국가 차원의 인성교육에서 '군대 효교육'의 중요성에 대하여 안보기능 및 교육기능과 연계하여 각자의 의견을 발표해 봅시다.

❷ 병영에서의 효교육에 대한 필요성을 제시하고, 시행방안에 대하여 교재 내용을 기초로 각자의 의견을 발표해 봅시다.

❸ 부대운영을 고려하여 계기별 교육을 효과적으로 실시할 수 있는 방안에 대하여 각자의 의견을 발표해 봅시다.

제**11**장 ┐ 직장의 효인성 리더십

　직장(職場)은 사람들이 일정한 직업을 가지고 일하는 일터이다. 직장은 '맡을 직(職)' 자와 '곳 장(場)' 자가 합해진 글자이니, '일을 맡아서 하는 곳'을 의미한다. 본디 '직(職)' 자는 '귀 이(耳)' 자와 '소리 음(音)', '창 과(戈)' 자의 합자로 "귀로 들은 소리를 창으로 새겨 기록해 놓고 작업한다."의 뜻이고 '장(場)' 자는 '흙 토(土)'와 '돋을 양(昜)'의 합자로, "흙을 쌓아 돋아서 위를 평평하게 하여 신을 모시는 곳(祭壇)"을 의미한다. 따라서 직장은 '신을 모시는 신성한 마음으로 일을 하는 곳'이라 할 수 있다.

　현대사회의 직업은 직업 활동이 사회적 유연성과 더불어 발전하고 있으며 사회기능의 분담된 직무를 수행하는 분업의 특성이 있다. 빵만으로는 풍족한 삶의 가치를 느끼지 못하는 인간은 직업을 통해서 일의 보람과 자아실현의 기회를 제공 받는다. 따라서 직업은 생업과 천직의 두 의미를 동시에 갖는다고 보아야 하는데, 현대사회가 고도로 분업화됨에 따라 많은 직업이 생겨났지만, 많은 직업의 탄생과 관련하여 직업의 선택 문제 또한 많은 이들에게 고민을 안겨주고 있는 것도 사실이다. 물질적 충족에 의해 현대 사회의 고달픈 삶을 다소나마 위안을 받을 수 있는 것은 직업인으로서 자신의 역할을 성실히 수행할 때 가능한 일이다. 그리고 자신이 직장에서 성실하게 임하는 것은 곧 부모님을 걱정 끼쳐 드리지 않고 기쁘게 해드리는 일인 동시에 입신양명(立身揚名)의 효를 통해 가족을 사랑하는 일이다. 또한 이러한 효는 좁게는 가족 간의 사랑이지만, 넓게는 가족에서 직장으로 확대되어 보편적·이타적 가치로 작용하는 덕목이다. 때문에 직장은 어떤 형태로든 확장된 영역의 효를 실천하는 장이 되어야 하며, 리더는 그러한 리더십이 발휘되도록 해야 한다.

　이런 맥락에서 본 장(章)에서는 직장에서의 효인성 리더십의 성격을 규명해 보고, 직업의 역할과 기능을 기초로 '리더십의 역할(4ROLES MODEL)'과 '리더십의 구성요소'에 맞춰 효인성 리더십을 적용하는 방안에 대하여 제시해 본다.

▍직장은 효인성 리더십을 확대하여 실천하는 곳

직장이 효인성 리더십을 확대하여 실천하는 곳인 이유는, 직장은 생계유지와 자기의 이상을 실현시켜 나가는 장(場)이기 때문이다. 사람은 직업이 없이는 정상적인 삶을 살아갈 수 없고, 가정을 지키기도 힘들다. 그래서 인간은 누구나 좋은 직업과 직장을 원하기 마련

인데, 좋은 직장을 가지게 되었다 해도 직장 내에서 대인관계가 원만하지 못하면 좋은 직장이라 하기 어렵다. 때문에 직장생활에 있어 서로를 위하고 배려하는 가운데 소속된 직장이 발전하도록 노력하는 사람이 현명한 사람이다. 직장이 있어야 가정을 안정시킬 수 있다는 점에서인데, 여기에는 인류질서의 근본인 효를 필요로 한다. 왜냐하면 내가 몸담고 있는 직장이 잘돼야 내 가정이 평안할 수 있기 때문이다. 이런 점에서 직장은 효인성 리더십과 연관되는데, '효교육', '인성교육', '리더십'으로 구분하여 살펴본다.

첫째, 효교육의 관점이다. 효는 가르침에 의해서 행하기도 하지만 본을 보고 배워서 행하게 되는 경우가 많다. "효자 가정에서 효자난다.", "자식은 부모의 등을 보고 배운다."는 표현이 그러한데, 직장에서도 직장의 관리자(사장, 창업자 등)가 효하는 모습을 직원들이 본받을 수 있다면, 그 직장은 효교육이 저절로 이루어지게 된다. 이런 점에서 직장에서도 효교육이 필요한데, 효를 교육하는 방법은 가족사랑과 가정윤리를 잘 실천할 수 있도록 상황을 조성하고 여건을 제공해 주는 것이다. 예컨대 효도수당을 회사 직원 통장이 아닌 부모 통장에 직접 넣어

드리는 방안, 그리고 출산한 산모에 대하여 정신적·물질적으로 안정을 취할 수 있도록 도움을 주는 일 등이 해당된다.

둘째, 인성교육의 관점이다. 인성교육은 각자 삶의 여정과도 관련이 있는데, 행복하다고 생각하면서 살아가는 사람과 불행하다고 생각하면서 살아가는 사람과는 인성함양에 차이가 나기 마련이다. 이는 "사람이 행복하기 위해서는 마음과 몸, 인간 내적인 부분과 환경 외적인 부분이 함께 뒷받침되어야 하는데, 행복한 사회 환경을 의미하는 복지(Welfare)는 내적 힘을 키우는 역량강화(Empowerment)와 환경을 개선하는 옹호(Advocacy)가 병행되어야 한다. 세상을 살아가면서 경험하게 되는 다양한 어려움을 이겨낼 수 있도록 내적 힘을 키워주어 외부의 자원도 활용할 수 있도록 해야 하며 개인의 힘으로 벅찬 사회문제, 환경으로부터 보호하고 지켜주고 안전한 사회 환경을 만들기 위해 적극적으로 변화를 추구해야 한다.(초록우산, 2013)"는 표현에 잘 나타나 있다. 직장에서 맡은 바 직무를 성실히 수행하는 것도 인성을 함양하는 방도가 되는 것이다.

셋째, 리더십의 관점이다. 직장은 관계를 통해서 업무를 추진하게 되고 리더십은 관계를 통해서 이루어진다. 특히 성과를 내야 하는 직장에서의 리더십은 관계가 원만하지 않고는 성공이 어렵다. "리더십이란 기대와 상호작용 속에서 조직을 만들고 유지하는 것이다.(스토그딜)", "리더가 부하들을 바람직한 방향으로 행동하도록 이끌어 가는 과정이다.(베니스)", "리더는 다른 사람들로 하여금 그들이 원하거나 좋아하지 않는 것을 하도록 하는 능력이 있는 사람이다.(헨리키신저)"라는 표현에 잘 나타나 있다. 그리고 효는 관계와 밀접하게 연관돼 있는데, 『효경』에 "부모를 사랑하는 사람은 다른 사람을 미워하지 않고, 부모를 공경하는 사람은 다른 사람을 업신여기지 않는다.(천자장)"[305], "부모를 섬기는 사람은 윗자리에 있어도 거만하지 않고 아랫자리에 있어도 질서를 어지럽히지 않으며 같은 무리와 함께 있어도 서로 다투지 않는다.(기효행장)"[306], 『논어』에 "효도와 우애를 다하는 사람이 윗사람 범하기를 좋아하는 사람은 드물다.(학이편)"[307]라는 표현이 이를 뒷받침한다. 이렇듯이 직장에서 상사(리더)와 구성원 모두 효심을 가지고 업무에 임하게 되면 관계가 좋아지고, 업무의 '효율성'도 높아질 것은 자명하다. 또한 생산적 활동을 주목적으로 하는 직장이라 하더라도 직장 내 동료 간에 서로를 위하고 배려하는 분위기가 조성되기 위해서는 안정된 가정의 뒷받침을 필요로 하고, 안정된 가정을 영위하기 위해서는 효와 같은 가치지향적 삶을 필요로 한다. 이런 점에서 직장은 확장된 효인성을 실천하는 곳이다.

305 "愛親者 不敢惡於人 敬親者 不敢慢於人."
306 "事親者 居上不驕 爲下不亂 在醜不爭."
307 "其爲人也孝弟 而好犯上者 鮮矣."

제4부 효에 기초한 인성교육의 적용 방안 373

Ⅱ 직업의 의미와 기능

"일터는 곧 배움터다."라는 말이 있다. 직업은 삶에 생명력을 주는 동시에 지혜를 가져다주는 배움터인 것이다. 직업을 가진 개인들은 자신의 휴식과 여가 시간을 제외한 대부분의 시간을 직업 활동을 위해 사용하게 되는

> **Tip**
> 직장의 역할과 기능은 "일터는 곧 배움터다."라는 말처럼, 개인의 경제적 터전 이외에도 직업 활동을 통해서 경험적(암묵적) 지식을 얻을 수 있는 기회가 제공된다.

데, 그것은 직업에 종사하는 개인에게 그만큼 중요한 활동이자 경험적(암묵적) 지식을 얻게 되는 곳이기도 하다. 따라서 직업은 다음과 같은 의미에서 효와 연관성이 있다.

첫째, 직업은 직업인과 그 가족의 가장 중요한 '생계수단'이 되므로 경제적 안정을 가져다준다. 소수의 예외적인 경우를 제외하면, 모든 사람들은 직업 활동을 통해 얻는 소득으로 가족의 생계를 유지해 나간다. 농사를 짓는 사람이건, 자영업을 하는 사람이건, 회사에 다니는 사람이건 자신의 생산적인 활동을 통해 경제적 소득을 얻게 되고, 그 소득으로 가족의 생계를 꾸려 나가는 것이다. 따라서 생계수단으로서의 직업과 효의 관계는 사람이 직업을 가짐으로써 가족들에게 안정을 주고 부모에게 정신적, 물질적 효를 행(行)할 수 있다는 점이다. 또한 생계수단으로서 직업이긴 하지만 어디까지나 윤리적 정당성이 있어야 하고 윤리적 정당성은 효에서부터 출발한다는 점이다.

둘째, 직업을 가진 개인들은 직업을 통해 '사회봉사'의 보람을 얻는다. 모든 직업은 그 사회가 필요로 하는 여러 가지 기능을 분담해서 수행하는 사회적 역할이기 때문에, 개인들의 직업 활동은 나름대로 전체 사회의 유지와 발전에 공

헌하는 일을 나누어 수행하고 있는 셈이다. 예컨대 농사를 짓는 사람들은 모든 사람들에게 필요한 식량을 제공하고, 우유를 생산하는 사람들은 국민들이 건강한 생활을 할 수 있도록 질 좋은 우유를 공급하며, 상업에 종사하는 사람들은 생산된 농산물이나 공산품을 모든 가정의 소비자들에게 유통시켜주는 역할을 한다. 이런 의미에서 이웃과 인류애를 발휘하게 하는 효는 직업의 본질적인 의미와 연관이 있다.

셋째, 직업적 활동은 개인들에게 다른 사람들과 협동해서 함께 살아가는 '공동체적인 삶'의 기회를 제공해 준다. 농업에 종사하는 사람들은 다른 이웃들과 함께 품앗이를 하거나 농기구를 나누어 사용하기도 하고, 농사정보를 서로 교환하기도 한다. 직장에 다니는 사람들은 직장의 상사나 동료, 부하들과 함께 일을 해 나아감으로써 하나의 공동체를 이루기도 한다. 직업적인 활동을 위해 서로 협동하는 이웃과 동료들은 직업 활동만을 위해 협조하는 데 그치지 않고 개인적인 어려움이나 애경사(哀慶事)가 있을 때에도 서로 돕고 의지하며 살아가기 때문에, 직업 활동은 다른 사람들과의 공동체적 유대를 형성하는 귀중한 기회를 만들어 주는 것이다. 그렇기 때문에 실직을 했거나 정년퇴임을 한 사람들은 단순히 직업과 일을 단절한 것뿐 아니라 다른 사람들과의 유대와 공동체적인 삶의 터전을 함께 잃게 되는 것이다. 이런 점에서 보편적이면서 이타적 가치인 효는 공동체적인 삶을 더욱 윤택하게 해주는 가치 지향적 삶과 관계된다는 점에서 효와 연관성이 있다고 하겠다.

넷째, 직업은 개인들에게 '자아실현'의 기회를 제공해 준다. 모든 사람들은 각자가 지닌 능력과 적성을 발휘해서 가치 있는 일을 해냈을 때 일에 대한 성취와 보람을 느낀다. 더 나아가서 사람들은 자신의 일과 성취를 통해서 자신의 존재와 삶의 의미를 확인하기도 한다. 학업을 마친 젊은이들이 어떤 작장을 가지게 되느냐에 따라 성취감이 달라지는 것도 이 때문이며, 이러한 직장을 가지는 것은 입신양명(立身揚名)의 효와 직결되는 것이다.

Ⅲ 효인성 리더십의 적용

직장에서의 효인성 리더십은, 직장에서 근무하는 구성원들이 대부분 가정을 가지고 있다는 점에서 의의가 크다. 사람은 직장생활을 통해 꿈을 실현해 나간다. 직장이 있어야 결혼도 할 수 있고 가정을 꾸리면서 가족과 함께 행복을 키워나갈 수 있다. 때문에 사람은 자기에게 성실히 하는 삶을 살아야 하며, 성실한 삶을 통해 입신양명을 이루는 것이 '자기적 효'이다. 또한 자식의 입장에서 볼 때, 직장에서 자신에게 성실하는 것이 부모를 걱정 끼쳐드리지 않고 기쁘게 해드리는 효를 행할 수 있다. 그리고 이런 과정을 통해서 인성이 함양되는 것이다.

> **Tip**
>
> 직장에서의 리더십이 성공하기 위해서는 리더(사장)가 직원들에게 목표와 방향을 제시함으로써 부하직원들의 생각이 정렬되도록 하고, 직원들 스스로 내적 동기가 유발되어야 하는데, 여기에는 리더(상사)의 본보기가 필수이다.

이러한 맥락에서 직장의 효인성 리더십의 적용은 스티븐 코비가 제시한 '리더십의 네 가지 역할 모델(4ROLES MODEL)', 그리고 '리더십의 3대 구성요소'의 역동적 관계의 틀에 맞춰 적용 방안을 살펴본다.

1. '리더십의 역할 모델(4ROLES MODEL)'로 본 효인성 리더십

직장에서 효인성 리더십이 발휘되기 위해서는 먼저 관리자(사장, 오너)가 목표와 방향을 제시[Path finding]하고 구성원들의 생각이 그 방향으로 정렬[Aligning]되어야 하며 내적 동기가 스스로 유발(Empowering)되도록 관리자가 본보기(Modeling)를 보여야 하는데, 이를 좀 더 구체화하면 다음과 같은 내용들이다.

가. 목표와 방향 제시(Pathfinding)

목표와 방향을 제시하는 일에는 사명(Mission) · 가치(Value) · 비전(Vision) · 전략(Strategy)이 포함된다. 첫째, 사명(Mission)은 부여받은 임무이자 존재하는 이유(Why we exist?)를 알게 하는 것이다. 관리자와 구성원이 "우리는 왜 이 직장에 와있는가?", 구성원의 입장에서 "나는 왜 존재하며, 직장생활에서 꿈을 이루어야 할 이유는 무엇인가?"를 알아야 하는데, 효에 기초한 직장생활은 입신양명(立身揚名)의 길로 안내하는 사명을 부여받은 것이다.

둘째, 가치(Value)는 관리자와 구성원이 서로를 믿고 의지하게 해주는 그 무엇(What we believe in?)'이다. 가치에는 보편적 · 이타적 가치, 목적적 · 수단적 가치, 정신적 · 물질적 가치 등이 있는데, 직장인으로서 "어떤 가치를 기준으로 어떻게 살아갈 것인가?"라는 점이 중요하다. 따라서 관리자는 구성원들로 하여금 가치 지향적 삶을 살아가도록 계도해야 하는데, 그 방법의 하나가 '사훈(社訓)'을 제정해서 "우리는 어떤 가치를 공유할 것인가?"를 의식하며 생활하도록 하는 것이다.

셋째, 비전(Vision)은 직장 구성원들이 이루고자 하는 그 무엇(What we want

to be?)이다. 그러므로 관리자는 구성원에게 '꿈'과 '희망'을 주어서, 각자가 '목표'를 현실화하기 위한 직장생활이 되도록 해야 한다.

넷째, 전략(Strategy)은 각자가 어떤 일을 이루어나가기 위한 실행계획(Action plan)이다. 구성원 개인마다 가지고 있는 '사명'과 '가치', '비전'을 현실화하고 생애설계와 연계해서 구체화하는 노력이다.

나. 직장의 한 방향 정렬(Aligning)

직장의 한 방향 정렬(Aligning)은 관리자의 경영철학과 구성원들의 꿈을 연결하는 것이다. 직장의 경영철학과 개인의 비전을 잇기 위해서는 직장의 역사, 현재 상황 등에 관한 정보를 공유함으로써 구성원들의 생각을 직장 오너의 생각과 정렬시켜야 한다. 그리고 직장의 창설기념일 등의 행사를 통해서 직장의 정신을 이어가도록 해야 한다.

다. 구성원의 내적 동기부여(Empowering)

구성원들의 내적 동기부여(Empowering)이다. 앞서 "말을 물가에까지 끌고 갈 수는 있지만 물을 먹도록 하는 데는 어려움이 있다."는 내용에 대해서 언급한 바 있는데, 직장에서도 구성원들이 원(願)에 의해 입사를 했을지라도 구성원 스스로 임무수행에 적응해가는 데는 개인적인 사정들이 있을 수 있다. 그래서 각자의 어려움을 극복하고 임무에 매진할 수 있어야 하는데, 여기에는 리더십 환경과 리더의 리더십 스타일을 필요로 한다.

리더십 환경은 관리자가 구성원들을 대상으로 리더십을 구사하는데 미치는 상황요인을 뜻하고, 리더십 스타일은 관리자의 리더십이 '통제형'·'방임형'·

'감독형'·'자율형' 중 어떤 스타일을 적용하느냐의 내용이다.

스티븐 코비는 임파워먼트 수준을 여섯 부류로 나누고 있는데, ①상사의 지시를 기다리는 직원 ②상사에게 지시를 건의하는 직원 ③상사에게 의견을 제시하고 행동으로 옮기는 직원 ④해야 할 일을 실행하고 상사에게 즉시 얘기하는 직원 ⑤해야 할 일을 실행하고 정해진 시기에 얘기하는 직원 ⑥자율적으로 알아서 일을 수행하는 직원 등으로 구분한다. 이 중에서 가장 이상적인 구성원의 모습은 여섯 번째의 경우로 자율적으로 임무에 충실하는 직원이다. 그리고 관리자의 이상적인 리더십 스타일은, 직원의 수준과 상태에 따라 다르긴 하지만 상황과 여건에 맞는 '자율형' 스타일이 바람직하다고 할 수 있다.

라. 관리자의 본보기(Modeling)

관리자의 본보기(Modeling)는 구성원들로 하여금 따르고 싶게 만드는 마음의 에너지 원(源)이 된다는 점에서 중요하다. "리더십이란 사람을 이끄는 기술이며, 따르게 하는 기술이다.(박정기)"라는 표현이 말해주듯이 사람을 이끄는 기술이 곧 '본보기'이다. 그리고 리더의 본보기는 성품과 역량을 기초로 신뢰를 구축하는 과정이기도 한데, 구성원들을 따르게 하는 리더의 성품은 '효하는 모습'과 관련된다. "직원들을 자신의 자식처럼 여겨라. 그러면 그들은 깊고 험한 계곡이라도 그대를 따를 것이며, 죽음의 골짜기까지도 함께 갈 것이다(손자)"라는 표현은 이를 잘 대변해 준다.

효심은 좋은 성품을 만들기 마련이고, 가정에서 가족간 관계가 좋은 사람이 대인관계에서도 호감을 받기 마련이며, 신뢰의 바탕이 되는 것은 당연하다. 이런 면에서 리더의 본보기는 효를 실천하는데서 시작되는 것이다.

2. '리더십의 3대 구성요소'로 본 효인성 리더십

직장에서의 효인성 리더십은 관리자가 직원을 대상으로 직장이라는 환경과 여건을 감안해서 인성함양을 목적으로 발휘되는 리더십이다. 직장에서 효인성을 기초로 발휘되어야 할 리더십은 ① 리더(상사) ② 팔로어(구성

> **Tip**
> 직장에서의 리더십 구성요소는 ① 리더(상사) ② 팔로어(구성원) ③ 상황(환경 및 여건)이다. 직장 상사가 구성원을 대상으로 리더십 행위를 구사하는 과정에 영향을 미치는 상황 요인도 리더의 몫이다.

원) ③ 상황(환경 및 여건) 등의 구성요소에 의해 목표를 추구하는 과정으로 발휘된다.

가. 리더(관리자 및 상사) : 직원의 멘토가 되자.

리더는 구성원들로 하여금 각자에게 부여된 사명과 설정된 비전, 가치기준 등을 기초로 실행계획을 수립하여 스스로 목표를 달성해 가도록 리더십을 발휘해야 한다. 그리고 여기에는 기업경영의 윤리가 뒷받침되어야 하는데, 이는 효와 연관된다. 그 이유는 효와 기업경영의 연계성 때문인데, 기업도 따지고 보면 가족을 부양하는 사람들의 집합소이고, 부양 받는 가족이 행복해야 기업이 잘 경영될 수 있다는 점에서다.

기업의 윤리경영은 회사경영 및 기업 활동에 있어 '기업윤리'를 최우선 가치로 여기고 투명성과 공정성, 합리성을 바탕으로 업무를 수행하는 기업정신이다. 그리고 기업윤리는 기업의 경영자와 구성원들이 지켜야 할 도리이며, 정당한 방법을 통하여 기업을 올바르게 운영하는 기준을 뜻하는데, 여기에는 기업의 도덕적 책임이 포함된다. 관리자는 직원을 가족 대하듯 하고, 직원은 회사를 내 집 대

하듯 소중히 여겨야 한다. 이런 이유에서 효라는 보편적 가치이자 덕목이 적용되어야 하는 것이다.

그러나 한국의 대기업과 중소기업의 갑을(甲乙)관계는 효인성 리더십의 관점에서 볼 때 개선되어야 할 것들이 있다. 예컨대 대기업이 소상인들의 몫까지 침범하는 것은 기업윤리 경영의 정도(正道)가 아니다. 대기업은 자금 동원 능력 등을 활용해서 기업혁신과 신제품 개발 등을 통해 중소기업과 영세 상인을 이끌어가는 역할을 해야 하기 때문이다. 경영에서 중요하게 요구되는 것이 윤리에 바탕을 둔 리더십이다.

얼마 전 서울에서 열린 '세계윤리경영포럼(7차)'[308]에서도 효와 인문학에 기초한 리더십에 관한 내용이 발표되었는데, 이 행사에서도 기업과 고객, 직원이 삼위일체가 되어야 한다는 내용이 주를 이루었다. 그리고 그 중심은 기업윤리와 양심이었는데, 특히 중국 반도체 1위 기업으로 성공한 궈더 회사의 오니엔보 사장은 25년 동안 회사 감원없이 '행복경영'을 이어갈 수 있었는데, 이는 행복기업 육성을 '캐치프레이즈'로 '성현의 가르침'에 대해 연 300시간 전통교육을 실시한 덕분이라고 했다. 그가 말하는 행복경영은 "직원들로 하여금 단지 회사 생활뿐 아니라 부모에 대한 효도·부부관계·자녀교육 등 가정에서부터 행복이 이뤄지도록 했다는 것이다. 소가족인 가정이 잘돼야 대가족인 회사도 잘 될 수 있다는 논리에서다. 또 리더는 이타주의를 중시하는데, 이유는 남을 위하는 마음이 있어야 나도 잘되기 때문이라고 했다. 나의 부(富)도 남과 나눠야 진정한 의미가

---

308 세계윤리경영 제7차 포럼이 2015년 10월 27일~28일(1박 2일) 롯데호텔(잠실)에서 개최됐다. 중국 측 발표자로 '마우충췬(茅忠群, 팡파이구룹 총재)', 오니엔보(吳念博, 쑤저우 궈더 전자 회장), 왕재귀(문예서원 원장), 그리고 한국 측 발표자는 문국현(한솔섬유 대표), 조동성 서울대 명예교수, 김용옥 교수 등이 발표하였음.

있다는 것으로, 부는 경쟁을 통해서가 아니라 다른 사람을 도와야 얻어진다는 것이다. 중국의 성현들은 이런 이타정신이 부와 지혜, 건강의 원천이라는 점을 가르치는데, '나'를 중심으로 하는 서구와는 다르게 가르친다는 점이다. 그러면서 "궈더의 사회책임 경영은 직원들에게 중국의 전통문화를 기반으로 효에 기초한 지혜와 도덕교육을 실시하는 데서 시작한다."[309]고 했다.

문화의 시대로 불리는 21세기의 리더십은 변화관리의 능력과 함께 높은 윤리·도덕성이 요구된다는 점에서 효의식은 중요하다. 특히 현대 리더십은, 리더십 이론이 서양에서 서양문화와 서양인을 대상으로 발전시켜 왔지만, 그 기본사상은 동양의 정신에 기초하고 있다는 점에서 동양의 정신에 서양의 이론을 접목하는 '동도서기사혼양재(東道西器士魂洋才)'적 패러다임이 요구된다. 효제자(孝悌慈) 정신으로 『오교론(五敎論)』을 저술한 정약용은 "옳은 것을 지켜 이로움을 얻는 사람이 있고 옳은 것을 지키다 해로움을 입는 사람이 있으며, 그릇됨을 따라가서 이로움을 얻는 사람이 있고, 그릇됨을 따르다가 해로움을 당하는 사람이 있다."고 하여 일종의 윤리기준을 제시하였다. 우리 사회는 최소한 '그릇됨을 따라가서 이로움을 얻으려는 기업' 보다 '옳은 것을 지켜 이로움을 얻는 기업' 이 많아져야 한다. 그럼으로써 어려운 영세 상인과 중소기업을 생각하는, 양심 있는 경영자의 리더십이 발휘되어야 하는 것이다.

나. 팔로어〔구성원(사원)〕: 상사의 마음을 헤아리는 멘티가 되자.

직장의 구성원은 자기적 효를 통해 꿈을 실현해야 한다. 사람은 누구나 직장 생활을 통해 꿈을 실현해 나가는 것이다. 직장이 있어야 결혼도 하고 가정을 꾸

---

309 한계레 신문, 2015. 10. 30.

려서 행복을 키울 수도 있다. 때문에 자신과 가정에 성실한 삶을 살아야 하는데, 이것이 '자기적 효'이고 '가정적 효'이다. 이는 자식의 입장과 부모의 입장에서 고려할 수 있다.

　자식의 입장에서 보면, '자기적 효'의 실천이 요구된다. '자기적 효'는 자신에게 성실함으로써 부모를 걱정 끼쳐드리지 않을 뿐 아니라 입신양명(立身揚名)을 통해 기쁨을 드리는 효이다. 자기를 알고 부모의 존재를 아는 정체성을 바탕으로, 성실성에 기초한 자기계발(自己啓發)과 입신양명(立身揚名)을 통하여 부모님께 기쁨을 드리는 효이다. 부모님이 나를 잉태하시고 열 달 동안 애지중지 품어주셨다가 온전한 몸으로 낳아주시고 젖먹이에서 유치원·초·중·고등학교와 대학을 마치는 동안 온몸으로 돌봐주신 부모님께 직장생활을 통해서 기쁨을 드리는 효이다. '나'는 곧 부모님의 분신이므로 부모님 기대에 보답하는 삶을 살아야 하며, 나로 인하여 부모님이 걱정하시지 않도록 자기 몸을 잘 간수해야 한다. 『부모은중경』에 "부모님께서는 나를 낳으실 때 서 말 서 되의 피를 흘리시고, 여덟 섬 너 말의 젖으로 키우셨으니 내 몸을 소중히 해야 한다."고 했고, 『효경』에 "몸과 머리카락, 피부까지도 부모님으로부터 받았으므로 다치거나 상하게 하지 않는 것이 효의 시작이다.(개종명의장)"[310], "성공함으로써 후대에 이름을 날려 부모님 이름을 드러나게 하는 것이 효의 마지막이다.(개종명의장)"[311], "효는 어버이를 섬기는 일에서 시작하여 다음에는 나라를 위해 일하고 마지막에는 자신이 성공하여 이름을 세우는 것이다.(개종명의장)"[312]라고 하였고, 『예기』에 "효자가 어

---

310 "身體髮膚 受之父母 不敢毀傷 孝之始也."
311 "立身行道 揚名後世 以顯父母 孝之終也."
312 "孝始於事親 中於事君 終於立身揚名."

두운 곳에서 일을 하지 않으며, 위험한 곳에 오르지 않는 것은 어버이를 욕되게 할까 두렵기 때문이다.(곡례 상편)"[313]라고 하였다.

다음 부모의 입장에서 보면 '가정적 효'의 실천이 요구된다. '가정적 효'는 부모로서 가정을 위해 도리를 다하는 것이다. 부모의 도리는 가정에서 자녀의 모범이 되고, 밖에서는 안정된 직장을 바탕으로 사회생활을 원만히 하는 것이다. 또한 부자자효(父慈子孝)·부자유친(父子有親)·부위자강(父爲子綱)에서 보듯이 부모로서의 역할과 도리를 다할 때 자식 또한 도리를 다하게 되는 것이다.

다. 상황(환경 및 여건) : 직장의 효문화를 함께 만들어 가자.

21세기를 '문화의 시대', '문화의 전쟁시대' 등으로 표현한다. 이 말은 현대사회는 그만큼 문화가 중요하다는 뜻인데, 문화는 조직구성원에 대한 교육의 결과로 조성되고 교육에 의해서 진화(進化)한다. 그리고 교육은 효에서 비롯된다는 점에서 문화는 효와 연관성이 있다. 이런 점에서 한국인의 성향이 맞는 한국적 리더십을 필요로 하는데, 여기에는 리더와 구성원의 토양이 되고 자양분으로 작용하는 '그 무엇'이 있어야 한다. 그리고 그것이 문화이고 문화는 효와 연관된다는 점에서 효문화는 한국적 리더십의 토양이고 자양분이라 할 수 있다.

이런 점에서 원활한 기업경영으로 좋은 직장으로 평가받기 위해서는 '사회적·국가적 효' 실천이 필요하고, 이런 내용이 리더십에서 상황으로 작용되도록 해야 한다. '사회적(社會的) 효'는 가정에서 부모 자식 간 형성된 원초적 사랑을 바탕으로 타인과 이웃, 인류봉사 등 사회적으로 행하는 효를 의미한다.

---

[313] "孝子不服闇 不登危 懼辱親也."

사회란 통상 '가정 – 사회 – 국가'라는 표현에서 보듯이, 가정을 벗어난 영역에서 공동생활을 하는 모든 형태의 인간 집단을 뜻한다. 그리고 사회생활은 사람이 사회의 일원으로서 집단적으로 모여서 질서를 유지하며 살아가는 공동생활을 의미한다. 『목민심서』「애민육조」에 노인을 봉양하는 일(養老), 고아를 거두어 보살피는 일(慈幼), 병으로 고통받는 사람을 돕는 일(寬疾) 등의 내용이 나오는데, 이 또한 사회적 효에 해당하는 내용이다. 따라서 사회적 효는 가정적으로 보살핌을 받지 못하는 사람에 대해 이웃과 종교, 각종 자선단체로부터 도움을 주는 것이다. 이를테면, 지역단위로 운영되고 아동보호 및 상담소, 마을 단위로 행해지는 경로잔치, 종교단체에서 노인들을 대상으로 실시하는 무료급식, 독거노인에 대한 요양보호 활동, 지하철이나 버스에서 노인에게 자리를 양보하는 행위 등이 포함된다. 최근 결손가정이 아닌 정상가정이면서도 행동장애, 정서장애 등 적응장애를 겪고 있는 청소년이 늘어나고, 치매 등 노인성 질환으로 고생하는 노인들이 늘어나고 있는데, 이들에 대해 보듬는 일이 사회적 효이다.

예컨대, 지난 2011년 12월 12일, 중국 어선이 대한민국 영해를 침범하여 불법조업을 하고 있을 때, 이를 단속하던 이청호 경사가 중국 선원이 휘두른 흉기에 맞아 순직하는 사건이 있었고, 고(故) 이청호 경사의 세 자녀(2남 1녀)에게 두산그룹(연강재단)에서 대학 졸업 시까지 학비를 지원키로 하는 장학 증서를 전달했는데, 이는 사회적 효를 실천한 기업의 사례라 할 수 있다.

Ⅳ 생각해보기(토의 주제)

❶ 국가 차원의 인성교육의 과정에서 '직장의 인성교육'의 중요성에 대하여 각자의 의견을 발표해 봅시다.

❷ 직장의 역할과 기능 중에서 가장 중요하다고 판단되는 것을 제시하고, 사훈(社訓)과 연계하는 방안에 대하여 각자의 의견을 발표해 봅시다.

❸ 직장의 효교육을 출산장려 정책과의 연계하는 방안과 제도적 보완사항에 대하여 각자의 의견을 발표해 봅시다.

제**12**장 시민사회단체의 효인성 리더십

   일반적으로 시민사회단체는 사회적 주장이나 요구를 개진하기 위해 시민들이 자발적으로 결성한 단체를 말한다. 이들은 공익을 목적으로 활동하는 비정부 조직(Non Governmental Organization)이면서 시민사회의 의견과 주장을 대변하는 역할을 하는데, 이들은 실질적인 권력이나 강제력은 갖고 있지 않지만, 뜻을 같이 하는 이들을 확보하고, 그들을 통하여 공공기관 등에 영향력을 행사하는 특성을 가지고 있다.

   효관련 시민사회단체는 효와 관련하여 국민들의 요구를 공공의 관점에서 대변함으로써 정부나 지방자치단체가 효행장려지원법 시행 등에 대한 관심을 이끌어 냄으로써 국민들에게 실질적인 도움과 혜택이 가도록 하는 역할을 하는 단체이다. 예컨대 2007년도에 제정된 "효행장려지원법"에 근거하여 활동하고 있는 「한국효운동단체총연합회(이하 '효단체연합회')」에 소속되었거나, 독립적으로 효운동을 하는 단체 등을 들 수 있다.

   최근 우리 사회는 교육의 세 마당이라고 하는 가정교육·학교교육·사회교육의 역할과 기능이 저하되면서 패륜범죄와 학교폭력이 증가하고, 세월호 참사 등 사회병리 현상이 계속되는 등 인재(人災)가 계속됨에 따라 효관련 시민사회단체의 역할이 중요해지고 있다. 그리고 2015년 인성교육진흥법이 시행되는 과정에서 '효'와 '예'를 비롯한 8개의 핵심가치 및 덕목이 선정됨으로써 '효에 기초한 인성교육'이 가능하게 되었다. 그러나 일각에서는 "인성교육의 목표가 되는 '인성의 핵심 가치·덕목'은 충효교육을 연상하게 할 정도로 지나치게 전통적 가치를 우선하고 있으므로 인성교육 덕목에서 효는 배제되어야 한다."는 내용을 골자로 법률개정안이 발의되기도 했는데, 이는 인성교육과 효에 대한 이해 부족에서 나왔다고 본다. 이런 점에서 '효'와 '인성교육'의 관계에 대한 올바른 이해가 필요하며, 효관련 시민단체의 역할과 기능이 중요함을 일깨워주기도 하였다.

이런 맥락에서 본 장(章)에서는 시민사회단체에서의 효인성 리더십의 성격에 대해 규명해 보고, 이를 기초로 시민사회단체의 역할과 기능을 살펴본 다음 '리더십의 역할(4ROLES MODEL)'과 '리더십의 3대 구성요소'에 맞춰 효인성 리더십의 적용 방안에 대하여 제시해 본다.

▎ 시민사회단체는 효인성 리더십을 선도(先導)

효인성 관련 시민사회단체가 수범적 리더십으로 효인성을 선도해야 하는 이유는 시민사회단체 구성원이 모범적인 효행을 통해 시민들의 효의식을 일깨워야 하기 때문이다. 효인성 관련 시민사회단체는 효인성과 관련하여 시민들의 의

견과 주장을 대변할 위치에 있는 관계로 수범적 역할을 해야 하는 것이다.

이런 점에서 효인성 관련 시민사회단체의 역할에 대하여 '효교육', '인성교육', '리더십'으로 구분하여 알아본다.

첫째, 효교육의 관점이다. 21세기, 4차 산업혁명 시대를 살아가는 우리로서는 이 시대

Tip

효관련 시민운동사회단체는 '효', '인성', '리더십'을 선도하는 입장에 있다. 효입장에서 효를 선도하다 보면 자신이 먼저 효를 실천하게 되고, 인성의 입장에서 도덕적 삶을 선도하는 역할을 하게 되므로 자신의 성품을 조율하며, 리더십의 입장에서는 회원가입자를 이끌다 보면 리더십 역량이 함양되기 마련이다.

에 맞는 효의 개념정립과 함께 콘텐츠화를 통해 인성이 함양되도록 해야 한다. 이를 위해서는 실천적 효가 확산되도록 해야 하는데, 시민사회단체가 교육할 효는 ①경천하는 효 ②부모·어른·스승을 공경하는 효 ③자녀·어린이·청소년·제자를 사랑하는 효 ④가족과 친인척을 사랑하는 효 ⑤나라와 국민을 사랑하는 효 ⑥자연을 사랑하고 환경을 보호하는 효 ⑦이웃을 사랑하고 인류에 봉사하는 효 등이 해당한다.

둘째, 인성교육의 관점이다. 인성교육은 다학문·다종교적이면서 가정교육·학교교육·사회교육이 통합된 전생애적 교육의 성격을 가진다. 이 중에서도 가정교육이 중요한데, 그 이유는 태아기에서부터 아동기, 청소년기의 인성은 대부분 가정에서 형성되기 때문이다. 따라서 시민사회단체의 인성교육 방향은 가정과 학교교육의 기능이 활성화되도록 지

원함으로써 건전한 사회기풍을 조성하는데 초점이 맞춰져야 한다.

셋째, 리더십의 관점이다. 시민사회단체의 리더십은 단체장이 시민단체 회원을 대상으로 하는 리더십이다. 시민사회가 처한 상황과 여건을 감안하여 회원들이 기꺼이 참여하도록 하는 리더십인데, 여기에는 효와 인성을 기반으로 하는 한국적 리더십이 바람직하다. 그러자면 리더 자신부터 효와 인성이 된 사람이라는 평가를 받을 수 있어야 하고 서번트적인 노력이 있어야 한다.

Ⅱ 효인성 관련 시민사회단체의 역할 및 기능

효에 기초한 인성함양을 목표로 활동하는 시민사회단체로는 '한국효운동단체총연합회(보건복지부 비영리민간단체 제133호)' 와 이에 가입하여 활동하는 여러 단체들이 있다. 효단체연합회는 한국의 효를 '종교·시대·이념'을 초월하여 새롭게 효를 조명하고 효 운

> **Tip**
>
> 효관련 시민사회단체의 역할과 기능은 효선양과 관련하여 국민의 요구를 공공의 관점에서 대변함으로써 정부나 지방자치단체가 효행장려지원법 시행 등에 대해 관심을 갖도록 하고, 국민들에게 도움과 혜택이 돌아가도록 하는 것이다.

동단체 상호간 협력 및 교류와 권익보호를 통해 '효교육 장려·효문화진흥·효행자 복지 향상' 등을 바탕으로 효를 세계화함으로써 인류공영에 이바지함을 목적으로 2002년도에 결성되었다. 이 단체가 결성될 당시에는 '한국효실천운동협의회' 라는 이름으로 20개 단체가 가입하였으나 2006년도에 '한국효운동단체총연합회' 라는 이름으로 개칭되었다. 그동안 효단체연합회가 해온 일을 살펴보면,

2007년도에 효행장려 및 지원에 관한 법률이 국회에서 제정되기까지 학술회의 등을 통해 이론적으로 뒷받침했으며, 2008년도에는 한국의 효 업무 활성화를 위해 1박 2일간 워크숍을 실시하는 등 기반을 구축했다. 2009년도에는 수원 화성에 있는 정조대왕 효문화유적 훼손방지 및 보존을 위한 활동과 한국효만화애니메이션 공모전을 개최했고, 2010년도에는 국민권익위원회와 국회보건복지위원회에 효행장려 및 지원에 관한 법률의 활성화 방안에 대하여 제안서를 제출한 바 있다. 또한 2011년도에는 한국효운동의 현실과 비전에 대하여 청와대에 제안서를 제출하였으며 2012년도에 대전광역시와 경상북도(영주시)에 효문화진흥원이 설치되도록 노력한 결과 대전 효문화진흥원은 2017년도 3월에 개원하였고, 경상북도(영주시)는 현재 건립 중에 있다.

효단체연합회의 운용기조는 '3통 7효'에 두고 있다.[314] '3통'은 '통교(通敎)·통시(通時)·통념(通念)'으로 종교와 종파를 초월하는 통교적(通敎的) 가치, 시대와 세대를 아우르는 통시적(通時的) 문화, 이념과 사상을 뛰어넘는 통념적(通念的) 정신을 뜻한다. 그리고 '7효'은 효를 행동화해야 할 일곱 가지를 뜻하는 것으로 ① 경천하는 효 ② 부모·어른·스승을 공경하는 효 ③ 어린이·청소년·제자를 사랑하는 효 ④ 가족을 사랑하고 친인척을 사랑하는 효 ⑤ 나라와 국민을 사랑하는 효 ⑥ 자연을 사랑하고 환경을 보호하는 효 ⑦ 이웃을 사랑하고 인류에 봉사하는 효 등이다.

---

314 이 내용은 2007년 7월 14일 한국효운동단체총연합회에서 발표한 '효비전선언문'에 제시돼 있음.

Ⅲ 효인성 리더십의 적용 방향

효관련 시민사회단체에서의 효인성 리더십은 시민단체의 장(리더)이 단체에 가입된 구성원들을 대상으로 하는 리더십과 시민단체 회원이 일반 시민을 대상으로 하는 리더십으로 구분해 볼 수 있다. 시민단체에 가입한 회원들은 시민들의 사회적 주장이나 요구를 개진하고 관철시켜 주는 역할을 하기 위해 자발적으로 참여했기 때문에 임파워먼트의 수준이 비교적 높은 편이다.

> **Tip**
>
> 시민사회단체에서의 리더십이 성공하기 위해서는 리더인 단체장이 구성원들에게 목표와 방향을 제시함으로써 성원들의 생각이 정렬되도록 하고, 구성원 스스로 내적 동기를 유발시켜야 하는데, 여기에는 리더의 본보기를 필수로 한다.

이러한 맥락에서 시민사회단체의 효인성 리더십의 적용은 스티븐 코비가 제시한 '리더십의 네 가지 역할 모델(4ROLES MODEL)', 그리고 '리더십의 3대 구성요소'의 역동적 관계를 통해 알아본다.

1. '리더십의 역할 모델(4ROLES MODEL)'로 본 효인성 리더십

시민사회단체에서 효인성 리더십이 발휘되기 위해서는 먼저 리더(단체장)가 목표와 방향을 제시[Path finding]하고 구성원(시민단체회원, 일반 시민 등)들의 생각이 그 방향으로 정렬[Aligning]되어야 하며 내적 동기가 스스로 유발(Empowering)되도록 리더가 본보기(Modeling)를 보여야 하는데, 이를 좀 더 구체화하면 다음과 같은 내용들이다.

가. 목표와 방향 제시(Pathfinding)

목표와 방향을 제시(Pathfinding)하는 일에는 사명(Mission)·가치(Value)·비전(Vision)·전략(Strategy)이 포함된다. 첫째, 사명(Mission)은 부여받은 임무이자 존재하는 이유(Why we exist?)를 알게 하는 것이다. 그러므로 리더와 구성원이 "우리는 왜 존재하며 왜 참여하게 되었는가?", 회원의 입장에서 "나는 왜 참여하게 되었으며, 왜 시민들에게 효를 행하게 해야 하는가?"를 알아야 하는데, 효에 기초한 시민단체활동은 건강한 가정과 학교의 모습을 갖도록 도와주는데 있다고 할 수 있다. 그리고 이 시대에 맞는 효 개념의 정립과 확산을 통해 선도하는 일을 사명으로 해야 한다. 효를 선도(先導)한다는 의미는 효를 앞에서 이끈다는 뜻이다. 따라서 '무엇을', '어떻게' 이끌어 갈 것인가? 하는 점이 중요한데, 우선은 이 시대의 효 지식을 견지하고 정보화(情報化)할 수 있는 역량이 필요하다. 효 지식을 견지(堅持)한다는 것은 효에 대해 알고 있는 내용〔知〕이 시대에 적합한지를 식별〔識〕함으로써 효에 대한 견해와 입장을 분명히 하는 것이고, 정보화(情報化)한다는 의미는 효에 관하여 내가 알고 있는 뜻〔情〕을 일반인에게 알려서〔報〕 변화〔化〕시킨다는 뜻이다. 또한 개념(槪念)은 여러 관념 속에서 공통된 요소를 뽑아내어 종합하여서 얻은 하나의 보편적인 관념이다. 따라서 효를 앞에서 이끌어가기 위해서는 무엇보다도 시대에 맞는 효 개념을 정립해야 한다. 과거 대가족제도에서의 효는 자식이 부모에게 향하는 '일방향성'의 효라면 현대의 효는 부모와 자식이 서로를 위하는 '쌍방향성'의 효(孝, HYO)로 정립하고 확산시켜야 한다.

둘째, 가치(Value)는 시민사회단체장과 구성원이 서로를 믿고 의지하게 해주는 그 무엇(What we believe in?)'이다. 가치에는 보편적·이타적 가치, 목적적·

수단적 가치, 정신적·물질적 가치 등이 있는데, 시민운동하는 회원으로서 "어떤 가치를 기준으로 어떻게 살아갈 것인가?"라는 점이 중요하다. 따라서 시민사회단체장은 회원들로 하여금 효를 기초로 가치지향적 삶을 살아가도록 안내해야 하는 것이다.

셋째, 비전(Vision)은 시민사회단체 구성원들이 이루고자 하는 그 무엇(What we want to be?)이다. 그러므로 시민사회단체장은 회원에게 '꿈'과 '희망'을 주어서 각자가 '목표'를 현실화하도록 안내해야 한다.

넷째, 전략(Strategy)은 각자가 어떤 일을 이루어나가기 위한 실행계획(Action plan)이다. 회원 개인마다 가지고 있는 '사명'·'가치'·'비전'을 실사구시(實事求是)적으로 달성되도록 실행 계획화하는 것이다.

나. 시민사회단체의 한 방향 정렬(Aligning)

시민사회단체의 한 방향 정렬(Aligning)은 리더인 단체장의 운영철학과 구성원들의 생각이 정렬(Aligning)되도록 하는 것이다. 시민사회단체의 운영철학과 개인의 비전을 연결하기 위해서는 시민사회단체의 사명과 역사를 구성원들에게 가르쳐서 알도록 해야 하고, 구성원(회원)들은 시민사회단체의 창설기념일 등의 행사를 통해서 단체의 정신을 계승해야 한다.

다. 내적 동기부여(Empowering)

시민사회단체 회원들의 내적 동기부여(Empowering)는 봉사정신을 발휘해서 스스로 참여하도록 하는 것이다. 그리고 리더(단체장)는 구성원들을 그러한 모습으로 만들어야 한다. 그래서 임파워먼트가 중요한데, 여기에는 리더십 환경 및 여건 조성과 리더의 리더십 스타일이 적용된다.

회원들의 동기부여 수준은 ① 단체장의 제안을 기다리는 회원 ② 단체장에게 제안하는 회원 ③ 단체장에게 의견을 제시하고 행동으로 옮기는 회원 ④ 해야 할 일을 실행하고 즉시 단체장에게 알리는 회원 ⑤ 해야 할 일을 실행하고 정해진 시기에 단체장에게 알리는 회원 ⑥ 자율적으로 알아서 일을 수행하는 회원 등으로 구분할 수 있다. 이 중에서 가장 이상적인 모습은 여섯 번째의 경우로 자율적으로 임무에 충실하는 회원이다. 그리고 리더의 이상적인 리더십 스타일은 회원의 수준과 상태에 따라 다르긴 하지만, '통제형'·'방임형'·'감독형'·'자율형' 중 상황과 여건을 고려해서 적용하는 '자율형' 스타일이 바람직하다고 할 수 있다.

라. 리더의 본보기(Modeling)

리더인 단체장의 본보기(Modeling)는 회원들로 하여금 따르고 싶게 만드는 동인(動因)의 에너지 원(源)이라는 점에서 중요하다. "리더십이란 사람을 이끄는 기술이며 따르게 하는 기술이다.(박정기)"라는 표현이 말해주듯이 '본보기'는 곧 회원들이 따르도록 하는 기술이기도 하다. 그리고 리더의 본보기는 성품과 역량을 기초로 신뢰를 구축하는 것이 필요한데, 회원들을 따르게 하는 리더의 성품은 '효하는 모습'에서 나온다. 효심이 깊은 사람은 좋은 성품을 갖기 마련이고, 가정에서 가족 간 관계가 좋은 사람이 타인과의 관계에서도 호감을 주기 마련이며, 신뢰의 바탕으로 작용하기 때문이다. 이런 점에서 리더의 본보기는 효를 실천함에서 비롯된다고 할 수 있다.

2. '리더십의 구성요소'로 본 효인성 리더십

시민단체에서의 효인성 리더십은 인성함양을 목적으로 리더(단체장)가 회원을 대상으로 환경과 여건을 감안해서 발휘하는 리더십이다. 시민단체에서 효인성을 기초로 발휘되어야 할 리더십은 ① 리더(단체장) ② 팔로어(회원) ③ 상황(환경 및 여건) 등 구성요소의 역동적 관계를 통해 목표를 추구하는 과정이다.

Tip

시민사회단체에서의 리더십 구성요소는 ① 리더(단체장) ② 팔로어(회원 및 일반 시민) ③ 상황(환경 및 여건)이다. 단체장이 회원(시민)을 대상으로 리더십 행위를 구사하는 과정에 영향을 미치는 상황요인을 조성하는 것까지도 리더인 단체장의 몫이다.

가. 리더(단체장) : 회원에게 의미와 가치를 주는 멘토가 되자.

리더인 단체장은 회원들로 하여금 각자에게 부여된 사명과 비전, 가치 등을 기초로 실행계획을 수립하여 스스로 목표를 달성해 가도록 리더십을 발휘해야 하는데, 여기에는 '가정적 효'만이 아니라 '사회적 효'와 '국가적 효'가 적용되도록 해야 한다. 그 이유는 가정적 효를 사회적으로 확대 실천되도록 해야 하기 때문이다. 시민사회단체는 건강한 가정을 기초로 사회를 건강하게 해서 국가가 튼튼해지도록 하는 것이 목적이라는 점에서 공공기관의 효업무를 지원, 효리더십이 확산되도록 해야 한다.

공공기관(公共機關)은 국가의 감독 아래 공공사무를 처리하는 기관을 말한다. 일반적으로 공공기관은 기관이나 단체 중 공공 행정을 담당하는 기관으로 시민사회단체·민간단체·기타 사설 기관 등과 구분되며, 공공서비스와 공공재화를 생산하는 업무를 한다. 따라서 공공기관은 관공서로 통칭하는 국가행정기관이나 지방자치단체, 공공법인으로 분류되는 정부 투자기관이나 특수법인 그리고 각급 학교 등을 포함하는 개념이다. 그런데 공공기관은 종종 관공서의 의미로 사용되기도 한다. 관공서(官公署)는 관청과 공서(公署)를 합친 말로 주로 국가 또는 지방자치단체의 기관을 지칭하는 의미로 사용되는 용어이다. 일반적으로 공공기관은 시 / 읍 / 면 / 동사무소·경찰서·소방서·세무서·시청·교육청·우체국·보건소·파출소·도서관·전화국·법원 및 등기소·기타 예술 공연장 등이 해당된다. 그러나 범위를 넓히면 경제 활동이나 금융 기능을 돕는 기관(은행, 농협 등의 각종 협동조합), 주민의 문화생활을 위한 기관(박물관, 도서관, 문화회관 등), 주민의 복지를 위한 기관(의료보험조합, 노인 요양원, 보육원, 장애인 체육 시설 등) 등도 포함된다.

이러한 공공기관이 효 관련 업무 역량을 갖도록 함으로써 그것이 결과적으로 국민에게 혜택이 돌아갈 수 있도록 해야 한다. 그리고 공공기관에서 효와 관련하여 협력해야 할 분야로는 효행장려지원법에 명시돼 있는 것처럼 효행장려를 위한 '효행장려기본계획의 수립(4조)', '효행에 관한 교육의 장려(5조)', '부모 등 부양가정 실태조사(6조)', '효문화진흥원의 설치(7조)', '효문화진흥원의 업무(8조)', '효의 달(9조)', '효행 우수자에 대한 표창(10조)', '부모 등의 부양에 대한 지원(11조)', '부모 등을 위한 주거시설 공급(12조)', '민간단체 등의 지원(13조)' 등이 해당된다. 그러나 공공기관에서는 효관련 업무를 잘 알지 못할 수 있으므로 효관련 단체가 협력해서 효행장려지원법이 활성화되도록 지원해야 한다.

나. 팔로어(회원) : 시민에게 의미와 가치를 주는 멘티가 되자.

시민단체에 가입한 회원은 '자기적 효'와 '가정적 효'를 기초로 '사회적 효'와 '국가적 효'가 활성화되도록 해야 한다. 사회적 효를 실현하기 위해서는 회원 각자의 희생과 봉사를 통해 구현된다. 건강한 가정이 모여 건강한 사회가 되지만 사회가 건강하면 가정도 건강해진다는 점에서 가정과 사회는 상보적 관계이다. 따라서 회원은 자기적 효와 가정적 효를 바탕으로 사회적 효와 국가적 효가 실현되도록 앞장서야 하는데, 그중에 하나가 효행장려지원법의 시행을 촉진(促進)하는 일이다. 촉진(促進)은 재촉하여 빨리 나아가게 한다는 의미인데, 그렇다면 '무엇을 어떻게 촉진시킬 것인가?' 하는 점이다. 2008년 8월부터 시행되고 있는 이 법은 한국사회의 저출산 고령화, 다문화가정 문제에 대해 보다 근원적으로 접근함으로써 가정교육과 학교교육의 기본을 세우고, 학교폭력과 각종 사회적 병리현상을 예방하는데 주안을 두어야 한다.

이 법에 따르면 보건복지부 장관은 관계 중앙행정기관 의장과 협의하여 5년마다 효행장려기본계획을 수립하고 국가 및 지방자치단체는 유치원 및 초등학교·중학교·고등학교 등에서 효행교육을 실시하도록 노력하여야 한다. 그리고 효를 행하는 개인이나 효 운동을 하는 단체를 지원할 수 있도록 돼 있다. 또한 부모 등을 부양하는 가정에 관한 생활실태, 부양수요 등을 파악하기 위해 3년마다 실태조사를 실시하고, 그 결과를 발표하여야 한다고 명시되어 있다.

다. 상황(환경 및 여건): 더불어 사는 지역 문화를 함께 만들어 가자.

21세기를 '문화의 시대', '문화의 전쟁시대' 등으로 표현한다. 이 말은 현대사회는 문화가 그만큼 중요하다는 뜻이다. 문화는 조직구성원에 대한 교육의 결과로 조성되고 교육에 의해서 진화(進化)해 간다. 일반적으로 "교육은 백년대계요, 문화는 천년대계다."라고 하는데, 문화는 교육에 의해 조성되지만 교육은 효에서 비롯된다는 점이다. 『효경』에 "효는 덕의 근본이요, 모든 가르침이 그로 말미암아 생겨난다.(개종명의장)"[315]는 표현이 말해주듯이 문화는 효와 밀접한 관련이 있다. 따라서 한국인의 성향에 맞는 한국적 리더십이 발휘될 수 있기 위해서는

---

315 "孝德之本也 教之所由生也."

리더와 구성원 모두에게 삶의 토양이 되고 자양분으로 작용하는 '그 무엇'이 있어야 할 것인데, 그것이 문화(文化)이고 효(孝, HYO)라는 점에서 효문화는 한국적 리더십의 토양이고 자양분이며, 리더십에서 상황과 여건으로 작용한다.

그런데 효문화 확산으로 효인성 리더십의 환경을 조성하기 위해서는 효에 대한 올바른 패러다임을 필요로 한다. 때문에 효를 어떻게 생각하고, 어떻게 실천하는 것이 이 시대가 요구하는 효인가에 대해 생각의 틀과 마인드맵을 가져야 한다. 그러나 효에 대한 기준이 서 있지 않아서 어려움을 겪게 된다. 예컨대 "효는 인류질서의 근본이다."라고 하면서도 교육에 인용하는 사례는 반인류적이거나 비현실적인 경우가 있는데, 이 또한 패러다임의 문제인 것이다. 따라서 효 운동 시민단체 회원들부터 효에 대해 올바른 패러다임을 기초로 효에 대한 정의(定義) 등을 정립한 상태에서 시민운동을 펼쳐 나가야 하는 것이다.

Ⅳ 생각해보기(토의 주제)

Topic of discussion

❶ 인성교육의 과정에서 '시민단체교육'의 중요성을 사회교육과 연계하여 각자의 의견을 발표해 봅시다.

❷ 시민사회단체의 역할과 기능 중에서 가장 중요하다고 판단되는 것을 제시하고, 현재 효관련 시민사회단체 운영의 발전방안에 대하여 각자의 의견을 발표해 봅시다.

❸ 효 관련 시민운동단체의 역할 및 기능 중에서 가장 중요하다고 생각되는 것을 주관적 입장에서 발표해 봅시다.

제**13**장

종교에서의 **효인성 리더십**

종교(宗教)는 신(神, 절대자)과의 관계를 통해, 또는 특정한 가치체계를 통해 높은 가르침을 주는 역할을 한다. 종교(宗教)의 의미는 한자(漢字)에 잘 나타나 있는데, '높을 종(宗)' 자와 '가르칠 교(教)' 자가 합쳐진 글자이므로 '높은 가르침을 준다.'는 뜻이다. 여기서 '높은 종(宗)'은 '집 면(宀)' 밑에 '바칠 시(示)' 자가 합쳐진 글자로 '(제물을) 바치는 집' 즉 '종갓집'을 상징하고 '교(教)'는 '인도할 교(孝)'와 '회초리로 칠 복(攵)'이 합쳐진 글자로 '회초리를 대서라도 올바른 길로 인도한다.'는 의미를 담고 있다.

종교에 대한 관점은 양면성이 있다. 칸트(1724~1804)는 "종교는 도덕의 보완물이다."라고 하여 종교가 도덕적 질서를 확립시켜 준다고 보았다. 종교인은 신앙(信仰)을 갖고 생활하는 관계로 자신들이 믿고 따르는 절대자(하나님, 부처님, 상제 등)가 항상 자신을 지켜줄 것이라 믿기 때문에 웬만한 역경에 대해 참고 견디며 내면적 불안감을 막아주는 심리적 힘을 갖는다. 그래서 사필귀정(事必歸正)과 권선징악(勸善懲惡)을 믿게 되고 종교(신앙)인들이 비종교인(불신자)들보다 도덕적일 것으로 믿는다. 한편 칼 마르크스(1818~1883)는 "종교는 인민의 아편이다." 라고 했다. 인간에게 신앙관은 매우 폐쇄적이고 무조건적인 면이 있기 때문에 교리에 빠져 들어가는 모습이 마치 아편과 같다고 본 것이다. 그러나 종교와 효(孝, HYO)의 연관성 측면에서 보면, 각 종교의 경전에는 효를 강조하고 있으므로 종교가 앞장설 필요가 있다. 『성경』에 "네 부모를 공경하라.", 『부모은중경』에 "네 부모의 은혜를 잊어선 안된다.", 『효경』에 "효는 덕의 근본이다."라는 내용에서 보듯이 모든 종교가 효를 권장하고 있음을 볼 수 있다.

이런 맥락에서 본 장(章)에서는 종교에서의 효인성 리더십의 성격을 규명해 보고, 종교의 역할과 기능을 기초로 '리더십의 역할(4ROLES MODEL)'과 '리더십의 3대 구성요소'에 맞춰 효인성 리더십을 적용하는 방안에 대하여 우리나라에 전래(傳來)한 순으로 살펴본다.

종교는 효인성 리더십을 성숙하게 하는 곳

성숙(成熟)은 경험이나 습관을 쌓아 익숙해
진다는 뜻이다. 종교는 선(善)을 추구하는 사
람들이 모여 성직자를 중심으로 보다 도덕적
이고 윤리적인 삶을 추구하도록 안내한다.
때문에 종교에서 도덕적 삶의 기초가 되는 효
를 가르쳐주는 것은 지극히 당연하다. 그리

고 모든 종교 창시자들은 효를 강조했다. 그러므로 신앙인으로서 '부모공경이
없는 신앙은 죽은 신앙'이고 경천애인(敬天愛人)을 외면하는 신앙 또한 잘못된 신
앙이다. 따라서 종교는 효를 성숙시키는 역할을 하는 것으로 보아야 하는데, 각
종교에서 제시하는 효는 다음과 같은 점에서 효인성 리더십을 성숙시킨다.

첫째, 전통종교의 효는 홍익인간 세계를 추구한다. 전통종교는 대체로 한민족
의 전통정신을 살리는 종교이다. 교주를 섬기는 신도가 있지만 교주를 섬기지
않고 민족정신 그 자체를 믿는 신도가 더 많을 것으로 나타나 있다. 불교·유교·
기독교와 연관해서 생각한다면 민족종교라는 표현도 가능할 것이다. 민족종교
는 어떤 구체적인 교주를 갖지 않고 '민족정신' 그 자체를 신앙하는 종교라는 특
징이 있다. 천도교·대종교·증산도(대순진리회)·원불교·단군교·한얼교 등인
데, 일부에서는 무속신앙처럼 단군이나 환웅을 모시는 경우도 있고 창시자도 있
으나 숭배의 대상은 구체적인 사람이라기보다는 사상 그 자체이다.[316]

---

316 박정학, 『겨레의 얼을 찾아서』, 백암, 2007. p. 139.

한국의 대표적인 민족 종교로는 대종교와 천도교를 들 수 있다.[317] 대종교는 국조 단군을 교조로 하는 한국의 고유 종교인데,『천부경(天符經)』·『삼일신고(三一神誥)』·『참전계경(參佺戒經)』을 기본 경전으로 한다.『천부경』의 핵심 사상은 인간을 크고 넓게 이롭게 한다는 홍익인간(弘益人間) 사상이며 이는 곧 배달겨레의 건국이념이기도 하다. 대종교에서는 충효사상을 매우 중요시하고 있는데, 단군 한배검이 백성을 크게 깨우치게 했다는 '대화문(對話文)' 에 잘 나타나 있다. "너희가 생겨났음은 어버이로 하여금 났으며 어버이는 한울님으로부터 면면히 내려오셨다. 그러니 너희는 어버이를 공경하고 한울님을 진실로 공경하여 온 나라에 미치도록 하라. 이것이 곧 나라에 충성하고 어버이에게 효도하는 길이다. 이 도리를 진실로 잘 지키면 설사 하늘이 무너진다 해도 반드시 화를 면할 것이다." 라는 내용이다.

천도교는 '인내천(人乃天) 사상' 을 기본으로 하며 신앙의 대상인 신(神)을 '한울님' 이라고 부르는데, 그 뜻은 무궁 무한의 시간과 공간을 총칭하는 우주를 말한다. 즉 한울님은 천지 만물의 창조주가 되는 동시에 만물의 부모가 된다는 것이다. 인간도 한울님의 기운으로 창조되었으므로 인간 속에 한울님이 존재하고 있으며 이것이 바로 '인내천', '사람이 곧 하늘' 이라는 사상이다. 천도교에서는 "부모님 모시기를 한울님 섬기는 것과 같이 하라." 하여 효 사상을 강조하고 있는데, "무슨 일을 할 때에 자기의 마음 내키는 대로 하지 말고 부모에게 여쭈어서 그 말씀에 좇아 행해야 한다. 그렇듯이 매사를 한울님에게 마음으로 고함으로써 그 명령에 따라 행해야 하며 어디에 갈 때나 돌아왔을 때, 잠을 자거나 일어

317 이명수,『효 이야기』, 지성문화사, 1994. p. 141.

났을 때, 식사를 할 때, 그 밖에 일거일동을 부모에게 고하듯 한울님에게 마음으로 고하고 항상 웃는 얼굴로 큰소리 내지 아니하며 효성을 다하여 부모님을 기쁘게 해드리듯 한울님을 정성을 다하여 공경하라."고 기록하고 있다. 인간의 존엄성과 평등을 강조하는 천도교는 민주적 사상의 바탕 위에서 민족주의적 사상을 지니게 되고 그것은 마침내 동학혁명으로 표출되었는데 동학혁명의 4대 강령 중에도 '충성과 효도를 겸하라.'는 내용이 포함되어 있다.

둘째, 불교의 경전은 효의 가르침을 통해 삶의 근본을 생각하게 한다. 불교에서 "효는 모든 선(善)을 행하게 하는 근본이요, 모범이 되게 하는 것이다.", "우리를 낳으실 때 서 말 서 되의 피를 흘리시고 여덟 섬 너 말의 젖으로 키워주신 은혜를 잊어선 안된다."라는 내용에서 볼 수 있듯이 삶의 근본을 생각하게 해준다. 효의 내용을 담고 있는 불교 경전은『범망경(梵網經)』,『부모은중경(父母恩重經)』,『아함부경(阿含部經)』,『사십이경전(四十二經典)』등이다.『범망경』에서는 '지극한 효심이야말로 대자대비(大慈大悲)한 보살의 정신[318]이라고 했는데, 여기서 '자비(慈悲)'는 아버지의 은혜를 뜻하는 '자은(慈恩)'과 어머니의 은혜를 뜻하는 '비은(悲恩)'이 합쳐진 말이다.『부모은중경(父母恩重經)』에는 '부모님의 10가지 은혜'를 제시하고 있는데, ① 나를 배어서 지켜주신 은혜 ② 해산할 때 고통받으시는 은혜 ③ 자식을 낳고 근심하시는 은혜 ④ 쓴 것을 삼키고 단 것을 뱉어서 먹이신 은혜 ⑤ 아기는 마른 데로 누이고 자신은 젖은 자리로 누우신 은혜 ⑥ 젖을 먹여 길러 주신 은혜 ⑦ 깨끗하지 않은 것을 씻어 주신 은혜 ⑧ 자식이 멀리 출타하면 걱정하시는 은혜 ⑨ 자식을 위하여 궂은일을 하신 은혜 ⑩ 끝까지 염려

---

318 이명수,『효 이야기』, 지성문화사, 1994. p. 127.

하시는 은혜 등이다. 태아가 잉태하는 순간부터 탄생하기까지, 그리고 성장하는 과정에서 부모님의 사랑과 정성, 키워주시는 동안의 고통 등에 대해서 그 은혜를 잘 설명하고 있다. 『아함부경(阿含部經)』에는 자식과 부모의 도리를 제시하고 있는데, 먼저 자식으로서의 도리로서 ①부모를 받들어 모시기에 부족함이 없어야 하고 ②할일이 있으면 먼저 부모에게 고해야 하며 ③부모가 하는 일에 순종하여 거스르지 말아야 한다. ④부모의 바른 말씀을 감히 어기지 않아야 하고 ⑤부모가 하는 직업을 바르게 이어야 한다고 되어 있다. 다음 부모로서의 도리는 ①자식을 잘 살펴서 악을 행하지 않게 해야 하고 ②잘 지도하고 가르쳐서 착하게 행동하도록 해야 하며 ③사랑이 뼛속까지 스며들도록 해야 한다. ④자식을 위해 좋은 배필을 맺어주어야 하고 ⑤때에 따라 필요한 것을 자식에게 공급해 주어야 한다는 내용이다. 여기에서 발견할 수 있는 것은 부모와 자식의 역할이 쌍무호혜적(雙務互惠的)이라는 점이다.

『사십이경전(四十二經典)』에는 "십억의 아라한에게 공양하기보다는 한 사람의 벽지불(壁支佛)에게 공양하는 것이 좋다. 백억의 벽지불에게 공양하기보다는 삼존(三尊)의 가르침을 따라 그 일세의 양친을 봉양하여 제도(濟度)함이 좋다."[319]하여 부모 공양이 그 무엇보다도 우선시되어야 함을 이르고 있다.

이처럼 불교의 경전에 나타난 효는 주로 부모가 자식을 양육하는 과정에서의 수고로움을 설명하면서 보은(報恩)을 강조하고 있으며, 아버지보다 어머니의 은혜에 비중을 두고 있다. 그리고 물질보다 정신적인 효가 중요하며, 부모에 대한 효는 맹목적으로 따르는 것보다 이성적인 공경을 강조한다. 또한 부모의 잘못을

319 이성운, 『불교의 효사상』, 불교사찰문화연구원, 1996. 서문.

보고도 가만히 있는 것은 진정한 효도가 되지 못하므로 마음(心)에서 나오는 간언(諫言)의 효를 강조한다. 이런 점에서 효는 곧 불심(佛心)이고 궁극적으로는 일심(一心)의 회복이며, 일심 회복의 효는 결국 대승불교의 보살관에 입각한 것으로 해석할 수 있다.

이렇게 볼 때 불교는 효순공덕(孝順功德)을 강조하며 효를 선(善)의 극치로, 불효를 악(惡)의 극치[320]로 보는데, 이는 모든 덕(德)의 근본인 도(道)가 효에서 발현한다는 것이다. 또한 효는 '세효(世孝)·출세효(出世孝)·사효(事孝)·이효(理孝)·행효(行孝)·화효(化孝)·단효(單孝)·광효(廣孝)' 등 여덟 가지로 구분한다.[321]

셋째, 유교의 경전은 효를 통해 인륜질서의 근간을 제공한다. 유교는 공자의 가르침에서 비롯되어 우리의 전통 사회에 지대한 영향을 미친 사상이자 철학이라는 점에서 유교를 종교로 보는 시각이 있는가 하면 학문으로 보는 시각도 있다. 유교에서는 효를 '만복의 근원'·'백행의 원천'으로 보고 있으며, 모든 가르침이 효로부터 시작된다고 보고 있다.

『효경』에 "효는 덕의 근본이요 모든 가르침이 그로 말미암아 생겨난다.(개종명의장)"[322], "효는 어버이를 섬기는 일에서 시작하여 다음에는 나라에 충성하고 후세에 이름을 날려 어버이를 드러나게 함이 효의 끝이다.(개종명의장)"[323], "하늘과 땅이 낳은 것 중에서 사람이 가장 귀하고, 사람의 행실에 있어서는 효보다 큰 것

---

320 이성운, 『불교의 효사상』, 불교사찰문화연구원, 1996. p. 16.

321 이동형 편저, 『불교의 효』, 수문출판사, 1995. p. 17.

322 "孝德之本也 敎之所由生也."

323 "孝始於事親, 中於事君, 終於立身揚名."

이 없다.(성치장)"[324], "그 어버이를 사랑하지 않으면서 다른 사람을 사랑하는 자는 덕에 어긋난 것이고, 그 어버이를 공경하지 않으면서 다른 사람을 공경하는 자는 예에 어긋난 것이다.(성치장)"[325]라는 내용이다.

『논어(論語)』에 "집에 들어가면 부모에게 효도하고 밖에 나오면 모든 일에 삼가며 남에게 믿음을 주고 모든 사람을 사랑하되, 특히 어진 사람을 가까이하고 그리고도 남음이 있으면 글을 배워야 한다.(학이편)"[326], "효성과 우애가 있는 사람으로서 타인에 대해 도리에 벗어난 행위를 하는 사람은 드물다. 그리고 타인에게 도리에 벗어난 행동을 하지 않는 사람으로서 법을 어기고 사회질서를 어지럽힌 사람은 아직 없었다.", "리더(君子)는 근본이 서는 일에 힘써야 하며 근본이 서면 길과 방법이 저절로 생겨난다. 효성과 우애는 인(仁)을 이루는 근본이다.(학이편)"[327], "오늘날의 효도는 부모를 잘 봉양하는 것이라고 하나 개와 말에게도 먹이를 주는 일이 있으니 부모를 공경하지 않고 공양만 한다면 짐승에게 먹이를 주는 것과 무엇으로 구별할 수 있겠느냐.(위정편)"[328]라고 이르고 있다.

『예기』에 "사람의 자식 된 자는 나갈 때 반드시 부모에게 그 갈 곳을 알리고 돌아왔을 때에는 반드시 부모를 뵙고 인사를 드린다. 또 노는 곳도 반드시 정해져 있어 함부로 딴 곳에 가지 않고 익히는 바도 반드시 일정함이 있어 함부로 다른 일을 하지 않는다. 또 평상시의 말에 늙었다는 말을 하지 않아야 한다.(곡례

---

324 "天地之性人爲貴. 人之行莫大於孝."
325 "不愛其親而 愛他仁者渭悖適 不敬其親而 敬他人者 謂之蔽禮."
326 "弟子入則孝, 出則弟, 謹而信, 汎愛衆, 而親仁. 行有餘力, 則以學文."
327 "其爲人也孝弟而好犯上者鮮矣不好犯上而好作亂者未之有也 君子務本 本立而道生 孝弟也者 其爲仁之 本與."
328 "今之孝子, 是謂能養, 至於犬馬, 皆能有養, 不敬, 何而別乎."

편)"[329], "효자는 어두운 곳에서 일을 종사하지 않으며, 위태로운 곳에 오르지 않는데, 이는 어버이를 욕되게 할 것을 두려워하기 때문이다. 부모가 살아계실 때에는 벗과 더불어 죽음에 대하여 허락하지 않는다. 또한 자기 재산을 가지지 않는다.(곡례편)"[330], "사랑의 도를 천하에 세우려면, 먼저 스스로 그 어버이를 사랑하는 것에서 시작한다. 이것이 백성들에게 자목(慈睦)의 도를 가르치는 방도이다. 경(敬)의 도를 천하에 세우려면 먼저 스스로 그 형장(兄長)을 공경하는 데서 시작한다. 이것이 백성에게 유순(柔順)의 도를 가르치는 방도이다. 자목의 도를 가르쳐서 백성이 어버이가 있음을 귀하게 여기게 되고, 유순의 도를 가르쳐서 백성이 위의 명령을 들음을 귀하게 여기게 된다. 이리하여 백성이 모두 자목의 도로써 그 어버이를 섬기고, 유순의 도로써 위의 명령을 청종(聽從)하면, 천하는 반드시 치평(治平)된다. 그러므로 이 두 가지 도(道)로 천하에 실시하면 모든 일이 잘 행해진다.(제의편)"[331], "내 몸은 부모가 낳아주셨으니, 부모가 낳아주신 몸을 갖고 행동하는데 있어서 감히 부모의 뜻을 받들지 않으면 안 되는데 첫째, 평소 살아가는데 있어서 장경(莊敬)하지 않으면 효가 아니다. 둘째, 임금 섬김에 충성되지 않으면 효가 아니다. 셋째, 관직을 수행함에 있어 도리에 맞지 않으면 효가 아니다. 넷째, 벗으로부터 신의와 존경받지 못하면 효가 아니다. 다섯째, 전장에서 싸움에 임하여 용감하지 않으면 효가 아니다. 이상 다섯 가지를 완수하지 못하면, 그 결과가 부모에게 미칠 것이니 감히 공경하지 않으면 안된다.(제의

---

329 "夫爲人子者 出必告 反必面 所遊必有常 所習必有業 恒言不稱老."

330 "孝子不服闇 不登危 懼辱親也 父母存 不許友以死 不有私財."

331 "立愛自親始教民睦也 立敬自長始教民順也 教以慈睦 而民貴有親 教以敬長 而民貴用命 孝以事親 順以聽命 錯諸天下 無所不行."

편)"[332], "효에는 세 단계가 있는데 가장 큰 효는 부모님을 공경하는 것이요, 그다음이 부모를 욕되게 하지 않는 것이며, 마지막 단계가 부모를 봉양하는 것이다.(제의편)"[333]라고 하여 공경을 강조하고 있다.

넷째, 기독교의 효는 '효복(孝福)'을 증거 한다. 기독교의 효복사상은 "네 아버지와 어머니를 공경하라. 이것이 약속 있는 계명이니, 이는 네가 잘되고 땅에서 장수하리라.(엡 6:2-3)"는 구절에 잘 나타나 있다. 기독교는 크게 보면 천주교와 기독교(개신교)로 나뉜다. 천주교(로마 가톨릭)는 천주로 믿는 종교라는 뜻으로 가톨릭을 이르는 말이다. 이승훈(1756~1801)이 영세를 받은 것을 시작으로 한국에 포교가 18세기에 시작되었고, 기독교(개신교)는 1879년 이응찬, 서상륜 등이 중국 만주에서 세례를 받은 데서 시작되었다. 『성경』에서 효에 관한 가르침은 『구약』과 『신약』 성경에 분명하게 나타나 있다. 『구약』 성경의 출애굽기 20장 2절부터 17절까지 명시되어 있는 '십계명'에 "①나 이외에는 다른 신을 두지 말라. ②너를 위해서 새긴 우상을 만들지 말라. ③하나님 여호와의 이름을 망령되이 일컫지 말라. ④안식일을 기억하여 거룩히 지켜라. ⑤네 부모를 공경하라. ⑥살인하지 말라. ⑦간음하지 말라. ⑧도둑질하지 말라. ⑨네 이웃에 대하여 거짓 증거 하지 말라. ⑩네 이웃의 물질이나 사람을 탐내지 말라."고 기록되어 있다. 보다시피 첫 번째부터 네 번째까지의 계명은 하나님과 인간의 관계, 즉 하나님에 대한 계명이고 다섯 번째부터는 인간과 인간의 관계, 즉 대인계명인데, 그 첫 번째가 부모를 공경하라는 계명이다.

---

332 "身也者 父母之遺體也 行父母之遺體 致不敬乎? 居處不莊非孝也. 事君不忠非孝也 涖官不敬非孝也 朋友不敬 非孝也 戰陣無勇非孝也 五者不遂 裁及其 親恥不敬乎?"

333 "大孝尊親, 其次不辱, 其下能養."

인간관계에서 부모와 자녀의 관계만큼 불가사의하고 밀접한 관계는 없다. 아무리 부모를 싫어해도 자기가 인간으로서 살고 있는 것은 부모의 은혜 때문이며 한 생명이 탄생되기까지의 신비, 그 자체는 인간의 의지가 아닌 절대자의 섭리이므로 부모를 공경해야 하는 것은 당연한 이치이다. 20세기 최고의 신학자 가운데 한 사람인 칼 바르트(K. Barth)는 "부모는 하나님의 대리자"라고 했다.[334] 이는 효행이 부모를 자신의 대리자인 하나님의 신적 권위에서 유래됨을 알게 한다. 그러므로 여기에서 '효' 즉 부모공경은 곧바로 하나님 공경으로 이어지게 되는 것인데, "부모님을 기쁘게 해 드리고 걱정 끼쳐 드리지 않아야 한다(잠 23:25)", "너는 너의 하나님 여호와가 명한 대로 네 부모를 공경하라. 그리하면 너의 하나님 여호와가 네게 준 땅에서 네가 생명이 길고 복을 누리리라(신 5:16)"는 내용에 잘 나타나 있다. 『신약』에 "이웃을 내 몸같이 사랑하라(마 22:37-40)", "자녀를 돌보고 사랑하라(골 3:21)", "누구든지 자기 친족, 특히 자기 가족을 돌아보

334 최성규, 『효가 살아야』 (인천 : 성산서원, 1998), p. 21.

지 아니하면 믿음을 배반한 자요, 불신자보다 더 악한 자니라(딤전 5:8)", "자녀는 하나님께서 부모님께 주신 특권인 동시에 자녀들이 악한 세상에서 올바른 인성과 신앙을 가지고 살아가도록 인도해야 하는 부모의 마땅한 도리이다(딤후 1:2-5, 요일 5:2)", "아비들아 너희 자녀를 격노케 말지니 낙심할까 함이라(골 3:21)" 등에 잘 나타나 있다. 한마디로 '부모 공경' 을 통해서 하나님께 이르도록 해야지 부모님을 우회(거역)하면서 하나님께만 예배하는 것은 맞지 않은 것이다.

기독교적인 효는 비권위적인 것으로 이데올로기적 효를 청산하는 역할을 한다고 보고 있다. 또한 『성경』에서는 효의 근원적 모델을 성부 하나님과 성자 하나님의 관계에서 찾고 있는데, 성부와 성자의 관계는 아버지와 아들의 관계라기보다는 사랑의 관계 속에서 '하나' 라는 생각이 전체를 관통하고 있으며, 오히려 성부와 성자의 관계가 위계의 상·하 복종 관계라기보다는 사랑 안에서 하나 된 관계, 즉 수평적 관계임을 강조한다. 이러한 수평적 논리는 '피차 복종하라' 는 에베소서 5장 21절의 영향력 아래서 해석되어지며 이런 의미에서 상호복종이 부모공경이나 자녀사랑보다 상위일 수 있지만 자녀가 부모에게 '복종(섬김)' 하는 것과 부모가 자녀를 노엽게 하지 말고 사랑하라는 것은 자녀에 대한 부모의 역할을 구체적인 방법으로 제시했다고 볼 수 있다. 또한 모든 인간은 평등하고 모두가 하나님의 자녀이므로 '피차 복종' 의 관계라고 볼 수 있는데, 부모와 자녀·남편과 아내·주인과 종에게 다른 규범이 따르는 것이라는 설명[335]에서 보듯이 기독교의 효는 수평적 윤리임을 알 수 있다.

---

335 최용호, 「기독교 효 사상의 특징과 현대적 의의」 논평, 『21세기를 위한 효 사상과 가족문화 (국제학술회의 논문집)』, 성산효대학원대학교, 2005, p. 116~117.

Ⅱ 종교의 역할과 기능

종교는 인류 역사와 더불어 존재해 오면서 독특한 의미 체계와 세계관을 제공하고, 교도(敎徒)들의 행동을 통하여 사회적 변화를 추구한다. 종교적 세계관은 한 사회를 통합시키는 기능을 하기도 하고, 때로는 그 때문에 사회

> **Tip**
> 종교의 역할과 기능은 관점에 따라 다를 수 있지만, 대체로 사회적 기능과 심리적 기능으로 구분한다. 사회적 기능은 주로 사회를 통합시키는 기능이고, 심리적 기능은 개인의 도덕적인 삶을 이끌어주는 기능이다.

변혁의 추진력이 되기도 하는데, 종교는 사회적 결과들에 영향을 받아온 것도 사실이다. 즉 종교는 사회 변화에 중심적으로 개입되기도 하고, 또는 사회변화의 영향을 받기도 한다. 종교는 사회갈등과 관계되어 왔다고 볼 수 있는데, 갈등을 해소시켜 사회 안정과 통합을 유지시키는가 하면, 또한 갈등을 유발하고 심화시켜서 사회 분열과 일탈을 초래하는 역할을 하기도 하였다. 이처럼 종교는 신(神 : 절대자)을 인정하여 일정한 양식 아래 그것을 믿고 숭배하고 받듦으로써 마음의 평안과 행복을 얻고자 하는 정신문화의 한 체계이다. 때문에 종교를 갖는다는 것은 그 종교에서 추구하는 가치에 대하여 추종하는 것과 같다.

종교의 기능은 대체로 사회적 기능과 심리적 기능으로 구분된다. 사회적 기능은 주로 사회를 통합시키는 기능이고, 심리적 기능은 개인에게 의미를 부여하여 정체성의 확립과 함께 보다 더 도덕적인 삶으로 이끌어주는 역할을 한다. 따라서 종교에서의 교육은 종교에 관한 지식함양으로 이해를 돕고, 인간의 종교적 경건과 정조(情操)를 높이는 것을 목표로 한다. 그리고 종교는 법과 같은 외부적 요청과 달리 개인의 내면적 작용을 통하여 인격적 성숙과 문화적 발전의 기초를 제공한다.

Ⅲ 효인성 리더십의 적용

종교에서의 효인성 리더십은 종교지도자가 성도(신도)를 대상으로 효에 기초한 인성 함양을 위해 환경과 여건을 고려하여 발휘하는 리더십이다. 종교의 리더십은 여타 집단(조직)과 달리 리더의 수범(垂範)과 본보기가 중요하다. 왜냐하면 종교지도자 다움에서 오

> **Tip**
>
> 종교에서의 리더십이 성공하기 위해서는 리더인 성직자가 성도(신도)들에게 목표와 방향을 제시함으로써 팔로어들의 생각이 정렬되도록 하고, 구성원 스스로가 내적 동기를 유발시켜야 하는데, 여기에는 리더인 성직자의 본보기가 필수이다.

는 인격에 기초한 리더십을 통해 성도(신도)들이 자발적으로 따라오게 하는 리더십이어야 하기 때문이다.

이러한 맥락에서 종교의 효인성 리더십의 적용은 스티븐 코비가 제시한 '리더십의 네 가지 역할 모델(4ROLES MODEL)', 그리고 '리더십의 3대 구성요소' 의 틀에 맞춰 적용 방안에 대하여 알아본다.

1. '리더십의 역할 모델(4ROLES MODEL)'로 본 효인성 리더십

종교에서의 효인성 리더십이 발휘되기 위해서는 먼저 종교지도자가 목표와 방향을 제시[Path finding]함으로써 성도(신도)들의 생각이 그 방향으로 정렬[Aligning]되도록 하며, 내적 동기가 유발(Empowering)되도록 본보기(Modeling)를 보여야 하는데, 이를 좀 더 구체화하면 다음과 같은 내용들이다.

가. 종교의 목표와 방향 제시(Pathfinding)

종교에서 제시하는 목표와 방향(Pathfinding)은 사명(Mission)·가치(Value)·비전(Vision)·전략(Strategy)이 포함되는데 대체로 다음과 같은 것들이다.

첫째, 사명(Mission)은 부여받은 임무이자 존재하는 이유(Why we exist?)를 알게 하는 것이다. 종교지도자와 성도(신도)의 입장에서 "우리는 왜 존재하며, 왜 종교를 가지고 있는가?", 성도(신도)의 입장에서 "나는 왜 존재하며, 종교 생활을 하는 이유가 무엇인가?"를 알아야 하는데, 종교인다운 덕(德)과 사랑을 실천함에 있어서 효를 기본으로 하는 것은 종교인으로서의 사명이다.

둘째, 가치(Value)는 종교지도자와 성도(신도), 그리고 성도(신도) 상호 간에 서로를 믿고 의지하게 해주는 그 무엇(What we believe in?)' 이다. 종교지도자와 성도(신도)로서는 "어떤 가치를 기준으로 어떻게 살아갈 것인가?"라는 점이 중요하다. 종교지도자는 성도(신도)들로 하여금 가치기준을 설정케 하고, 이를 기초로 살아가도록 계도해야 한다. 그리고 그 방법의 하나가 "우리는 어떤 가치를 공유할 것인가?"를 의식하며 생활하도록 하는 것인데, 효는 가족관계를 시작으로 타인과 이웃·사회와 국가·인류와 자연으로 확대해 가도록 하는 핵심가치이다.

셋째, 비전(Vision)은 성도(신도)들이 이루고자 하는 그 무엇(What we want to be?)이다. 그러므로 종교지도자는 성도(신도)에게 '꿈'과 '희망'을 주어서, 각자가 '목표'를 달성하도록 안내해야 한다. 여기서는 막연한 꿈이나 목표보다 경전의 내용 중에서 비전을 찾아 마음에 새기며 생활하도록 하는 것이 중요하다.

넷째, 전략(Strategy)은 종교지도자와 성도(신도) 각자가 어떤 일을 이루어나가기 위한 실행계획(Action plan)이다. '사명'·'가치'·'비전'을 현실화해서 실사구시(實事求是)적으로 달성되도록 하는 것이다.

나. 종교와 성도(신도)의 한 방향 정렬(Aligning)

종교와 성도(신도)의 한 방향 정렬(Aligning)은 종교가 갖는 기본정신과 자신의 생각을 정렬하도록 하는 것이다. 종교의 정신을 잇기 위해서는 종교가 갖고 있는 역사를 성도(신도)들에게 가르쳐야 한다. 그리고 창시자 탄신일 등의 기념행사를 통해서 창시자의 정신을 본받도록 해야 한다.

다. 성도(신도)의 내적 동기부여(Empowering)

종교에서 성도(신도)들의 내적 동기 부여(Empowering)는 중요하다. 앞서 "말을 물가에까지 끌고 갈 수는 있지만 물을 먹도록 하는 데는 어려움이 있다."는 말과 같이 성도(신도)들을 종교시설에까지 오게 하기는 쉬워도 각자가 종교의 기본정신에 맞는 삶을 살아가도록 하기는 쉽지 않다. 그래서 임파워먼트가 중요하며, 여기에는 리더십 환경과 리더십 스타일을 필요로 한다.

리더십 환경은 종교지도자가 성도(신도)를 대상으로 리더십을 구사하는데 미치는 상황요인을 뜻하고, 리더십 스타일은 종교지도자가 성도(신도)에 맞는 리더십을 적용하는 것인데, 스티븐 코비에 의하면, 임파워먼트 수준은 다음과 같이 여섯 부류로 나눈다. ① 종교지도자의 지시를 기다리는 성도(신도) ② 종교지도자에게 제안하는 성도(신도) ③ 종교지도자에게 제안하고 행동으로 옮기는 성도(신도) ④ 해야 할 일을 실행하고 즉시 얘기하는 성도(신도) ⑤ 해야 할 일을 실행하고 정해진 시기에 얘기하는 성도(신도) ⑥ 자율적으로 알아서 일을 수행하는 성도(신도)로 구분한다.

이 중에서 가장 이상적인 성도(신도)의 모습은 여섯 번째의 경우로 자율적으로 종교인답게 세상 사람들의 본이 되는 사람이다. 그리고 종교지도자의 이상적인 리더십 스타일은 성도(신도)의 수준과 상태에 따라 다르긴 하지만, 상황과 여건에 맞는 '자율형' 스타일이 바람직하다고 본다.

라. 종교지도자의 본보기(Modeling)

종교지도자의 본보기(Modeling)는 성품과 역량을 바탕으로 성도(신도)들과의 신뢰를 구축하게 한다는 점에서 중요하다. 여기서 성품(性品)은 종교지도자의 성질이나 됨됨이, 즉 품격을 말하는데, 종교지도자가 '롤 모델'이 뒷받침되지 못하면 성도(신도)와의 신뢰관계를 유지하기 어렵고 갈등을 빚게 된다.

역량(力量)은 어떤 일을 해낼 수 있는 힘으로, 종교지도자가 성도(신도) 교육을 감당할 수 있는 힘이다. 본보기 중의 하나는 리더의 효실천 모습이 가르침으로 연결되도록 하는 것이다. 효심을 가진 사람은 좋은 성품을 가지기 마련이고, 가정에서 가족 간 관계가 좋은 사람이 상대방에게 호감을 줄 수 있으며 신뢰의 바탕이 되기 때문이다. 이처럼 리더의 본보기는 구성원들의 임파워먼트를 유발케하고 조직을 한 방향으로 정렬시켜줌으로써 목표를 달성하게 한다. 이런 점에서 효인성함양과 리더의 본보기는 연관성이 있는 것이다.

2. '리더십의 구성요소'로 본 효인성 리더십

앞서 살펴보았듯이 모든 종교의 경전에는 효가 강조되고 있다. 그리고 종교에서의 효인성 리더십은 일반 사회교육기관의 리더십과는 구별된다. 그 이유는 도덕과 윤리적인 면에 있어서 수범적 삶의 태도가 더 많이 요구되기 때문이다. 종교에서의 효인성 리더십을 구성요소인 ① 리더(종교지도자) ② 팔로어(성도·신도) ③ 상황(환경 및 여건) 등의 역동적 관계를 중심으로 살펴본다.

가. 리더(종교지도자) : 가르침과 믿음의 '본'이 되자.

종교지도자는 성도(신도)들로 하여금 부여된 사명과 설정된 비전, 가치기준에 대한 실행계획을 수립하도록 안내해야 한다. 특히 종교에서의 인성교육은 종교지도자의 본보기가 전제되어야 한다. 그러면서 인성교육 진흥법에 핵심가치이자 덕목으로 명시되어 있는 것들(예, 효, 정직, 책임, 존중, 배려, 소통, 협동)에 대해서 구성원들이 체화되도록 해야 하는데, 여기에는 가족사랑을 기초로 타인과 이웃, 사회와 국가, 인류와 자연으로 확대되도록 하는 것이 중요하다. 왜냐하면 인류질서의 근본인 효는 세상에 태어나면서 접하게 되는 가족관계를 시작으로 친친애인(親親愛人)과 동심원(同心圓)의 원리로 작용하는 가치이자 덕목이기 때문이다.

나. 팔로어〔성도(신도)〕 : 경천(敬天)하는 삶의 '본'이 되자.

성도(신도) 입장에서는 무엇보다도 경전의 내용에 기초한 수범적 효실천이 중요하다. 『성경』에 "누구든지 가정에서 부모형제를 사랑하지 않으면서 보이지 않는 하나님을 사랑한다는 것은 거짓이다.(요일 3:20)" "구약법에 있어 부모를 저주한 자나 하나님을 저주한 자 사법적 형량은 동일한 사형이다.(레 20:9, 24:15)"고 했고, 불교 경전에 "누구나 극락세계에 왕성하고자 하면 부모·어른·스승을 공경하고 살생을 말아야 한다.(관무량수경)", "부모에 대한 효는 모든 선(善)을 행하게 하는 근본이요, 모범이 되게 하는 것이다. 나를 낳으실 때 서 말 서 되의 피를 쏟으시고, 나를 기르실 때 여덟 섬 너 말의 젖을 먹이셨으니 그 은혜를 다 갚기 위해서는 부모님을 등에 업고 수미산을 팔만 사천 번 오르내려도 그 은혜를 다 갚을 수 없다.(부모은중경)"고 했으며, 『효경』에 "사람의 행위 가운데 효보다 큰 것이 없고 효 가운데 부모를 공경하는 것보다 더 큰 효가 없으며, 부모를 공경하는 것은 부모를 하나님과 짝을 이루는 존재로 여기는 것보다 큰 것이 없다.(성치장)"[336]고 했다.

이렇듯 각 종교마다 경전에서 효를 강조하고 있지만, 종교인들의 효실천 수범은 기대에 못 미치고 있는 것으로 보여진다. 대한민국의 국민 중 불교·유교·기독교·전통종교 등에서 신앙생활을 하는 성도(신도) 수를 합하면 대한민국 전체 국민의 수에 버금갈 정도로 많지만, 패륜범죄가 날로 증가하고 흉포(凶暴)화 되고 있는 현상은 종교인들의 수범적 실천을 요구하고 있다. 이런 점에서 종교인들이 경전의 효에 충실하는 삶을 통해 세상의 빛이 되어 하모니(Harmony)를 이루는 사회를 만들어가야 한다고 본다.

다. 상황(환경 및 여건) : 종교의 문화를 함께 만들어 가자.

종교에서 효인성함양을 위한 리더십이 발휘되기 위해서는 리더의 역량과 함

---

336 "人之行莫大於孝 孝莫大於嚴父 嚴父莫大於配天."

께 환경 및 여건이 조성되어야 한다. 그리고 종교가 추구하는 각종 상황과 환경은, 21세기에 맞는 문화와 조화를 이루어야 한다.

종교에서 좋은 환경을 유지하게 하는 데는 여러 요인이 있을 수 있지만, 종교마다 갖고 있는 실체(Reality)와 인식(Perception)의 차이를 극복하는 것이 중요하다.

첫째, 불교의 효는 석가의 가르침을 바르게 이해해야 한다. 불교의 효는 시조인 석가모니(釋迦牟尼, B.C.563?~B.C.483?)가 29세 때 출가(出家)하여 6년간 고행(苦行)을 하면서 깨달은 바를 전파한 데서 유래한다. 그런데 이러한 석가의 출가는 결국 부모님 곁을 떠났다 하여 불효의 종교로 보기도 한다. 예컨대 고려 말에서 조선조의 학자인 정도전(鄭道傳, 1342~1398), 조준(趙浚, 1346~1405) 등 유학자들은 "불교는 국왕과 부모를 버리고 산림으로 숨어들어가 적멸을 낙으로 삼았기 때문에 무부(無父), 무군(無君)의 오랑캐 종교이다."[337]라고 했다. 그러나 불교에서는 '석가모니는 스스로 효를 실천했을 뿐만 아니라 수많은 경전을 통해 효를 일깨워준 효의 큰 스승'으로 표현하고 있다. 따라서 교육적인 관점에서 보는 불교의 효는 『부모은중경』 등에서 밝히고 있듯이 비은(悲恩)과 자은(慈恩)을 이해하는 자세가 필요하다고 본다. 또한 불교의 효 교육에서 사례로 인용하고 있는 것들, 예를 들면 『심청전』, 『손순매아』, 『향득사지』 등을 인용할 경우에는 시대적 환경과 여건을 고려한 설명이 있어야 한다.

둘째, 유교의 효는 의로움과 쌍무호혜적 정신에 기초한다는 점을 이해해야 한다. 유교의 효는 전통적 방식의 인성교육에 많은 영향을 미쳤다. 삼국시대부터 교육기관에서 『효경』과 『논어』가 필수과목이었고, 특히 조선시대에 와서 『예

---

337 김상영 외, 『불교의 효사상』, 불교사찰문화연구원, 1996. p.193~194.

기』, 『맹자』, 『명심보감』, 『격몽요결』 등 교재가 다수 등장하면서 효교육을 주도했기 때문이다. 그런데 당시의 효는 공자·맹자의 효사상과 달리 왜곡된 면이 있어 공맹사상의 본연에 충실할 필요가 있다. 즉 효는 의(義)에 기초한다는 점, 즉 부모에게 무조건적 순종이 아니라 의로움을 기반으로 해야 한다는 점이다. 효는 부모나 자식이 의롭지 않은 일을 행하면 말려서 불의함에 빠지지 않도록 해야 하는 것이다. 제①권 『효패러다임의 현대적 해석』에서 제시한 【사례❼ '신생지효'의 효이야기]와 【사례❽ '원각경부'의 효이야기] 등에서 볼 수 있듯이 부모가 잘못하면 간(諫)함으로써 불의(不義)함을 범하지 않도록 해야 하는 것이다. 『효경』에 "마땅히 의롭지 않은 일이라면 자식은 부모에게 간언하지 않을 수 없고, 구성원(신하)은 리더(임금)에게 간쟁하지 않을 수 없다. 그러므로 옳지 않다면 간쟁을 해야 하는 것이지, 부모님의 명령에 무조건 복종하는 것은 효라고 할 수 없다.(간쟁장)"[338] 라고 했고, 『논어』에 "부모에게 효를 행함에 있어 (부모의) 잘못이 있을 때 슬쩍 간하고, 설령 나의 뜻을 따르지 않더라도 여전히 공경하여 부모의 뜻을 어기지 않아야 하며, 수고로워도 원망하지 말아야 한다.(이인편)"[339] 라고 했다. 또한 『예기』에 "부모가 잘못하시는 일이 있을 때에는 마음을 억누르고 웃음 띤 얼굴로 부드럽게 간한다. 만일 간함을 받아들이지 않으면 일어나서 공손히 대하고 효성을 다하여 마음이 풀려서 기뻐하면 다시 간한다. (부모가) 기뻐하지 않는다고 (간하지 않다가) 동네에서 죄를 얻는 것보다 차라리 (용기 있게) 간하는 게 낫다.(내칙편)"[340] 고 했고, 『소학』에도 "자식이 부모를 섬김에 있어서는 세 번 간하여 부모

---

338 "當不義 則子不可 以不爭 於父 臣不可以不爭於君 故 當不義 則爭之 從父之令 又焉得爲 孝乎."

339 "事父母 幾諫 見志不從 又敬不違 勞而不怨."

340 "父母有過 下氣怡色 柔聲以諫 諫若不入 起敬起孝 說則復諫 不說, 與其得罪 於鄕黨州閭 寧孰諫."

가 듣지 아니하거든 부르짖어 울면서 따라야 한다.(명륜편)"[341], "부모와 아들은 뼈와 살이 있는데, 신하와 임금은 의리로 이어져 있으므로 부모에게 잘못이 있으면 자식은 세 번 간하여 듣지 아니하면 따르면서 울고, 리더(임금)가 잘못이 있어 구성원(신하)이 세 번 간하여도 듣지 아니하면, 그 의리를 버리고 떠날 수 있다.(계고편)"[342]고 이르고 있다. 『명심보감』에 "입신(立身)에는 의(義)가 있으니 효가 그 근본이요, 상사(喪祀)에는 예(禮)가 있으니 슬퍼함이 근본이요, 전진(戰陣)에 대열(隊列)이 있으니 용기가 근본이다.(입교편)"[343]라고 했고, 『순자』에 "전하는 말에 '도를 따르는 것이지 임금을 따르는 것이 아니며, 의를 따르는 것이지 부모를 따르는 것이 아니다.(자도편)"[344]라고 했다.

또한 효는 상호성에 기초한다는 점이다. '부자유친(父子有親)'과 '부자자효(父慈子孝)', '부위자강(父爲子綱)' 등 효관련 문구에서 찾아볼 수 있듯이 유교의 효는 부모(父)와 자식(子)이라는 상호성에 기초한다는 점이다. 때문에 윗물이 맑아야 아랫물이 맑을 수 있듯이 우선은 부모의 역할이 바라야(正)하고 자식으로서의 도리가 따라야 하는 것이다. 이와 관련하여 『맹자』에는 "부모와 자식은 친함이 있어야 하고, 임금과 신하는 의리가 있어야 하며, 부부간에는 구별이 있어야 하고, 어른과 아이 사이에는 순서가 있어야 하며, 친구 사이에는 신의가 있어야 한다.(등문공 상편)"[345], 『예기』에 "인의(人義)란, 부모는 자식을 사랑하고 자식은 부

---

341 "子之事親也 三諫而不聽 則號泣而隨之."
342 "父子有骨肉 而臣主 以義屬故 父有過 子三諫而不聽 則隨而號之 人臣 三諫而不聽 則其義可而去矣 於是 遂行."
343 "子曰 立身有義而孝爲本 喪紀有禮而哀爲本 戰陣有列而勇爲本."
344 "傳曰 從道不從君 從義不從父此 之謂也."
345 "父子有親 君臣有義 夫婦有別 長幼有序 朋友有信."

모에게 효도하며, 형은 현량하고 아우는 형을 공경하며, 남편은 의롭고 아내는 남편 말을 들어야 하며, 어른은 은혜로워야 하고 어린이는 순해야 하며, 리더(군주)는 인자해야 하고 구성원(신하)은 충성해야 한다. 이 열 가지를 이르러 인의(人義)라고 한다.(예운편)"[346], 『명심보감』에 "그 리더(임금)를 알고자 하면 먼저 그 구성원(신하)을 살피고 그 사람의 됨됨이를 알고자 하면 먼저 그 친구를 살피고 그 부모를 알고자 하면 먼저 그 자식을 살핀다. 그 리더(임금)가 성인(聖人)답다면 구성원(신하)이 충성하고 부모가 자식을 사랑하면 자식은 부모에게 효도하는 것이다.(성심 하편)"[347], 『격몽요결』에도 "부모가 되어서는 마땅히 자식을 사랑하고 자식이 되어서는 마땅히 부모에게 효도하고 형제가 되어서는 마땅히 우애가 있어야 한다.(서문)"[348], 『채근담』에도 "아버지가 사랑하고 아들이 효도하는 것은 모두 당연히 그처럼 해야 하는 것이다. 만약 베푸는 자가 덕으로 자처하고 받는 자가 은혜로 생각한다면 문득 장사꾼의 도(道)가 되어 버리리라.(전집 133)"[349]라 하여 상호성을 강조하였다. 이렇듯이 효는 의로움을 기초로 상호성을 추구하는 것임을 알 수 있다.

셋째, 기독교의 효는 효복(孝福)에 근거하고 있음을 이해하여야 한다. 기독교에서 부모와 조상을 섬기는 일에 있어 천주교와 기독교(개신교)의 경우가 다소 차이가 있지만, 효를 가르치고 실천함에 있어서는 문화에 부합할 필요가 있다고 본다. 예를 들어서 부모님의 기일(忌日)을 기념하는 제사는 효의 관점에서 접근

---

346 "何謂人義 父慈子孝 兄良弟弟 夫義婦聽 長惠幼順 君仁臣忠 十者謂之人義."

347 "欲知其君先視其臣 欲識其人先視其友 欲知其父先視其子 君聖臣忠 父慈子孝."

348 "爲父當慈 爲子當孝 爲兄弟當友."

349 "父慈子孝 俱是合當如此 如施者任德 受者懷恩 便成市道矣."

해야지 종교적으로 접근하는 것은 문화적으로 맞지 않은 것이다. 제사의식에 있어 천주교와 기독교(개신교)가 다소 차이가 있지만, 조상(祖上)과 우상(偶像), 제사(祭祀)와 고사(告祀) 등에 대한 용어는 정확하게 구별되어야 한다. 조상은 '돌아가신 어버이 위로 대대의 어른', 또는 '자기 세대 이전의 모든 세대'를 말하고, 우상은 나무·돌·쇠붙이·흙 따위로 만든 신불(神佛)이나 사람의 형상, 또는 신처럼 숭배의 대상이 되는 물건을 말한다. 그러므로 조상이나 돌아가신 부모에 대한 제사를 '우상숭배'인 듯한 표현은 맞지 않은 것이다. 제사(祭祀)와 고사(告祀)에 있어서도 제사는 돌아가신 분의 넋에게 음식을 바치어 정성을 나타내는 의식을 뜻하고, 고사는 액운(厄運)을 없애고 풍요와 행운이 오도록 어떤 신(神)에게 비는 제사 형태를 말하는 것이므로, 효의 형태로 보면 부모님 기일에 형제, 자매끼리 우애를 다지는 계기라는 데서 의미를 찾아야 한다. 그리고 기독교인은 기독교 방식(추도 예배)으로 제례를 치르면 된다.

기독교의 효는 『성경』에 기반한다. 성경적 효에 대해 최성규는 "기독교의 성경은 효경이다. 기독교는 하나님에 대한 절대 복종의 신앙이다. 전지전능하신 하나님을 믿는다면 어떤 말씀도 믿고 따르는 것이 진정한 기독교인의 정신이다. 때문에 「성경」에 제시된 효의 실천 또한 마찬가지로 보아야 할 것인데, 기독교의 효 정신은 첫째, 하나님을 사랑하고 그다음으로는 부모를 섬겨 효도하는 도리를 가르치기 때문에 그리스도의 복음이 미치는 곳마다 건전한 가족제도가 확립되었고 자녀로 하여금 효도를 행하게 하여 효도의 사상을 크게 발달시켰다. 그러므로 참된 그리스도인이 되지 못하면 올바른 효를 할 수가 없으며, 성도들은 모름지기 효를 행함으로써 주의 영광스러운 빛이 나타나게 해야 할 것이다. 하나님 섬김 없는 효는 효가 아니고 부모공경 없는 신앙은 죽은 신앙이다."[350]라고 강조한다.

　매우 조심스런 표현이긴 하지만, 필자는 7살 때부터 중학교 때까지는 고향에서 교회를 다녔고, 고등학교 때는 언더우드 목사가 세운 경신학교를 다닌 관계로 주당 2시간씩 『성경』을 배웠다. 이 시간에 반 친구가 박한석 목사님께 이런 질문했던 기억이 있다. "목사님, 술과 포도주는 어떻게 다릅니까?, 그리고 부모님 제사 때 절하는 것은 우상숭배입니까, 효도입니까?"라는 질문이었다. 그때 목사님은 "술은 신분과 직분에 합당해야 한다. 그리고 부모님께 하는 절은 부모님께 한 것이다. 다만 농사꾼이 일은 안하고 대낮부터 술에 취해서 논길에 누워 있거나, 끼니도 잇기 어려운 집에서 과다하게 제사음식을 준비하는 것은 허례허식(虛禮虛飾)이라고 봤기 때문에 실사구시(實事求是)적 관점에서 그리 해석한 것이라고 본다."라는 답을 주셨다. 『구약성경』「출애굽기 20장」,「신명기 5장」에 기독교의 근본원리를 간결하고 집약적으로 표현한 「십계명」이 있는데, 여기에 조상과 부모 섬김에 관한 내용을 보면 10가지의 계명 중에 "① 하나님 이외의 다른 신을 섬기지 마라. ② 우상을 섬기지 마라. ⑤ 네 부모를 공경하라." 등 세 계명이 해당된다. 따라서 십계명을 근거로 부모 섬김을 우상 숭배로 해석하는 것은 맞지 않다고 본다. 효의 관점에서 보면 살아계신 부모님이나 돌아가신 부모님이나 모두 부모님이지, 돌아가신 부모님을 귀신으로 여기는 것은 효에 맞지 않다. 그러므로 부모를 공경하는 자식의 삶이 되도록 가르쳐야 하는 것이다. 이 점에 대해 성공학의 권위자로 알려진 미국의 브라이언 트레이시는 "부모는 살아서만 자식의 성공에 영향을 미치는 것이 아니라, 돌아가신 후에도 자식의 성공에

---

350 박용묵, 『네 부모를 공경하라』, 예영 커뮤니케이션, 1994. p. 22.

영향을 미친다."[351]고 했다. 『성경』에 "네 부모를 공경하라. 그리하면 네가 잘되고 장수하리라.(출애굽기, 신명기, 에베소서)", "아비를 조롱하며 어미 순종하기를 싫어하는 자의 눈은 골짜기의 까마귀에게 쪼이고 독수리 새끼에게 먹히리라.(잠 30:17절)"에서도 '공경'과 '순종'을 강조하고 있다. 이는 우리가 일반적으로 알고 있는 "하늘의 뜻에 순응하는 자는 흥하고 거역하는 자는 망한다.(順天者存 逆天者亡)"라는 『맹자』, "가장 큰 효는 부모님의 뜻을 존중하는 것이다.(大孝尊親)"라는 『예기』, "부모의 뜻을 세상에 펼쳐야 한다.(繼志述事)"는 『중용』의 내용과 같은 맥락이다.

Ⅳ 생각해보기(토의 주제)

Topic of discussion

❶ 인성교육 중에서 '종교교육'의 중요성에 대하여 각자의 의견을 발표해 봅시다.

❷ 종교의 역할과 기능 중에서 가장 중요하다고 판단되는 것을 제시하고, 종교에서 효를 바탕으로 한 인성교육의 황성화 방안에 대하여 각자의 의견을 발표해 봅시다.

❸ 종교에서의 효교육에 대한 현실태를 기초로 발전방안에 대하여 각자의 의견을 발표해 봅시다.

---

351 홍성화 역, 브라이언 트레이시 저, 『성취심리』, 씨앗을 뿌리는 사람, 2003. p. 63.

에필로그

4차 산업혁명 시대의 인성교육은 '효·인성·리더십'의 융합을 필요로 한다.

　필자는 올해로 42년째, 효를 교육하는 입장에 있다. 장교로 임관한 1976년 첫 부임지에서 "부모님께 효도하는 군생활을 합시다. 저도 그런 마음으로 여러분과 함께 하겠습니다."라는 인사말로 시작한 것이 33년의 직업군인 생활로 이어졌고, 전역과 동시에 경민대학교에 효충사관과 주임교수로 5년, 효 전문 석·박사를 배출하는 성산효대학원대학교에서 5년째 효학과 교수로 봉직하는 혜택을 받고 있다. 군생활하는 동안 육군대학 리더십 교관 3년(군사 리더십), 국방대학교 리더십교수 6년(다산의 공직자 리더십), 중대장·대대장·연대장을 하면서 무사고 부대 육성 등이 효인성 리더십에 대해 연구하게 된 동인(動因)이다. 그러면서 '효교육과 인성교육', '효와 리더십', '효와 복지' 등에 대해 학제간 융합 차원에서 내용을 책에 담아보려고 노력했다.

　본서를 마무리하면서 이런 책을 집필할 수 있도록 낳아주시고 길러주신 부모님께 감사드린다. 부모님께서는 딸 일곱을 낳으시고 끝에 아들 삼 형제를 얻으셨다. 중간에 잃은 아들까지 11남매를 키우신 부모님이 필자를 낳으셨을 때는 아버지 41세,

어머니 40세이셨으니 '노인자제'인 셈이다. 부모님은 늦둥이 삼 형제 모두를 중학교에 진학시키셨으니 당시로써는 어려운 일이었다. 더군다나 석공수(石工手)로 아들을 키우는 충남 보령시 무창포 해수욕장 부근의 고향에서는 어려운 결심이셨다. 공부하고 싶어 하는 큰아들과 둘째인 필자 때문에 어린 막냇동생(당시 15세)이 농사일을 맡게 됐고, 덕분에 필자는 공부를 할 수 있었으며 동생 내외는 부모님을 지성으로 봉양했다. 난 부모님께 받은 상속재산 모두를 막냇동생에게 주었고, 형 또한 그렇게 했다. 지금 생각하면 무일푼의 재산으로 살아오는 동안 오직 직업군인의 가족이라는 이유로 인내하며 내조해 준 아내에게도 감사한 마음을 가지지 않을 수 없고 세 딸에게도 미안하고 고맙게 생각한다.

또한 경민대학교 설립자이신 홍우준 박사님과 성산효대학원대학교 설립자이신 최성규 박사님께도 감사드린다. 군생활에서 적용했던 효교육 경험을 대학에서 연구하면서 교육에 접목할 수 있도록 필자를 교수로 초빙해주신 은혜를 주셨기 때문이다. 특히 경민대학교는 「효충사관과」를 개설해서 군에서 효와 충을 가르칠 수 있는 군 간부를 육성하고 있고, 성산효대학원대학교에서는 「효학과」에 '효리더십 전공'을 개설해서 50%의 장학금과 함께 장차 전문대학의 부사관학과 교수요원 재목을 키우고 있다. 이 모두 두 대학의 설립자님 덕분이다.

그리고 군생활하는 동안 필자와 고락을 함께했던 수많은 전우들에게도, 특히 부사관 간부들에게 감사하지 않을 수 없다. 묵묵히 소임을 다해주던 모습과 부사관들이 자생적으로 일으킨 충효예 교육은 국민교육도장으로서 큰 역할과 소임을 다했다는 점에서 고마움을 표하지 않을 수 없다. 그 바탕 위에서 필자가 충효예 교육 담당관(대령) 보직을 받아 사명을 다할 수 있었다. 지금은 현직을 떠나 예비역으로 있지만, 충효예 교육이 군을 건강하게 함으로써 무형 전력과 군사 사상의 기반이 되도록 하고, 국민교육도장으로서 사명을 다해야 한다는 생각과 기대는 저버리지 못하고 있다.

본문에서 밝혔듯이 "네 부모를 공경하라. 그리하면 네가 잘되고 장수하리라."는 『성경』과 "효는 덕의 근본이요 모든 가르침이 그로 말미암아 생겨난다."는 『효경』, 그리고 "우리를 낳으실 때 너 말 서 되의 피를 흘리시고 여덟 섬 너 말의 젖으로 키워주신 부모님의 은혜를 잊어선 안된다."는 불교 경전은, 인간의 흥망성쇠(興亡盛衰)가 어디서 기인하는지를 알게 한다. 그리고 인성교육의 선구자라 불리는 토마스 리코나도 "인성교육은 덕(德)을 기초로 인성을 함양하려는 의도적인 노력이다."라고 정의함으로써 인성교육은 궁극적으로 효에 기초해야 한다는 점을 제시하였다.

필자는 본서를 기술하는 동안 크게 깨침을 받은게 있다. 그것은 부모의 모습을 본받게 되는 자녀의 거울신경(Mirror Neuron), 그리고 부모의 본보기가 링거링 효과(Lingering Effect)로 이어져야 한다는 리더십의 원리, 또한 핵심가치(Core Value)로 효(孝, HYO)가 작용되어져야 한다는 점이다. 이러한 내용을 필자에게 당부하신 이시형 박사님의 가르침에 대해서도 감사드린다. 이는 인성교육을 관여하는 정책당국이나 교육현장의 실무자, 그리고 가정·학교·사회의 리더 위치에 있는 우리 모두가 새겨야 할 내용이다. 예부터 우리 선조들은 '부자자효(父慈子孝)'·'부자유친(父子有親)'·'부위자강(父爲子綱)' 등과 함께 '수신제가치국평천하(修身齊家治國平天下)'·'가화만사성(家和萬事成)'을 강조했는데, 그 이유에 대해서도 본서를 저술하는 동안 깨침을 얻게 되었고, 이런 내용이 리더십으로 승화될 수 있어야 한다는 점을 다시 한 번 깨닫게 되었다. 이런 이유에서 가정의 리더인 부모, 학교의 리더인 교사, 군대의 리더인 지휘관, 직장의 리더인 상사, 시민사회단체의 리더인 단체장, 종교의 리더인 성직자들이 효를 실천하는 본보기(Modeling)를 통해 링거링 효과와 함께 핵심가치

(Core Value)로 작용되도록 해야 한다. 이렇게 될 때 인성교육이 제대로 설 수 있다는 점에서다.

대한민국은 선진국들이 300년 걸려 이뤄냈다는 산업화를 불과 40년 만에 이루어 냈다. 그러다 보니 효인성 리더십이 주목받을 수 없었다. 오직 '잘 살아보세'로 상징되는 물질적 성취감을 중시했던 문화때문이다. 그러다 보니 "한국사회에 리더는 있으나 리더십은 없다.(이석훈)"는 제목의 책이 출판되기도 했다. 이러한 현상은 대한민국의 최고위층 리더들 모습에서도 나타나고 있다. 이를테면 하와이로 망명길에 올랐던 이승만 대통령을 비롯, 백담사 유배, 궁정동 만찬 중 사망, 부엉이 바위 자살, 국정농단으로 임기를 마치지 못하고 탄핵과 함께 구속되는 등 안타까운 최고 리더들의 모습을 보게 된다. 그리고 그 원인은 효에 기초한 교육과 리더십이 없었던 것과 무관치 않다. "효를 하면 복을 받지만 불효를 하면 재앙을 맞는다."는 여러 경전의 내용이 말해주듯이 '가화만사성(家和萬事成)'과 '지행합일(知行合一)'을 외면한 리더십의 결과일지 모른다. 가정의 역할과 기능이 뒷받침되지 않은 학교교육과 사회교육, 국가교육이 건강하게 이루어질 수 없고, 이를 자양분으로 하는 한국적 리더십이 나올 수 없음은 지명한 이치이다.

필자가 본서를 집필하는 동안 수많은 『인성교육』책을 보면서 느낀 점은, 인성교육에서 가정교육의 중요성을 말하면서도 가정을 지탱하게 하는 가치이자 덕목인 효(孝, HYO)가 외면당하고 있다는 점이다. 이런 현상의 원인은 효에 대한 잘못된 패러다임 때문이라 생각된다. 예컨대 사전(辭典)에도 효(HYO)와 효도(Filial Piety)를 의미상으로 구분하지 않았고, 'HYO'를 'Filial Piety'로 오해하는 현상이 발생하고 있다. 'HYO'는 'Harmony of Young & Old'의 약자로 2004년도부터 사용되고 있으며, 이는 최성규 박사의 발상(發想)에서 비롯되었다. 효(孝, HYO)는 태권도(Taekwondo)·김치(Kimchi)·불고기(Bulgogi)와 마찬가지로 발음 그대로 표기해야 하며, 이렇게 할 때 효의 참의미를 알게 될 뿐 아니라 아놀드 토인비의 말처럼 효를 글로벌화하여 인류문명을 밝게 변화시킬 수 있을 것으로 본다.

최근 어느 행사 축사(祝辭)에서 들은 말을 소개하며 에필로그를 마치려고 한다. "여러분 최고 학부인 대학졸업자에게 주는 학위는 '학사(學士)'입니다. 그리고 그 위에 '석사(碩士)'가 있고 석사위에 '박사(博士)'가 있습니다. 그런데 박사 위에는 '밥사(밥을 많이 사는 사람)'가 있다고 합니다. 그리고 밥사 위에는 '봉사(奉仕)'가 있고, 봉사 위에는 '감사(感謝)'가 있습니다. 여러분 부모님께 감사하는 효(孝), 나라에게 감사하는 충(忠)을 의(義)롭게 실천하는 우리 모두가 되어야 합니다.(김형태, 전 한림대 총장)"라는 말이다. 사람이 여타 짐승과 다른 점은 은혜를 갚을 줄 아는 심성을 가졌다는 점이다. 여타 짐승은 '내리사랑'만 있고 '올리효도'는 없지만 사람에게는 '내리사랑'과 '올리효도' 모두 다 있다. 부모에게 받은 사랑에 대해 감사하고 보답하려는 책임의식을 가져야 하고 그런 사랑을 자식과 이웃 등에 베푸는 삶을 살아야 한다는 생각을 하게 된다. 또한 어려운 가운데 지역에서 효운동에 힘쓰고 있는 효교육원장님들과 효지도사 효우님들께 감사하며 독자(讀者) 제위께도 감사하는 마음으로 집필을 마친다.

내곡동 인릉산 자락에서 저자 씀.

[부록 ❶]

건전가정의례준칙

제1장 총칙

제1조(목적) 이 영은 「건전가정의례의 정착 및 지원에 관한 법률」제5조 제4항에
따라 건전가정의례준칙의 내용과 그 보급 및 실천에 관한 사항을 규정함을 목
적으로 한다.

제2조(정의) 이 영에서 사용하는 용어의 뜻은 다음과 같다.

　1. "성년례(成年禮)"란 성인으로서의 사회적 책무를 일깨워 주기 위하여 하는 의식
절차를 말한다.

　2. "혼례(婚禮)"란 약혼 또는 혼인에서 신행(新行)까지의 의식절차를 말한다.

　3. "상례(喪禮)"란 임종에서 탈상까지의 의식절차를 말한다.

　4. "제례(祭禮)"란 기제사(忌祭祀) 및 명절에 지내는 차례(이하 "차례"라 한다)의 의식
절차를 말한다.

　5. "수연례(壽宴禮)"란 60세 이후의 생일을 기념하기 위하여 하는 의식절차를 말한다.

　6. "주상(主喪)"이란 상례의 의식절차를 주관하는 사람을 말한다.

　7. "제주(祭主)"란 제례의 의식절차를 주관하는 사람을 말한다.

제3조(종교의식의 특례) 종교의식에 따라 가정의례를 하는 경우에는 이 영에서 정하는 건전가정의례준칙의 범위에서 해당 종교 고유의 의식절차에 따라 할 수 있다.

제4조(건전가정의례준칙의 보급 및 실천) 국가기관, 지방자치단체, 공공기관·단체 및 기업체 등의 장은 소속 공무원 및 임직원 등에게 건전가정의례준칙을 실천하도록 권장하거나 그 실천사항을 정하여 보급할 수 있다.

제2장 성년례

제5조(시기) 성년례는 만 19세가 되는 때부터 할 수 있다.

제6조(성년례)

① 국가기관, 지방자치단체, 공공기관·단체 및 기업체 등이 성년예식을 거행할 때에는 엄숙하고 간소하게 하여야 한다.

② 성년례의 식순, 성년선서 및 성년선언의 내용은 별표와 같다.

제3장 혼례

제7조(약혼)

① 약혼을 할 때에는 약혼 당사자와 부모 등 직계가족만 참석하여 양쪽 집의 상견례를 하고 혼인에 관한 모든 사항을 협의하되, 약혼식은 따로 하지 아니한다.

② 제1항의 경우 약혼 당사자는 다음 각 호의 서류를 첨부하여 별표의 약혼서를 교환한다.

　1. 당사자의 건강진단서

　2. 「가족관계의 등록 등에 관한 법률」 제15조 제1항 각 호의 증명서 일부 또는

전부(당사자의 합의에 따라 필요한 경우에만 첨부한다)

제8조(혼인)

① 혼인예식을 거행할 때에는 다음 각 호의 사항을 지켜야 한다.

　　1. 혼인예식의 장소는 혼인 당사자 어느 한 쪽의 가정 또는 혼인예식장이나 그밖에 건전한 혼인예식을 하기에 적합한 장소로 한다

　　2. 혼인 당사자는 혼인신고서에 서명 또는 날인한다

　　3. 혼인예식의 복장은 단정하고 간소하며 청결한 옷차림으로 한다

　　4. 하객 초청은 친척·인척을 중심으로 하여 간소하게 한다

② 혼인을 할 때 혼수(婚需)는 검소하고 실용적인 것으로 하되, 예단을 보내는 경우에는 혼인 당사자의 부모에게만 보낸다.

③ 혼인예식을 마치고 치르는 잔치는 친척·인척을 중심으로 간소하게 한다.

④ 혼인예식의 식순, 혼인서약 및 성혼선언의 내용은 별표와 같다.

제4장 상례

제9조(상례) 사망 후 매장 또는 화장이 끝날 때까지 하는 예식은 발인제(發靷祭)와 위령제를 하되, 그 외의 노제(路祭)·반우제(返虞祭) 및 삼우제(三虞祭)의 예식은 생략할 수 있다.

제10조(발인제)

① 발인제는 영구(靈柩)가 상가나 장례식장을 떠나기 직전에 그 상가나 장례식장에서 한다.

② 발인제의 식장에서는 영구를 모시고 촛대, 향로, 향합, 그 밖에 이에 준하는 준비를 한다.

제11조(위령제) 위령제는 다음 각 호의 구분에 따라 한다.

1. 매장의 경우 : 성분(成墳)이 끝난 후 영정을 모시고 간소한 제수(祭需)를 차려 놓고 분향, 헌주(獻酒), 축문 읽기 및 배례(拜禮)의 순서로 한다.

2. 화장의 경우 : 화장이 끝난 후 유해함(遺骸函)을 모시고 제1호에 준하는 절차로 한다.

제12조(장일) 장일(葬日)은 부득이한 경우를 제외하고는 사망한 날부터 3일이 되는 날로 한다.

제13조(상기)

① 부모·조부모와 배우자의 상기(喪期)는 사망한 날부터 100일까지로 하고, 그 밖의 사람의 상기는 장일까지로 한다.

② 상기 중 신위(神位)를 모셔두는 궤연(궤연)은 설치하지 아니하고, 탈상제는 기 제사에 준하여 한다.

제14조(상복 등)

① 상복은 따로 마련하지 아니하되, 한복일 경우에는 흰색으로, 양복일 경우에는 검은색으로 하고, 가슴에 상장(喪章)을 달거나 두건을 쓴다. 다만, 부득이한 경우에는 평상복으로 할 수 있다.

② 상복을 입는 기간은 장일까지로 하고, 상장을 다는 기간은 탈상할 때까지로 한다.

제15조(상제)

① 사망자의 배우자와 직계비속은 상제(喪制)가 된다.

② 주상은 배우자나 장자가 된다.

③ 사망자의 자손이 없는 경우에는 최근친자(最近親子)가 상례를 주관한다.

제16조(부고) 신문에 부고를 게재할 때에는 행정기관 및 공공기관·단체의 명의를 사용하지 아니한다.

제17조(운구) 운구(運柩)의 행렬순서는 명정(銘旌), 영정, 영구, 상제 및 조객의 순

서로 하되, 상여로 할 경우 너무 많은 장식을 하지 아니한다.

제18조(발인제의 식순 등) 발인제의 식순 및 상장의 규격은 별표와 같다.

제5장 제례

제19조(제례의 구분) 제례는 기제사 및 차례로 구분한다.

제20조(기제사)

　① 기제사의 대상은 제주부터 2대조까지로 한다.

　② 기제사는 매년 조상이 사망한 날에 제주의 가정에서 지낸다.

제21조(차례)

　① 차례의 대상은 기제사를 지내는 조상으로 한다.

　② 차례는 매년 명절의 아침에 맏손자의 가정에서 지낸다.

제22조(제수) 제수는 평상시의 간소한 반상 음식으로 자연스럽게 차린다.

제23조(제례의 절차) 제례의 절차는 별표와 같다.

제24조(성묘) 성묘는 각자의 편의대로 하되, 제수는 마련하지 아니하거나 간소
하게 한다.

제6장 수연례

제25조(회갑연 등) 회갑연 및 고희연 등의 수연례는 가정에서 친척과 친지가 모
여 간소하게 한다.

효행 장려 및 지원에 관한 법률
(약칭 : 효행장려지원법)

제1장 총칙

제1조(목적) 이 법은 아름다운 전통문화유산인 효를 국가 차원에서 장려함으로써 효행을 통하여 고령사회가 처하는 문제를 해결할 뿐만 아니라 국가가 발전할 수 있는 원동력을 얻는 외에 세계문화의 발전에 이바지함을 목적으로 한다.

제2조(정의) 이 법에서 사용하는 용어의 정의는 다음과 같다.

1. "효"란 자녀가 부모 등을 성실하게 부양하고 이에 수반되는 봉사를 하는 것을 말한다.
2. "효행"이란 효를 실천하는 것을 말한다.
3. "부모 등"이란 「민법」 제777조의 친족에 해당하는 존속을 말한다.
4. "경로"란 노인을 공경하는 것을 말한다.
5. "효문화"란 효 및 경로와 관련된 교육, 문학, 미술, 음악, 연극, 영화, 국악 등을 통하여 형성되는 효 및 경로에 대한 사회적 가치를 말한다.

제3조(다른 법률과의 관계) 효행의 장려와 지원에 관하여 다른 법률에 특별한 규정이 있는 경우를 제외하고 이 법으로 정하는 바에 따른다.

제2장 효행장려

제4조(효행장려기본계획의 수립)

① 보건복지부 장관은 관계 중앙행정기관의 장과 협의하여 5년마다 효행장려 기본계획(이하 "기본계획"이라 한다)을 수립하여야 한다.

② 기본계획은 효행장려를 위한 환경조성 등의 사항을 포함하여야 한다.

③ 보건복지부 장관은 「저출산·고령사회기본법」에 따른 저출산·고령사회기 본계획을 수립할 때 기본계획을 포함할 수 있다.

제5조(효행에 관한 교육의 장려)

① 국가 및 지방자치단체는 유치원 및 초등학교·중학교·고등학교에서 효행 교육을 실시하도록 노력하여야 한다.

② 국가 및 지방자치단체는 영유아어린이집, 사회복지시설, 평생교육기관, 군, 교도소 등에서 효행교육을 실시하도록 노력하여야 한다.

제6조(부모 등 부양가정 실태조사)

① 국가 및 지방자치단체는 부모 등을 부양하는 가정에 관한 생활실태, 부양 수요 등 을 파악하기 위하여 3년마다 실태조사를 실시하고 그 결과를 발표하여야 한다.

② 제1항에 따른 실태조사는 「노인복지법」에 따른 노인실태조사에 포함하여 실시할 수 있다.

③ 제1항에 따른 실태조사의 실시 및 결과의 발표에 관하여 필요한 사항은 보 건복지부령으로 정한다.

제7조(효문화진흥원의 설치)

① 효문화 진흥과 관련된 사업과 활동을 지원하고 장려하기 위하여 효문화진 흥원을 설치할 수 있다.

② 효문화진흥원은 법인으로 한다.

③ 효문화진흥원에 관하여 이 법에서 규정한 것을 제외하고 「민법」 중 재단법

인에 관한 규정을 준용한다.

④ 효문화진흥원의 설치요건 및 운영 등에 관하여 필요한 사항은 보건복지부령으로 정한다.

제8조(효문화진흥원의 업무) 효문화진흥원은 다음 각 호의 업무를 수행한다.

1. 효문화 진흥을 위한 연구조사
2. 효문화 진흥에 관한 통합정보 기반구축 및 정보제공
3. 효문화 진흥을 위한 교육활동
4. 효문화 프로그램에 관한 개발 및 평가와 지원
5. 효문화 진흥과 관련된 전문인력의 양성
6. 효문화 진흥과 관련된 단체에 대한 지원
7. 그 밖에 보건복지부령으로 정하는 효문화 진흥과 관련된 업무

제9조(효의 달) 효에 대한 사회적 관심과 자녀들의 효 의식 고취를 위하여 10월을 효의 달로 정한다.

제3장 효행 지원

제10조(효행 우수자에 대한 표창) 보건복지부 장관은 부모 등에 대한 효행을 장려하기 위하여 효행 우수자를 선정하여 표창을 할 수 있다.

제11조(부모 등의 부양에 대한 지원) 국가 또는 지방자치단체는 부모 등을 부양하고 있는 자에게 부양 등에 필요한 비용의 일부를 지원할 수 있다.

제12조(부모 등을 위한 주거시설 공급)

① 국가 또는 지방자치단체는 자녀와 동일한 주택 또는 주거 단지 안에 거주하는 부모 등을 위하여 이에 적합한 설비와 기능을 갖춘 주거시설의 공급을 장

러하여야 한다.

②국가 또는 지방자치단체는 제1항에 따른 주거시설의 공급자에 대하여 지원
을 할 수 있다.

제13조(민간단체 등의 지원) 국가 및 지방자치단체는 효행장려 사업을 수행하는
법인·단체 또는 개인에 대하여 필요한 비용의 전부 또는 일부를 보조하거나
그 업무수행에 필요한 지원을 할 수 있다.

제4장 보칙

제14조(유사명칭 사용금지) 이 법에 따른 효문화진흥원이 아니면 효문화진흥원
또는 이와 유사한 명칭을 사용하지 못한다.

제15조(과태료)

①제14조에 따른 유사명칭 사용금지를 위반한 자에게는 300만원이하의 과태
료를 부과한다.

②제1항에 따른 과태료는 대통령령으로 정하는 바에 따라 보건복지부 장관 또
는 시장·군수·구청장(자치구의 구청장을 말한다. 이하 같다)이 부과·징수한다.

③제2항에 따른 과태료 처분에 불복하는 자는 그 처분을 고지 받은 날부터 30일
이내에 보건복지부 장관 또는 시장·군수·구청장에게 이의를 제기할 수 있다.

④제2항에 따른 과태료 처분을 받은 자가 제3항에 따른 이의를 제기한 때 보
건복지부 장관 또는 시장·군수·구청장은 지체 없이 관할 법원에 그 사실을
통보하여야 하며, 그 통보를 받은 관할 법원은 「비송사건절차법」에 따른 과
태료 재판을 한다.

⑤제3항에 따른 기간 이내에 이의를 제기하지 아니하고 과태료를 납부하지
아니할 때 국세 또는 지방세 체납처분의 예에 따라 징수한다.

인성교육진흥법

제1조(목적) 이 법은 「대한민국헌법」에 따른 인간으로서의 존엄과 가치를 보장하고 「교육기본법」에 따른 교육이념을 바탕으로 건전하고 올바른 인성(人性)을 갖춘 국민을 육성하여 국가사회의 발전에 이바지함을 목적으로 한다.

제2조(정의) 이 법에서 사용하는 용어의 뜻은 다음과 같다.

1. "인성교육"이란 자신의 내면을 바르고 건전하게 가꾸고 타인·공동체·자연과 더불어 살아가는 데 필요한 인간다운 성품과 역량을 기르는 것을 목적으로 하는 교육을 말한다.

2. "핵심 가치·덕목"이란 인성교육의 목표가 되는 것으로 예(禮), 효(孝), 정직, 책임, 존중, 배려, 소통, 협동 등의 마음가짐이나 사람됨과 관련되는 핵심적인 가치 또는 덕목을 말한다.

3. "핵심 역량"이란 핵심 가치·덕목을 적극적이고 능동적으로 실천 또는 실행하는 데 필요한 지식과 공감·소통하는 의사소통능력이나 갈등해결능력 등이 통합된 능력을 말한다.

4. "학교"란 「유아교육법」 제2조 제2호에 따른 유치원 및 「초·중등교육법」 제2조에 따른 학교를 말한다.

제3조(다른 법률과의 관계) 인성교육에 관하여 다른 법률에 특별한 규정이 있는 경우를 제외하고는 이 법에서 정하는 바에 따른다.

제4조(국가 등의 책무)

① 국가와 지방자치단체는 인성을 갖춘 국민을 육성하기 위하여 인성교육에 관한 장기적이고 체계적인 정책을 수립하여 시행하여야 한다.

② 국가와 지방자치단체는 학생의 발달 단계 및 단위 학교의 상황과 여건에 적합한 인성교육 진흥에 필요한 시책을 마련하여야 한다.

③ 국가와 지방자치단체는 학교를 중심으로 인성교육 활동을 전개하고, 인성 친화적인 교육환경을 조성할 수 있도록 가정과 지역사회의 유기적인 연계망을 구축하도록 노력하여야 한다.

④ 국가와 지방자치단체는 학교 인성교육의 진흥을 위하여 범국민적 참여의 필요성을 홍보하도록 노력하여야 한다.

⑤ 국민은 국가 및 지방자치단체가 추진하는 인성교육에 관한 정책에 적극적으로 협력하여야 한다.

제5조(인성교육의 기본방향)

① 인성교육은 가정 및 학교와 사회에서 모두 장려되어야 한다.

② 인성교육은 인간의 전인적 발달을 고려하면서 장기적 차원에서 계획되고 실시되어야 한다.

③ 인성교육은 학교와 가정, 지역사회의 참여와 연대 하에 다양한 사회적 기반을 활용하여 전국적으로 실시되어야 한다.

제6조(인성교육종합계획의 수립 등)

① 교육부 장관은 인성교육의 효율적인 추진을 위하여 대통령령으로 정하는 관계 중앙행정기관의 장과의 협의와 제9조에 따른 인성교육진흥위원회의 심의를 거쳐 인성교육종합계획(이하 "종합계획"이라 한다)을 5년마다 수립하여

야 한다.

② 종합계획에는 다음 각 호의 사항이 포함되어야 한다.

   1. 인성교육의 추진 목표 및 계획

   2. 인성교육의 홍보

   3. 인성교육을 위한 재원조달 및 관리방안

   4. 인성교육 핵심 가치·덕목 및 핵심 역량 선정에 관한 사항

   5. 그 밖에 인성교육에 관하여 필요한 사항으로 대통령령으로 정하는 사항

③ 교육부 장관은 종합계획의 중요사항을 변경하는 경우 제1항에 따른 관계 중앙행정기관의 장과의 협의와 제9조에 따른 인성교육진흥위원회의 심의를 거쳐야 한다. 다만, 법령의 개정이나 관계 중앙행정기관의 관련 사업계획 변경 등 경미한 사항을 변경하는 경우에는 그러하지 아니하다.

④ 교육부 장관은 제1항 또는 제3항에 따라 종합계획을 수립하거나 변경하였을 때에는 지체 없이 이를 관계 중앙행정기관의 장에게 통보하여야 한다.

⑤ 특별시·광역시·특별자치시·도 및 특별자치도 교육감(이하 "교육감"이라 한다)은 종합계획에 따라 해당 지방자치단체의 연도별 인성교육시행계획(이하 "시행계획"이라 한다)을 수립·시행하여야 한다.

⑥ 교육감은 제5항에 따라 시행계획을 수립하거나 변경하였을 때에는 이를 지체 없이 교육부 장관에게 통보하여야 한다.

⑦ 종합계획 및 시행계획의 수립·시행 등에 필요한 사항은 대통령령으로 정한다.

제7조(계획수립 등의 협조)

① 교육부 장관과 교육감은 종합계획 또는 시행계획의 수립·시행 및 평가를 위하여 필요한 경우 관계 중앙행정기관의 장, 지방자치단체의 장 및 교육감 등에게 협조를 요청할 수 있다.

② 제1항에 따른 협조를 요청받은 자는 특별한 사유가 없으면 이에 따라야 한다.

제8조(공청회의 개최)

① 교육부 장관과 교육감은 종합계획 및 시행계획을 수립하려는 때에는 공청회를 열어 국민 및 관계 전문가 등으로부터 의견을 청취하여야 하며, 공청회에서 제시된 의견이 타당하다고 인정되는 때에는 이를 종합계획 및 시행계획 수립에 반영하여야 한다.

② 제1항에 따른 공청회 개최에 필요한 사항은 대통령령으로 정한다.

제9조(인성교육진흥위원회)

① 인성교육에 관한 다음 각 호의 사항을 심의하기 위하여 교육부 장관 소속으로 인성교육진흥위원회(이하 "위원회"라 한다)를 둔다.

1. 인성교육정책의 목표와 추진방향에 관한 사항

2. 종합계획 수립에 관한 사항

3. 인성교육 추진실적 점검 및 평가에 관한 사항

4. 인성교육 지원의 협력 및 조정에 관한 사항

5. 그 밖에 인성교육 지원을 위하여 대통령령으로 정하는 사항

② 위원회는 위원장을 포함한 20명 이내의 위원으로 구성한다.

③ 위원회의 위원장은 위원 중에서 호선하되, 공무원이 아닌 사람으로 한다.

④ 위원회의 위원은 다음 각 호의 어느 하나에 해당하는 사람 중에서 대통령령으로 정하는 바에 따라 교육부 장관이 임명 또는 위촉한다. 이 경우 위원은 공무원이 아닌 사람이 과반수가 되도록 한다.

1. 교육부 차관, 문화체육관광부 차관(문화체육관광부 장관이 지명하는 차관), 보건복지부 차관 및 여성가족부 차관

2. 국회의장이 추천하는 사람 3명

3. 인성교육에 관한 학식과 경험이 풍부한 사람 중에서 대통령령으로 정하는 사람

⑤ 위원회가 심의한 사항을 집행하기 위하여 인성교육 진흥과 관련된 조직·인

력·업무 등에 필요한 사항은 교육부령으로 정한다.

⑥그 밖에 위원회의 구성·운영에 필요한 사항은 대통령령으로 정한다.

제10조(학교의 인성교육 기준과 운영)

①교육부 장관은 대통령령으로 정하는 바에 따라 학교에 대한 인성교육 목표와 성취 기준을 정한다.

②학교의 장은 제1항에 따른 인성교육의 목표 및 성취 기준과 교육대상의 연령 등을 고려하여 대통령령으로 정하는 바에 따라 매년 인성에 관한 교육계획을 수립하여 교육을 실시하여야 한다.

③학교의 장은 인성교육의 핵심 가치·덕목을 중심으로 학생의 인성 핵심 역량을 함양하는 학교 교육과정을 편성·운영하여야 한다.

④학교의 장은 인성교육 진흥을 위하여 학교·가정·지역사회와의 연계 방안을 강구하여야 한다.

제11조(인성교육 지원 등)

①국가 및 지방자치단체는 가정, 학교 및 지역사회에서의 인성교육을 지원하기 위한 교육 프로그램(이하 "인성교육프로그램"이라 한다)을 개발하여 보급하여야 한다.

②국가와 지방자치단체는 인성교육프로그램의 구성 및 운용 등을 전문단체 또는 전문가에게 위탁할 수 있다.

③교육감은 인성교육프로그램의 구성 및 운용 계획을 해당 학교 인터넷 홈페이지에 게시하는 등의 방법으로 학부모에게 알릴 수 있도록 하여야 한다.

④학부모는 국가, 지방자치단체 및 학교의 인성교육 진흥 시책에 협조하여야 하고, 인성교육을 위하여 필요한 사항을 해당 기관의 장에게 건의할 수 있다.

⑤그 밖에 가정, 학교 및 지역사회에서의 인성교육 진흥 등에 필요한 사항은 대통령령으로 정한다.

제12조(인성교육프로그램의 인증)

① 교육부 장관은 인성교육 진흥을 위하여 인성교육프로그램을 개발·보급하거나 인성교육과정을 개설(開設)·운영하려는 자(이하 "인성교육프로그램개발자 등"이라 한다)에 대하여 인성교육프로그램과 인성교육과정의 인증(이하 "인증"이라 한다)을 할 수 있다.

② 인증을 받고자 하는 인성교육프로그램개발자 등은 교육부 장관에게 신청하여야 한다.

③ 교육부 장관은 제2항에 따라 인증을 신청한 인성교육프로그램 또는 인성교육과정이 교육내용·교육시간·교육과목·교육시설 등 교육부령으로 정하는 인증기준에 적합한 경우에는 이를 인증할 수 있다.

④ 제3항에 따른 인증을 받은 자는 해당 인성교육프로그램 또는 인성교육과정에 대하여 교육부령으로 정하는 바에 따라 인증표시를 할 수 있다.

⑤ 제3항에 따른 인증을 받지 아니한 인성교육프로그램 또는 인성교육과정에 대하여 제4항의 인증표시를 하거나 이와 유사한 표시를 하여서는 아니 된다.

⑥ 제1항부터 제3항까지에 따른 인증의 절차 및 방법 등에 필요한 사항은 교육부령으로 정한다.

⑦ 교육부 장관은 제1항부터 제3항까지에 따른 인증 업무를 교육부령으로 정하는 바에 따라 전문기관 또는 단체 등에 위탁할 수 있다.

제13조(인증의 유효기간)

① 제12조 제3항에 따른 인증의 유효기간은 인증을 받은 날부터 3년으로 한다.

② 제1항에 따른 유효기간은 1회에 한하여 2년 이내에서 연장할 수 있다.

③ 제2항에 따른 인증의 연장신청, 그 밖에 필요한 사항은 교육부령으로 정한다.

제14조(인증의 취소) 교육부 장관은 제12조 제3항에 따라 인증한 인성교육프로그램 또는 인성교육과정이 다음 각 호의 어느 하나에 해당하는 경우에는 그 인

증을 취소할 수 있다. 다만, 제1호에 해당하는 경우에는 취소하여야 한다.

  1. 거짓, 그 밖의 부정한 방법으로 인증받은 경우

  2. 제12조 제3항에 따른 인증기준에 적합하지 아니하게 된 경우

제15조(인성교육 예산 지원) 국가 및 지방자치단체는 인성교육 지원, 인성교육프로그램 개발·보급 등 인성교육 진흥에 필요한 비용을 예산의 범위에서 지원하여야 한다.

제16조(인성교육의 추진성과 및 활동 평가)

  ① 교육부 장관 및 교육감은 종합계획 및 시행계획에 따른 인성교육의 추진성과 및 활동에 관한 평가를 1년마다 실시하여야 한다.

  ② 교육부 장관과 교육감은 제1항에 따른 평가 결과를 종합계획 및 시행계획에 반영할 수 있다. 〈개정 2016. 12. 20〉

  ③ 그 밖에 인성교육의 추진성과 및 활동 평가에 필요한 사항은 대통령령으로 정한다.

제17조(교원의 연수 등)

  ① 교육감은 학교의 교원(이하 "교원"이라 한다)이 대통령령으로 정하는 바에 따라 일정시간 이상 인성교육 관련 연수를 이수하도록 하여야 한다.

  ② 「고등교육법」 제41조에 따른 교육대학·사범대학(교육과 및 교직과정을 포함한다) 등 이에 준하는 기관으로서 교육부령으로 정하는 교원 양성기관은 예비교원의 인성교육 지도 역량을 강화하기 위하여 관련 과목을 필수로 개설하여 운영하여야 한다.

제18조(학교의 인성교육 참여 장려) 학교의 장은 학생의 제11조 제1항에 따른 지역사회 등의 인성교육 참여를 권장하고 지도·관리하기 위하여 노력하여야 한다.

제19조(언론의 인성교육 지원) 국가 및 지방자치단체는 범국민적 차원에서 인성교육의 중요성에 대한 인식을 공유하고 이들의 참여 의지를 촉진시키기 위하여 필요한 경우 언론(「언론중재 및 피해구제 등에 관한 법률」 제2조에 따른 방송, 신문, 잡지 등 정기간행물, 뉴스통신 및 인터넷신문 등을 포함한다)을 이용하여 캠페인 활동을 전개하도록 노력하여야 한다.

제20조(전문인력의 양성)

①국가 및 지방자치단체는 인성교육의 확대를 위하여 필요한 분야의 전문인력을 양성하여야 한다.

②교육부 장관 및 교육감은 제1항에 따른 전문인력을 양성하기 위하여 교육 관련 기관 또는 단체 등을 인성교육 전문인력 양성기관으로 지정하고, 해당 전문인력 양성기관에 대하여 필요한 경비의 전부 또는 일부를 지원할 수 있다.

③제2항에 따른 인성교육 전문인력 양성기관의 지정기준은 대통령령으로 정한다.

제21조(권한의 위임) 교육부 장관은 이 법에 따른 권한의 일부를 대통령령으로 정하는 바에 따라 교육감에게 위임할 수 있다.

제22조(과태료)

①다음 각 호의 어느 하나에 해당하는 자에게는 500만 원 이하의 과태료를 부과한다.

　1. 거짓이나 그 밖의 부정한 방법으로 제12조에 따른 인증을 받은 자

　2. 제12조 제5항을 위반하여 인증표시를 한 자

②제1항에 따른 과태료는 대통령령으로 정하는 바에 따라 교육부 장관이 부과·징수한다.

ㅁ

ㅂ

효인성교육의 기본서 **4**

효HYO 패러다임으로 본
인성교육의 이해와 실제

초판 인쇄 ‖ 2018년 1월 22일
초판 발행 ‖ 2018년 1월 30일

지은이 ‖ 김종두
감　수 ‖ 최성규
삽　화 ‖ 장한별
발행자 ‖ 김동구
디자인 ‖ 이명숙·양철민
발행처 ‖ 명문당(1923. 10. 1 창립)
주　소 ‖ 서울시 종로구 윤보선길 61(안국동)
　　　　　우체국 010579-01-000682
전　화 ‖ 02)733-3039, 734-4798(영), 733-4748(편)
팩　스 ‖ 02)734-9209
Homepage ‖ www.myungmundang.net
E—mail ‖ mmdbook1@hanmail.net
등　록 ‖ 1977. 11. 19. 제1~148호

ISBN 979-11-88020-38-6 (93190)
정가 ‖ 25,000원